Diogenes Taschenbuch 20032

Noch mehr Morde

Kriminalgeschichten
aus England
und Amerika
von Edgar Wallace
bis Roald Dahl
Auswahl und Vorwort von
Mary Hottinger
Vignetten von Paul Flora

Diogenes

Folgende Erzählungen wurden in bereits
vorliegenden Übersetzungen übernommen:
Stout ›Copkiller‹, Carr ›Böse Gäste‹ und
Queen ›Die schwarze Kladde‹ von Hans P. Thomas,
Sayers ›Der Mann, der wußte wie‹
von Traudl Nothelfer,
Wallace ›Der Klub der Vier‹
von Hans Herdegen,
Burke ›Die Hände des Mr. Ottermole‹
von Peter Naujack,
Dahl ›Die Wirtin‹
von Wolfheinrich v. d. Mülbe
Alle anderen Erzählungen übersetzte
Günter Eichel
Umschlagillustration:
Alexander Gierymski, ›Rom. Nächtliche Straße‹,
1889 (Ausschnitt)
Foto: Gemäldegalerie Lviv,
Ukraine

60/00/8/14
ISBN 3 257 20032 3

INHALT

Anhang

MARY HOTTINGER

Eine persönliche Meinung

Da der vorliegende Band der letzte dieser kurzen, dreibändigen Reihe ist – bei der nicht einmal alle Geschichten, wie wahrheitsgemäß und mißbilligend festgestellt wurde, eine respektable Leiche aufweisen können –, kamen diesmal eine gewisse Freiheit der Auswahl und persönlicher Geschmack zu ihrem Recht. Einige Geschichten sind alt, andere neu, einige bekannt und beliebt, andere dagegen mehr für den Kenner. Und schließlich bekam der Band einen Anhang; er enthält beispielhafte Geschichten von drei unendlich beliebten Autoren, die der wahre *aficionado* allerdings freiwillig nicht sehr gern zu seiner Lieblingslektüre zählt.

Die Kriminalgeschichte befindet sich natürlich wieder einmal auf dem absterbenden Ast – zumindest behaupten dies ihre Verächter. Dennoch hat sie sich nur selten so stürmisch wie heute entwickelt. Ganz abgesehen von den Paperbacks, in denen alte Autoren von neuem auftauchen, kommen ständig neue Vertreter dieser Gattung zum Vorschein, vermehren und vervielfachen sich Jahrbücher und Anthologien, und inzwischen hat es Sherlock Holmes sogar zu einer Biographie und einem eigenen ›Who's Who‹ gebracht.

Die Wahrheit scheint demnach also zu sein, daß die Kriminalgeschichte nicht an der Schwelle des Todes steht, sondern zum Stillstand gekommen ist – wobei man darüber streiten kann, welche Zeitspanne man in der heutigen Welt unter ›Stillstand‹ versteht. In Wirklichkeit ist nichts anderes geschehen, als daß sie ein neues Beispiel für Tennysons ›zwei Bräuche, die die Welt trennen‹ gegeben hat, zumal die Welt ohne sie nicht auskommt. Um der heutigen Zeit zu entsprechen, brauchte an W. S. Gilberts bekannter Diagnose der Politik kaum etwas geändert zu werden:

Denn ob sie als Mädchen oder als Knabe
Lebendig und munter das Weltenlicht seh'n:
Sie sind von Geburt an bereits unterschieden –
In konservativ und gut liberal.

Anhänger Freuds und Anhänger Jungs, Katzenliebhaber und Katzenhasser, Leute, die Wollsachen direkt auf der Haut tragen, und Leute, die es nicht tun, Liebhaber von Kriminalgeschichten und ihre Verächter – die Aufzählung könnte fast unbegrenzt fortgesetzt werden.

Im Hinblick auf die Verächter von Kriminalgeschichten kann man nur Mitleid mit jenen ehrsamen Bürgern empfinden, die mit den versteckten Hinweisen nichts anfangen können und die Personen ständig durcheinanderbringen. Diese Schwäche scheint genauso angeboren zu sein wie mangelnde Schwindelfreiheit, der sie ähnelt.

Der Verächter von Kriminalgeschichten, der sich namens der reinen Literatur erbost, begeht jedoch im allgemeinen einen großen Fehler. Er verlangt von der Kriminalgeschichte, etwas darzustellen, was sie gar nicht ist: nämlich einen Roman. Wenn wir uns an G. K. Chestertons geistreiche Definition des Romans als eines ›Spiels von Persönlichkeiten im Privaten‹ halten, erkennen wir den Irrtum, denn die Kriminalgeschichte lebt vom Verbrechen, und zum Verbrechen gehört nun einmal das Recht, die – mit Ausnahme der Einkommensteuer – gemeinnützigste aller Institutionen. Privat können sich irgendwelche Leute jahrelang gegenseitig auf die Nerven fallen, ohne daß ihnen irgendeine Buße auferlegt wird, und aus dieser Situation kann wiederum der Romancier Kapital schlagen; sobald sie sich jedoch verständlicherweise umbringen, hat das Spiel der Persönlichkeiten im Privaten aufgehört.

Genaugenommen läßt sich mit dem Verächter der Kriminalgeschichte überhaupt nicht streiten. Die erste Gruppe macht ein schuldbewußtes und verwirrtes Gesicht, und es wäre gemein, ihr irgendeine Schuld zuzuschieben. Die andere dagegen verdient im Grunde unser Mitgefühl: Diesen Leuten entgeht eine Menge Spaß.

Wieder bei der Herde derjenigen, die der Kriminalgeschichte anhängen, kann man die Frage stellen, was sich heute eigentlich tatsächlich innerhalb der Kriminalgeschichte abspielt. Die auffallendste Entwicklung ist vielleicht die Rückkehr der Kurzgeschichte zu ihrem eigentlichen Gebiet. Man kann bestreiten, daß die Kurzform ihr am angemessensten ist; aber das einmalige Thema, die einmalige Krise sind tatsächlich ihr Element, und selbst gute Kriminalromane, wie etwa die von Raymond Chandler und Michael Innes, sind keineswegs frei von unwichtigen Dialogen, falschen Hinweisen, falschem Verdacht, allzu komplizierten Motiven, Abhandlungen über die englische Literatur und obskuren Giften, die lediglich die Seitenzahl vergrößern, ohne das eigentliche Interesse notwendigerweise zu steigern. Zugegeben, daß es Aspekte des Verbrechens gibt, die die Kurzgeschichte einfach nicht meistern kann, wie zum Beispiel den Mord bei Halbstarken und Teddy-Boys. Trotzdem ist es Sir Harold Scott in seinem Buch über Scotland Yard großartig gelungen, einen derartigen Fall auf nur vier Seiten zu behandeln. Eine Erzählung ist natürlich keine Schöpfung; es wurde jedoch Zeit, die Kriminalgeschichte von einem Gutteil Zierat zu befreien und dem eigentlichen Thema wieder auf die Spur zu kommen. Jedenfalls wäre es betrüblich, wenn die Kurzgeschichte als ›mindere‹ Form angesehen würde.

Gerade in der Motivierung hat die moderne Entwicklung eine ganze Menge aufzuweisen. Das Gewinnmotiv wird nicht mehr zu Tode geritten, während persönliche Beziehungen, wie etwa die Ehesituation, an Bedeutung gewannen. Ein englischer Richter, und kein zynischer Verfasser von Kriminalgeschichten, bemerkte in einem berühmten und ungelösten Fall von Gattenmord, daß man nach einem Motiv gar nicht zu suchen brauchte, sobald ein Ehepaar irgendwie beteiligt wäre, da die Ehe selbst bereits ein Motiv sei. Und das scheint eine allgemein vertretene, wenn auch nicht immer ausgesprochene Ansicht zu sein, so daß man sich in diesem Zusammenhang an Poes Ausspruch erinnern sollte: »Unter gewissen Umständen kann man die öffentliche Meinung nicht unbeachtet lassen. Ist sie von selbst entstanden ... sollten wir sie als etwas Ähnliches wie die Intuition ansehen, die den genialen Menschen kennzeichnet.« Somit können wir also annehmen, daß die Ehesituation das vollkommene Motiv – wenn nicht sogar Gelegenheit – für einen Mord bildet.

Dies könnte dazu führen, eine Steigerung bei der Tätigkeit der Mörderinnen zu erwarten. In letzter Zeit haben sie sich zweifellos etwas nach vorn geschoben, aber trotzdem waren sie nicht in der Lage, die Männer auszustechen. Es ist ein wenig mysteriös, daß sie erst so spät Zugang zu der Kriminalliteratur fanden. Vielleicht ist es die Folge einer überholten Ritterlichkeit, die die Autoren – jeder eine Art Gentleman – hinderte,

Frauen dem anklagenden Zeigefinger des großen Kriminalisten auszusetzen und sie dadurch bloßzustellen, daß man ihre richtigen Reaktionen aufzählt: Scham, Wut, Barbarei oder die immer bereite Kapsel mit Zyankali.

Was sich heute abspielt, ist die Verschmelzung der reinen Kriminalgeschichte mit anderen Formen. *Die Wirtin* und *Die zweiten Flitterwochen* sind im Grunde Schaudergeschichten, auch wenn der Schluß sie für den Liebhaber der Kriminalgeschichte rettet. Bei dem *Haus am Kap* handelt es sich um die Verschmelzung mit der Gespenstergeschichte – von dieser Gattung gibt es eine ganze Reihe, in denen ein Mord, der lange vor dem Zeitpunkt der Erzählung verübt wurde, vor den Augen eines späteren Beobachters noch einmal durchgeführt wird. Weniger akzeptabel dagegen ist die Verschmelzung mit Science Fiction. Zweifellos werden die Menschen sich aus entsprechenden Gründen auch in jener zukünftigen Welt ermorden, die zu schildern Science Fiction behauptet. Aber in der Science Fiction verliert der Mord jegliche Gemütlichkeit. Zwangsläufig muß es sich dort um eine völlig andere Art von Mord handeln, wie sie auf der Erde, wie wir sie kennen, von guten Bürgern, die uns vertraut sind, begangen wird. Es ist wahrscheinlich, daß Onkel George nicht mehr über jene Schnur stolpern wird, die quer über die Treppe gespannt ist, sich dadurch das Genick bricht und sein Vermögen jenem Neffen hinterläßt, der die Schnur gespannt hatte. Weder wird Tante May dem Strychnin erliegen, das ihren Aspirintabletten beigemischt war, noch der Großvater dem giftigen Rauch seiner Zigarre. Todesstrahlen sind das mindeste, das sie erwarten können. Wie Nabokov in der *Lolita* betrübt sinniert: »Um heutzutage ein Killer zu werden, muß man vorher Wissenschaftler sein.« Aber von einem Liebhaber der guten alten Kriminalgeschichte Kenntnisse in Atomphysik zu erwarten, dürfte doch zu weit gehen.

Es gibt Menschen, denen diese Kombinationen gefallen. Zu ihnen gehört der große amerikanische Kritiker Edmund Wilson, der ein erbitterter Ankläger der Kriminalgeschichte ist und nur bei einem Roman von John Dickson Carr eine Ausnahme mit der Begründung machte: »Er besitzt einen Anflug von Schwarzer Magie, der ihm ein wenig von dem Reiz einer Schaudergeschichte verleiht.«

Das aber genügt niemals. Der wahre Liebhaber der Kriminalgeschichte will die Aufdeckung eines Verbrechens rein und unverfälscht, und das mag auch der Grund sein, daß anscheinend eine Wiederbelebung jener Geschichten im Gange ist, in denen es allein um dieses Problem geht. Wie Anthony Boucher 1960 in der *New York Times* schrieb: »Anscheinend erleben wir so etwas wie einen Aufschwung bei der reinen grundlegenden Kriminalgeschichte – den logischen und gut verschlüsselten Mord.« Daß diese Schlüssel in späteren Kriminalgeschichten häufig mehr psychologischer als materieller Art sind – Fußabdrücke und Zigarrenasche sind aus der Mode gekommen, und sämtliche Verbrecher tragen Handschuhe –, liegt einfach am Lauf der Zeit, obgleich diese Entwicklung bereits in einer früheren und sehr beachtlichen Erzählung vorausgesehen worden ist, die ebenfalls in diesen Band aufgenommen wurde: *Der Mord von Hampstead.* Die reine und unverfälschte Aufdeckung eines Verbrechens hat jedoch auch einen Platz in Harry Kemelmans *Neun-Meilen-Marsch*, einem Rückgriff auf Poe, und in Edmund Crispins *Der schnelle braune Fuchs*, einem sehr hübschen verschlüsselten Stück, gefunden.

Die Hände des Mr. Ottermole sind ein besonderer und beinahe entgegengesetzter Fall. Es ist eine sehr berühmte Geschichte und ein Liebhaberstück nicht allein in England, sondern auch in Amerika. Es war die Lieblingsgeschichte von Thomas Burke, Dorothy Sayers nahm sie in ihre *Everyman Collection* auf, und es gibt sogar eine amerikanische Geschichte, in der die Heldin – die auf Grund erdrückender Umstände wegen eines Mordes, den sie nie begangen hat, zum Tode verurteilt wird – den Wunsch äußert, ihre letzten Stunden auf Erden mit zwei Kriminalgeschichten zu verbringen; und die eine ist *Die Hände des Mr. Ottermole.*

Trotzdem handelt es sich hierbei keineswegs um eine konventionelle Kriminalgeschichte. Sie hat kaum etwas Geheimnisvolles an sich, und nicht wenige Leute werden ungeduldig, weil sie sich ihrem Höhepunkt nur auf Umwegen und sehr langsam nähert. Eines wird dem Leser durch diese Geschichte jedoch klar: daß die Kriminalgeschichte mehr zu ihrer Existenz braucht als nur ein Verbrechen. Was sie vielleicht noch benötigt, ist jenes ungreifbare Ding, das ›Atmosphäre‹ genannt wird – oder eine gewisse Vertraulichkeit: Watson hat sich erkältet, die Frau von Inspektor French stellt das Abendbrot warm, Maigret stopft seine Pfeife, oder die Leute gehen durch die Nebenstraßen Londons im Zwielicht nach Hause, wo eine Tasse Tee oder die Hände des Mr. Ottermole sie erwarten.

Wegen des Anhangs rechnet die Herausgeberin fest mit einem Meuchelmord. Die dort vertretenen Autoren – Edgar Wallace, Agatha Christie und eine Hälfte von Peter Cheyney (seine englische Hälfte, denn die andere, amerikanische mit Lemmy Caution gehört zum Besten) – haben sehr viel gemeinsam: liebenswerte Charaktere, eine gewaltige Produktion, sehr viel Phantasie, riesige Verkaufszahlen und einen Ruf, der im Ausland größer ist als zu Hause. Der wahre *aficionado* nimmt sie in die wirklich besten Anthologien nicht auf, und wenn sie dort erscheinen, sind es zumeist Geschichten, die etwas abseits ihrer allgemeinen Linie liegen, wie etwa Agatha Christies *Villa Nachtigall.* Diese seltsame Situation wirft vielleicht ein gewisses Licht auf diese ganze Frage.

Vor allem ist es keinem der drei jemals gelungen, einen Detektiv zu schaffen, der bedeutender geworden ist als sie selbst. Wenn wir sie zitieren, tun wir das unter ihrem eigenen Namen und nicht unter dem ihrer Detektive. Sherlock Holmes, Father Brown, Dr. Torndyke und Inspektor French sind so berühmt geworden, daß sie ihre Schöpfer aus unserem Gedächtnis ausgelöscht haben. Aber trotz ihres Hercule Poirot, der mit seinen ›kleinen grauen Zellen‹ einfach ermüdend wirkt, ist Agatha Christie in der Erinnerung geblieben. Edgar Wallace klebt nicht einmal an einem einzigen Detektiv, obgleich er alle besonders kennzeichnet: Reeder ist immer ›traurig‹, Bob Brewer dagegen wegen einer höheren Spesenrechnung windig und lärmend.

Ferner gelang es keinem dieser Autoren, daß wir die von ihnen beschriebenen Örtlichkeiten spüren oder riechen, wie es Simenon mit einem einzigen Satz erreicht. Selten haben sie daher jene Herzlichkeit, die Dorothy Sayers im Bellona Club beweist, wo ein alter Gentleman lange Zeit tot herumliegt, ohne daß jemand es bemerkt.

Daß diese drei Autoren unzähligen Lesern wahrhafte Unterhaltung geboten haben, kann nicht geleugnet werden; aber den wahren *aficionado* erwartet eine erfreuliche Aufgabe, die sein Zaudern rechtfertigt, sie unter die besten einzuordnen. Er sollte die ständigen Redensarten einmal notieren und sammeln, die die beliebten Autoren sich angeeignet haben. Telefone schrillen, der berühmte Detektiv schreitet (warum kann er eigentlich nicht gehen?), gibt knappe Anweisungen, und der Bleistift seiner Sekretärin, der zuerst über dem Stenogrammblock schwebt, fängt an zu fliegen, sobald er anfängt zu sprechen; die Figuren der Mädchen haben Kurven an den richtigen Stellen, ihre Münder sind sinnlich, während bezaubernde Frauen in winzige Quadrate aus Batist und Spitze weinen, Krankenschwestern dagegen mit ihren gestärkten Kleidern rascheln, als hätten sie Nylon noch nicht entdeckt! Die Teppiche in den Räumen der Millionäre liegen so übereinander, daß der Fuß des Detektivs knöcheltief versinkt, und die japanischen Diener sind immer finster. Wie aber kommt es, daß die ständig wiederkehrenden Redensarten bei Sherlock Holmes – »Du kennst meine Methoden, Watson« – liebenswürdig sind, diese anderen jedoch nicht? Das ist ein Geheimnis, und der *aficionado* kann nichts anderes tun, als erwartungsvoll vor ihnen zu sitzen und zu hoffen, daß diese klickenden Puppen zumindest ein gutes Garn spinnen können. Gerade das aber kann auch ein Autor wie Erle Stanley Gardner.

Gelegentlich sind *aficionados* ein Ärgernis. Einer dieser Leute erzählte der Herausgeberin, daß er eine Geschichte wegen zwei Wörtern aus einer Anthologie herausnehmen mußte. Der Held, der sich aus Gesundheitsgründen auf eine Seereise begibt, sieht vom Dampfer auf den Quai hinunter und erkennt dort seine Verlobte, deren Gesicht aus der Dunkelheit ›unendlich lieblich‹ zu ihm heraufstrahlt. »Wenn ein Mann derartige Lächerlichkeiten verwendet, kann er eben nicht schreiben«, lautete das Urteil. Trotzdem beraubt uns der *aficionado* einer großen Freude: des Vergnügens, gelegentlich wieder in das Ergötzen des Mittelmaßes zurückzufallen, wo die Detektive tatsächlich schreiten, die Lippen der Mädchen tatsächlich sinnlich sind und Frauen tatsächlich in winzige Quadrate aus Batist und Spitze weinen. Nach der Strenge der großen Autoren kann dies sehr erfrischend sein, und außerdem wird man dadurch an eine Bemerkung von Oscar Wilde erinnert: »Die ausdrucksvoll gespielte Schreibmaschine braucht nicht störender zu sein als das von der Nichte gespielte Klavier.«

Es sollte endlich so weit kommen, daß der *aficionado* aufhört, die Anhänger von Sherlock Holmes zu verachten, und der Anhänger von Sherlock Holmes aufhört, den *aficionado* zu verachten.

Das wäre dann vielleicht Koexistenz.

CHRISTOPHER BUSH

Der Mord von Hampstead

Das Leben ist schon seltsam. Aber das ist bereits so oft gesagt und erfahren worden, daß es nicht nur abgedroschen, sondern sogar langweilig klingt. Keineswegs langweilig sind dagegen die kleinen Unterschiede und merkwürdigen Parallelen, die das Leben zu einem Teil ausmachen. Denn wo bleibt der Geist des Abenteuers, wenn man einmal die unbestreitbaren, glaubhaft nachgewiesenen Ereignisse vom Leben abzieht, die ganz zufällig zusammentrafen? Oder wenn man nach den Ursachen von Geschehnissen forscht, die – zumindest für einige Menschen – von folgenschwerer Bedeutung sind: Wie belanglos sind jene Dinge, die das Ganze erst auslösten. In Inverness zündet sich ein Mann seine Pfeife mit einem papiernen Fidibus an, und daraufhin bricht sich ein Mann in Brighton ein Bein. Wegen eines Bankrotts in Cornwall geht ein Fischerboot aus Yarmouth unter. Oder ein Mann schreibt einen Brief an die ›Times‹, und das Ergebnis ist der Mord von Hampstead.

Ein bißchen weit hergeholt, meinen Sie?

Ich weiß nicht. Sehen wir uns das letzte Beispiel einmal etwas genauer an; vielleicht können wir uns dann auch ein Urteil über die anderen bilden.

Vielleicht erinnern Sie sich nicht mehr an den Mord von Hampstead; schließlich liegt kein besonderer Grund dafür vor. Irgendwelche Aufregungen löste er nicht aus. Eine Frau – oder wenn Sie wollen: eine Dame – wurde in einem Wohnzimmer erdrosselt vorgefunden. Die Schlinge lag noch um ihren Hals, und die ganze Angelegenheit hatte höchstens einige Sekunden gedauert. Das alles klang ziemlich entsetzlich, aber für einen Mord war es eine saubere und schnelle Arbeit. Da war zum Beispiel das Zimmer, in dem es ganz leicht und unbestimmbar duftete. Die Einrichtung war geschmackvoll: ein oder zwei Stilmöbel, wirklich kostbares Porzellan, ein halbes Dutzend gefälliger und doch irgendwie Atmosphäre verbreitender Aquarelle, ein weicher und schmeichelnder Teppich, einige Sessel, die Morpheus' Armen ähnelten, und zwei prachtvolle Khorassinbrücken. Ferner befand sich in dem Zimmer die Frau, in elegantem Neglige und schimmernden Dessous, an den Händen Ringe im Wert von einigen Hundert Pfund, mit einem Gesicht wie eine überraschte Madonna und einer Frisur, die einem Heiligenschein glich. Nirgends waren Spuren von Blut, Gemeinheit oder Gewalt; alles wirkte ruhig und verhalten. Kurz gesagt: Es gab nichts Störendes – mit Ausnahme des tödlichen Ringes um den Hals. Natürlich folgte später die Verhandlung und die Verurteilung zur Höchststrafe, aber diese Dinge mußten schließlich sein.

Vom Zauber dieses alleinstehenden Hauses und des großen baumbestandenen Gartens bis zur Porter Street, Mornington Crescent, scheint ein langer Weg zu führen. Es gab einmal eine Zeit, und sie liegt erst ganz wenige Jahre zurück, als Mornington Crescent eine gewisse Vornehmheit ausstrahlte, zu der die hoch aufragenden großen Bäume wie auch die ehrwürdige Erhabenheit der Häuser beigetragen hatten. Die Porter Street besitzt selbst heute noch etwas von diesem Zauber, obgleich die alten Häuser mittlerweile in Wohnungen und Privatbüros umgewandelt wurden. In einem dieser Häuser saß an einem bestimmten Morgen – es war Ende Mai – Lutley Prentisse. Eigentlich hätte er um diese Zeit arbeiten müssen, aber das tat er nicht. Vor seinem Drehstuhl standen Tisch und Schreibmaschine, und in der linken Zimmerecke brannte eine Gasheizung mit kleingestellter Flamme. Das Zimmer selbst war winzig und ausgesprochen gemütlich; es gehörte zu jenen drei Räumen, aus denen die kleine Wohnung bestand. Rechts führte eine Tür in die Küche mit Gasherd und Anrichte. Gegenüber befand sich eine weitere Tür, vermutlich die des kleinen Schlafzimmers. Hätte man einen Blick in dieses Zimmer geworfen, hätte man festgestellt, daß es leer war. Aber das, was im Arbeitszimmer sofort auffiel, war die Unmenge der aufgereihten Bücher, die fast nicht zu überblicken waren, deren vielfarbige Rücken jedoch einen lustigen Ton in das Zimmer brachten. Ohne Entfaltung besonderer Verstandeskräfte konnte man demnach annehmen, daß Lutley Prentisse Schriftsteller war, und damit hatte man recht.

Sein Name gehörte nicht zu den bekannten. Zu seinen Gunsten sprachen jedoch drei Romane: Zwei hatten das ewige Dreieck als Thema, der dritte beschäftigte sich mit jenen kleinen Intrigen, die man an der Riviera vorfinden kann. Von diesen Romanen hatte sich der letzte gut verkauft, worüber der Verfasser befriedigt war, aber auch das nur voller Stolz auf sein Können: Geld ist zwar immer nützlich, aber wenn zu den eigenen fünfzehnhundert Pfund noch dreihundert oder vierhundert hinzukommen, spielt es keine allzu bedeutende Rolle. Genaugenommen war er, fast ohne es zu merken, wieder ans Schreiben gekommen, wenn auch zu einem Teil nur, um der Langeweile zu entfliehen. Die ersten beiden Jahre seiner Ehe waren für ihn eine Angelegenheit ziemlich törichter Routine gewesen: im Hochwinter die Schweiz, im Frühjahr die Riviera, im Sommer Hindhead mit Golf und Tennis, anschließend Deauville oder irgendein moderner englischer Badeort, und schließlich, im Spätherbst, London, und das bedeutete Klubs, Theater und vielfältige Verabredungen vom Vormittag bis in die Nacht.

Dorothy Prentisse fügte sich gut in das alles ein. Beim Golf zum Beispiel, bei dem ihr Mann keine hervorragende Figur machte, lieferte sie ihren Partnern eine glänzende Partie und schlug jeden nach Strich und Faden, auch wenn sie ihnen erhebliche Vorgaben eingeräumt hatte. Beim Tennis gehörte sie zu jenen unauffälligen Frauen, die jeden Ball irgendwie über das Netz zu bekommen scheinen. Bridge spielte sie sehr temperamentvoll, vielleicht ein bißchen zu aggressiv, aber verlieren tat sie nur, wenn ihre Karten oder ihr Partner unmöglich waren. Hier unterschied sie sich völlig von Lutley, der – wenn überhaupt – nur sehr vorsichtig reizte und immer mindestens für das gut war, was er angesagt hatte, nie jedoch enttäuschte. Auch sein Golfspiel war das eines fröhlichen Menschen, der lieber einen gleichwertigen Partner schlägt, als sich über das Ergebnis Gedanken zu machen. Genauso war er beim Tennis: kein Könner oder Angeber, sondern ein vergnügter Partner, der den Ball zurückgab und dann noch Zeit hatte, ihm nachzublicken. In gewisser Weise konnte man die beiden für ein etwas auffallend ungleiches Paar halten: er untersetzt und stämmig, mit ruhigen braunen Augen, einer gewissen Schüchternheit und der ganzen Art eines Intellektuellen, sie dagegen für eine Frau ziemlich groß, mit allen weiblichen Reizen und Verehrungswürdigkeiten ausgestattet, und trotzdem auch mit allen Eigenschaften, die eine Ehefrau auszeichnen, mit allen höflichen Redensarten, dem unüberlegten Redestrom und jenem sicheren Urteilsvermögen, das genau erkennt, wann man sich zurückhalten und im Hintergrund bleiben muß.

In Cambridge hatte er Geschichte gelehrt, und bis zu seiner Ehe hatte er, aus keinem besonderen Grund, gelegentlich kleinere Sachen für Zeitschriften geschrieben. Wahrscheinlich war es der ständige Erfolg dieser Dinge gewesen, der ihn den Versuch wagen ließ, auch einmal etwas Größeres zu riskieren, als ihn die bisher eingeschlagene Bahn mit der Zeit zu langweilen begann. Dorothy hatte er bei Fosters kennengelernt, mit deren Ältesten sie gemeinsam zur Schule gegangen war. Sechs Monate zuvor hatte sie gerade ihren Vater, Pfarrer in Purfield Warren, verloren, und sechs Monate danach heiratete sie Prentisse; bei ihm war es Liebe, bei ihr weniger. Er war leicht zu durchschauen, sie war unergründlicher. Auch wenn es heute als modern gilt, nicht als gute Ehefrau zu gelten, war es schwierig, in Augen wie den ihren etwas zu lesen. Ein »Liebling!« und ein spielerischer leichter Klaps bedeuten nichts Besonderes, zumal dann nicht, wenn die andere Hand dabei eine dreißig Zentimeter lange Zigarettenspitze hält. Die Meinungen über jene Zeit sind jedoch interessant: Ihre Freunde fanden, er hätte eine höchst reizende Frau bekommen, ihre Feinde dagegen, sie hätte eine unerwartet gute Partie gemacht.

Als Prentisse zum ersten Mal und fast verstohlen wieder an die Schriftstellerei zurückkehrte, schien es seiner Frau weder aufzufallen noch sie zu interessieren. Als sie seine Tätigkeit entdeckte, gab es nur ein »Wie entsetzlich gescheit du bist, Darling!« In Abständen folgte dann: »Oh, du Armer – daß du so schwer arbeiten mußt!« Und bei der Veröffentlichung seines ersten Romans: »Ach, Darling, ich finde das alles fürchterlich aufregend!« Danach hätten unfreundliche Menschen vielleicht gesagt, daß ihre Förderung seiner

Bemühungen nicht ganz ohne Beziehung zu jenen materiellen Vorteilen stand, die sie von Zeit zu Zeit erlangte: Hier ein Schmuckstück, dort ein gesonderter Scheck.

Aber die Frühjahrsmonate dieses neuen Jahres hatten ein entschlossenes Löcken gegen den Stachel gezeigt. Prentisse hatte sich entschieden geweigert, seine Arbeit an die Riviera mitzunehmen. Seine Frau dagegen hatte die bisherige Routine eingehalten und war mit einem kleinen Kreis von Freunden und Freundinnen nach Nizza gefahren. Ihr Mann hatte sich für seine Arbeit die kleine Wohnung in der Porter Street genommen und schlief im Klub. Vierzehn Tage vor dem eigentlichen Termin war sie wieder daheim, und man hatte beschlossen, gemeinsam nach Hindhead zu fahren. Dann waren zwei Dinge passiert. Am Tage ihrer Rückkehr war ihre einzige Schwester ernstlich erkrankt, und Dorothy war sofort nach Carnford weitergefahren. Überdies war das Buch noch nicht fertig. Noch einen Tag oder vielleicht auch zwei brauchte das Manuskript, bis es zum Verleger gebracht wurde, und bis dahin blieb er in seiner Wohnung. Vormittags konnte er gewöhnlich am besten arbeiten; nach dem Mittagessen hing alles ganz von seiner Stimmung ab, und so kam es sehr häufig vor, daß er nicht an seine Arbeit zurückkehrte.

In diesem Augenblick ärgerte er sich jedoch, und zwar über eine anscheinend belanglose Sache. In seiner Hand hielt er ein Exemplar der ›Times‹, und der Anlaß, daß er die Stirn runzelte, war ein Brief. Ziemlich aufgebracht hatte ein Polizist sich über die Behandlung seines Berufs durch die Verfasser von Kriminalromanen ausgelassen. Die Polizisten, so behauptete er, würden behandelt, als wären es lauter Ochsen, und nur selten machten die Autoren den leisesten Versuch, sich mit der Arbeit des Criminal Investigation Department vertraut zu machen.

Es waren jedoch weder die Polizei noch die Methoden, die Prentisse ärgerten, sondern das ganze Prinzip, das hier in Zweifel gezogen wurde. Er selbst hatte immer sorgfältig darauf geachtet, in seinen Büchern nur jenes Lokalkolorit zu verwenden, das ihm vertraut war, und nur solche Umstände, die er zumindest irgendwann einmal kennengelernt hatte. In seinem letzten Roman hatte er jedoch etwas verwendet, dessen er sich nicht absolut sicher war: eine Privatdetektei. Das betreffende Kapitel war beinahe das letzte seines Buches, und da es ihm jetzt darauf angekommen war, die ganze Angelegenheit endlich abzuschließen, hatte er einen erheblichen Teil der Dinge lediglich angenommen. So schien es sicher zu sein, daß eine derartige Detektei über ein Büro verfügt. Büros aber sind sich immer irgendwie gleich, und Einzelheiten der Einrichtung konnte man sich schließlich vorstellen. Und dasselbe galt für den erfundenen Leiter der Firma, für die Unterhaltung und alles, was das Lokalkolorit ausmachte.

Verschiedene Leute hätten keine Verbindung zwischen dem Leserbrief in der ›Times‹ und dem fraglichen Kapitel festgestellt. Sie hätten dem entgegengehalten, daß es äußerst unwahrscheinlich wäre, daß das Buch einem Privatdetektiv in die Hände fiele, und der Mann auf der Straße würde, falls das Buch ihn überhaupt fesselte, nicht einen der sprichwörtlichen Pfifferlinge für die Richtigkeit des Lokalkolorits geben. Ein derartiger Gesichtspunkt war jedoch seinem eigenen, peinlich genauen Standpunkt genau entgegengesetzt. Überdies war er seinen Impulsen und seiner Hartnäckigkeit unterworfen. Augenblicklich war in seinen Augen weiter nichts zu tun, als ein derartiges Büro aufzusuchen und das Kapitel angesichts der damit verbundenen Eindrücke zu überprüfen. Natürlich bestand die Möglichkeit, daß seine gescheiten Vermutungen in angemessener Weise richtig waren und daß das Kapitel nicht überarbeitet zu werden brauchte, aber in jedem Fall ging bei diesem Besuch Zeit verloren, und das ausgerechnet in dem Moment, in dem das Buch im Grunde fertig war. Den Leserbrief unbeachtet zu lassen, schien ihm mehr als sorglos zu sein. Angesichts des Briefes, den der Polizeibeamte geschrieben hatte, würden der Himmel weiß welche Leute und Berufe an die Presse schreiben und sich über die selbstzufriedene Unwissenheit der Autoren beschweren. Vielleicht würden dann sogar Namen genannt werden.

»Dear Sir,

Mit großem Vergnügen entdeckte ich in dem Roman ›Tingling Symbols‹ von Lutley Prentisse, daß ...«

Beim Mittagessen stieß er unerwartet auf George Foster, und sie aßen zusammen.

»Wie ist das eigentlich: Hast du irgendwas von St. John Claire gesehen?« fragte Prentisse. »Ich hatte gehofft, er wäre ebenfalls im Klub.«

»Vor einer Stunde habe ich ihn getroffen«, sagte George. »Er fährt nachher nach Cheltenham, um morgen für die Pilgrims zu spielen. Die haben ein zweitägiges Turnier gegen das Peronne College.«

»Zwei Tage? Sonntags dürfen sie doch nicht spielen?«

»Doch – die schon. Peronne ist katholisch, und deswegen kümmern sie sich keinen Deut darum.«

Prentisse nahm einen Schluck von seinem Kaffee und beschloß, sein Herz zu erleichtern. »Eigentlich wollte ich nur einen Tip von ihm. Ich brauche ein bißchen Lokalkolorit, und sein Onkel ist doch Chief Commissioner.«

»Informationen über die Polizei? Warum gehst du dann nicht einfach um die Ecke zu Scotland Yard?«

»Schon, aber weißt du ... also es handelt sich um Folgendes: Das, was bei der Polizei los ist, interessiert mich nicht. Mich interessieren augenblicklich vielmehr die Methoden dieser Privatdetektive – und zwar nicht die komische Seite, sondern die Wirklichkeit. Gestern abend haben wir uns gerade darüber unterhalten, und irgendwie schien er ganz gut informiert zu sein. Und da dachte ich, daß er mich vielleicht mit einem dieser Burschen zusammenbringen könnte.«

»Wenn das alles ist, was du brauchst«, sagte Foster lachend, »dann hast du einen mordsmäßigen Dusel.« Er holte einen Stoß verschiedener Papiere aus der Tasche und suchte eine Visitenkarte heraus. »Das hier ist ein entsetzlich tüchtiger Mann – ein Freund von mir, dessen Namen ich dir nicht nennen kann, hatte sich wegen einer Sache an ihn gewandt. Geh doch mal einfach bei ihm vorbei und erzähle ihm deine Geschichte.«

Prentisse steckte die Karte ein und machte sich auf den Weg. Er hatte keine genaue Vorstellung, was er sagen sollte. Wichtig war vor allen Dingen, daß er sich das Büro ansah; die ganze Atmosphäre, die Art, wie die Leute sprachen, ein Eindruck des Chefs und seiner Untergebenen – das alles interessierte ihn daneben natürlich auch.

Das Taxi setzte ihn vor der Hausnummer 173 der Took Street ab, und im zweiten Stock fand er endlich das gesuchte Schild.

PERRING AND HOLT
PRIVATE INQUIRY AGENTS

Er klopfte, und die Tür wurde von einem Angestellten geöffnet.

»Kann ich vielleicht einen Ihrer Chefs sprechen?«

»Nehmen Sie bitte Platz, Sir. Mr. Holt ist, glaube ich, gerade in seinem Büro. Wenn Sie mir vielleicht Ihre Karte geben würden, Sir?«

Holt war da, und Prentisse kam durch das Vorzimmer in ein Büro, das mit Aktenschränken und Büchern vollgestopft war. Ferner entdeckte er den üblichen Schreibtisch nebst Drehsessel. Holt, ein gedrungener, gewandt wirkender Mann, erhob sich und streckte ihm die Hand entgegen.

»Was können wir für Sie tun, Mr. Prentisse?«

»Ich, eh ...«

Holt lächelte aufmunternd. »Jedes Geheimnis ist bei uns gut aufgehoben, Sir. Wir behandeln alle Aufträge mit äußerster Diskretion, und was in diesem Zimmer besprochen wird, bleibt innerhalb dieser vier Wände. Sie können uns restlos vertrauen, Mr. Prentisse.«

Prentisse überlegte fieberhaft. Er konnte nicht gut sagen: »Ich sitze gerade an einem Roman und wollte mir nur Ihr Gesicht einmal ansehen.« Dann dachte er an den ganzen Zusammenhang seines Romans und überlegte, ob es vielleicht hineinpassen würde. Immer noch zögerte er.

»Es war eine ziemlich belanglose Angelegenheit...«

»Das geht uns nichts an, Sir. Wenn es sich um eine private Nachforschung handelt, können wir sie übernehmen – mag sie nun belanglos sein oder nicht.«

»Das ist sehr beruhigend«, sagte Prentisse und versuchte weiter, Zeit zu gewinnen. »Demnach würde es Ihnen also möglich sein, die Bewegungen irgendeiner Person zu überwachen, die Ihnen genannt wird?«

»Jederzeit, Sir.« Prompt setzte Holt sich in den Drehsessel und griff nach einem Federhalter. Prentisse überlegte immer noch fieberhaft.

»Der Name, Sir?«

»Lutley Prentisse.«

Holt lächelte nachsichtig. »Nicht Ihren Namen, Sir. Den jener Person, die Sie überwacht haben möchten.«

Prentisse lächelte ebenfalls – aber nicht über den Irrtum, den er begangen hatte. Genaugenommen lachte er beinahe, so unwiderstehlich komisch war die Idee, die ihm eben gekommen war. Er bewahrte jedoch ein redliches Gesicht.

»Ach so – natürlich. Mr. St. John Claire.«

»Die Adresse?«

»Oudenarde Mansions 3, Kensington.«

»Und was möchten Sie genau wissen, Sir, und bis wann?«

»Bis zum kommenden Montag einen vertraulichen Bericht über alles, was er von jetzt an tut. Ist Ihnen das möglich?«

»Selbstverständlich, Sir. Wohin soll der Bericht gebracht werden?«

»In die Porter Street 5b, Mornington Crescent – gegen Mittag, wenn es möglich sein sollte.«

Dabei blieb es. Prentisse lachte leise vor sich hin, als er die Treppe hinunterging. Jetzt hatten sie erst einmal zu tun, die Spur aufzunehmen, und zweitens war das Ganze ein verdammt uninteressantes Stückchen Überwachung. Er kehrte zum Klub zurück, und da er John nirgends entdecken konnte, rief er im Oudenarde Mansions an. Claires Diener Daniels meldete sich am Telefon. Mr. Prentisse wäre um eine Minute zu spät gekommen. Mr. Claire wäre gerade vor einer Sekunde mit einem Taxi weggefahren. Ja, Daniels glaubte, Mr. Claire wäre nach Cheltenham gefahren; zumindest hätte Mr. Claire nichts anderes erwähnt, hätte jedoch die große Krickettasche und einen Koffer mitgenommen.

Das war nun wiederum ziemlich unangenehm. Prentisse war froh, daß ihm Claire rechtzeitig eingefallen war. Ein nicht so enger Freund der Familie hätte sich vielleicht irgendwie aufgeregt, wenn er erfahren hätte, was geschehen war. Was aber sollte er jetzt tun? Vielleicht ein Telegramm nach Cheltenham. Aber zuerst mußte er seine Eindrücke und die Beschreibung von Holt festhalten. Er war mittlerweile in seine Wohnung zurückgekehrt und hatte seine Notizen zu den Gedanken über ein anderes Thema abgeschlossen. Das Telegramm nach Cheltenham konnte nicht allzu ausführlich oder deutlich sein. Viel besser war es, wenn er einen Brief mit Durchschlag schriebe und ein Exemplar in die Stadt, das andere an das Peronne College schickte. Eines von beiden würde er bestimmt bekommen, wenn das andere irgendwie zu spät käme. So oder so war es jedenfalls eine aufregende Sache. Und er hoffte nur, daß die Pilgrims den Holtschen Detektiv nicht in Stücke reißen würden, wenn sie ihn erkannten.

»Dear Johnny,

wahrscheinlich wirst Du mich für einen ausgemachten Esel halten, denn ich habe etwas ausgesprochen Lächerliches angestellt, und das auch noch in Verbindung mit Deinem Namen. Ich saß verzweifelt in Druck wegen eines bißchen Lokalkolorits für ein wichtiges Kapitel meines Buches – es hatte etwas mit Privatdetektiven zu tun – und ging deshalb zu einer Detektei. Die Leute haben mich fast auf die Palme gebracht, weil sie nicht locker ließen und einen Auftrag haben wollten. Kurz zuvor hatte George Foster mir erzählt, Du seist nach Cheltenham gefahren, um zwei Tage lang für die Pilgrims zu spielen, und deswegen gab ich den Leuten den Auftrag, Dich über das Wochenende im Auge zu behalten! Das war ein gräßlicher Gedanke von mir, aber ich weiß, daß auch Du es als Witz auffassen wirst. Ich hoffe, daß dieser Brief Dich noch in Cheltenham erreicht; wenn ja, halte die Augen nach dem Burschen offen, aber nimm ihn bitte nicht zu sehr auf den Arm.

Wie wäre es, wenn Du am Montag zu uns zum Essen kämst. Dorothy wird bis dahin wohl aus Carnford wieder zurück sein. Dein L. P.«

Die Briefe wurden abgeschickt: der eine an die Wohnung in Kensington, der andere an

St. John Claire, Esq.,
c/o Pilgrim's Touring Side,
Peronne College, Cheltenham.

An diesem Abend arbeitete er länger als gewöhnlich und schrieb das Kapitel um, soweit es durch seine Unterhaltung am Nachmittag notwendig geworden war. Am folgenden Tag gönnte er sich als Ausgleich einen freien Tag in Walton Heath. Das Wetter war prächtig, und einige Runden Golf, die von einem ausgezeichneten Mittagessen unterbrochen wurden, brachten ihn großartig in Form. Abends war er zum Essen und einer Partie Bridge wieder im Klub, und damit ging ein Tag zu Ende, vor dem er doch etwas Angst gehabt hatte. Da Dorothy wieder weggefahren war, und ausgerechnet gleich nach ihrer Rückkehr, hatte es so ausgesehen, als würde es für ihn ein bißchen langweilig werden. Hinzu kam, daß Rogers und Daimler ebenfalls weggefahren waren, während er ein Grauen vor Eisenbahnfahrten hatte.

Am Sonntag, irgendwann um die Mittagszeit, rief er in Carnford Hall an; am Telefon meldete sich Phipps, der Butler.

»Es tut mir leid, Sir, aber Mrs. Prentisse ist noch nicht vom Kirchgang zurück. Sie muß jeden Moment kommen, Sir. Sehr wohl, Sir, der gnädigen Frau geht es sehr viel besser. Der Arzt ist mit ihr sehr zufrieden. Sind Sie noch am Apparat, Sir? Wenn Sie vielleicht eine Minute warten wollen, Sir – ich glaube, Mrs. Prentisses Stimme im Garten zu hören.«

Nach einer Minute war Dorothy am Apparat.

»Hallo! Bist du da, Liebling? Wie süß von dir, mich mit deinem Anruf zu überraschen! ... Ach, die Arme ist nur noch ein Schatten, Liebling!« Und so ging es fünf Minuten lang mit duftigen Nichtigkeiten, die uns weniger interessieren. Das einzig Wichtige bei diesem Gespräch war die Mitteilung, daß sie am folgenden Nachmittag in die Stadt zurückkehren würde. Ihr wäre es sehr viel lieber gewesen, er hätte Johnny Claire nicht eingeladen, wo sie ihn doch einmal ganz für sich allein haben wollte. Ob er das denn nicht wüßte? Lunt und die Mädchen wären bereits zurück. »Aber bei deiner vielen Arbeit, mein armer Liebling ...«

Auf die Minute pünktlich erschien am Montag Mr. Holt, und er machte den Eindruck eines Mannes, dem man einen wichtigen Auftrag gegeben hat und der überzeugt ist, daß er ihn tadellos ausgeführt hat. Er legte einen Stoß eng mit Maschine beschriebener Bögen auf den Tisch. Prentisse schaute sie mit einem möglichst undramatischen Blick an, machte ein beeindrucktes Gesicht und erkundigte sich nach dem Preis. Holt reichte ihm die Rechnung: dreizehn Pfund vierzehn Shilling. Prentisse schrieb einen Scheck aus und erhielt dafür eine Quittung. Überdies versprach er, jeden weiteren Auftrag bestimmt der Firma Perring and Holt anzuvertrauen.

Eine ziemlich kostspielige Angelegenheit, überlegte er. Fast vierzehn Pfund für den Einblick in ein Büro und eine abgestempelte Quittung! Es sah fast so aus, als würde Johnny es sein, der zuletzt lachte. Dann öffnete er das Paket und warf einen Blick auf die beschriebenen Bögen. War der Detektiv erkannt worden oder hatte er die beiden Tage vielleicht, gemütlich in einem Liegestuhl ruhend, still und zurückgezogen verbracht? Dann wurde sein Blick jedoch von den ersten Worten gefesselt.

»Der Betreffende wurde um 15.15 an der angegebenen Adresse ausgemacht; er begab sich zur Waterloo Station, wo er den Zug nach Dorking nahm. Dort wurde er von einer Limousine abgeholt, die von einer Dame gesteuert wurde. Der Wagen fuhr nach Justin Friars, sechs Kilometer vom Bahnhof entfernt, durchfuhr das Dorf, ohne anzuhalten, und erreichte schließlich ein großes Haus, das in einem großen Grundstück steht und Friars House genannt wird. Das Paar fuhr den Wagen in die Garage, betrat das Haus durch die Diele und begab sich sofort in das im ersten Stock gelegene Schlafzimmer, wo es sich etwa eine halbe Stunde aufhielt. Als es wieder herunterkam, trank es in dem nach Süden gelegenen Wohnzimmer Tee. Unmittelbar vor Einbruch der Dämmerung machten beide gemeinsam einen Rundgang durch den Rosengarten, und ein- oder zweimal während des Spazierganges wurde beobachtet, wie sie sich leidenschaftlich umarmten. Personal schien im Hause nicht anwesend zu sein ...«

Das genügte Prentisse. Er war entsetzt. Guter Gott! Was würde Claire nur denken? In welche verheerende Situation hatte er sich selbst gebracht, als er auf diesen albernen Einfall gekommen und zu dieser Detektei gegangen war. Aber vielleicht gab es doch noch eine Möglichkeit. Wenn Johnny noch nicht nach Kensington zurückgekehrt und das nach Cheltenham geschickte Exemplar des Briefes unzustellbar gewesen war, war es vielleicht noch nicht zu spät. Er griff nach seinem Hut und rannte die Treppe hinunter. Zwei Minuten später hatte er die Verbindung mit Oudenarde Mansions.

»Wer ist dort, bitte? ... Ach, Sie sind's, Daniels? Ist Mr. Claire zu sprechen? ... Das ist ausgezeichnet. Hören Sie genau zu, Daniels. Es ist äußerst wichtig. Am Sonnabend morgen oder am Freitag abend ist sicher ein Brief von mir gekommen. Haben Sie ihn zufällig nicht nach Cheltenham nachgesandt? ... Gut. Können Sie ihn mir vielleicht zurückgeben? Lassen Sie, ich bin in wenigen Minuten bei Ihnen. Und wenn Mr. Claire zurückkommt, erwähnen Sie ihn gar nicht erst ... Was ist? ... Guter Gott! ... Aber nein, nichts Ernstliches. Nur eine ärgerliche Geschichte, weiter nichts! Er hat seine Adresse nicht hinterlassen? ... Also vielen Dank, Daniels. Auf Wiedersehen.«

Passiert war also noch nichts; es war noch einmal gut gegangen. Der erste Brief war von Cheltenham zurückgeschickt worden, und als Claire mittags zurückgekommen war, hatte Daniels ihm beide gebracht. Unmittelbar darauf hatte Claire jedoch Anordnung gegeben, alles einzupacken, was man für einen dreimonatigen Aufenthalt in Ägypten benötige. Claire hatte das Haus nur wenige Minuten vorher verlassen und seinem Diener lediglich gesagt, er würde später Nachricht erhalten, wo er hinkommen solle.

Der Prentisse, der nach dem Mittagessen in die Porter Street zurückkehrte, war ausgesprochen beunruhigt. Warum zum Teufel war Claire einfach verschwunden, ohne ein Wort verlauten zu lassen? So vernünftig, wie er sonst war, mußte er doch genau wissen, daß seine Geheimnisse sicher aufgehoben waren. Unvorstellbar, daß es jemanden geben sollte, der über derartige Dinge klatschte oder auch nur Andeutungen machte.

Er hatte bestimmt eine gute halbe Stunde dagesessen und nachgedacht. Wie konnte er Johnny erreichen, um alles zu erklären – das war das allerwichtigste Problem. Und warum war er ausgerechnet nach Ägypten gefahren, und dazu noch in der heißen Jahreszeit? Dann kam plötzlich der Gedankenblitz: Vielleicht enthielt dieser teuflische Bericht irgendeinen Hinweis auf diese Frage. Noch einmal holte er die Bögen hervor und überflog sie flüchtig. Es war das Übliche: irgendeine Art von Liebe in irgendeiner Art von Hütte. Aber vielleicht war der Mann dem Paar auf die Schliche gekommen, denn schließlich hatte er den ganzen Sonnabend über das Haus beobachtet.

»Am Samstagabend wurde eine Leiter an das Fenster des Schlafzimmers gelehnt, das das Paar benutzte, und zwar unmittelbar nach Verlöschen des Lichts. Dabei wurde folgende Unterhaltung mitgehört:

›Liebling, bist du auch ganz sicher, daß du Phipps vertrauen kannst?‹

›Aber selbstverständlich, du alberner Kerl. Für mich geht er, wenn es sein muß, durchs Feuer. Außerdem bin ich übermorgen in jedem Fall wieder zurück.‹

›Und was ist mit Rogers?‹

Das Geräusch von Küssen machte die Antwort unverständlich, und anschließend sprachen die Stimmen nur noch flüsternd.«

Irgend etwas schien in Prentisse stillzustehen. Sein Herz hörte auf zu schlagen, und erst nach einer Ewigkeit raste es plötzlich wie wahnsinnig los. Völlig mechanisch lief sein Blick die Zeilen entlang, und erst am Ende des Berichts schien er wieder ernsthaft zu lesen. Aber selbst dann sah er aus, als hätte er gerade eine langwierige Krankheit überstanden.

»Sie brachte ihn nicht auf den Bahnsteig, sondern verabschiedete ihn mit einem Kuß im Warteraum. Die einzigen Worte, die mitgehört werden konnten, waren: ›Wenn er das nächste Mal dabei ist, werde ich dir hinter seinem Rücken einen Kuß zuwerfen.‹ Worauf sie erwiderte: ›Aber ganz bestimmt, Liebling. Und du darfst nicht vergessen, mich nur mit Kosenamen anzureden.‹ Darüber lachten beide.«

Erst eine halbe Stunde später verließ er die Wohnung. Die Hausmeistersfrau, an der er dabei vorüberkam, sagte später, er hätte auf eine Weise einfach durch sie hindurchgesehen, daß eine Welle von Angst sie überschwemmt hätte und sie seitdem nicht mehr jene tödliche Gespanntheit seines Gesichtsausdrucks vergessen könne. Ob er zu diesem Zeitpunkt wahnsinnig war oder nicht, ist strittig. Wie verschieden Menschen auf die Anspannung durch verschiedene Gefühlsaufwallungen reagieren können, ist ebenfalls ungeklärt. Aber daß ein Mensch von seiner feinen Art, ein so empfindsamer und künstlerischer Mann, sonst getan hätte, was er anschließend tat, wäre unverständlich.

Zuerst machten seine Bewegungen einen einigermaßen vernünftigen Eindruck. Er fuhr mit der U-Bahn nach Hampstead und betrat das Haus. Dort machte er das Telefon unbenutzbar. Dann nahm er ein Telegramm sowie einen für seine Frau durch Boten abgegebenen Brief an sich und gab Lunt, der Haushälterin, die strikte Anweisung, mit keinem Wort die beiden Mitteilungen jemals zu erwähnen. Er lehnte auch den Tee ab, den sie ihm anbot. Seine ganze Art wirkte auf sie, wie sie sagte, nicht unnormal; er wäre genauso ruhig und höflich wie immer gewesen – vielleicht ein bißchen ernster, aber keineswegs so, daß es aufgefallen wäre.

Dann verließ er das Haus wieder. In einer Musikalienhandlung kaufte er zwei E-Saiten für Geigen und bat den Verkäufer, die beiden Saiten zusammenzuknüpfen. Wo er anschließend hinging, ist nicht sicher, aber bekannt ist, daß er eine Zeitlang eine Telefonzelle benutzte. Gegen 19.15 betrat er wieder das Haus, wobei er die Tür mit seinem eigenen Schlüssel öffnete, und begab sich unmittelbar in das Wohnzimmer.

Fünf Minuten später rannte eine Frau schreiend auf die Straße. Ein Polizist erschien. Dann kamen weitere zwei Mädchen herausgerannt, und den inzwischen eingetroffenen Polizisten gelang es, die sich langsam ansammelnde Menschenmenge zurückzuhalten. Im Hause selbst war es totenstill. Im Wohnzimmer befanden sich zwei Menschen: eine Frau, die – zwischen Kissen gebettet – auf einem Sofa lag und zu schlafen schien, sowie ein Mann, der an einem Schreibsekretär saß und fieberhaft schrieb. Als der Polizist ihn ansprach, schien er es nicht zu hören. Als ihm das Schreibpapier unter den Händen weggezogen wurde, blieb er sitzen und starrte wie ein Mann, der mit einem schwierigen Problem zu ringen hat, auf die Fächer.

»Was hältst du davon, Jack?« sagte der Polizist und gab seinem Kollegen den Bogen.

Der andere runzelte die Stirn und schien erstaunt zu sein – und das mit Grund, denn auf dem Papier befand sich lediglich eine Folge von Wörtern, die sich unverändert ständig wiederholte.

»An den Herausgeber der ›Times‹. Dear Sir.«

SAPPER

Das Haus am Kap

»Da kommen Sie nicht mehr hin, Mann. Heute abend gibt es bestimmt noch einen wüsten Sturm. Am besten, Sie bleiben hier und gehen morgen früh weiter, wenn alles vorbei ist.«

Diese Warnung, die mir jener Wirt auf den Weg mitgegeben hatte, bei dem ich zuletzt eingekehrt war und der das Wetter aus jahrelanger Erfahrung genau kannte, fiel mir wieder ein, als ich die höchste Stelle des Kaps erreicht hatte; und zu spät verfluchte ich mich, weil ich nicht auf seine Worte gehört hatte. Keuchend schleuderte ich meinen Tornister zu Boden und knöpfte den Kragen auf. Sieben Meilen hinter mir lag das behagliche Gasthaus, in dem ich zu Mittag gegessen hatte; acht Meilen vor mir lag jenes, in dem ich eigentlich Abendbrot essen wollte. Und genau zwischen den beiden stand ich: schweißnaß und nach Atem ringend.

Nicht ein Lüftchen regte sich, nicht ein Laut unterbrach die totenähnliche Stille, abgesehen von dem störrischen, trägen Klatschen, mit dem das Meer sich an den Felsen brach. Über dem Horizont lag, so weit man sehen konnte, eine riesige schwarze Wolkenbank, die sich langsam und unerbittlich über den ganzen Himmel ausbreitete. Ihr Rand war schon fast über mir, und als ich den ersten dicken Regentropfen auf meiner Stirn spürte, fluchte ich noch einmal lauthals.

Wenn ich doch nur auf den Wirt gehört hätte; wenn ich doch nur in der gemütlichen Gaststube mit den schweren Eichenbalken säße und das ganz ausgezeichnete Bier tränke ... Ich war überzeugt, daß er zu jenen Männern gehörte, die solche Lappalien wie die Schankstunden mit der ihnen gebührenden Verachtung behandelte. Aber während ich in Gedanken noch das Brennen des großartigsten aller Getränke auf meiner ausgedörrten Zunge spürte und durch den Boden des Glases auf den sandbestreuten Fußboden hinunterblickte, klatschte der zweite große Tropfen auf mein Gesicht. Einen Augenblick schwankte ich. Sollte ich die sieben Meilen zurücklaufen und meine Dummheit damit eingestehen, oder sollte ich die anderen acht hinter mich bringen und hoffen, daß der nächste Keller genauso gute Dinge enthielt wie der letzte? In beiden Fällen war es gewiß, daß ich bis auf die Haut durchnäßt werden würde, und schließlich entschied ich mich: Vor einem Sturm davonzulaufen, kam gar nicht in Frage, und die Angelegenheit mit dem ausgezeichneten Bier mußte der Entscheidung der Götter überlassen bleiben. Und genau in diesem Augenblick brach, wie eine gewaltige Mauer aus Wasser, der Regen über mich herein.

Im Verlauf einer vierzig Jahre dauernden Wanderschaft hatte ich die meisten Winkel der Erde kennengelernt; als ich von Japan südwärts nach Singapore unterwegs war, hatte mich der Monsun überrascht, und auf einer Südsee-Insel hatte ich am Rande einer Wasserhose gestanden – aber so etwas wie den Regen, der an jenem Juniabend an der Südwestküste Englands herunterprasselte, hatte ich noch nie erlebt. Binnen einer halben Minute hatte ich nicht einen trockenen Faden mehr am Leib; die Anhöhen und das Meer waren ausgelöscht, und ich stolperte wie geblendet weiter, unfähig, mehr als einen Meter weit zu sehen. Plötzlich hörte der Regen – beinahe genauso unvermittelt, wie er losgebrochen war – wieder auf. Ich spürte, wie das Wasser in meinen Stiefeln quatschte und mir den Rücken hinunterlief, als ich an der Rückseite des Kaps unbeirrbar den Abhang hinunterstieg. Jetzt gab es keine andere Möglichkeit für mich, als meinen Weg fortzusetzen. Nasser, als ich bereits war, konnte ich nicht werden. Und als ich plötzlich um einen kleinen Hügel bog und vor mir ein flaches verbautes Haus auftauchte, kam mir daher gar nicht der Gedanke, daß ich dort Schutz suchen könnte. In dem dämmerigen Licht warf ich zwar einen Blick hinüber und schwankte an der Gartenpforte vorbei, aber meine Gedanken waren mit ganz anderen Dingen beschäftigt, als eine dicht hinter mir ertönende Stimme mich plötzlich zusammenfahren und stehenbleiben ließ. Es war die Stimme eines Mannes, und noch eine Sekunde vorher hätte ich beschwören können, völlig allein zu sein.

»Ein böser Abend, Sir«, bemerkte er mit merkwürdig tiefer Stimme, »und es kommt sicher noch schlimmer. Donner und Blitz sind fast vorbei. Wollen Sie nicht hereinkommen, damit Sie ein Dach über dem Kopf haben? Wenn Sie naß geworden sind, kann ich Ihnen mit trockenen Sachen aushelfen.«

»Das ist sehr freundlich, Sir«, antwortete ich langsam und blickte die große, hagere Gestalt neben mir verstohlen an. »Aber ich glaube, ich gehe lieber weiter – trotzdem vielen Dank.«

»Wie Sie wollen«, erwiderte er gleichgültig, und während er noch sprach, flackerte ein gezackter Blitz auf und verging in der tiefen Schwärze des Himmels, und fast im gleichen Augenblick schien ein betäubender Donnerschlag aus den Wolken unmittelbar über unseren Köpfen zu kommen. »Wie Sie wollen«, wiederholte er, »aber wenn Sie die Nacht hierblieben, würde ich mich über Ihre Gesellschaft freuen.«

Es war ein freundliches Angebot, auch wenn man es unter den gegebenen Umständen kaum erwartet hätte, und ich zögerte. Zweifellos hatte ein Fußmarsch von acht Meilen bei diesem Wetter kaum etwas Erfreuliches an sich, aber trotzdem war irgend etwas – irgend etwas Undefinierbares, völlig Zusammenhangloses –, das mir beharrlich einzureden versuchte: »Geh weiter, bleib nicht stehen. Geh weiter!«

Verdrossen schüttelte ich mich, und meine nassen Kleider klebten kalt an meiner Haut. Wurde ich, in meinem Alter, etwa nervös, weil ein Mann mich unerwartet anredete?

»Ich glaube, ich bleibe«, sagte ich. »Ich werde meine Absicht ändern und Ihr freundliches Angebot doch annehmen. Es ist nicht der richtige Abend, um eine Wanderung zu genießen.«

Wortlos führte er mich in das Haus, und ich folgte ihm. Selbst in dem kargen Licht konnte ich erkennen, daß der Garten ziemlich ungepflegt und der zur Haustür führende Gartenweg von Unkraut überwuchert war. Regennasse Sträucher, von denen es traurig tropfte, hielten ihre Zweige vor unsere Gesichter, und grünes Moos füllte die Spalten und Risse in den beiden Stufen, die zur Haustür führten, so daß sie fast wie ein Mosaik aussahen.

In der Diele herrschte Dunkelheit, und ich wartete, während der Mann die Tür zu einem der Zimmer öffnete. Ich hörte, wie er nach einem Streichholz suchte, und im gleichen Augenblick erleuchtete eine blendende Stichflamme das Haus, als wäre es hellichter Tag. Ich hatte den flüchtigen Eindruck, als führte eine kurze breite Treppe in das obere Stockwerk, wo sich ein Fenster befand, und glaubte, zwei Türen zu erkennen: Eine schien in das Dienstbotenzimmer zu führen, die andere befand sich genau gegenüber jener Tür, die mein Gastgeber geöffnet hatte. Am eindrucksvollsten war jedoch in diesem kurzen Moment der Zustand der Diele selbst. Etwa einen Meter über meinem Kopf hing von der Decke eine Lampe herunter, und von ihr aus schienen sich unzählige Spinnweben, in denen sich Staub und Schmutz gefangen hatten, nach allen Seiten auszubreiten. Sie erstreckten sich bis zu jedem einzelnen Bild, bis zu den Oberkanten der Türrahmen. Ein langes, tief nach unten durchhängendes Netz berührte fast mein Gesicht, und vorübergehend überkam mich eine Welle unberechtigter Angst. Fast wäre ich umgekehrt und weggerannt – so mächtig war dieses Gefühl. Mit Mühe nahm ich mich jedoch zusammen. Unvorstellbar, daß ein erwachsener Mann wegen eines Spinnennetzes nervös wurde, und schließlich ging mich das alles überhaupt nichts an. Aller Wahrscheinlichkeit nach war der Mann ein Einsiedler, der sich für wichtigere Dinge als die Sauberkeit eines Hauses interessierte. Allerdings blieb mir unbegreiflich, wie er den Geruch – nach Feuchtigkeit und Fäule – ertragen konnte. Er drang mir in die Nase, kaum daß ich in der Diele stand und wartete, daß er endlich ein Streichholz anzünden würde, und der Geruch meiner nassen Kleidungsstücke, besonders des wollenen Stoffes meines Anzugs, konnte ihn auch nicht überdecken. Es roch wie in einem unbewohnten Haus, das im Laufe der Jahre feucht geworden ist und in dem sich überall Schimmel gebildet hat, und wieder überlief mich ein Schauder. Verdammter Kerl! Konnte er denn nicht endlich die Lampe anzünden? Seine Spinnweben und der Schmutz in der Diele würden mir egal sein, wenn ich nur erst trockene Kleidungsstücke am Leibe hätte!

»Kommen Sie.« Ich blickte auf und sah, daß er in der Tür stand. »Es tut mir leid, aber anscheinend ist kein Öl mehr in der Lampe. Vielleicht können Sie die Kerzen anzünden, die dort drüben auf dem Kaminsims stehen.«

Irgendwie überrascht betrat ich das Zimmer, und seine nächste Bemerkung verblüffte mich so, daß ich stehenblieb.

»Wenn meine Frau herunterkommt, muß ich sie gleich wegen des Öls fragen. Merkwürdig, daß sie es vergessen hat.«

Seine Frau! Welche Art von Frau war es wohl, die zuließ, daß ihr Haus derartig verdreckte und verkam? Und hatten sie keine Dienstboten? Aber auch das ging mich nichts an, und ich suchte in meinen Taschen nach den Streichhölzern. Glücklicherweise hatte ich sie in einer wasserdichten Schachtel, und mit einem Auflachen riß ich eines an und zündete die Kerzen an.

»Es ist so infernalisch dunkel«, bemerkte ich dabei, »daß ein Fremder innerhalb der vier Wände etwas Helligkeit braucht, um sich zurechtzufinden.«

Neugierig warf ich im flackernden Licht einen Blick auf das Gesicht meines Gastgebers. Bisher hatte ich noch keine Gelegenheit gehabt, ihn richtig zu betrachten; aber jetzt begann ich so unauffällig wie möglich, ihn mir genau anzusehen. Bleich, fast ausgezehrt, hatte er einen ungepflegten, beinahe struppigen Bart, während sein Haar, mit vielen grauen Strähnen durchsetzt, unordentlich aus der Stirn zurückgekämmt waren. Aber alles beherrschend waren seine Augen, die unter den buschigen Augenbrauen hervorglühten und loderten, so daß sie sich in mich einzubrennen schienen.

Immer mehr merkte ich, wie ich es bedauerte, sein Angebot angenommen zu haben. Seine ganze Art war so seltsam, daß sich zum ersten Mal Zweifel an seinem Geisteszustand in meine Überlegungen drängten. Und in einem einsamen Haus mit einem Wahnsinnigen allein zu sein, Meilen von der nächsten Wohnstätte entfernt, während draußen ein entsetzliches Gewitter tobte, war eine Aussicht, die mich nicht besonders reizte. Dann erinnerte ich mich jedoch des Hinweises auf seine Frau und wurde wieder ruhiger ...

»Für Sie und Ihre Frau muß es hier doch recht einsam sein«, sagte ich auf gut Glück, nachdem das Schweigen eine Weile angehalten hatte.

»Warum sollte meine Frau sich einsam fühlen?« fragte er barsch. »Sie hat schließlich mich – ihren Mann ... Was kann eine Frau mehr verlangen?«

»Natürlich nichts – nichts«, erwiderte ich eilig, in der Annahme, daß Diskretion in diesem Fall besser als die Wahrheit sei. »Die wunderbare Luft, eine wundervolle Aussicht! Ob Sie mir vielleicht eine trockene Jacke geben könnten, wie Sie vorhin freundlicherweise vorschlugen?«

Dabei zog ich meine eigene, völlig durchnäßte Jacke aus und warf sie über die Rückenlehne eines Stuhles. Da ich auf meine Frage keine Antwort erhielt, blickte ich meinen Gastgeber an. Sein Rücken war mir zur Hälfte zugewandt, und er starrte in die Diele hinaus. Vollkommen regungslos stand er dort, und da er mich offenbar nicht gehört hatte, wollte ich meine Bemerkung schon wiederholen, als er sich umdrehte und mich wieder ansprach.

»Eine erfreuliche Überraschung für meine Frau – oder was meinen Sie, Sir? Sie erwartet mich nämlich erst morgen früh zurück.«

»Sehr«, versicherte ich.

»Acht Meilen bin ich zu Fuß gelaufen, damit sie nicht allein zu sein braucht. Das dürfte auch eine Antwort auf Ihre Frage sein, ob meine Frau sich hier einsam fühlt.«

Starr blickte er mich an, und wieder stimmte ich ihm zu.

Draußen nahm das Gewitter ständig an Gewalt zu. Blitz folgte auf Blitz, und zwar in solcher Schnelligkeit, daß der westliche Himmel ein einziges loderndes Feuer war, während das Rollen des Donners dem ununterbrochenen Dröhnen schwerer Geschütze zu gleichen schien. Aber nur unbewußt nahm ich das alles wahr; meine Aufmerksamkeit konzentrierte sich allein auf den hageren Mann, der regungslos in der Mitte des Zimmers stand. Und ich war so mit ihm beschäftigt, daß ich gar nicht bemerkt hatte, wie seine Frau nähergekommen war; erst als ich aufblickte, sah ich, daß neben der Tür eine Frau stand – eine Frau, die mir keinerlei Beachtung schenkte, sondern angsterfüllt ihren Mann anstarrte, in den Augen einen Ausdruck fürchterlichen Entsetzens. Sie war noch jung, viel jünger als der Mann, und nach ländlichen Begriffen sogar hübsch. Und während sie den hageren, leichenblassen Mann anstarrte, schien sie irgend etwas sagen zu wollen, wobei sie ständig einen Zipfel ihres Taschentuchs um ihre Finger wickelte.

»Ich habe gar nicht damit gerechnet, daß du so schnell wieder zurück bist, Rupert«, stammelte sie schließlich. »War es schön?«

»Ausgezeichnet«, erwiderte er, und seine Augen schienen noch teuflischer zu glühen als bisher. »Und jetzt bin ich wieder bei meiner kleinen Frau und werde liebevoll begrüßt!«

Sie lachte gezwungen und unnatürlich auf, und dann kam sie einige Schritte in das Zimmer.

»In der Lampe ist kein Öl, mein Schatz«, fuhr er aalglatt fort. »Hattest du so viel zu tun, daß du vergessen hast, sie nachzufüllen?«

»Ich werde das Öl gleich holen«, sagte sie und drehte sich blitzschnell nach der Tür um.

Aber die Hand des Mannes schoß nach vorn und packte ihren Arm, und bei dieser Berührung fuhr sie zusammen und machte eine abwehrende Bewegung.

»Das hat Zeit!« rief er barsch. »Wir bleiben ein bißchen im Dunkeln sitzen, mein Schatz, und – warten.«

»Wie geheimnisvoll du tust, Rupert!« Sie zwang sich, leichthin zu sprechen. »Worauf wollen wir denn warten?«

Aber der Mann lachte nur – ein leises, spöttisches Glucksen war es – und zog das Mädchen näher zu sich heran.

»Willst du mir denn keinen Kuß geben, Mary? Es ist schon so lange her, daß du mich zum letzten Mal geküßt hast – volle zwölf Stunden.«

Die freie Hand des Mädchens ballte sich zur Faust, aber das war auch das einzige Zeichen der Abwehr, als der Mann seine Frau in die Arme nahm und küßte. Nur hatte ich den Eindruck, daß ihr ganzer Körper steif und angespannt war, als nähme sie sich ungeheuer zusammen, um seine Liebkosung zu ertragen, vor der es sie ekelte ... Tatsächlich wurde die gesamte Situation langsam wahrhaft peinlich. Der Mann schien meine Anwesenheit vollständig vergessen zu haben, und das Mädchen hatte mich bisher nicht ein einziges Mal angesehen. Zweifellos ein merkwürdiges Paar und ein merkwürdiges Haus. Und die Spinnweben – sie gingen mir einfach nicht aus dem Kopf.

»Soll ich jetzt nicht lieber die Lampe nachfüllen?« fragte sie nach einiger Zeit. »Die Kerzen sind, finde ich, nicht hell genug.«

Mit der Hand, die immer noch ihren Arm umklammerte, zog er sie zu einem Sofa, und dort setzten sie sich nebeneinander hin. Mir fiel auf, daß er sie die ganze Zeit heimlich aus den Augenwinkeln beobachtete, während sie einfach vor sich hin starrte, als erwartete sie, daß irgend etwas geschähe ... Und genau in diesem Augenblick schlug oben eine Tür zu.

»Was war das?« Das Mädchen erhob sich halb, aber der Mann zog es wieder auf das Sofa.

»Der Wind, mein Schatz«, erwiderte er kichernd. »Was denn sonst? Außer uns ist doch kein Mensch im Haus!«

»Soll ich nicht lieber nach oben gehen und nachsehen, ob die Fenster geschlossen sind?« sagte das Mädchen nervös. »Der Sturm ängstigt mich richtig.«

»Deswegen bin ich doch so schnell wieder zurückgekommen, Liebes. Ich konnte einfach nicht den Gedanken ertragen, daß du die Nacht über hier allein wärst.« Wieder kicherte er, daß mich das Entsetzen überkam, und blickte das neben ihm sitzende Mädchen verstohlen an. »Ich sagte mir: ›Sie erwartet mich erst morgen früh zurück; ich werde also mein geliebtes Weib überraschen und schon heute abend heimkehren.‹ War das nicht freundlich von mir, Mary?«

»Natürlich, Rupert«, stammelte sie. »Es war wirklich sehr freundlich von dir. Aber ich glaube, ich gehe doch lieber schnell nach oben und hole mir eine Wolljacke. Mir ist kalt.«

Sie versuchte aufzustehen, aber der Mann hielt sie immer noch fest; und dann erschien auf ihrem Gesicht ein Ausdruck so jammervollen Entsetzens, daß ich unwillkürlich einen Schritt nach vorn machte. Sie starrte gebannt auf die Tür, und ihre Lippen waren leicht geöffnet, als wollte sie aufschreien, als der Mann ihr plötzlich den Mund mit seiner freien Hand zuhielt und sie brutal hochzerrte.

»Allein war mein Weib – ganz allein«, fauchte er. »Mein pflichtgetreues, liebevolles Weib war ganz allein. Wie gut, daß ich zurückkehrte, um ihm Gesellschaft zu leisten!«

Es dauerte nur einen Augenblick, daß sie sich kraftlos zu befreien versuchte; dann trug er sie fast, dicht an mir vorbei, zu dem Platz hinter der geöffneten Tür. Ich hätte sie, als die beiden an mir vorüberkamen, berühren können, besaß jedoch nicht die Kraft, mich zu bewegen. Instinktiv wußte ich, daß mir nichts anderes übrigblieb, als stehen zu bleiben und auf die Tür zu starren, während das Mädchen, halb ohnmächtig, an der Wand kauerte und der Mann, regungslos und Entsetzen erregend, über ihm stand. Und so warteten wir; die Kerzen tropften in ihren Haltern, und wir lauschten den Schritten, die die Treppe herunterkamen ...

Zweimal versuchte ich, einen Schrei auszustoßen; aber zweimal blieb der Laut in meiner Kehle stecken. Wie in einem fürchterlichen Alptraum kam ich mir vor, wenn man laut ruft und kein Ton herauskommt, oder wenn man wie besessen rennt und keinen Schritt weiterkommt. Ich war von ihm eingehüllt und kam nicht von ihm los; es war, als wäre ich Zuschauer bei irgendeiner unerbittlichen Tragödie, ohne die Kraft zu besitzen, einschreiten zu können.

Die Schritte kamen näher. Sie durchquerten jetzt die Diele – die von Spinnweben durchzogene Diele –, und im nächsten Augenblick sah ich, daß ein junger Mann im Türrahmen stand.

»Mary – wo bist du denn, Liebling?« Er trat in das Zimmer und blickte sich um. Und während er dort stand, eine Hand in der Tasche, fröhlich lächelnd, griff der Mann hinter der Tür nach ihm und packte ihn an der Schulter. In Sekundenschnelle war das Lächeln verschwunden, und der junge Mann fuhr herum, das Gesicht gespannt und hart.

»Hier ist dein Liebling, John Trelawnay«, sagte der Ehemann ruhig. »Was willst du von ihr?«

»Ah!« Der Atem des jungen Mannes ging ein wenig schneller, als er den Älteren anstarrte. »Du bist also unerwartet früh zurückgekommen, was? Ist das wieder einer von deinen verdammten dreckigen Späßen?«

Unfreiwillig mußte ich lächeln: Hier wurde der Krieg rachedurstig in das Lager des Feindes hineingetragen.

»Was hast du in diesem Haus, nur in Anwesenheit meiner Frau, zu suchen, John Trelawnay?« In die ruhige Stimme war ein drohender Klang gedrungen, und als ich den Sprecher ansah und bemerkte, wie seine kräftigen Hände sich zu Fäusten ballten und wieder lösten, erkannte ich, daß etwas bevorstand. Es war die uralte Geschichte, und ungeachtet der Frage von Recht oder Unrecht – meine Sympathien waren auf Seiten der Sünder.

»Nur durch List ist sie deine Frau geworden, Rupert Carlingham«, erwiderte der andere hitzig. »Du weißt selbst, daß sie dich nie geliebt hat; du weißt genau, daß sie immer mich liebte.«

»Trotzdem – sie ist allein meine Frau! Aber ich frage dich noch einmal, was du während meiner Abwesenheit in diesem Haus zu suchen hast?«

»Hast du erwartet, daß wir bei diesem Gewitter draußen bleiben?« murrte der andere.

Für einen kurzen Augenblick blitzte es in den Augen des Älteren auf, und ich glaubte schon, er würde den Jungen schlagen. Aber mit Mühe nahm er sich wieder zusammen, und seine Stimme klang verhängnisvoll ruhig, als er wieder sprach.

»Du lügst, John Trelawnay.« Seine lauernden Augen ließen das Gesicht des anderen nicht los. »Es war nicht das Gewitter, das dich heute hierher trieb, kein Donner, der dich zwang, meine Frau als deinen Liebling zu bezeichnen. Du kamst hierher, weil du wußtest, daß ich weg war, weil ihr glaubtet – du und deine Geliebte –, daß ich erst morgen zurückkehren würde.«

Eine Weile schwieg er, während das Mädchen immer noch an der Wand kauerte und ihn angstvoll anstarrte; und der Junge, der die Hoffnungslosigkeit weiteren Leugnens erkannte, trat ihm mit verschränkten Armen entgegen. Lautlos beobachtete ich sie aus dem Schatten neben dem Kamin und überlegte, was ich tun sollte. In einer derartigen Situation ist für einen Außenstehenden kein Platz, viel weniger noch für einen völlig Fremden; und wäre ich meinem Gefühl gefolgt, hätte ich das Haus noch in derselben Minute verlassen und das draußen tobende Gewitter vorgezogen. Ich war bereits soweit, daß ich meine Jacke wieder anzog und einen Schritt zur Tür tat, als das Mädchen mich mit so jammervoll flehenden Blicken anschaute, daß ich verhielt. Vielleicht war es doch besser, wenn ich blieb; vielleicht konnte ich von Nutzen sein, wenn die Dinge ihren Höhepunkt erreichten und die Männer anfingen, miteinander zu kämpfen.

Und im gleichen Augenblick warf Rupert Carlingham seinen Kopf zurück und lachte. Sein Lachen, Welle auf Welle eines wahnwitzigen Gelächters, hallte durch das Haus, während das Mädchen sein Gesicht mit den Händen bedeckte und sich noch mehr zusammenkauerte; und auch der Junge trat trotz seinem Mut einige Schritte zurück. Der Mann war wahnsinnig – daran bestand nicht der geringste Zweifel; und das Gelächter eines Wahnsinnigen ist vielleicht das schrecklichste, was einem menschlichen Geschöpf in die Ohren dringen kann.

Schnell ging ich vorwärts; ich hatte das Gefühl, daß jetzt der richtige Zeitpunkt gekommen war, wenn ich überhaupt etwas unternehmen wollte.

»Ich glaube, Mr. Carlingham«, sagte ich entschlossen, »daß eine kurze ruhige Unterhaltung für alle Beteiligten von Vorteil sein würde.«

Er hörte auf zu lachen und starrte mich wortlos an. Dann wanderte sein Blick von meinem Gesicht zu dem jungen Mann und heftete sich auf ihn. Es war sinnlos;

er sah nichts anderes als seine eigene törichte Wut. Und bevor ich seine Absicht erkannte, sprang er los.

»Du willst wohl, daß ich mich von ihr scheiden lasse, was?« fauchte er, und seine Hände suchten die Kehle John Trelawnays. »Damit du sie dann heiraten kannst ... Aber das tue ich nicht – nie. Ich weiß etwas Besseres als Scheidung.«

Seine Worte wurden ihm von den Fäusten des Jungen, die immer wieder mitten in das Gesicht hineinschlugen, in den Mund zurückgestopft; der Mann schien jedoch für Schmerzen unempfindlich. Die beiden wankten vor und zurück, während die Blitze in der Ferne langsam schwächer wurden, ihr Schein nur noch gelegentlich durch das Zimmer huschte und die Kerzen allein den Schauplatz erhellten. Nicht eine Sekunde lockerte sich der Griff des Wahnsinnigen, mit dem er die Kehle des Jungen gepackt hielt; nicht für eine Sekunde hörten die hammerartigen Schläge auf, mit denen der Junge das Gesicht des anderen traf. Aber man merkte deutlich, daß er langsam müde wurde; kein normaler Mensch aus Fleisch und Blut hätte der wahnwitzigen Raserei länger standgehalten. Und plötzlich begriff ich, daß hier ein Mord verübt wurde, vor meinen Augen.

Mit einem Aufschrei stürzte ich los – irgendwie mußten die beiden voneinander getrennt werden. Und dann blieb ich wieder wie angewurzelt stehen: Mit entschlossenem Gesicht war das Mädchen an mir vorübergehuscht, und mit einer Kraft, die ich ihm niemals zugetraut hätte, umschlang es die beiden Beine des Älteren oberhalb der Knie. Dessen einziger Halt waren jetzt der Griff seiner linken Hand, die die Kehle des Jungen umklammerte, und die Arme der jungen Frau, die seine Beine hielten. Er schleuderte sie vor und zurück, als wäre sie ein Kind, aber sie ließ nicht los, und im nächsten Augenblick war alles vorüber. Keiner hatte darauf geachtet, daß die rechte Hand des Mannes frei war ...

Ich sah, daß der Junge sich taumelnd dem Zustand der Erschöpfung näherte, und bemerkte das Aufblitzen eines Messers. Ein ersticktes Gurgeln wurde hörbar, und dann stürzten alle zu Boden, der Junge zuunterst. Als der Wahnsinnige sich erhob, blieb der Junge reglos liegen; unterhalb seines Herzens stak der Griff eines Messers.

Und dann lachte Rupert Carlingham wieder schallend, während seine Frau, außer sich vor Gram, neben dem toten Jungen niederkniete und seinen Kopf in ihren Schoß bettete. Fast eine Ewigkeit beobachtete ich die Szene – unfähig, mich zu rühren oder zu sprechen; dann beugte sich der Mörder plötzlich vor, griff nach seiner Frau und warf sie sich mit einem Schwung über die Schulter. Und bevor ich überhaupt erkannte, was hier vorging, hatte er das Zimmer verlassen, und ich sah, wie er draußen am Fenster vorüberging.

Dieses Bild löste meine Erstarrung; es gab für mich nur eine einzige Möglichkeit, eine zweifache Tragödie zu verhindern. Mit einem lauten Schrei stürzte ich durch die Haustür ins Freie und den ungepflegten Gartenweg entlang. Als ich außerhalb des Gartens war, schien er jedoch, trotz seiner Last, ein unvorstellbares Stück Weges zurückgelegt zu haben. Ich sah, wie er über die Wiese torkelte und den Abhang hinaufwankte, der zu dem Kap hochführte, wo der Regen mich überrascht hatte; und so schnell es mir möglich war, folgte ich ihm laut rufend. Aber es hatte keinen Zweck – erreichen konnte ich ihn nicht mehr. Unbeirrbar, offenbar sogar ohne Anstrengung, trug er das Mädchen den Abhang hoch und beachtete meine Rufe genausowenig wie vorher meine Anwesenheit im Zimmer. Und während das Wasser in meinen Stiefeln quatschte, rannte ich hinter ihm her; ich vergeudete meine Kraft nicht mehr mit unnötigem Rufen, sondern hatte nur noch das eine rasende Verlangen, ihn einzuholen, bevor es zu spät war. Denn auch dieses Mal wußte ich genau, was geschehen würde – wie ich es gewußt hatte, als die Schritte die Treppe heruntergekommen waren.

Immer noch war ich etwa fünfzig Meter hinter ihm, als er die Spitze des Kaps erreicht hatte, und da er einen Augenblick stehenblieb, zeichneten sich die beiden Gestalten klar und deutlich vom Himmel ab. Er schien auf die See hinauszustarren, und der flammend rote Schein der untergehenden Sonne, die unterhalb der pechschwarzen Gewitterwolken sichtbar wurde, beleuchtete seine große, hagere Gestalt und tauchte sie in eine wunderbare Farbenpracht. Im nächsten Augenblick war er verschwunden ... Ich hörte, daß er einen gellenden Schrei ausstieß; dann sprang er ins Leere, das Mädchen mit beiden Armen umklammernd.

Als ich die Stelle erreicht hatte und hinunterblickte, drang nur das gedämpfte Rauschen des Atlantiks in meine Ohren, der neunzig Meter unter mir gegen das Kap brandete ... Das, und dazu die spöttischen Schreie der tausend Möwen. Von dem Wahnsinnigen und seiner Frau war nichts mehr zu sehen.

Schließlich erhob ich mich und machte mich mechanisch auf den Rückweg. Ich hatte das Gefühl, irgendwie an der Tragödie schuld zu sein; vielleicht hätte ich irgend etwas tun, hätte ich in den erbitterten Kampf eingreifen sollen. Und dennoch wußte ich, daß ich genauso handeln würde, wenn ich alles noch einmal erlebte. Ich würde genauso machtlos sein – in diesem übelbeleumdeten Haus mit den tropfenden Kerzen auf dem Kaminsims, während durch das schmutzige Fenster der grelle Schein der zuckenden Blitze drang. Selbst jetzt schien ich mich noch immer in einem Traum zu bewegen, und nach einiger Zeit blieb ich stehen und machte einen entschlossenen Versuch, mich zusammenzunehmen.

»Du gehst jetzt zu dem Haus zurück«, sagte ich laut. »Und du vergewisserst dich, daß der Junge tot ist. Du bist immerhin ein erwachsener Mann und kein hysterisches Frauenzimmer. Du gehst jetzt zurück.«

Und als wäre es die Antwort, schrie eine Möwe schrill dicht über meinem Kopf. Nicht für fünftausend Pfund würde ich allein in das Haus zurückkehren, und als ich noch mit mir selbst stritt und mich als Idiot und Feigling beschimpfte, schrie die Möwe wieder spöttisch über mir.

»Wovor kann man denn schon Angst haben?« rief ich. »Ein einziger Toter – und du hast doch schon viele Hundert gesehen!«

Als ich mir diese Frage gerade laut stellte, stieß ich auf eine Straße, an deren Rand ich mich setzte. Sie war kaum mehr als ein Feldweg, schien jedoch die Existenz anderer menschlicher Lebewesen zu bezeugen, und in diesem Augenblick sehnte ich mich nach menschlicher Gesellschaft – wünschte ich sie mir sehnlicher als irgend etwas in meinem bisherigen Leben. Zu jedem anderen Zeitpunkt hätte ich mich geweigert, mit einem Fremden die einmalige Schönheit der Heide zu teilen, die sich – vielleicht zwei Meilen weit – bis zu einem schroffen Fels hin erstreckte, mit ihren wunderbaren Farben aus Lila und Schwarz, und dazu der Duft der feuchten Erde, der überall hochstieg. Aber jetzt ...

Ein Schauer überlief mich, und als ich aufstand, wurde mir zum ersten Mal bewußt, daß mir kalt war. Ich mußte weiter – mußte mit irgend jemandem sprechen. Und als wäre es eine Antwort auf meine Gedanken, tauchte plötzlich ein Wagen auf, der über den Feldweg holperte.

Drinnen saß, abgesehen von zwei Mädchen, ein älterer Mann, und als er mich sah, bremste er sofort.

»Um Himmels willen!« rief er vergnügt. »Sie sind aber naß geworden! Kann ich Sie irgendwohin mitnehmen?«

»Das ist sehr freundlich von Ihnen«, sagte ich. »Ich möchte so schnell wie möglich zur Polizei.«

»Zur Polizei?« Er starrte mich verblüfft an. »Was ist denn los?«

»Ich war Zeuge einer höchst grausigen Tragödie«, sagte ich. »Ein Mann wurde ermordet, und der Mörder ist am Kap in die Tiefe gesprungen, mit seiner Frau in den Armen. Rupert Carlingham hieß der Mörder.«

Ich war darauf gefaßt, daß meine Mitteilung sie erschreckte; nicht vorbereitet war ich dagegen auf die ungewöhnliche Wirkung, die ich damit auslöste. Mit einem Schrei des Entsetzens klammerten sich die beiden Mädchen aneinander, während das rötliche Gesicht des Mannes weiß wurde.

»Wie hieß der Mann?« fragte er schließlich mit leicht bebender Stimme.

»Rupert Carlingham«, erwiderte ich knapp. »Und der Junge, den er ermordete, wurde John Trelawnay genannt. Nebenbei will ich einen Arzt holen, der nach dem Jungen sehen soll. Es ist möglich, daß das Messer am Herzen vorbei ging.«

»Oh, Papa – fahr weiter, fahr schnell weiter!« flehten die Mädchen, und leicht überrascht warf ich ihnen einen Blick zu. Ein Mord ist zwar eine fürchterliche Sache, aber daß sie darüber hysterisch wurden, fand ich doch merkwürdig.

»Es war ein Abend, genau wie der heutige«, sagte der Mann langsam. »Und es tobte genauso ein Gewitter wie heute nachmittag, als es geschah.«

»Als was geschah?« rief ich leicht irritiert. Er gab jedoch keine Antwort, sondern sah mich nur fragend an.

»Kennen Sie diese Gegend, Sir?« fragte er schließlich.

»Ich bin zum ersten Mal hier«, antwortete ich. »Ich bin auf einer Wanderung.«

»Ach so! Auf einer Wanderung. Na ja – ich bin selbst Arzt, und wenn Sie sich nicht möglichst bald umziehen, prophezeie ich Ihnen, daß Ihre Wanderung ein überraschendes Ende nehmen wird – selbst wenn es nur vorübergehend ist. Los, ziehen Sie diese Jacke an, und dann wollen wir sehen, daß wir möglichst schnell einen guten Gasthof finden.«

Obwohl ich seinen Vorschlag am liebsten sofort angenommen hätte, glaubte ich, es doch nicht tun zu können.

»Das ist sehr freundlich von Ihnen, Doktor«, sagte ich, »aber da Sie nun schon einmal Arzt sind, muß ich Sie doch bitten, mich zu begleiten und zuerst nach dem Jungen zu sehen. Ich würde es mir nie vergeben, wenn er zufällig doch noch nicht tot gewesen wäre. Genaugenommen habe ich zwar schon zu viele Tote gesehen, um in diesem Punkt nicht Bescheid zu wissen, und der Stich ging dem Jungen vor meinen Augen genau durch das Herz – aber ...«

Ich verstummte, weil eines der Mädchen sich nach vorn lehnte und dem Vater irgend etwas ins Ohr flüsterte. Dieser schüttelte jedoch nur den Kopf und sah mich fragend an.

»Haben Sie denn nicht versucht, den Mord zu verhindern?« fragte er schließlich.

Das war genau die Frage, die ich gefürchtet hatte – jene Frage, die früher oder später kommen mußte. Jetzt stand ich ihr gegenüber und wußte keine Antwort. Ich konnte nur den Kopf schütteln und verwirrt stammeln: »Für einen Mann meines Alters und meiner Erfahrung erscheint es unglaubhaft, Doktor, aber ich muß gestehen – ich habe es nicht versucht. Ich konnte es nicht ... Ich wollte gerade versuchen, die beiden zu trennen, als das Mädchen herbeistürzte ... und ...«

»Was tat das Mädchen?« Diesmal war es eine der Töchter, die diese Frage so plötzlich abschoß, daß ich sie betroffen ansah. »Was tat Mary?«

»Sie packte die Beine ihres Mannes«, sagte ich, »und hängte sich wie eine Bulldogge daran. Er hielt jedoch die Kehle des Jungen umklammert, und dann – ganz plötzlich – war alles vorbei. Alle drei stürzten hin, als er den jungen Trelawnay erstochen hatte.« Wieder drängten sich die Mädchen zitternd aneinander, und ich wandte mich an den Arzt. »Mir wäre es lieb, wenn Sie mitkämen, Doktor. Es sind nur ein paar Schritte. Ich kann Ihnen das Haus zeigen.«

»Ich kenne das Haus sehr gut, Sir«, erwiderte er ernst. Dann legte er seine Arme auf das Lenkrad und starrte, ohne sich zu rühren, lange Zeit in die einbrechende Dämmerung, während ich unruhig von einem Fuß auf den anderen trat und die Mädchen miteinander flüsterten. Worauf wartete der Mann denn noch? Von einem Arzt war so etwas doch wirklich nicht zuviel verlangt ... Schließlich stieg er aus dem Wagen und stand neben mir im Gras.

»Sie sind also noch nie hier gewesen, Sir?« fragte er mich zum zweiten Mal und blickte mich fest an.

»Noch nie!« antwortete ich ein bißchen zu schroff. »Und ich sterbe wirklich nicht vor Sehnsucht, wenn ich wieder weg bin.«

»Merkwürdig«, murmelte er, »sehr, sehr merkwürdig. Ich werde Sie begleiten.«

Er sprach noch einen Augenblick mit seinen Töchtern, als müßte er sie beruhigen; dann gingen wir beide quer über die wellige Wiese zum Haus am Kap. Er schien kein Verlangen nach einer Unterhaltung zu haben, und meine eigenen Gedanken waren mit der Tragödie noch viel zu beschäftigt.

Als wir etwa fünfzig Meter vom Haus entfernt waren, stellte er mir jedoch eine einzige Frage.

»Rupert Carlingham hat seine Frau zum Kap getragen, sagten Sie?«

»Über die Schulter hatte er sie gelegt«, antwortete ich. »Und dann ...«

Aber der Arzt war unvermittelt stehengeblieben und starrte zum Haus hinüber, während sein Gesicht wieder jede Spur von Farbe verloren hatte.

»Mein Gott!« flüsterte er. »Im Zimmer brennt Licht... Licht brennt, Mann! Sehen Sie es denn nicht?«

»Ich ließ die Kerzen brennen«, sagte ich ungeduldig. »Wirklich, Doktor – wahrscheinlich kommt ein Mord bei Ihnen hier nicht oft vor, aber ...«

Ich ging einfach weiter, und er folgte mir. Langsam ging mir sein Gehabe auf die Nerven, die sowieso schon angegriffen waren. Die Haustür stand noch offen, wie ich sie zuletzt gesehen hatte, und in der von Spinnweben durchzogenen Diele blieb ich einen Augenblick stehen. Dann riß ich mich zusammen, trat in das Zimmer, in dem der Tote lag, blieb wiederum stehen und starrte mit offenem Mund auf den Fußboden ...

Die Kerzen auf dem Kaminsims flackerten immer noch; die Möbel standen noch genauso wie vorhin. Aber die Leiche John Trelawnays war verschwunden, spurlos und vollständig verschwunden.

»Das verstehe ich nicht, Doktor«, murmelte ich einfältig. »Als ich wegging, lag die Leiche noch dort.«

Der Arzt stand neben mir im Türrahmen, und plötzlich merkte ich, daß seine Augen mich unentwegt ansahen.

»Ich weiß«, sagte er, und seine Stimme klang ernst und feierlich. »Mit dem Kopf neben dem Stuhl.«

»Woher wissen Sie das?« rief ich erstaunt. »Haben Sie den Toten schon abgeholt?«

Er beantwortete meine Frage jedoch mit einer anderen.

»Fällt Ihnen in diesem Zimmer nicht irgend etwas Seltsames auf, Sir?« fragte er. »Auf dem Fußboden vielleicht?«

»Ich sehe nur eine Staubschicht«, stellte ich fest.

»Das stimmt«, sagte er. »Und in dieser Staubschicht müßten sich Fußabdrücke befinden. Ich sehe aber nur Ihre, die zum Kamin führen; andere kann ich nicht erkennen.«

Ich ergriff seinen Arm, als mir die Bedeutung seiner Worte klar wurde.

»Mein Gott!« flüsterte ich. »Was wollen Sie damit sagen?«

»Ich will damit sagen«, erwiderte er, »daß Rupert Carlingham zwar den jungen John Trelawnay ermordete und anschließend sich selbst sowie seine Frau umbrachte – aber bereits vor fünf Jahren, und damals tobte genauso ein Gewitter wie heute abend.«

DOROTHY L. SAYERS

Der Mann, der wußte wie

Mindestens zum zwanzigstenmal, seit der Zug Carlisle verlassen hatte, sah Pender vom ›Mord im Pfarrhaus‹ auf, und jedesmal begegneten seine Augen denen des Mannes, der ihm gegenübersaß.

Er runzelte ein wenig die Stirn. Es war irritierend, so unablässig beobachtet zu werden; und immer mit diesem leichten, höhnischen Lächeln. Noch irritierender war, daß man sich dadurch derart stören ließ. Pender wandte sich wieder seinem Buch zu, fest entschlossen, sich auf den ermordeten Geistlichen in der Bibliothek zu konzentrieren. Unglücklicherweise handelte es sich um eine dieser hochgestochenen Geschichten, in denen sich sämtliche aufregenden Ereignisse in dem ersten Kapitel zusammenballen, um sich dann in endlosen Schlußfolgerungen fortzusetzen und schließlich mit einer wissenschaftlichen Lösung zu enden. Der dünne Faden seines Interesses, auf dem Rad von Penders unkonzentriert arbeitendem Gehirn gesponnen, war endgültig abgerissen. Zweimal hatte er entscheidende Wendungen in der Geschichte einfach überlesen. Schließlich wurde ihm bewußt, daß seine Augen drei Seiten lang Buchstaben für Buchstaben aufgenommen hatten, ohne das Geringste von ihrem Sinn seinem Verstand mitzuteilen. Seine Gedanken beschäftigten sich nicht im entferntesten mit dem ermordeten Geistlichen – an die Oberfläche seines Bewußtseins trat immer klarer das Gesicht des anderen Mannes. Ein merkwürdiges Gesicht, dachte Pender.

Die Gesichtszüge an sich waren nicht außergewöhnlich; ihr Ausdruck war es, der Pender Furcht einflößte. Dieses Gesicht gehörte zu einem Menschen, der zum Schaden seiner Zeitgenossen eine ganze Menge wußte. Der leicht gekrümmte Mund preßte sich in den faltigen Winkeln fest aufeinander, so, als ob er sich Mühe gäbe, ein geheimes Vergnügen zu verbergen. Die Augen hinter dem randlosen Kneifer glitzerten neugierig. Doch dieser Eindruck konnte sehr wohl durch Lichtreflexe auf den Gläsern entstanden sein. Pender versuchte zu erraten, was für einem Beruf der Mann nachgehen mochte. Er war mit einem dunklen Gesellschaftsanzug, einem Regenmantel und mit einem schäbigen, weichen Hut bekleidet.

Pender räusperte sich überflüssigerweise, rückte sich in seiner Ecke zurecht und hob seinen Kriminalroman hoch vor sein Gesicht, auf eine Art, als ob er eine Barriere zwischen sich und seinem Gegenüber errichten wollte. Das war mehr als sinnlos. Er fühlte deutlich, daß der Mann dieses Manöver durchschaute und daß es ihn obendrein noch amüsierte. Ein unwiderstehliches Verlangen erfüllte ihn, unruhig auf seinem Platz hin und her zu rücken. Er wußte, daß es absurd war, doch in seiner Einbildung hätte das für seinen Quälgeist den Sieg bedeutet. Dieses Bewußtsein zwang ihn in einen so angespannten und verkrampften Zustand, daß es geradezu eine physische Unmöglichkeit für ihn wurde, seine Aufmerksamkeit auf das Buch zu konzentrieren.

Vor Rugby kam keine Station mehr, und es war unwahrscheinlich, daß irgendein Mitreisender vom Gang her das Abteil betreten würde, um diese unerfreuliche Zweisamkeit zu beenden. Aber irgend etwas mußte geschehen. Das Schweigen hatte so lange zwischen ihnen gelastet, daß jede noch so triviale Bemerkung wie das Rasseln einer Alarmglocke in die gespannte Atmosphäre hineinplatzen würde. So empfand es jedenfalls Pender. Man könnte natürlich einfach auf den Gang hinausgehen und nicht wieder zurückkehren, aber das würde ein klares Eingeständnis der Niederlage sein. Pender ließ den ›Mord im Pfarrhaus‹ sinken.

»Genug davon?« fragte der Mann.

»Nachtreisen sind immer ein bißchen langweilig«, gab Pender halb erleichtert, halb widerwillig zurück. »Möchten Sie ein Buch?«

Er holte ›The Paper-Clip Clue‹ aus seiner Diplomatentasche heraus und hielt es ihm hoffnungsvoll entgegen. Der andere Mann warf einen flüchtigen Blick auf den Titel und schüttelte den Kopf.

»Vielen Dank«, sagte er, »aber ich lese niemals Kriminalromane. Sie sind so – unzulänglich, finden Sie nicht?«

»Sicherlich fehlt ihnen manchmal Charakteristik und menschliches Interesse«, entgegnete Pender. »Doch auf einer Eisenbahnfahrt –«

»Das ist es nicht, was ich meine«, fiel ihm sein Gegenüber ins Wort. »Ich bin nicht interessiert an der menschlichen Natur. Aber alle diese Mörder sind so unfähig – sie langweilen mich.«

»Na, ich weiß nicht...«, widersprach Pender. »Auf jeden Fall haben sie meist mehr Phantasie und Scharfsinn als die Mörder im wirklichen Leben.«

»Als die Mörder, die im wirklichen Leben entdeckt werden – ja«, gab der Mann zu.

»Sogar einige von denen machten ihre Sache recht geschickt, bevor sie erwischt wurden«, wandte Pender ein. »Crippen, zum Beispiel. Er wäre nie geschnappt worden, wenn er nicht den Kopf verloren hätte und nach Amerika durchgebrannt wäre. Dann –

George Joseph Smith. Er lebte recht erfolgreich, sogar mit zwei Bräuten, bevor ihm das Schicksal und die ›News of the World‹ ein Bein stellten.«

»Das schon«, sagte der andere Mann. »Aber sehen Sie denn nicht die Unbeholfenheit, den ganzen komplizierten Aufbau, die Lügen, das überflüssige Drum und Dran?«

»Aber ich bitte Sie!« widersprach Pender. »Sie können schließlich nicht erwarten, einen Mord zu begehen und dann so simpel weiterzuleben, als wäre nichts geschehen!«

»Ah! Das ist also Ihre Meinung?« fragte der Mann.

Pender wartete darauf, wie er diese Bemerkung weiter ausbauen würde, aber es folgte nichts mehr. Der Mann lehnte sich zurück und lächelte in seiner geheimnisvollen Art zur Decke des Abteils hinauf. Er machte den Eindruck, als ob er die Unterhaltung nicht für interessant genug hielte, um sie weiterzuführen. Pender, der wieder sein Buch aufnahm, ertappte sich dabei, wie er aufmerksam die Hände seines Reisegenossen betrachtete. Sie waren blaß und überraschend langfingrig. Fasziniert beobachtete er, wie sie sanft die Knie ihres Besitzers tätschelten. Er wandte resolut eine Seite seines Buches um – dann legte er das Buch wieder weg und sagte:

»Gut, wenn es so leicht ist, wie würden dann *Sie* einen Mord arrangieren?«

»Ich?« wiederholte der Mann. Das Licht, das auf die Gläser seines Kneifers fiel, ließ seine Augen völlig ausdruckslos erscheinen, aber seine Stimme klang leicht amüsiert. »Das ist etwas anderes. Ich müßte nicht zweimal darüber nachdenken.«

»Warum nicht?«

»Weil ich zufällig weiß, wie man es macht.«

»Ah! Tatsächlich?«

»Oh, da gehört nicht viel dazu.«

»Wie können Sie sich dessen so sicher sein? Ich nehme nicht an, daß Sie es ausprobiert haben?«

»Das ist nicht eine Sache des Ausprobierens«, meinte der Mann. »An meiner Methode ist nichts Aufregendes, das ist gerade das Schöne dabei.«

»Das kann man leicht sagen«, winkte Pender spöttisch ab. »Wollen Sie mir Ihre wundervolle Methode nicht verraten?«

»Das können Sie wohl nicht im Ernst von mir erwarten, nicht wahr?« sagte der Mann und musterte Pender fast neugierig. »Das könnte gefährlich sein. Sie sehen zwar harmlos genug aus, aber wer könnte noch harmloser als Crippen ausschauen? Niemand ist so beschaffen, daß man ihm die absolute Macht über das Leben anderer Menschen anvertrauen könnte.«

»Unsinn!« ereiferte sich Pender. »Ich würde nie auch nur daran denken, jemanden zu ermorden!«

»O doch. Sie würden«, beharrte der Mann. »Wenn Sie wirklich daran glaubten, daß es ungefährlich für Sie wäre! Sie und jeder andere. Warum denken Sie wohl, daß von Kirche und Staat um den Mord alle diese ungeheuer kunstreichen Barrieren aufgebaut wurden? Genau deshalb, weil es sich um ein Verbrechen handelt, zu dem jedermann fähig ist – das so natürlich ist wie das Atmen.«

»Aber das ist doch absurd!« rief Pender erregt.

»So? Meinen Sie? Genau das würden die meisten Leute sagen. Aber ich würde keinem von ihnen trauen. Nicht, wenn sie im Besitz von Sulfaten des Thanatol sind, das man übrigens für zwei Pence in jeder Drogerie kaufen kann.«

»Sulfate von was?« fragte Pender scharf.

»Oho! Sie bilden sich wohl ein, daß ich etwas verrate? Nun, es ist eine Mischung von diesem und jenem oder zwei anderen Dingen – alle gleich gebräuchlich und billig. Für neun Pence könnte man genug davon erwerben, um das gesamte Parlament zu vergiften. Aber das wäre natürlich dumm, die ganze Clique auf einmal zu beseitigen; es könnte ein bißchen komisch aussehen, wenn sie alle auf die gleiche Weise in ihren Badewannen sterben würden.«

»Wieso in ihren Badewannen?«

»Weil das die Art ist, wie es sie erwischen würde. Es ist die Funktion des heißen Wassers, das die Wirkung von dem Zeug hervorbringt, verstehen Sie? Jederzeit, zwischen ein paar Stunden und einigen Tagen, nachdem die Droge eingenommen wurde. Es ist eine völlig einfache, chemische Reaktion, und es gibt keine Möglichkeit der Entdeckung bei einer Untersuchung. Es würde genau wie ein Herzschlag aussehen.«

Pender starrte ihn mißtrauisch an. Er konnte dieses Lächeln nicht ausstehen. Es war nicht nur ironisch, es war blasiert, fast schadenfroh – triumphierend! Er konnte keine wirklich passende Bezeichnung dafür finden.

»Wissen Sie«, fuhr der Mann fort, nachdenklich eine Pfeife aus seiner Jackentasche holend. Er begann sie umständlich zu stopfen, »es ist eigentlich komisch, wie oft man liest, daß Leute tot in ihren Badewannen aufgefunden wurden. Es muß ein recht häufiger Unfall sein. Direkt verlockend. Letzten Endes hat ein Mord etwas Faszinierendes an sich. Die Idee wächst in einem – nimmt von dem ganzen Menschen Besitz ... Das heißt, ich stelle es mir so vor, verstehen Sie?«

»Sehr wahrscheinlich, daß es so ist«, sagte Pender lahm.

»Denken Sie an Palmer. Erinnern Sie sich an Gesina Gottfried. Denken Sie an Armstrong. Nein! Ich würde niemandem in der Welt trauen, der diese chemische Formel kennt. Nicht einmal einem so tugendhaften jungen Mann wie Ihnen.«

Die langen weißen Finger klopften den Tabak nachdrücklich in den Pfeifenkopf und zündeten ein Streichholz an.

»Aber wie ist es mit Ihnen?« fragte Pender verwirrt. Er war verärgert. Niemand legt Wert darauf, als tugendhafter junger Mann bezeichnet zu werden. »Wenn niemand so beschaffen ist, daß man ihm vertrauen kann –«

»Dann bin ich es auch nicht, wie?« beendete der Mann Penders angefangenen Satz. »Well – das ist richtig. Aber das hieße das Thema wiederkäuen, nicht wahr? Ich kenne die Formel, und das kann ich nicht ungeschehen machen. Das ist ein Unglück – aber nun kann man es nicht mehr ändern. Auf jeden Fall haben Sie die Beruhigung, daß *mir* nicht so leicht etwas Unerfreuliches passieren kann. Du lieber Himmel! Das ist ja schon Rugby. Ich steige hier aus. Habe hier eine geschäftliche Angelegenheit zu erledigen.«

Er stand auf, schüttelte sich ein wenig und knöpfte den Regenmantel zu. Dann drückte er den schäbigen Hut tiefer über die rätselhaft funkelnden Gläser seines Kneifers. Der Zug verlangsamte seine Fahrt und hielt. Mit einem kurzen »Gute Nacht« und einem schiefen Lächeln stieg er aus. Pender sah ihm nach, wie er schnell den Bahnsteig entlangging.

»Verrückt«, murmelte Pender, sonderbar erleichtert. »Gott sei Dank, es sieht so aus, als ob ich nun das Abteil für mich alleine haben werde.«

Er wandte sich wieder dem ›Mord im Pfarrhaus‹ zu, doch seine Gedanken waren woanders.

Wie hieß doch gleich wieder das Zeug, von dem der Kerl geredet hatte? Nicht um alles in der Welt hätte er sich an den Namen erinnern können.

Es war am folgenden Nachmittag, daß Pender die Notiz im ›Standard‹ las. Wenn sein Blick nicht an dem Wort ›Badewanne‹ hängengeblieben wäre, hätte er sicherlich die kurze Nachricht überlesen:

Wohlhabender Fabrikant stirbt in der Badewanne!

Ehefrau entdeckt die Tragödie

Eine schreckliche Entdeckung machte heute morgen Mrs. John Brittlesea, die Ehefrau des bekannten Direktors der Brittleseas Engineering Werke in Rugby. Da ihr Ehemann, den sie noch vor einer Stunde wohlbehalten und gesund gesprochen hatte, nicht rechtzeitig zum gemeinsamen Frühstück erschien, suchte sie ihn im Badezimmer, wo sie ihn, nachdem man die verriegelte Tür aufgebrochen hatte, tot in der Badewanne liegend fand. Nach Feststellung des Arztes war Brittlesea bereits vor einer halben Stunde gestorben. Als Todesursache wird Herzschlag angegeben. Der verstorbene Fabrikant...

Ein komischer Zufall, sagte sich Pender. Noch dazu in Rugby! Mein unbekannter Freund würde sich sehr dafür interessieren, wenn er noch dort ist, um seine geschäftliche Angelegenheit zu erledigen. Möchte eigentlich wissen, was für eine Art von Geschäften er betreibt ...

Es ist eine sonderbare Sache, wie man dauernd auf die gleichen Umstände trifft, wenn die Aufmerksamkeit erst einmal darauf gelenkt ist. Diese Umstände scheinen dann direkt hinter einem herzujagen. Angenommen man bekommt eine Blinddarmentzündung: augenblicklich füllen sich die Spalten der Zeitungen mit Nachrichten über Staatsmänner, die an Blinddarmentzündung erkranken, und Opfern, die daran sterben. Man erfährt, daß beinahe alle Bekannten, oder wenigstens ihre Freunde, daran gelitten haben oder daran gestorben sind – oder sich viel schneller davon erholten als man selbst. Es ist ausgeschlossen, eine Zeitschrift aufzuschlagen, ohne auf einen Artikel zu stoßen, der die Heilung davon als Triumph der modernen Chirurgie bezeichnet oder zumindest über einen wissenschaftlichen Vergleich des wurmförmigen Blinddarms von Männern und Affen berichtet. Wahrscheinlich war die Beachtung des Blinddarms zu allen Zeiten die gleiche; nur daß man das erst in diesem Augenblick bemerkt, da die eigene Aufmerksamkeit sich darauf richtet. Auf jeden Fall ging es Pender so, daß er plötzlich entdeckte, mit welcher außergewöhnlichen Häufigkeit Leute in ihren Badewannen zu sterben schienen.

Die Fälle verfolgten ihn geradezu. Jedesmal dieselbe Reihenfolge von Tatsachen: das heiße Bad, die Entdeckung der Leiche, die gerichtliche Untersuchung. Und immer das gleiche medizinische Ergebnis: Herzschlag, infolge zu heißen Badens. Pender kam zu dem Schluß, daß es keineswegs ungefährlich war, in die mit heißem Wasser gefüllte Badewanne zu steigen. Er begann sein eigenes Bad jeden Tag ein wenig kälter zu nehmen, bis es geradezu ungemütlich wurde.

Jeden Morgen, noch bevor er sich hinsetzte, um in Ruhe die Nachrichten zu studieren, suchte er die Zeitung nach Schlagzeilen über einen Unfall im Badezimmer ab und war sofort erleichtert, aber gleichzeitig irgendwie enttäuscht, wenn eine Woche vorüberging, ohne daß sich eine Tragödie dieser Art ereignete.

Einer von diesen plötzlichen Todesfällen, von denen er auf solche Weise erfuhr, ereilte eine junge, schöne Frau, deren Ehemann, ein Chemiker, einige Monate vorher erfolglos versucht hatte, sich von ihr scheiden zu lassen. Der staatliche Untersuchungsrichter schöpfte Verdacht und unterzog den Ehemann einer Reihe von Kreuzverhören. Es gelang ihm nicht, den medizinischen Befund des Arztes zu erschüttern. Pender, über die phantastische, unglaubliche Möglichkeit brütend, wünschte leidenschaftlich, wie jeden Tag seit seiner Begegnung mit dem Unbekannten in dem Zug, daß er sich an den Namen der Droge erinnern könnte, die der Mann erwähnt hatte.

Dann brach die Aufregung in Penders eigene Nachbarschaft ein. Der alte Mr. Skimmings, der allein mit seiner Haushälterin gerade um die Ecke wohnte, wurde tot in seinem Badezimmer aufgefunden. Sein Herz war nie sehr kräftig gewesen. Die Haushälterin sagte zu dem Milchmann, daß sie immer etwas dieser Art erwartet hatte, weil der alte Herr darauf bestand, sein Bad so heiß zu nehmen. Pender ging zu der gerichtlichen Untersuchung.

Die Haushälterin machte ihre Aussage. Mr. Skimmings war immer außerordentlich gut und freundlich zu ihr gewesen, und sie nahm es schwer, daß sie ihn nun für immer verloren hatte. Nein, sie hatte keine Ahnung gehabt, daß Mr. Skimmings ihr eine recht ansehnliche Summe Geldes hinterlassen würde, doch das zeigte, was für ein gütiges Herz er gehabt hatte. Der Wahrspruch lautete auf Tod durch Unglücksfall.

Wie gewöhnlich, machte Pender auch an diesem Abend seinen Spaziergang mit dem Hund. Eine besondere Neugier trieb ihn, an dem Haus des verstorbenen Mr. Skimmings vorbeizugehen. Als er langsam vorbeischlenderte, verstohlen die leeren Fenster beobachtend, öffnete sich die Gartentür, und ein Mann kam heraus. In dem Lichtkreis einer Straßenlampe erkannte Pender ihn sofort.

»Hallo!« sagte er.

»Ach, Sie sind's«, antwortete der Mann. »Besehen sich wohl den Schauplatz der Tragödie, wie? Was denken *Sie* über diesen Fall?«

»Was soll ich darüber denken? Nichts Besonderes«, sagte Pender. »Ich kannte ihn nicht persönlich. Komisch, daß wir uns auf diese Weise wieder begegnen.«

»Ja, nicht wahr? Ich nehme an, daß Sie hier in der Nähe wohnen.«

»Ja«, gab Pender zu und wünschte, er hätte es nicht getan. »Wohnen Sie auch in diesem Viertel?«

»Ich?« fragte der Mann. »Nein. Habe hier nur eine geschäftliche Angelegenheit zu erledigen gehabt.«

»Das letzte Mal, als wir uns trafen, waren Sie in Geschäften in Rugby«, bemerkte Pender. Sie gingen nun im gleichen Schritt nebeneinander her, sich langsam der Ecke nähernd, hinter der Penders Haus lag.

»Stimmt«, nickte der Mann. »Meine Geschäfte bringen mich im ganzen Land herum. Ich weiß nie vorher, wo ich am nächsten Tag benötigt werde.«

»Sie müßten sich gerade in Rugby aufgehalten haben, als man den alten Brittlesea tot in seiner Badewanne fand, stimmt es?« erwähnte Pender beiläufig.

»Ja. Komische Sache, der Zufall.« Der Mann blickte ihn von der Seite durch seine funkelnden Kneifergläser an. »Hinterließ alles seiner Frau, glaube ich. Sie ist nun eine reiche Witwe. Sieht übrigens attraktiv aus. Sie war viel jünger als er.«

Sie waren an Penders Haustür angelangt. »Kommen Sie auf einen Drink mit herein«, forderte ihn Pender auf und bereute sofort seine impulsive Einladung.

Der Mann war einverstanden, und sie gingen in Penders Bibliothek.

»In letzter Zeit sind auffallend viele dieser Unfälle beim Baden passiert, finden Sie nicht?« begann Pender im leichten Unterhaltungston, während er Sodawasser in die Whiskygläser goß.

»Sie finden das auffallend?« sagte der Mann in seiner irritierenden Weise, alles in Frage zu stellen, worüber immer man auch mit ihm redete. »Tja – ich weiß nicht. Vielleicht ist es wirklich so. Aber es war immer schon ein ziemlich häufiger Unfall.«

»Kann sein, daß ich seit unserer Unterhaltung damals im Zug mehr darauf achte.« Pender lachte ein wenig selbstbewußt. »Sie wissen, wie das ist. Ich habe mich nur gefragt, ob nicht etwa doch noch jemand anders diese – diese Formel – wie heißt sie gleich wieder – kennt?«

Der Mann ignorierte die Frage.

»Das glaube ich nicht«, meinte er überzeugt. »Ich bilde mir ein, der einzige Mensch zu sein, der darüber Bescheid weiß. Ich bin selber nur zufällig darauf gekommen, als ich etwas anderes suchte. Es ist unwahrscheinlich, daß es gleichzeitig in so vielen Teilen des Landes entdeckt worden sein sollte. Übrigens – alle diese gerichtlichen Urteile zeigen deutlich, was für ein todsicherer Weg es wäre, wenn jemand einen Menschen beseitigen wollte.«

»Sie sind also Chemiker?« fragte Pender, in der Hoffnung, auf diese Weise etwas aus ihm herauszubringen.

»Oh – ich bin ein wenig von allem. Ein ›Hans-Dampf-in-allen-Gassen‹, gewissermaßen. Ich befasse mich mit allen möglichen Dingen. Sie haben hier einige recht interessante Bücher, wie ich sehe.«

Pender fühlte sich geschmeichelt. Für einen Mann in seiner Position – er hatte in einer Bank gearbeitet, bevor er zu seinem kleinen Vermögen gekommen war – konnte man schon sagen, daß er sein Wissen beachtlich erweitert hatte. Er wußte, daß seine Sammlung von modernen Erstausgaben eines Tages wertvoll sein würde. Nicht ohne Stolz ging er zu seinem Bücherschrank hinüber und holte einige Werke heraus, um sie seinem Gast zu zeigen.

Der Mann gab vor, sich dafür zu interessieren, und trat an seine Seite.

»Habe ich recht, wenn ich annehme, daß diese Ihren persönlichen Geschmack repräsentieren?« Er zog einen Band von Henry James heraus und warf einen Blick auf das Vorsatzblatt. »Ist das Ihr Name? E. Pender?«

Pender bestätigte es. »Sie haben sich noch nicht vorgestellt«, fügte er hinzu.

»Ach so! Ich bin einer von der großen Smith-Familie«, erklärte der andere humorlos. »Bloß einer von den vielen, die sich ihr tägliches Brot verdienen müssen. Sie scheinen sich hier sehr nett eingerichtet zu haben.«

Pender informierte ihn kurz über seinen Bankberuf und über die Erbschaft.

»Sehr angenehm, nicht wahr?« sagte Smith. »Nicht verheiratet? Nein. Sie sind ein Glückspilz. Sieht nicht so aus, als ob Sie in nächster Zeit irgendein Sulfat von – oder eine andere nützliche Droge benötigen werden. Und Sie werden nie in die Verlegenheit kommen, wenn Sie sich an das halten, was Sie haben, und sich vor Frauen und Spekulationen in acht nehmen.«

Er lächelte Pender von unten herauf an. Jetzt, da er seinen Hut abgelegt hatte, war eine Menge kleingelockter grauer Haare zum Vorschein gekommen. Er wirkte älter als damals in dem Eisenbahnabteil.

»Nein. Ich denke, daß ich vorerst noch nicht um Ihren Beistand zu bitten brauche«, stimmte Pender lachend zu. »Abgesehen davon – wie könnte ich Sie finden, für den Fall, daß ich es wünschte?«

»Das haben Sie gar nicht nötig«, sagte Smith. »*Ich* würde *Sie* finden. Das ist keine Schwierigkeit.« Er grinste merkwürdig. »Well, ich denke, es ist besser, wenn ich nun gehe. Vielen Dank für die Gastfreundschaft. Ich nehme nicht an, daß wir uns noch einmal begegnen werden – aber es ist natürlich möglich.«

Als er weggegangen war, kehrte Pender wieder zu seinem Sessel zurück. Er nahm das Glas mit Whisky in die Hand, das vor ihm auf dem Tisch stand. Es war noch beinahe voll.

»Komisch«, redete er laut mit sich selbst. »Ich kann mich nicht erinnern, daß ich es eingeschenkt habe. Ich muß es mechanisch getan haben.« Während seine Gedanken sich mit Smith beschäftigten, trank er langsam das Glas leer.

Was hatte Smith in Skimmings Haus zu tun gehabt?

Alles in allem eine merkwürdige Geschichte. Wenn nun Skimmings Haushälterin doch von dem Geld gewußt hatte ... Aber sie hatte es nicht, und wenn, wie wäre sie dann an Smith und seine Sulfate des – der Name lag ihm nun auf der Zunge.

›Sie haben es nicht nötig, mich zu finden. *Ich* würde *Sie* finden.‹ Was der Mann nur damit gemeint hatte? Das ist ja purer Unsinn! Smith war aller Wahrscheinlichkeit nach nicht der Teufel persönlich. Doch wenn er tatsächlich über diese geheimnisvolle Zusammensetzung der Droge verfügte – wenn er sie um einen bestimmten Preis verriet ... Blödsinn!

Geschäfte in Rugby – eine kleine geschäftliche Angelegenheit in Skimmings Haus ... Was für eine Idiotie!

›Niemand ist so beschaffen, daß man ihm trauen könnte. *Absolute* Macht über das Leben eines anderen Menschen ... die Idee wächst in einem.‹

Das ist ja Wahnsinn! Und wenn etwas daran sein sollte, dann war dieser Mann irrsinnig, mit ihm darüber zu sprechen. Wenn er, Pender, sich einfallen ließe zu reden, dann konnte der Kerl aufgehängt werden. Seine Existenz wäre mehr als gefährlich für diesen Burschen.

Der Whisky!

Je mehr er darüber nachdachte, um so überzeugter wurde Pender, daß er ihn sich niemals selber eingegossen hatte. Smith mußte es in einem Moment getan haben, da er ihm den Rücken zugewandt hatte. Warum dieses plötzliche Interesse an dem Bücherschrank?

Es hatte in keinem Zusammenhang mit der Unterhaltung vorher gestanden. Nun, da Pender es sich überlegte, stellte er fest, daß es ein sehr starker Whisky gewesen war. War es nun Einbildung, oder hatte er tatsächlich einen seltsamen Nachgeschmack gehabt?

Auf Penders Stirne brach kalter Schweiß aus.

Eine Viertelstunde später, nachdem er ein großes Glas Milch getrunken hatte, ging Pender hinunter und setzte sich so nahe an das Kaminfeuer als möglich. Er fühlte sich kalt bis auf die Knochen. Mit knapper Not war er noch einmal davongekommen. Wenn er es wirklich war. Er hatte keine Vorstellung, wie das Zeug wirkte, aber er würde einige Tage kein heißes Bad nehmen. Man konnte nie wissen.

War es nun die Milch gewesen, die ihre Wirkung getan hatte, oder war es tatsächlich so, daß das heiße Bad ein unentbehrlicher Teil der todbringenden Methode war – auf jeden Fall war Penders Leben für dieses Mal gerettet. Aber er fühlte sich immer noch beunruhigt. Ängstlich sorgte er dafür, daß seine Haustür mit einer Sicherheitskette verschlossen blieb, und warnte außerdem noch seine Haushälterin, keine Fremden in das Haus zu lassen.

Er bestellte zwei Tageszeitungen mehr und obendrein noch die ›News of the World‹ für den Sonntag. Mit Sorgfalt studierte er täglich die Berichte. Todesfälle im Badezimmer wurden für ihn zu einer fixen Idee. Er gewöhnte sich daran, bei den gerichtlichen Nachuntersuchungen dabei zu sein.

Drei Wochen später befand er sich in Lincoln. Ein Mann war in einer Sauna vom Herzschlag getroffen worden. Das Gericht hatte, nachdem es zu dem Schluß gekommen war, daß es sich um einen Unglücksfall gehandelt habe, noch hinzugefügt, es sei Pflicht der Direktion, die Badegäste künftig einer genaueren Kontrolle zu unterziehen und außerdem dafür zu sorgen, daß sich niemals jemand unbeaufsichtigt in dem heißen Raum aufhalte.

Als Pender sich seinen Weg durch die Menschenmenge im Flur bahnte, entdeckte er plötzlich in einiger Entfernung vor sich einen schäbigen Hut, der ihm bekannt vorkam. Er drängte sich durch und erwischte Mr. Smith gerade in dem Augenblick, da er in ein Taxi einsteigen wollte.

»Smith!« schrie er, ein wenig nach Luft schnappend. Er griff hart nach seiner Schulter.

»Was, schon wieder Sie?« sagte Smith. »Sie haben sich wohl mit diesem Fall beschäftigt, wie? Kann ich Ihnen irgendwie behilflich sein?«

»Sie – Sie Teufel!« kreischte Pender. »Sie haben die Finger dabei im Spiel! Sie versuchten mich damals zu ermorden!«

»Was Sie nicht sagen? Warum sollte ich das tun?«

»Dafür werden Sie hängen!« schrie Pender drohend.

Ein Polizist bahnte sich einen Weg durch den Menschenauflauf, der sich um die beiden angesammelt hatte.

»He!« sagte er streng. »Was ist denn hier los?«

Smith tupfte sich mit dem Zeigefinger auf die Stirn.

»Nicht weiter wichtig, Officer«, sagte er. »Dieser Herr hier scheint der Ansicht zu sein, daß ich eine schlechte Rolle in diesem Fall spielte. Hier ist meine Karte. Der Untersuchungsrichter kennt mich. Der Herr hier griff mich an. Es wird gut sein, wenn Sie ihn im Auge behalten.«

»Das stimmt«, sagte einer der Umstehenden.

»Dieser Mann versuchte mich zu ermorden«, erklärte Pender.

Der Polizist nickte.

»Lassen Sie es gut sein, Sir«, riet er. »Sie werden

es sich noch anders überlegen. Die Hitze dort drinnen hat Sie vermutlich durcheinandergebracht. Ist schon gut, ist schon gut.«

»Aber ich bestehe darauf, daß er verhaftet wird«, beharrte Pender.

»Das würde ich an Ihrer Stelle bleiben lassen«, meinte der Polizeibeamte gutmütig.

»Aber wenn ich Ihnen sage, daß dieser Mann versucht hat, mich zu vergiften! Er ist ein Mörder. Er hat eine ganze Anzahl von Menschen vergiftet!«

Der Beamte zwinkerte Smith zu.

»Das beste ist, Sie fahren jetzt, Sir«, sagte er. »Ich werde das schon in Ordnung bringen. Nun, mein Freund« – er hielt Pender mit hartem Griff am Arm fest – »jetzt beruhigen Sie sich erst mal. Dieser Herr heißt nicht Smith. Sie haben das irgendwie verwechselt.«

»Gut. Aber wie heißt er denn?« verlangte Pender zu wissen.

»Das tut nichts zur Sache«, antwortete der Polizist. »Sie lassen ihn besser in Ruhe, oder Sie werden sich eine Menge Schwierigkeiten machen.«

Das Taxi war inzwischen weggefahren. Pender blickte verwirrt in die amüsierten Gesichter der Umstehenden.

»Also gut, Officer«, sagte er schließlich. »Ich habe nicht die geringste Absicht, Ihnen Schwierigkeiten zu machen. Ich will mit Ihnen zur Polizeistation gehen und dort die Sache erklären.«

»Was halten Sie von dem?« fragte der Inspektor den Sergeanten, nachdem Pender aus der Polizeistation hinausgestolpert war.

»Der hat nicht alle Tassen im Schrank, wenn Sie mich nach meiner Meinung fragen«, antwortete sein Untergebener. »Muß so was wie 'ne fixe Idee haben, oder wie man das nennt.«

»Hm«, machte der Inspektor. »Wir haben jedenfalls seinen Namen und die Adresse notiert. Kann sein, daß er nochmal irgendwo auftaucht. Leute vergiften, so daß sie sterben, wenn sie ein heißes Bad nehmen! Was für eine Idee, wie? Das ist kein schlechter Witz. Man muß sich nur wundern, was sich diese Halbverrückten alles ausdenken!«

Der Frühling zeigte sich dieses Jahr kalt und neblig. Es war im März, als Pender zu einer gerichtlichen Untersuchung nach Deptford fuhr. Eine so undurchdringliche Nebeldecke lag über dem Fluß, daß man hätte glauben können, es wäre November. Die Kälte fraß sich einem bis auf die Knochen durch. Der schäbige kleine Gerichtssaal war in ein gelbes Zwielicht getaucht. Pender konnte kaum die Zeugen erkennen, als sie vor den Richtertisch traten. Jedermann schien erkältet zu sein. Auch Pender hustete. Seine Knochen schmerzten ihn, und er hatte ein Gefühl, als ob er demnächst Grippe bekommen würde.

Er strengte seine Augen an, da er glaubte, auf der anderen Seite des Raumes ein Gesicht erkannt zu haben. Aber der schmierige Nebel, der durch jede Spalte eindrang, reizte und blendete seine Augen. Er steckte tastend seine Hand in die Manteltasche. Sie schloß sich beruhigt um etwas Dickes und Schweres. Seit jenem denkwürdigen Tag in Lincoln hatte er beschlossen, sich zu seinem eigenen Schutz zu bewaffnen. Ein Revolver kam nicht in Frage – er verstand nicht mit Feuerwaffen umzugehen. Ein Schlagring eignete sich viel besser zu diesem Zweck. Er hatte ihn von einem alten Mann gekauft, der mit einem Handkarren herumzog.

Wieder einmal hatte es mit dem unvermeidlichen Wahrspruch der Jury geendet. Die Besucher drängten aus dem Raum hinaus. Pender mußte sich beeilen, wenn er seinen Mann nicht aus den Augen verlieren wollte. An der Tür war er ihm fast so nahe gekommen, daß er ihn hätte berühren können, aber eine dicke Frau schob sich dazwischen. Er drängte sie vorwärts, und sie gab einen leisen Laut der Entrüstung von sich. Der Mann vor ihm wandte den Kopf. Das Licht über der Tür reflektierte in seinen Kneifergläsern.

Pender zog hastig seinen Hut tiefer in die Stirn und folgte ihm. Seine Schuhe hatten Gummisohlen und machten keinerlei Geräusch auf dem Pflaster des Bürgersteigs. Der Mann ging, ohne sich ein einziges Mal umzusehen, die Straße hinauf und bog nach einiger Zeit in eine andere ein. Der Nebel war so undurchdringlich, daß Pender gezwungen war, ihm in nur wenigen Schritten Abstand zu folgen. Wohin mochte er gehen? Würde er in eine beleuchtete Straße einbiegen? Oder wollte er mit dem Bus oder der Straßenbahn heimfahren? Nein. Jetzt bog er rechts in eine schmale Gasse ein.

Der Nebel war hier womöglich noch dichter. Pender konnte sein Wild nicht mehr sehen, aber er konnte die Schritte vor sich hören, wie sie im gleichmäßigen Rhythmus ihren Weg verfolgten. Das seltsame Gefühl ergriff ihn, als ob nur er und dieser Mann allein auf der Welt wären – Jäger und Gejagter, Rächer und Schuldiger. Die Straße begann sich sanft zu neigen.

Ganz plötzlich wichen die schattenhaften Umrisse der Häuser an beiden Seiten zurück. Ein offener Platz, mit einer undeutlich sichtbaren Lampe in der Mitte, tauchte durch den Nebel auf. Die Schritte verstummten. Pender, sich in lautloser Eile nähernd, sah, wie der Mann dicht neben der Lampe stand. Offensichtlich suchte er etwas in seinem Notizbuch.

Vier Schritte – und Pender stand dicht hinter ihm. Er zog den Schlagring aus der Manteltasche.

Der Mann hob den Kopf.

»Diesmal habe ich dich«, sagte Pender und schlug mit ganzer Kraft zu.

Pender hatte sich nicht getäuscht, er bekam wirklich Grippe. Es verging eine ganze Woche, bis er wieder ausgehen konnte. Das Wetter hatte sich geändert, und die Luft war von einer süßen Frische. Anstatt sich nach der Krankheit schwach zu fühlen, war ihm, als ob man ein schweres Gewicht von seinen Schultern genommen hätte. Er schlenderte zu seinem bevorzugten Buchladen am Strand und erwarb eine Erstausgabe von D.H.Lawrence zu einem Preis, den man einen guten Handel nennen konnte. Durch den günstigen Einkauf in gute Laune versetzt, betrat er ein billiges kleines Restaurant, das in der Hauptsache von Journalisten aufgesucht wurde, und bestellte sich ein Kotelett vom Grill und einen halben Krug Bier.

Am Tisch nebenan saßen zwei Journalisten.

»Gehst du zur Beerdigung vom armen alten Buckley?« fragte der eine.

»Ja«, entgegnete der andere. »Armer Teufel! Eine Gemeinheit, auf diese Weise niedergeschlagen zu werden. Er muß auf dem Weg zu dem Interview mit der Witwe von dem Burschen gewesen sein, der in der Badewanne starb. Das ist ein übles Viertel. Vermutlich war es einer von der Jimmy-Card-Bande. Er war ein großartiger Kriminalreporter – so einen bekommen sie nicht gleich wieder.«

»Und außerdem einer von den anständigen. Ein verläßlicher Bursche. Keiner von denen, die einen hereinlegen, wo sie nur können. Erinnerst du dich an seine sensationelle Story über Sulfate des Thanatol?«

Pender erstarrte. *Das* war der Name, den er seit vielen Monaten suchte. Ein merkwürdiges Schwindelgefühl ergriff ihn. Er nahm einen Schluck von dem Bier, um sich zu beruhigen.

»... schaute dich durchdringend wie ein Richter an«, redete der Journalist weiter. »Er pflegte diesen Trick auf seinen Reisen auszuprobieren, wenn er mit so einem armen Burschen allein im Abteil war. Wollte sehen, wie sie es aufnehmen. Du wirst es kaum glauben, aber einer hat ihm doch tatsächlich angeboten...«

»He!« unterbrach ihn sein Freund. »Der Kerl da drüben ist ohnmächtig geworden. Fiel mir vorher schon auf, wie blaß er war.«

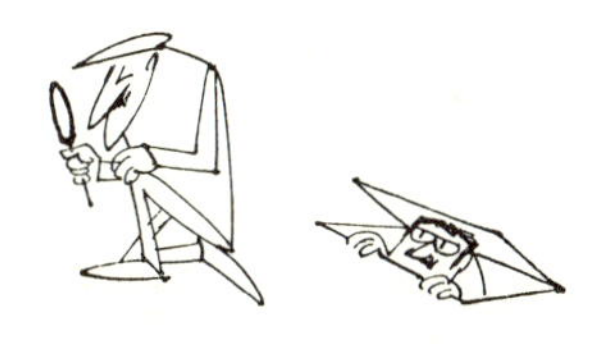

MICHAEL INNES

Ein Hundeleben

»Die Tat eines Menschen«, meinte der Chirurg, »steht häufig in einem merkwürdig unpassenden Verhältnis zu dem Motiv, das die Tat auslöste. Aus bloßer Langeweile werden Menschen zum Selbstmord, aus simpler Neugierde zum Mord getrieben.«

Der Philosoph streckte seine Hand nach der Karaffe aus. »Ich würde eher angenommen haben«, sagte er, »daß es genau umgekehrt der Fall ist. Die Langeweile bewirkt, daß wir uns nach irgendeiner entscheidenden Tat sehnen, und das Töten eines Menschen ist nun einmal die entscheidendste Tat, die wir ausführen können. Entsprechend wird Neugierde am stärksten durch das Geheimnis des Grabes ausgelöst. Und unsere einzige Möglichkeit, dieses Geheimnis zu lüften, liegt allein darin, in eigener Person hinabzusteigen und nicht einen anderen hineinzuschubsen ... Mein lieber Appleby, der Portwein ist wirklich famos.«

»Ich habe selbst eine ganze Reihe von Selbstmorden erlebt.« Der Anwalt knackte eine Walnuß und begutachtete sorgfältig ihren Kern. »Daß bei einigen Langeweile, bei anderen Neugierde dahinter steckte, will ich nicht leugnen. Bei weit mehr als einem Fall ging es jedoch um das Ansehen.«

»Um das Ansehen?« Der Chirurg stellte sein Glas ab. »Mein lieber Herr, Sie beunruhigen mich! Mein eigenes Ansehen ist für mich von größter Bedeutung!«

Der Rechtsanwalt lachte vor sich hin. »Dann müssen Sie sich eben etwas darum kümmern. Der Wunsch, wieder zu Ansehen zu kommen, ist ein fürchterlicher Mörder – das können Sie mir glauben. Und ich glaube, daß unser Gastgeber es Ihnen bestätigen wird.«

Es folgte eine Pause, in der die Erwartung wuchs, während Appleby wortlos zusah, wic die Karaffe um den Tisch herumgereicht wurde und dann wieder zu ihm zurückkehrte. »Ja«, sagte er dann zustimmend, »das muß ich allerdings. Ich habe eine Frau gekannt, die ihren Mann auf eine besonders entsetzliche und langwierige Weise vergiftete, um ihren guten Namen bei den Nachbarn nicht dadurch in einen schlechten Ruf zu bringen, daß sie mit einem anderen Mann einfach auf und davon ging. Und dann gibt es natürlich noch den Fall Lorio. Interessiert er Sie? Gut – dann können Sie selbst urteilen.

Ich war damals ein junger Mann und hatte gerade meinen ersten Urlaub, seit man mich zum C.I.D. versetzt hatte. Sehr aufregend war dieser Urlaub nicht, denn ich verbrachte ihn mit meiner Tante in Sheercliff, einem abgelegenen Ort, in den sie sich in regelmäßigen Abständen von dem anstrengenden Leben in Harrogate zurückzog. Sie war es auch, die mich losschickte, um Lorios Bekanntschaft zu machen. Robert Lorio stammte anscheinend aus einer guten Familie in der Grafschaft Yorkshire, was bedeutete, daß sein Name bei meiner Tante in einer Art Kartei geführt wurde, in der alle Personen verzeichnet waren, die man nicht ganz aus den Augen verlieren durfte. Die meisten Leute hatten jedoch, wie ich feststellte, Lorio tatsächlich aus den Augen verloren, und seine Frau Monica ebenfalls. Sie lebten völlig allein in einem Bauernhaus, das mit einem Bauernhof nicht das geringste mehr zu tun hatte, etliche Kilometer außerhalb des kleinen Städtchens. Die gewaltige Klippe, von der die Stadt ihren Namen hatte, lag ganz in der Nähe; und etwa eineinhalb Kilometer weiter ragte jenes berühmte Wahrzeichen auf, das High Head genannt wurde.

Meine Tante hatte nicht die Absicht, diese Leute selbst zu besuchen. In dieser Hinsicht war ihr Name meiner Tante nicht bedeutend genug. Es handelte sich lediglich darum, daß sie mich statt dessen hinschickte und damit deutlich zu verstehen gab, daß sie sie noch kannte. Folglich zog ich an einem windigen Vormittag los und stellte mich vor. Lorio erwies sich als ein mürrischer, ordinär aussehender Mann etwa mittleren Alters, dessen einziger Versuch, die Welt zu beeindrucken, darin bestand, daß er sich einen kurzen schwarzen Bart wachsen ließ. Jener betrübliche Zustand, der als ›verarmt‹ bezeichnet wird, schien ihm auf den Leib geschrieben zu sein und auch das ganze Anwesen zu kennzeichnen. An den Wänden sah man die nicht verblichenen Stellen, an denen irgendwann einmal ein Bild gehangen oder ein Schrank gestanden hatte, die sich in Eßbares verwandelt hatten. Wenn man jedoch tatsächlich an den kulinarischen Aspekt der Lorio'schen Verhältnisse gedacht hätte, wären jedem wahrscheinlich ganz andere Gedankenverbindungen eingefallen – vor allem zum Beispiel Molchsaugen und Froschzehen in einer Sauce aus Pavianblut. Monica Lorio zumindest war mit Sicherheit eine Hexe. Dunkel wie ihr Mann, war sie doch sehr viel jünger als er. Sie hatte eine hübsche Figur, die sich mit düsterer Anmut in den Fetzen eines schlampigen Kleides bewegte. Sie war es auch, die gewissermaßen die Unterhaltung mit mir führte, denn ihr Mann, der die eine Hand tief in die Tasche einer ausgebeulten Tweedjacke gesteckt hatte, während die andere mit den Ohren eines großen zottigen Hundes spielte, starrte mich lediglich verdrossen an. Mrs. Lorio machte es übrigens nicht anders – und irgendwann wanderte ihr Blick dann zu Lorio, oder ihre Augen, deren Ausdruck mir keineswegs gefiel, blickten aus dem Fenster zu einer eingestürzten Scheune am jenseitigen Ende des Gartens und von dort in die Einsamkeit der dahinterliegenden Heide und des Kliffs hinaus. Und einsam war es hier wirklich.

Sie werden vermutlich annehmen, daß ich alles, was mit diesem Besuch zusammenhing, verabscheute. Demgegenüber fällt es mir jedoch schwer, die unerklärliche Intensität meiner Empfindungen zu beschreiben. Ich saß da und schwätzte über den Gesundheitszustand meiner Tante sowie die unzähligen Anrufe, mit denen sich die Leute nach ihrem Ergehen erkundigten – und die ganze Zeit wuchs in mir die Überzeugung, daß ich in die Nähe eines Wesens geraten sei, das dem absolut Bösen ungeheuer nahe kam. Als ich an jenem Abend zurückkehrte und meine Tante mich nach Monica Lorio fragte, hätte eine ehrliche Antwort gelautet: »Sie ist eine Frau, die sich in irgendwelche Tiefen der Entehrung verkauft hat, die ich nicht einmal ausmessen kann.« Aber so etwas kann man seiner Tante nicht sagen – zumindest nicht meiner Tante. Deshalb schwieg ich.

Ob es Sie wohl überrascht, wenn ich sage, daß ich auf meinen Spaziergängen fast täglich diesen Weg einschlug? Die Aussicht war einzigartig; trotzdem bezweifle ich nicht, daß es meine noch in den Kinderschuhen steckenden kriminalistischen Fähigkeiten waren, die sich hierbei bemerkbar machten. Bei einer Gelegenheit führten sie mich doch tatsächlich über den Hof, der hinter dem Haus lag, obgleich mir die Vorstellung verhaßt war, die Lorios könnten mich dabei bemerken und mich noch einmal in ihr Haus einladen. Und es gab sogar einen Moment, in dem ich glaubte, Monica hätte mich tatsächlich bemerkt, wenn es bei ihr auch nicht so weit ging, daß sie mich begrüßte. Denn ich hatte sie gesehen, wie sie mich heimlich durch das Fenster anstarrte, das keine Vorhänge hatte, und dabei von so hämischer Bosheit war, daß mein Herz anfing zu hämmern. Oder wenigstens hatte es für den Bruchteil einer Sekunde so ausgesehen, bis ich merkte, daß sie einfach durch mich hindurch auf irgend etwas blickte, das sich hinter mir befand. Ich wandte den Kopf, ohne zuerst etwas anderes als den großen Hund zu erkennen, der hinter mir in der Sonne lag und sich kratzte. Dann allerdings erblickte ich flüchtig – nur für eine Sekunde, und sofort wieder hinter der Scheune verschwindend – eine träge, verkommene Gestalt in einer schäbigen Tweedjacke und mit einem schwarzen Bart.

Lorio gehörte nicht zu den Leuten, mit denen ich mich befreundet hätte, aber in diesem Augenblick tat er mir doch ungewöhnlich leid. Er war ein Tunichtgut: Haus und Umgebung waren nur allzu deutliche Zeugen, und seine Frau, die zweifellos vital und ehrgeizig war, haßte ihn, weil er versagt hatte. Es war ein düsteres und gemeines Bild, und ich beschloß, daß meine Neugierde nun gestillt sei. Trotzdem bekam sie noch am gleichen Tag eine weitere Dosis.

Ich wanderte etliche Kilometer an den Klippen entlang, aß mittags in einer Gastwirtschaft und kehrte dann wieder am Ufer entlang zurück – das kann man, bis man sich High Head auf etwa einen Kilometer genähert hat. Von dort an fallen die Klippen steil in das Wasser ab, und man muß wieder hochklettern und dann oben entlang weitergehen. Ich stand noch unten am Ufer. Es war sonnig und warm; ich setzte mich also in einen Winkel, um zu lesen, und war bald darauf eingeschlafen. Ich bezweifle, daß ich sehr lange schlief, aber als ich aufwachte, hörte ich Stimmen, die keine zehn Meter entfernt waren – nämlich in der nächsten Sandkuhle. Die eine Stimme war die einer Frau, und im gleichen Augenblick erkannte ich, daß sie Mrs. Lorio gehörte. Die andere war die eines Mannes, aber mit Sicherheit nicht die ihres Ehemannes. Ich verstand nicht, was sie sagten; jedenfalls war es kein Gespräch, bci denen die einzelnen Worte ihre Bedeutung in sich tragen; es war vielmehr das leise Murmeln von Liebenden. Ich war ziemlich fassungslos. Verstehen Sie – morgens war ich aufgebrochen, den Kopf voller neugieriger Gedanken. Und jetzt saß ich da, ohne es zu wollen: wie ein kleiner Privatdetektiv vor der Schlafzimmertür eines Hotels. Deshalb sprang ich auf und rannte los, ohne mich ein einziges Mal umzublicken. Damals hatte ich noch nicht gelernt, daß Polizisten sich keine zarten Gefühle leisten können. Wäre ich damals ein kleines Stück näher herangekrochen, hätte ich nur einen einzigen Blick in die Sandkuhle geworfen ... Aber ich merke, daß Sie ungeduldig werden. Ich werde mich also beeilen, damit wir endlich zum Mord kommen.«

Appleby verstummte, und der Rechtsanwalt nickte beifällig. »Wir nehmen als sicher an, daß es zu einem Mord kommt. Ist es zu sehr daneben geraten, wenn ich sage, daß unser Freund Lorio ein plötzliches und keineswegs gutes Ende findet?«

»Plötzlich – das stimmt. Ich weiß jedoch nicht, ob ich es als keineswegs gut bezeichnen würde.« Appleby schwieg und zog an seiner Zigarre. »Irgendwelche Irreführungen kommen dabei nicht vor. Ich erzähle Ihnen eine ganz einfache Geschichte.«

»Eine schlichte Bettgeschichte.« Der Chirurg schob dem Philosophen einen Aschbecher hin und lachte vor sich hin. »Wenigstens sah es eben noch so aus, als Sie sich unterbrachen. Erzählen Sie weiter, mein lieber Appleby, erzählen Sie weiter!«

»Also gut: Nach dieser Sache hatte ich angenommen, von den Lorios nichts mehr zu sehen und zu hören. Ich hatte jedoch Pech. Denn schon am nächsten Tag machte Robert Lorio Besuch bei meiner Tante. Das war zweifellos nicht mehr als recht und billig. Trotzdem überraschte es mich. Der Bursche hatte auf mich den Eindruck gemacht, zu sehr in sein privates Elend verstrickt zu sein, als daß er sich auch nur einen Pfifferling um gesellschaftliche Formen scherte. Jedenfalls war er plötzlich da, und als er sich verabschiedete, begleitete ich ihn noch hinaus und versuchte, ein nettes Wort zu sagen. In diesem Punkt hatte ich anscheinend einen vollen Erfolg, denn drei oder vier Tage danach tauchte er wieder auf und meinte, wir könnten gemeinsam einen Spaziergang machen.

Und das taten wir auch – an diesem Tag und bei zwei aufeinanderfolgenden Gelegenheiten. Jung und eingebildet, wie ich war, kam ich offenbar gar nicht auf die Idee, daß diese Spaziergänge ihm Vergnügen bereiteten. Er tat sein Bestes, um einen angenehmen Eindruck zu machen; wir suchten alle Altertümlichkeiten auf, deren sich diese Gegend rühmte, und er redete darüber wie ein Mann, der sie erst am Abend zuvor entdeckt hatte. Er schien irgend etwas vorzuhaben – das wurde ganz klar. Zuerst glaubte ich, er wollte irgendeine Last loswerden und täte dies alles nur, um mich zu seinem Vertrauten zu machen. Dann erkannte ich allerdings, daß sehr viel mehr dahintersteckte; und mit leichtem Schrecken fiel mir plötzlich wieder ein, daß ich Polizeibeamter im C.I.D. war. Vielleicht klammerte Lorio sich meines Berufes wegen an mich. Einige Male war ich bereits als Leibwächter irgendeiner wichtigen Persönlichkeit durch die Gegend gezogen. Der arme Lorio versuchte also anscheinend, sich inoffiziell in dieselbe Kategorie einzuordnen.

Der Mann hatte Angst. Als mir diese schlichte und doch gemeine Wahrheit klar wurde und ich ihn mir in jenem einsamen Haus vorstellte, allein mit diesem Teufelsweib zusammen, während der Liebhaber dieses Weibsbildes im nächsten Dorf saß und wartete – ich muß wirklich sagen: In diesem Moment tat der Mann mir leid. Ich glaube, ich war sogar ein bißchen aufgeregt, obgleich ich, soweit ich mich erinnere, keineswegs mit einem Mord um des Ansehens willen oder irgend etwas Derartigem rechnete. Er schien nicht in der Lage zu sein, sich zu unterhalten – ich meine: ein richtiges Gespräch zu führen –, und es war, glaube ich, am Ende unseres dritten Spaziergangs, daß ich ihn ganz offen nach allem fragen wollte. Nur fand dieser dritte Spaziergang niemals ein Ende.

Von den früheren Spaziergängen unterschied er sich in zwei Punkten. Erstens war Rex, der zottige Hund, diesmal nicht dabei. Und das schien Lorios Nervosität und Besorgtheit noch zu vergrößern, denn normalerweise umkreiste uns der Hund ständig in großen Bögen, und Lorio behielt ihn dabei ununterbrochen und voller Zuneigung im Auge; mehrmals war es vorgekommen, daß der Hund plötzlich heranraste und mit seinem Herrn herumtollte, bis dieser ihn kräftig wegstieß und der Hund wieder davonlief. Da nun kein Hund da war, den er beobachten konnte, blickte er statt dessen ständig auf seine Uhr – ich glaubte tatsächlich schon, er wäre dieser Dr. Faustus, der die Mitternachtsstunde erwartete. Der zweite Unterschied war das Wetter. Es blies ein kräftiger Wind, der das Gehen zu einer erheblichen Anstrengung machte, und die See unter uns wirkte gewaltig; denn wir hatten jenen Weg eingeschlagen, der an den Klippen und hinter Lorios Haus entlang führte, und in Richtung High Head ging es ständig bergan. Eine ganze Zeit hatten wir geschwiegen, weil wir tatsächlich alle Kraft brauchten, um gegen den Sturm anzukämpfen, als er plötzlich irgend etwas Zusammenhangloses über den Hund knurrte. Wenig später erfuhr ich dann, daß der Hund am gleichen Morgen verschwunden war und daß Lorio sich um ihn sorgte. Ich versuchte, mein Mitgefühl auszudrücken, aber sehr viel größeren Kummer machte mir Lorio selbst. Seine Erregung wuchs, und plötzlich wurde mir klar, daß er in den Hund direkt vernarrt sein mußte. Vielleicht brachte er dem Tier jene Liebe entgegen, die bei seiner Frau doch kein Echo fand.

Wie es nun einmal so ist, hätte ich mir damals sehr viel mehr Gedanken machen müssen, als ich tat. Denn Robert Lorio hatte nur noch rund dreißig Minuten zu leben.

Bis zum Rand von High Head führt so etwas wie eine Autostraße, und als wir uns ihr langsam näherten, sah ich drei oder vier parkende Wagen sowie eine kleine Gruppe von Menschen, die in vorsichtiger Entfernung von der Kante standen. Das war nun nichts Ungewöhnliches, denn wenn ein einigermaßen kräftiger Wind weht, bietet sich von dort oben ein wirklich großartiger Anblick. Auf einer Strecke von etwa fünfzig Metern ist die Oberfläche der Klippen in ein Gewirr zerklüfteten Gesteins mit bizarren Formen und halb eingestürzten Höhlen aufgerissen, und hier und dort klammert sich Dornengestrüpp oder ein Büschel Stechginster verzweifelt an den festen Untergrund, während darunter der Abgrund klafft, vielleicht hundert oder noch mehr Meter tief, und die Brecher in der Tiefe donnern, tosen und schäumen.

Ich selbst bin einigermaßen schwindelfrei – aber das eine muß ich gestehen: An jenem Vormittag war ich entschlossen, nicht zu nahe an den Rand heranzugehen. Bei Lorio war es völlig anders: Ihn schien es förmlich an die Kante heranzuziehen, und ich folgte ihm – oder zumindest blieb ich so weit in seiner Nähe, daß ich seinen plötzlichen Aufschrei hörte, bevor der Sturm den Schrei packte und verwehte. ›Rex!‹ brüllte Lorio. ›Rex! Er sitzt fest!‹

Und das stimmte. Etwa zehn Meter unter uns kauerte der Hund auf einem schmalen Vorsprung. Es war schrecklich anzusehen. Und trotzdem war es meiner Berechnung nach unmöglich, daß das Tier dort unten nicht weiter konnte; soviel ich sah, war es sehr viel einfacher, den Hund zu uns nach oben zu locken, als zu ihm hinunter zu klettern. Irgendeine andere Schwierigkeit sah ich nicht.

Bevor ich merkte, was geschah, hatte Lorio bereits begonnen, zu dem Hund hinunterzuklettern. Ich rief ihm noch zu, er solle keine Dummheit begehen, aber er winkte nur mit der Hand ab und ließ sich nicht aufhalten. Wie ich schon sagte, schien ein gangbarer Pfad nach unten zu führen, und hätte man dem Hund gepfiffen, wäre er vermutlich auch nach oben gekommen. Für einen Menschen schien es allerdings zwei schwierige Stellen zu geben, an denen das Gestein weit vorsprang. Die zweite Stelle, die ganz knapp an der Kante lag, so daß jedes Ausgleiten verhängnisvoll sein mußte, wurde von einem riesigen Felsblock zu einem Teil verdeckt. Zwei der auf High Head stehenden Zuschauer, die gemerkt hatten, daß hier irgend etwas vorging, waren langsam nähergekommen, um zu sehen, was los war. Atemlos standen wir da und warteten; es war ein Augenblick, in dem jeder Ruf Mord bedeutet hätte.

Lorio kam an die letzte und kritische Stelle, und ich sah genau, daß er zögerte. Dann duckte er sich, um unter dem überhängenden Gestein hindurchzukriechen. Sein Kopf verschwand, dann sein Oberkörper in der schäbigen Tweedjacke. Schließlich war das einzige, das wir noch sehen konnten, einer seiner Füße, der – Zentimeter für Zentimeter – vorsichtig aus unserem Blickfeld verschwand. Eine Ewigkeit schien es zu dauern, bis auf der anderen Seite des Überhangs etwas sichtbar wurde. Schließlich stieß einer der neben mir stehenden Menschen einen gedämpften Ruf aus, und ich sah einen Arm. Die Hand tastete herum und suchte nach einem Halt – und plötzlich fuchtelte der ganze Arm wild in der Luft herum. Ich erinnere mich, in diesem entsetzlichen Augenblick eine höchst ungewöhnliche Gedankenverbindung gehabt zu haben: Dieser Arm schien einem Dirigenten zu gehören, der seinen Musikern irgendeinen fürchterlichen Einsatz gab. Und nach diesem völlig sinnlosen Gedanken waren meine Ohren plötzlich wieder frei. Ich hörte – noch unmittelbar zuvor war es mir gar nicht bewußt geworden – das Tosen und Donnern der gewaltigen Wellen; und zugleich hörte ich einen einzigen, gespenstischen Aufschrei. Für den Bruchteil einer Sekunde wurde ein Mann sichtbar – der Sturm packte seine Jacke, blähte sie auf, der gekrümmte Rücken schien auf dem Abgrund wie auf einem Kissen zu ruhen, und der von einem Bart umgebene Mund war zu jenem letzten, verzweifelten Schrei aufgerissen. Dann war er verschwunden. Haben Sie bemerkt, daß man bei der Schilderung eines derartigen Absturzes immer den Verlauf des Falles sieht – den eigentlichen Weg durch die Luft, um was es sich dabei auch handeln mag? Die Wirklichkeit ist jedoch anders; die Geschwindigkeit ist so groß, daß alles sofort vorüber ist. Und ich glaube, daß mir dieser gewaltige Absturz nicht so sehr als Entfernung, sondern vielmehr in der verschiedenen Größe des fallenden Mannes bewußt wurde. In dem einen Augenblick hatte der Mann noch wie gelähmt dicht vor mir gehockt – im nächsten schlug ein kleiner schwarzer Punkt auf den Wellen auf.

Zu tun war bei dieser Sachlage natürlich nichts. Ich wußte genau, daß das, was ich eben gesehen hatte, den sofortigen Tod bedeutete. Trotzdem rannte ich zu dem Haus der Küstenwache, das auf der anderen Seite von High Head lag. Aus irgendeinem Grunde war es verwaist. Ich wußte jedoch, daß ein Telefon im Hause war. Ich schlug also ein Fenster ein und gab eine Mitteilung an die Rettungsstation in Sheercliff durch – eine völlig nutzlose Maßnahme, aber immerhin das einzige, was in dieser Angelegenheit zu tun übrigblieb. Alles in allem dauerte das Ganze rund fünfzehn Minuten. Als ich an die Unfallstelle zurückkehrte, hatte sich eine richtige Menschenmenge eingefunden. Die Leute, die mit dem Wagen zum High Head gefahren waren, deuteten hinunter, redeten aufgeregt und wagten sich vorsichtig an den Rand der Klippen; genaugenommen war ihr Ausflug sehr viel aufregender verlaufen, als sie erwartet hatten. Eine Gruppe war besonders aufgeregt; und gleich darauf erkannte ich auch den Grund. Dem Hund war es anscheinend gelungen, sich doch noch selbst aus seiner Lage zu befreien – wie ich es mir vorhin schon gedacht hatte. Die Leute streichelten ihn, schüttelten die Köpfe und brüllten ihm durch den Sturm etwas zu, und im allgemeinen benahmen sie sich dem armen Hund gegenüber ausgesprochen albern. Dann heulte Rex plötzlich auf; und im gleichen Augenblick griff eine Hand nach seinem Halsband, so daß er verstummte. Es war Mrs. Lorio. Wie sie hierhergekommen war, blieb unklar.

Sie war bleich wie ein Gespenst, und aufgeregt befragte sie die Menschen, die um sie herum standen. Tatsächlich war einer darunter, der den Unfall schilderte. Er gehörte zu den beiden, die neben mir gestanden und alles genau gesehen hatten. Er war jedoch vollständig verwirrt und stotterte vor Aufregung. Ich hatte keine Lust, ihm diese Aufgabe abzunehmen, sah jedoch, daß ich hingehen und ihr die entsetzliche Wahrheit mitteilen müßte, soweit sie mir bekannt war.

Oder war es vielleicht so, daß sie die Wahrheit bereits kannte? Wenn das Mißtrauen sich bisher kaum in mir gerührt hatte, so überschwemmte es mich jetzt plötzlich mit einer gewaltigen Woge. Genaugenommen hatte ich gar nicht gesehen, wie der Tote abgestürzt war. Für eine Sekunde war er verschwunden gewesen, und dann hatte ich ihn erst wieder gesehen, als er das Gleichgewicht bereits verloren hatte und fiel. Und wie es dort unten genau aussah, wußte ich nicht. Ich wußte lediglich, daß sich kurz vor der Stelle, an der die Wand steil abfiel, schwindelerregende schmale Pfade befanden, kleine Vorsprünge sowie hier und dort eine flache Nische und kleine Höhlen, die groß genug waren, um sich dort zu verstecken. Was also, wenn Monica Lorios Liebhaber sich dort verborgen gehabt hatte – oder beide zusammen? Was also, wenn der Hund nichts anderes als ein Köder gewesen war?

Diese Fragen fanden binnen etwa dreißig Sekunden eine Antwort – oder genauer: Rex beantwortete sie. Er war wieder unruhig geworden und zerrte an seinem Halsband, an dem seine Herrin ihn festhielt. Plötzlich wurde aus seiner Unruhe heftige Aufregung: er riß sich los und raste wie ein Blitz am Rand der Klippen entlang. Was er wollte, wurde gleich darauf deutlich. Etwa hundert Meter von uns entfernt war ein zerlumpter Kerl aufgetaucht, der ein längliches Bündel an einem Stock über der Schulter trug und mit schnellem Schritt in Richtung Sheercliff ging. Es hätte ein Landstreicher sein können, der eine Weile am Rand der Menschenmenge gestanden hatte, um zu sehen, was passiert war, und der sich jetzt wieder auf den Weg machte.

Rex hatte ihn bereits eingeholt. Einen Augenblick glaubte ich, er würde dem Kerl an die Kehle springen. Aber alles, was er tat, war, daß er vor Freude und Liebe dauernd an dem Mann hochsprang. Und der Kerl stieß ihn mit einer schnellen Armbewegung von sich …

Irgendwie hätte ich diese Bewegung überall wiedererkannt. Ich rannte los, und zwar in einem Tempo, das auch Rex keine Schande gemacht hätte; und als ich mich dem Kerl näherte, drehte dieser sich um und sah mich an. Er war dunkel und glattrasiert – für einen Landstreicher allerdings etwas zu glatt. Unsere Blicke trafen sich, und da merkte er, daß ich Bescheid wußte. Entsetzen und Verzweiflung verzerrten sein Gesicht. Und dann tat er das Einfachste, was zu tun ihm noch übrig blieb. Er drehte sich um, rannte los und sprang hinunter. Diesmal sah ich ihn nicht fallen. Aber über das Ende konnte es keinen Zweifel geben. Robert Lorio war seinem Opfer gefolgt. Monica Lorio dagegen besaß nicht soviel Mut. Sie wurde gehängt.«

»Erwähnten Sie vorhin nicht«, sagte der Philosoph, »daß in Ihrer Geschichte keine Irreführungen vorkämen?«

»Das stimmte auch. Robert und Monica Lorio waren sich sehr zugetan – und sie waren arm. Die einzige Möglichkeit, jemals zu Geld zu kommen, war eine sehr hohe Lebensversicherung für Robert Lorio. So sah die Situation aus, als ein Landstreicher eines Tages an Mrs. Lorios Küchentür klopfte. In seiner Statur ähnelte er ihrem Mann; er war ebenfalls dunkel und dazu noch von sehr geringer Intelligenz. Wie sich herausstellte, war er für gewisse Vorschläge nicht unempfänglich – für verbrecherische Vorschläge. Die Idee muß ihr völlig spontan gekommen sein. Sie brachte ihn in der Scheune unter und tat, als verschwiege sie ihrem Mann gegenüber seine Anwesenheit. Sie wurde sogar seine Geliebte. Von hier aus führte der Weg dann zu jenem Vorfall, der mich an jenem Nachmittag am Ufer aus dem Schlaf riß. Und daher auch der boshafte Ausdruck in ihren Augen, den ich am Vormittag des gleichen Tages festgestellt und auf ihren Mann bezogen hatte. Das, was zu tun sie sich auferlegt hatte, gefiel ihr selbst nicht allzu sehr.

Zu jenem Zeitpunkt war der Landstreicher jedoch bereits für seine Rolle zurechtgemacht worden: Er trug Lorios Bart und Lorios alte Anzüge. Und vielleicht sehen Sie schon, wozu sie ihn überredet hatte. Gleich unterhalb der Klippenkante wollten sie sich gemeinsam in einer kleinen Höhle verstecken, während Lorio seinen regelmäßigen Spaziergang machte, wollten Rex als Köder benutzen, um Lorio herunterzulocken und in den Abgrund zu stoßen, und das bedeutete für Lorio den Tod. Sie war sehr gut in der Lage, ihren jämmerlichen Komplicen zu überreden, denn sollte die Leiche jemals gefunden werden, würde kein Mensch sie identifizieren können. Und bis dahin gäbe es einfach einen neuen Robert Lorio.

Sehen Sie: Vom Standpunkt des Landstreichers aus handelte es sich hier tatsächlich um etwas Ähnliches wie einen Mord zur Wiederherstellung des eigenen Ansehens. Den wahren Tatsachen nach war es dann allerdings etwas anderes: ein gedungener Mord. Und der elende Mann war nicht für die Rolle des Komplicen, sondern für die des Opfers ausersehen.

Der Plan der Lorios war zwar schwierig – aber doch durchführbar. Sie brauchten dabei einen Beobachter, und können Sie sich einen besseren vorstellen als einen jungen Beamten von Scotland Yard? Der wirkliche Robert Lorio hatte die Aufgabe, seinen Hund zu befreien, sollte dabei für einen Augenblick verschwinden und dann – scheinbar – abstürzen. In Wirklichkeit stürzte jedoch der Landstreicher ab, dessen Leiche man fast mit Bestimmtheit nach einigen Tagen finden und als Lorios Leiche identifizieren würde. Inzwischen rasierte Lorio sich in der Höhle den Bart ab, und getrennt kletterten sie unauffällig wieder nach oben. Und während sie dann die Aufmerksamkeit auf sich lenkte, indem sie eine Szene machte, versuchte er zu verschwinden. Und sobald sie die Versicherungssumme in Händen hatte, wollten sie sich in Kanada treffen.

Um ein Haar hätte der Plan dann auch geklappt. Von dem Augenblick an, als Lorio nervös auf seine Uhr blickte, lief der genau ausgeklügelte Plan ab – auch jener Teil, der sich vor der Höhle abspielte und bei dem der Betrogene binnen Sekunden eine völlig andere Rolle zugeteilt bekam: das Gleichgewicht zu verlieren und abzustürzen. Mit ihm kann man kein Mitleid haben. Bei seinem Tod handelte es sich darum, daß einer, der beißen will, selbst gebissen wird. Zuletzt biß allerdings, wenn man so sagen will, Rex. Er ließ den ganzen Plan auffliegen, als alles – bis auf das Geschrei der trauernden Ehefrau – vorüber war.«

Appleby schwieg einen Augenblick. »Die Erinnerung an diese beiden Todesfälle entsetzt mich selbst heute noch. Rückblickend sind sie jedoch nicht so schrecklich wie jener Nachmittag, an dem ich plötzlich aufwachte und die flüsternden Stimmen Monica Lorios sowie jenes Mannes hörte, zu dessen Ermordung sie alles vorbereitete.«

THOMAS BURKE

Die Hände des Mr. Ottermole

Gegen sechs Uhr an einem Januarabend ging Mr. Whybrow durch die wie ein Spinngewebe sich hinziehenden Gassen im Osten Londons nach Hause. Lärm und Betriebsamkeit der breiten High Street, wohin die Straßenbahn ihn von seiner Arbeitsstelle am Fluß gebracht hatte, lagen hinter ihm, und jetzt befand er sich in jenem einem Schachbrett gleichenden Viertel, das Mallon End genannt wird. Nichts von der Hast und dem Glanz der High Street drang bis in diese Gassen. Ein paar Schritte weiter südlich – und man stand mitten in einer Springflut schäumenden, pulsenden Lebens! Hier jedoch schleppten sich nur müde, langsame Gestalten dahin, und der Herzschlag der Stadt klang gedämpft. Er befand sich in der Abfallgrube Londons, der letzten Zuflucht der Vagabunden Europas.

Wie im Einklang mit dem Geist der Straße ging auch Mr. Whybrow langsam und mit gesenktem Kopf. Es sah aus, als grübele er über einen Kummer nach, der ihn bedrückte; doch das war nicht der Fall. Er hatte keinen Kummer. Er schritt langsam dahin, weil er den ganzen Tag auf den Beinen gewesen war, und er war in Gedanken versunken, weil ihm gerade durch den Kopf ging, ob seine Frau ihm zum Abendessen Heringe oder Schellfisch vorsetzen würde; außerdem versuchte er sich darüber schlüssig zu werden, was ihm an einem Abend wie diesem besser schmecken würde. Der Abend war unangenehm, feucht und neblig. Der Nebel drang ihm in Mund und Augen, und die Feuchtigkeit hatte sich auf Fußweg und Straßenpflaster abgesetzt; wo das spärliche Licht der Straßenlaternen hinfiel, erzeugte es ein schleimiges Glitzern, bei dessen Anblick es einen fröstelte. Dieser Gegensatz zu seinen Gedanken machte ihm seine Betrachtungen nur noch angenehmer und bescherte ihm eine gewisse Vorfreude auf das Abendessen – mochte es nun Hering oder Schellfisch geben. Sein Blick wandte sich ab von den düsteren Ziegelwänden, die seinen Horizont bildeten, und wanderte im Geiste etwa achthundert Meter voraus. Er sah eine von Gaslicht erhellte Küche, ein flackerndes Herdfeuer und einen gedeckten Abendbrottisch. Ein paar Scheiben Toast lagen auf der Herdplatte, ein summender Teekessel stand daneben, und ein pikanter Duft von Hering oder Schellfisch oder vielleicht sogar Würstchen erfüllte die Luft. Diese Vision verlieh seinen schmerzenden Füßen neue Energie; er schüttelte den Nebel aus seinen Gliedern und eilte vorwärts, ihrer Verwirklichung entgegen.

Doch Mr. Whybrow sollte keinen Tee mehr trinken – weder an diesem noch an irgendeinem anderen Abend. Mr. Whybrow sollte sterben. Einige hundert Meter von ihm entfernt ging ein anderer Mann durch den Nebel: ein Mann wie Mr. Whybrow oder irgendein anderer – ihm fehlte lediglich die eine Eigenschaft, welche die Menschen befähigt, friedlich miteinander zu leben und nicht wie wilde Tiere im Urwald. Ein Mann mit einem toten Herzen, zerfressen von einer tödlichen Besessenheit, die aus Tod und Verfall stets neue Nahrung zieht. Und jene Besessenheit des Mannes – mag sie einer Laune entsprungen oder eine fixe Idee gewesen sein – sollte dafür sorgen, daß Mr. Whybrow nie wieder einen Hering kosten würde. Nein, Mr. Whybrow hatte ihm absolut nichts angetan. Er empfand auch nicht die geringste Abneigung gegen Mr. Whybrow. Er wußte in der Tat nicht viel mehr über ihn, als daß er regelmäßig durch diese Gassen ging. Aber von einer Macht gelenkt, die von seinen leeren Gehirnzellen Besitz ergriffen hatte, war seine Wahl auf Mr. Whybrow gefallen – mit jener blinden Zufälligkeit, die uns einen Restauranttisch vier oder fünf anderen vorziehen läßt, die sich in nichts voneinander unterscheiden, oder die uns einen beliebigen Apfel aus einem ganzen Haufen gleichartiger herausgreifen läßt; oder welche die Natur dazu treibt, mit einem Wirbelsturm über irgendeinen Winkel unseres Planeten herzufallen, fünfhundert Leben zu vernichten und fünfhundert andere im selben Winkel unversehrt zu lassen. So war dieser Mann auf Mr. Whybrow verfallen. Genau so, wie er Sie oder mich vielleicht ausgewählt haben würde, hätten wir uns in seinem täglichen Gesichtskreis befunden. Und in eben diesem Augenblick schlich er durch die bläulich schimmernden Straßen, rieb seine großen weißen Hände und kam immer näher an Mr. Whybrows Abendbrottisch und also auch an Mr. Whybrow selbst heran.

Er war kein schlechter Mensch, dieser Mann. Ja, er besaß sogar viele soziale und liebenswürdige Eigenschaften und wurde allgemein für einen ehrenwerten Menschen gehalten, wie das bei den meisten erfolgreichen Verbrechern der Fall ist. Aber in seinem modernden Gehirn hatte sich der Gedanke festgesetzt, daß es ihm Vergnügen bereiten würde, jemanden zu ermorden. Und da er weder Gott noch Menschen fürchtete, würde er es tun und dann nach Hause gehen und sich an *seinen* Abendbrottisch setzen. Ich sage das nicht nur so leichthin, sondern stelle damit eine Tatsache fest. Denn so unmenschlich es scheinen mag – selbst Mörder müssen und werden sich nach der Tat zum Essen setzen. Es gibt keinen Grund, warum sie es nicht tun sollten, jedoch viele Gründe dafür. Erstens müssen sie ihre körperliche und geistige Kraft voll erhalten, um ihr Verbrechen verschleiern zu können. Und zum zweiten macht die Anspannung ihrer Tat sie hungrig, und die Befriedigung über das Gelingen ihres Vorhabens läßt sie Entspannung in menschlichen Genüssen suchen. Leute, die nicht morden, neigen zu der Annahme, daß der Mörder stets von Furcht für seine Sicherheit und Entsetzen über seine Tat befallen wird; dieser Typ ist jedoch selten. Seine persönliche Sicherheit ist natürlich seine unmittelbare Sorge, aber Eitelkeit ist eine hervorstechende Eigenschaft der meisten Mörder, die ihn, zusammen mit der freudigen Erregung über den Sieg, darauf vertrauen läßt, daß er es schaffen wird. Wenn er dann nach dem Essen wieder Kraft geschöpft hat, beginnt er sich um seine Sicherheit zu kümmern, wie eine junge Hausfrau sich um die Zubereitung ihres ersten großen Festessens sorgt – mit etwas Lampenfieber, nicht mehr. Kriminologen und Detektive erzählen uns, daß *jeder* Mörder, wie intelligent und gerissen er auch sein mag, immer einen Fehler in seinen Berechnungen begeht – eine kleine Nachlässigkeit, die auf ihn als Täter hinweist. Aber das ist nur zur Hälfte wahr. Es gilt nur für Mörder, die ergriffen werden. Unzählige Mörder werden nie gefaßt: das zeigt, daß unzählige Mörder überhaupt keinen Fehler begehen. Dieser Mann jedenfalls machte keinen Fehler.

Was nun Entsetzen oder Reue betrifft, so haben uns Gefängnisgeistliche, Ärzte und Rechtsanwälte berichtet, daß nur hier und da einer von verurteilten und bereits unter dem Schatten des Todes stehenden Mördern bei einer Unterredung Reue über seine Tat ausgedrückt oder Zeichen seelischer Bedrängnis gezeigt hätte. Die meisten von ihnen sind nur verbittert darüber, daß man ausgerechnet sie gefaßt hat, wo doch so viele ungeschoren davonkommen; oder sie entrüsten sich, daß man sie für eine vollkommen verständliche und vernünftige Tat verurteilt hat. Wie normal und menschlich sie auch vor dem Mord gewesen sein mögen, danach besitzen sie überhaupt kein Gewissen mehr. Denn was ist Gewissen? Lediglich ein höflicher Beiname für Aberglauben, und letzterer wiederum nur ein höflicher Beiname für Furcht. Leute, die eine Gedankenverbindung zwischen Mord und Reue herstellen, gründen ihre Ideen zweifelsohne auf die biblische Legende von der Reue des Kain oder projizieren ihr eigenes zartes Gemüt in das des Mörders hinein, wodurch sie zu falschen Schlußfolgerungen kommen. Friedliebende Leute dürfen nicht hoffen, Kontakt mit der Geistesverfassung eines Mörders aufnehmen zu können; sie unterscheiden sich nicht nur verstandesmäßig von ihm, sondern auch in der chemischen Zusammensetzung ihres Körpers. Einige können töten und tun es auch – nicht nur einmal, sondern zwei- oder dreimal – und gehen danach ruhig zur Tagesordnung über. Andere Leute können sich selbst nach der schmerzhaftesten Herausforderung nicht dazu überwinden, den Gegner auch nur zu verwunden. Diese Leute sind es, die den Mörder sich in Qualen der Reue und in Furcht vor dem Gesetz winden sehen, während er sich in Wirklichkeit vielleicht gerade an den Abendbrottisch setzt.

Der Mann mit den großen weißen Händen freute sich genauso auf seinen Tee wie Mr. Whybrow; aber bevor er sich dazu nach Hause begab, hatte er noch etwas zu erledigen. Wenn er seine Tat vollbracht und dabei keinen Fehler begangen hatte, würde er sich noch besser dazu gerüstet fühlen als am Tage davor, an dem er mit unbefleckten Händen zum Abendessen ging.

Gehen Sie also weiter, Mr. Whybrow, gehen Sie weiter; und während Sie weitergehen, werfen Sie zum letzten Mal einen Blick auf die vertraute Umgebung Ihres allabendlichen Heimwegs. Folgen Sie der freundlichen Vision Ihrer Abendbrottafel. Nehmen Sie ihre Wärme und Geborgenheit gut in sich auf, weiden Sie in Gedanken Ihre Augen an dem Anblick und Ihre Nase an dem milden, häuslichen Duft; denn Sie werden sich nie mehr an diesen Tisch setzen. Zehn Minuten von Ihnen entfernt hat Ihr unheimlicher Verfolger bereits das Urteil über Sie gesprochen: Sie sind dem Untergang geweiht. Dort gehen Sie – Sie und der Unheimliche, zwei im Nebel verschwimmende Tupfen der Sterblichkeit, die sich durch grünschimmernde Luft über schwarzblaue Straßen bewegen, der eine um zu töten, der andere um getötet zu werden. Gehen Sie weiter. Quälen Sie Ihre schmerzenden Füße nicht durch Hasten, denn je langsamer Sie gehen, desto länger können Sie die feuchte Luft dieses Januarabends atmen, das verträumte Licht der Gaslaternen und die kleinen Läden sehen, das angenehme Geräusch des geschäftigen Treibens der Londoner Menschenmenge und die pathetische Melodie des Leierkastens hören. Dies alles ist Ihnen teuer, Mr. Whybrow. Jetzt wissen Sie es noch nicht, aber in fünfzehn Minuten werden Ihnen zwei Sekunden klarmachen, wie unaussprechlich teuer es Ihnen ist.

Gehen Sie also weiter über dieses verrückte Schachbrett. Sie befinden sich jetzt in der Lagos Street, zwischen den Behausungen der Einwanderer aus Osteuropa. Noch eine Minute etwa, und Sie betreten die Loyal Lane zwischen den Mietskasernen, welche die unnützen und herumgestoßenen Eckensteher Londons beherbergen; ihr Geruch liegt über der Straße, und die weiche Dunkelheit scheint schwer zu sein vom Wehklagen des Vergeblichen. Aber Sie sind nicht empfänglich für unfaßbare Dinge, und so stapfen Sie blind hindurch, wie Sie es jeden Abend getan haben, kommen in die Blean Street und trotten auch da hindurch. Von der Erde bis in den Himmel ragen die Häuser einer ausländischen Kolonie. Zitronengelb leuchten die Fenster aus der Ebenholzschwärze der Wände. Merkwürdiges Leben regt sich hinter diesen Scheiben, in Formen gekleidet, die weder aus London noch aus England stammen; doch im wesentlichen ist es das gleiche, annehmbare Leben, das auch Sie gelebt haben, aber heute abend aufhören werden zu leben. Hoch über Ihnen singt jemand das ›Lied von Katta‹ vor sich hin. Durch ein Fenster sehen Sie eine Familie bei einem religiösen Ritus. Durch ein anderes sehen Sie eine Frau ihrem Manne Tee einschenken. Sie sehen einen Mann, der ein Paar Schuhe flickt; eine Mutter, die ihr Baby badet. Sie haben alle diese Dinge schon früher gesehen, doch nie zur Kenntnis genommen. Sie nehmen sie auch jetzt nicht in sich auf, doch wenn Sie wüßten, daß Sie diesen Anblick nie wieder haben werden, würden Sie sich die Bilder einprägen. Sie werden sie *nie wieder* sehen – nicht, weil Ihr Leben auf natürliche Weise abgelaufen ist, sondern weil ein Mann, an dem Sie oft auf der Straße vorbeigegangen sind, nach eigenem Gutdünken entschieden hat, der ehrfurchtgebietenden Macht der Natur in den Arm zu fallen. Vielleicht ist es deshalb auch gut, daß Sie keine Notiz von diesen Dingen nehmen, denn Ihre Rolle darin ist ausgespielt. Für Sie gibt es diese Lichtblicke in Ihrer irdischen Mühsal bald nicht mehr: nur noch einen kurzen Augenblick lähmenden Entsetzens, und dann eine alles verschlingende Dunkelheit.

Immer näher kommt Ihnen dieser Schatten des Schlächters, und jetzt ist er zwanzig Schritte hinter

Ihnen. Sie können seine Schritte hören, aber Sie wenden nicht den Kopf. Sie sind das Geräusch von Schritten gewohnt. Sie befinden sich in London, in der sicheren Geborgenheit Ihrer täglichen Umgebung, und Ihr Instinkt sagt Ihnen, daß Schritte nicht mehr bedeuten als die Botschaft menschlicher Gesellschaft.

Doch hören Sie nicht etwas in diesen Schritten – etwas, das sich wie das Stampfen eines Pferdefußes anhört? Etwas, das Ihnen zuruft: *Paß auf, paß auf! Nimm dich in acht, nimm dich in acht!* Können Sie nicht deutlich die Silben hören: *Mör-der, Mör-der?* Nein; es ist nichts Besonderes am Geräusch von Schritten. Es ist neutral. Der Fuß des Bösewichts fällt mit dem gleichen ruhigen Klang wie der Fuß des Ehrbaren. Aber diese Schritte, Mr. Whybrow, bringen Ihnen ein Paar Hände näher, und mit diesen Händen hat es seine besondere Bewandtnis. Jenes Paar Hände hinter Ihnen dehnt in diesem Augenblick seine Muskeln in Vorbereitung für Ihr Ende. In jeder Minute Ihres Daseins haben Sie Hände gesehen. Haben Sie jemals nacktes Entsetzen beim Anblick von menschlichen Händen empfunden – jenen Anhängseln unseres Körpers, die ein Symbol für unsere Gefühle des Vertrauens, der Liebe und des Grußes sind? Haben Sie je an die übelerregenden Möglichkeiten gedacht, die im Machtbereich dieses fünffingerigen Körperteils liegen? Nein, Sie haben es nie getan; denn alle menschlichen Hände, die Sie gesehen haben, streckten sich Ihnen freundlich und in kameradschaftlicher Geste entgegen. Wenn Augen auch hassen und Lippen tief kränken können, so ist es doch nur jenes baumelnde Glied, das die gesammelte Macht des Bösen in sich verkörpern und in Ströme der Zerstörung verwandeln kann. Der Satan mag sich durch viele Türen Eingang in den Menschen verschaffen, doch nur in den Händen kann er die Diener seines Willens finden.

Noch eine Minute, Mr. Whybrow, und Sie werden alles über das Grauen in menschlichen Händen wissen.

Sie sind nun fast zu Hause. Sie sind in Ihre Straße eingebogen – die Caspar Street –, und Sie befinden sich nun im Mittelpunkt des Schachbretts. Sie können bereits die Vorderfenster Ihres kleinen Vierzimmerhauses sehen. Die Straße ist dunkel, und drei schwache Laternen spenden nur einen kümmerlichen Lichtschein, der noch mehr verwirrt als völlige Dunkelheit. Die Straße ist also dunkel – und verlassen. Niemand ist zu sehen. Kein Licht fällt aus den Vorderzimmern der Häuser, denn die Familien haben sich zum Abendessen in den Küchen versammelt. Nur ein matter Schimmer dringt aus einigen Räumen in den oberen Stockwerken, die von Untermietern bewohnt sind. Niemand außer Ihnen und Ihrem Verfolger befindet sich auf der Straße, und Sie nehmen keine Notiz von ihm. Sie sehen ihn so oft, daß Sie ihn überhaupt nicht mehr sehen. Selbst wenn Sie Ihren Kopf wenden und ihn sehen würden, sagten Sie doch nur ›Guten Abend‹ zu ihm und gingen weiter. Eine Anspielung, daß er möglicherweise ein Mörder sein könnte, würde Sie nicht einmal zum Lachen bringen; es wäre zu töricht.

Und jetzt sind Sie an Ihrer Gartenpforte. Und jetzt haben Sie Ihren Schlüssel aus der Tasche gezogen. Und jetzt sind Sie im Hausflur und hängen Hut und Mantel auf. Ihre Frau hat Ihnen gerade einen Gruß aus der Küche zugerufen, und der Geruch dorther ist wie ein Echo dieses Grußes (Heringe!); Sie haben ihr eben geantwortet – als die Tür unter einem harten Klopfen erbebt.

Gehen Sie fort, Mr. Whybrow! Gehen Sie weg von der Tür! Berühren Sie nicht den Türöffner! Gehen Sie schnellstens weg davon. Verschwinden Sie aus dem

Haus. Laufen Sie mit Ihrer Frau nach hinten in den Garten hinaus und klettern Sie über den Zaun! Oder rufen Sie die Nachbarn. Aber berühren Sie nicht diese Tür! Öffnen Sie nicht, Mr. Whybrow, öffnen Sie nicht!

Mr. Whybrow öffnete die Tür …

Das war der Beginn einer Mordserie in London, die das ›Grauenhafte Würgen‹ genannt wurde. Grauenhaft nannte man sie, weil die Taten mehr als einfache Morde waren: es lag ihnen kein Motiv zugrunde, und ein Hauch schwarzer Magie umgab sie. Jeder Mord geschah zu einer Zeit, während der in den Straßen, in denen man die Leichen fand, kein mutmaßlicher Mörder zu sehen oder zu hören war. Gewöhnlich geschah es in einer einsamen Gasse, an deren Ende ein Polizist stand. Weniger als eine Minute lang drehte er der Gasse den Rücken zu. Wenn er sich dann umblickte, konnte er die Nachricht über eine neue grauenvolle Tat des Würgers in die Nacht hinein schreien. Und in keiner Richtung, in die er blickte, war jemand zu sehen; und niemand konnte berichten, daß er etwas Verdächtiges bemerkt oder gesehen hätte. Oder ein Polizist befand sich auf seinem Rundgang durch eine lange, ruhige Straße und wurde plötzlich zu einem Haus mit Ermordeten gerufen, die er noch vor wenigen Augenblicken lebend gesehen hatte. Und wieder, wohin er auch blickte, konnte er niemanden sehen, der für die Tat in Frage gekommen wäre. Und obwohl sofort Polizeipfeifen einen Kordon um das ganze Gebiet zogen und alle Häuser durchsucht wurden, konnte kein Tatverdächtiger gefunden werden.

Der erste Bericht über den Mord an Mr. und Mrs. Whybrow wurde von dem Sergeanten der dortigen Wache erstattet. Auf dem Wege zum Dienstantritt in seinem Wachlokal hatte er in der Caspar Street die offene Haustür von Nr. 98 bemerkt. Als er hineinblickte, sah er im Schein des Gaslichtes der Straßenlaterne einen reglosen Körper auf dem Fußboden liegen. Nach einem zweiten Blick blies er in seine Pfeife, und als weitere Polizisten dazukamen, durchsuchte er gemeinsam mit einem von ihnen das Haus; die übrigen schickte er aus, alle angrenzenden Straßen zu durchkämmen und Erkundigungen in den angrenzenden Häusern einzuziehen. Aber weder im Haus noch auf den Straßen fand man einen Hinweis auf den Mörder. Die Nachbarn auf beiden Seiten und gegenüber wurden ausgefragt, aber auch sie hatten niemanden gesehen und nichts gehört. Einer hatte wohl gemerkt, wie Mr. Whybrow nach Hause kam – das allabendliche Rasseln seines Schlüsselbundes an der Tür sei ein so regelmäßiges Geräusch gewesen, sagte er, daß man seine Uhr danach hätte auf halb sieben stellen können – aber bis zum Pfeifen des Sergeanten hatte er dann nichts weiter gehört als das Öffnen der Tür. Niemand war beim Verlassen oder Betreten des Hauses beobachtet worden, weder vorn noch hinten, und die Hälse der Toten wiesen keine Fingerabdrücke oder andere Spuren auf. Ein Neffe des Toten wurde hinzugezogen, den Inhalt des Hauses zu überprüfen, aber er konnte keine Verluste feststellen; sein Onkel hatte ohnehin nichts besessen, was des Stehlens wert gewesen wäre. Das wenige Geld im Hause war unberührt, und man fand auch weder Kampfspuren noch Anzeichen, daß das Eigentum durchwühlt worden war. Nicht der geringste Fingerzeig, der etwas anderes als brutalen und mutwilligen Mord vermuten ließ.

Mr. Whybrow war seinen Nachbarn und Arbeitskollegen als ein ruhiger, liebenswürdiger und häuslicher Mensch bekannt; als ein Mann, der keine Feinde haben konnte. Doch Ermordete haben auch selten welche gehabt. Ein erbarmungsloser Feind, der jemand so sehr haßt, daß er ihm wehtun möchte, wird ihn nur selten ermorden wollen, denn dadurch würde er ihn für Schmerzen unerreichbar machen. Die Polizei sah sich also einer unmöglichen Lage gegenüber: sie besaß keine Spur von dem Mörder und kein Motiv für die Morde; lediglich die Tatsache des Geschehenen blieb.

Die Nachricht von dem Verbrechen ließ ganz London erschauern und versetzte besonders die Einwohner von Mallon End in Schrecken. Hier waren zwei harmlose Leute ermordet worden, weder aus Gewinnsucht noch Rache, und der Mörder, dem Töten offenbar ein gelegentliches Bedürfnis war, befand sich in Freiheit. Er hatte keine Spuren hinterlassen und würde – vorausgesetzt, daß er keine Komplicen besaß – aller Wahrscheinlichkeit nach auch weiter auf freiem Fuße bleiben. Jeder klardenkende, unabhängige Mann, der weder Gott noch Menschen fürchtet, kann eine Stadt oder sogar eine ganze Nation in Schrecken bannen, wenn er es nur will. Aber der durchschnittliche Verbrecher hat selten einen so klaren Kopf und ist nicht gern allein. Wenn er auch nicht die Hilfe von Komplicen benötigt, so braucht er doch zumindest jemand, mit dem er sprechen kann; seine Eitelkeit treibt ihn, aus erster Hand die Reaktion auf seine Tat zu erfahren. Aus diesem Grunde besucht er Bars, Kaffeestuben und andere vielbesuchte Orte. Früher oder später wird er dann in einer Anwandlung von Vertraulichkeit das berühmte eine Wort zuviel sagen, und der Spitzel, der überall lauert, hat ein leichtes Spiel.

Aber obwohl die Obdachlosenherbergen, Kneipen und alle sonstigen in Frage kommenden Örtlichkeiten durchgekämmt und mit Polizeispitzeln gespickt wurden, obwohl durch Flüsterpropaganda bekannt gemacht wurde, daß man jedem Informanten gutes Geld und Schutz zusicherte, konnte nichts im Zusammenhang mit dem Fall Whybrow ausfindig gemacht werden. Der Mörder hatte offensichtlich keine Freunde und mied jegliche Gesellschaft. Der Polizei bekannte Männer dieses Typs wurden aufgegriffen und verhört, aber alle konnten ein hieb- und stichfestes Alibi nachweisen, und in wenigen Tagen befand die Polizei sich in einer Sackgasse. Unter dem unaufhörlichen öffentlichen Gespött, daß sich die Sache sozusagen unter ihren Nasen zugetragen hätte, wurden die Streifenbeamten unruhig und gingen ihre täglichen Runden unter regelrechtem moralischem Druck. Am fünften Tag nach diesem Ereignis jedoch sollten sich ihre Unruhe und Bedrücktheit noch steigern.

Es war die Zeit der jährlichen Teegesellschaften und Unterhaltungsabende für die Kinder der Sonntagsschulen, und London war in einen dicken Nebel getaucht, der es als eine Welt umhertappender Phantome erscheinen ließ. Ein kleines Mädchen in der Pracht ihrer besten Sonntagskleider und Schuhe, mit strahlendem Gesicht und frischgewaschenen Haaren, ging von der Logan Passage zum Gemeindesaal von St. Michael. Sie erreichte ihr Ziel nicht. Sie lebte zwar noch bis halb sieben Uhr, aber von dem Augenblick an, als sie sich vor der Tür von ihrer Mutter verabschiedete, war sie so gut wie tot. Jemand, der durch die Straße schritt, von der die Logan Passage abzweigt, sah sie aus dem Haus treten, und von diesem Augenblick an war der Stab über sie gebrochen. Durch den Nebel griffen seine großen weißen Hände nach ihr, und fünfzehn Minuten später war es geschehen.

Um halb sieben erklang ein unheilverkündender Pfiff, und die zusammenlaufenden Leute fanden die Leiche der kleinen Nellie Vrinoff im Eingang eines Lagerhauses in der Minnow Street. Der Sergeant war als einer der ersten zur Stelle und postierte seine Leute an wichtigen Punkten, beorderte sie mit schroffen Worten unterdrückter Wut hierhin und dorthin und schalt den Mann, zu dessen Runde die Straße gehörte: »Ich habe Sie am Ende der Gasse gesehen, Magson. Was haben Sie dort gemacht? Sie sind dort zehn Minuten lang stehengeblieben, bevor Sie wieder zurückgingen.« Magson begann zu erklären, daß er ein Auge auf eine verdächtige Person an jenem Ende geworfen hätte, aber der Sergeant ließ ihn nicht ausreden. »Zur Hölle mit Ihren verdächtigen Personen! Sie sollen sich nicht um verdächtige Personen kümmern, Sie sollen nach dem *Mörder* Ausschau halten! Da herumzulungern ... und inzwischen passiert das hier, gerade dort, wo Sie eigentlich hätten sein sollen. Stellen Sie sich vor, was die Leute sagen werden!«

Mit der Geschwindigkeit der üblen Nachricht sammelte sich eine große Menschenmenge an, bleich und verstört. Auf die Kunde hin, daß das Scheusal wieder zugeschlagen und diesmal ein Kind zum Opfer gewählt habe, wandelten ihre Gesichter sich zu Tupfen von Haß und Grauen in der Nebelwand. Aber dann kamen der Unfallwagen und mehr Polizisten, die rasch die Menge auflösten. Und während die Leute auseinandergingen, wurden aus den Gedanken des Sergeanten Worte, und von allen Seiten ertönte das leise Gemurmel: »Regelrecht unter ihren Nasen!« Spätere Nachforschungen ergaben, daß vier Leute aus diesem Bezirk, die jedoch über jeden Verdacht erhaben waren, wenige Sekunden vor dem Mord in kurzen Zwischenräumen den Lagereingang passiert und nichts gesehen oder gehört hatten. Keiner von ihnen war dem Kind lebend begegnet oder hatte es tot gesehen. Keiner von ihnen hatte jemanden in der Straße wahrgenommen. Wieder stand die Polizei ohne Motiv und ohne Spuren da.

Zwar ergriff, wie Sie sich erinnern werden, keine Panik diesen Bezirk – denn die Londoner Öffentlichkeit läßt sich niemals von einem solchen Gefühl überwältigen – aber Furcht und Sorge zogen in die Herzen der Leute ein. Wenn solche Dinge sich in ihren Straßen abspielten, konnte schließlich alles passieren. Wo mehrere Menschen zusammenkamen – auf den Straßen, den Märkten und in den Läden – debattierten sie nur über dieses eine Thema. Die Frauen verriegelten bei Einbruch der Dämmerung Fenster und Türen. Sie ließen ihre Kinder nie aus den Augen. Sie besorgten ihre Einkäufe, bevor es dunkel wurde, und während sie sich den Anschein ruhiger Gelassenheit gaben, warteten sie ängstlich auf die Heimkehr ihrer Männer von der Arbeit. Unter der halb humorvollen Resignation der Cockneys dem drohenden Unheil gegenüber verbargen sie ständig ihre düsteren Vorahnungen. Durch die Laune eines Mannes mit zwei Händen wurden der Lauf und die Grundfesten ihres täglichen Lebens erschüttert, wie sie jederzeit von einem Manne erschüttert werden können, der die Menschheit verachtet und ihre Gesetze nicht fürchtet. Sie begannen zu erkennen, daß die Stützpfeiler der menschlichen Gemeinschaft, in der sie lebten, bloße Strohhalme waren, die jedermann knicken konnte; daß Gesetze nur so lange Kraft besaßen, wie sie befolgt wurden; daß die Polizei nur so lange mächtig war, wie man sie fürchtete. Mit der Gewalt seiner Hände hatte dieser eine Mann einer ganzen Gemeinde etwas Neues aufgezwungen: er hatte sie denken gelehrt und sprachlos vor das Offensichtliche gestellt.

Und während alle sich noch den wildesten Vermutungen über seine beiden ersten Taten hingaben, schlug er zum dritten Mal zu. Im Bewußtsein des Entsetzens, das er mit seinen Händen geschaffen hatte, und beifallshungrig wie ein Schauspieler, der einmal das erregende Gefühl der Aufmerksamkeit der Menge gekostet hat, sorgte er für einen neuen Beweis seiner Gegenwart. Am Mittwochmorgen, drei Tage nach der

Ermordung des Kindes, trugen die Morgenzeitungen den Bericht über ein noch unfaßbareres Verbrechen auf die Frühstückstische von England.

Am Dienstagabend ging ein Polizist seine Streife durch die Jarnigan Road und wechselte um 9.32 Uhr an der Einmündung der Clemming Street ein paar Worte mit einem Kameraden namens Petersen. Danach hatte er diesen Beamten noch jene Straße hinuntergehen sehen. Er konnte beschwören, daß zu jener Zeit niemand außer einem lahmen Schuhputzer auf der Straße gewesen war, den er vom Sehen her kannte, und der an ihm vorbeiging und ein Haus betrat, das gegenüber der Straßenseite lag, auf der sein Kamerad seine Runde machte. Wie alle Polizisten damals hatte er es sich angewöhnt, ständig während des Gehens nach hinten und beiden Seiten Umschau zu halten, und er war völlig sicher, daß die Straße leer war. Um 9.33 Uhr begegnete er seinem Sergeanten, grüßte ihn und beantwortete dessen Frage nach irgendwelchen Wahrnehmungen. Er berichtete, daß er nichts Auffälliges gesehen habe, und ging weiter. Seine Runde endete kurz darauf, so daß er auf dem Rückweg schon um 9.34 Uhr wieder an die Einmündung der Clemming Street kam. Er hatte sie kaum erreicht, als er bereits die heisere Stimme des Sergeanten hörte: »Gregory! Wo sind Sie? Schnell! Ein neues Opfer. Mein Gott, es ist Petersen! Erdrosselt. Rasch, geben Sie Alarm!«

Das war der dritte Fall in der grauenhaften Mordserie, die noch einen vierten und fünften aufweisen sollte; danach gingen diese fünf Schreckenstaten ins Reich des Unbekannten und Undeutbaren ein. Das heißt, soweit es die Behörden und die Öffentlichkeit betraf; denn die Identität des Mörders war bekannt, aber nur zwei Männern. Der eine war der Mörder selbst, der andere ein junger Reporter.

Dieser junge Mann, der die Angelegenheit für seine Zeitung, die *Daily Torch*, verfolgte, war nicht gerissener als die anderen ehrgeizigen Reporter, die sich damals in der Hoffnung auf eine unerwartete Story in jenen Gassen herumdrückten. Aber er war geduldig und blieb dem Fall ein wenig dichter auf den Fersen als seine Kollegen. Und indem er die Angelegenheit nie aus den Augen ließ, gelang es ihm schließlich, die Gestalt des Mörders wie einen Geist von den Steinen aufsteigen zu lassen, die zu Zeugen seiner Morde geworden waren.

Nach den ersten paar Tagen hatten es die Journalisten aufgegeben, einem Exklusivartikel für ihre Leser nachzujagen, denn dazu fanden sie keine Möglichkeit. Sie kamen regelmäßig in der Polizeiwache zusammen, wo sie gemeinsam die verfügbaren kargen Informationen entgegennahmen. Die Beamten gaben sich ihnen gegenüber zwar freundlich, aber viel war nicht aus ihnen herauszuholen. Der Sergeant diskutierte mit ihnen die Einzelheiten eines jeden Mordes, schlug mögliche Erklärungen für die Methoden des Mannes vor und führte bekannte Fälle aus der Vergangenheit an, die eine entfernte Ähnlichkeit aufwiesen. Hinsichtlich des Motivs erinnerte er sie an den motivlosen Neil Cream und an den Psychopathen John Williams und deutete an, daß die Arbeit der Polizei den Fall bald aufgeklärt haben würde. Über die Art dieser Arbeit ließ er sich jedoch mit keinem Wort näher aus. Auch der Inspektor graste dankbar und geschwätzig das allgemeine Thema Mord ab; sobald aber jemand aus der kleinen Versammlung das Gespräch darauf bringen wollte, was denn im vorliegenden Fall wirklich getan werde, wich er aus. Was die Beamten auch wissen mochten, sie verrieten es den Zeitungsleuten nicht. Die Vorgänge lasteten schwer auf ihnen, und nur durch eine aus eigener Anstrengung erreichte Festnahme konnten sie sich vor sich selbst und vor der Öffentlichkeit rehabilitieren. Scotland Yard hatte sich natürlich eingeschaltet und besaß das gesamte Material der Polizeiwache; aber die Beamten des Bezirks hofften, daß es ihnen allein gelingen werde, diesen Fall aufzuklären. Wie nützlich die Zusammenarbeit mit der Presse auch in anders gelagerten Fällen sein mochte, hier wollten sie unter keinen Umständen das Risiko eines Versagens als Folge einer vorzeitigen Bekanntgabe ihrer Theorien und Pläne eingehen.

So redete der Sergeant um die Sache herum und gab eine interessante Theorie nach der anderen zum besten, die den Zeitungsleuten alle schon längst von selbst eingefallen waren.

Der junge Mann gab bald die Teilnahme an diesen Morgenvorlesungen über die Philosophie des Verbrechens auf und begann durch die Straßen zu ziehen und glänzende Berichte über die Auswirkungen der Morde auf das normale tägliche Leben der Leute zu schreiben. Eine trübsinnige Aufgabe, die durch die Atmosphäre des Bezirks noch trübsinniger gemacht wurde. Die abfallverschmutzten Straßen, die verfallenen Häuser, die blinden Fensterscheiben – all dies strahlte jenes abstoßende Elend aus, das kein Mitleid erwecken kann. Das Elend war eine Schöpfung der heimatlosen Ausländer, die wie in einer Durchgangsstation lebten und auch keine Anstalten machten, sich hier, wo sie es *konnten,* eine Heimat zu schaffen oder weiterzuziehen.

Er konnte wenig Brauchbares auflesen. Er sah nur aufgebrachte Gesichter und hörte nur wilde Vermutungen über die Identität des Mörders und seinen geheimnisumwobenen Trick, ungesehen erscheinen und wieder verschwinden zu können. Da auch ein Streifenbeamter ihm zum Opfer gefallen war, hatten die

Schmähungen der Polizei aufgehört, und die unerklärlichen Ereignisse wurden in den Mantel der Legende gehüllt. Die Leute beobachteten einander, als dächten sie: *der* da könnte es sein. Sie suchten nicht mehr nach einem Mann mit dem Aussehen eines Mörders aus Madame Tussauds Wachsfigurenkabinett, sondern nach einem mit übernatürlichen Kräften begabten Mann oder vielleicht auch Weib, der oder das diese eigenartigen Morde begangen hatte. Ihre Gedanken drehten sich hauptsächlich um die ausländischen Mitbürger. So viel Ruchlosigkeit konnte kaum in England beheimatet sein, genauso wenig wie die verblüffende Gerissenheit, die das Geschehene auszeichnete. So wandte sich die Aufmerksamkeit eben rumänischen Zigeunern und türkischen Teppichhändlern zu; dort würde man ganz sicher die berühmte ›heiße‹ Stelle finden. Diese Burschen aus dem Osten – sie kannten alle möglichen Tricks und besaßen keine richtige Religion – waren in kein geläufiges Schema einzuordnen; nichts und niemand konnte sie in Schranken halten. Matrosen, die aus jenen Gegenden nach Hause kamen, hatten von Magiern erzählt, die sich unsichtbar machten. Geschichten über ägyptische und arabische Zaubertränke, die zu abgrundhaft verwerflichen Zwecken benutzt werden konnten, liefen von Mund zu Mund. Vielleicht *waren* diese Ausländer zu solcherlei Dingen fähig – man konnte nie wissen. Sie waren so aalglatt und schlau, und sie bewegten sich so geschmeidig; kein Engländer konnte sich derart unauffällig aus dem Staub machen wie sie. Man nahm fast mit Bestimmtheit an, den Mörder in ihren Kreisen zu finden – und eben weil sie sicher waren, daß er seine Taten mit Hilfe schwarzer Magie verübte, hielten es die Leute für zwecklos, nach ihm Ausschau zu halten. Er besaß in ihren Augen die Macht, sie zu unterjochen, ohne sich selbst die geringste Blöße zu geben. Der Aberglaube, der so leicht die dünne Schale der Vernunft sprengt, hatte sie in seinen Bann geschlagen. Er konnte tun, was er wollte, er würde nie entdeckt werden. Diese Annahme hatte sich in den Hirnen der Leute zur feststehenden Tatsache verdichtet, und sie trotteten in einer Gemütsverfassung durch die Straßen, die man am besten als haßerfüllten Fatalismus kennzeichnete.

Sie sprachen zu den Journalisten nur mit halblauter Stimme von ihren Ideen und blickten dabei scheu nach rechts und links, als könne ER sie belauschen und dafür heimsuchen. Und obgleich der ganze Bezirk nur an ihn dachte und alle jederzeit bereit waren, sich auf ihn zu stürzen, besaß er doch eine sehr starke Macht über sie; wenn irgendein Mann auf der Straße (angenommen, ein Mann von kleiner Gestalt und gewöhnlichem Aussehen) aufgestanden wäre und gerufen hätte: »Ich bin das Ungeheuer!« – wäre ihre unterdrückte Wut dann entfesselt worden und wie eine Flutwelle über ihn hereingebrochen? Oder hätten sie nicht plötzlich etwas Unirdisches in jenem alltäglichen Gesicht und in jener Gestalt gesehen, etwas Unirdisches an seinen Schuhen und an seinem Hut – etwas, das ihn als jemand kennzeichnete, den sie mit ihren Waffen weder schrecken noch verwunden konnten? Und wären sie nicht augenblicklich vor diesem Teufel zurückgewichen – wie Mephisto vor dem Kreuz, das Faust mit seinem Schwerte schlug –, so daß ihm dadurch Zeit zur Flucht geblieben wäre? Ich weiß es nicht; doch der Glaube an seine Unbesiegbarkeit hatte sich ihnen so fest eingeprägt, daß man dieses Zaudern zumindest für wahrscheinlich halten konnte, hätte sich ihnen jemals diese Gelegenheit geboten. Das aber geschah nie. Heute noch kann man diesen alltäglich aussehenden Gesellen, der seine Mordlust gestillt hat, unter seinen Mitbürgern antreffen und beobachten, wie das während der ganzen schrecklichen Zeit der Fall war; doch da niemand sich damals träumen ließ oder es heute vermutete, wer dieser Mann war, nahmen die Leute seine Gegenwart damals zur Kenntnis und tun es auch heute noch, wie man einen Laternenpfahl hinnimmt.

Beinahe war ihr Glaube an seine Unbesiegbarkeit auch gerechtfertigt; denn fünf Tage nach dem Mord an dem Polizisten Petersen, als die Erfahrung und der Mut der gesamten Detektivabteilung der Londoner Polizei auf seine Identifizierung und Ergreifung hinarbeiteten, schlug er zum vierten und fünften Male zu.

Gegen neun Uhr an jenem Abend schlenderte der junge Reporter, der täglich bis zum Redaktionsschluß seiner Zeitung in dieser Gegend herumstreifte, durch die Richards Lane. Die Richards Lane ist eine enge Straße, die zum Teil von Marktständen, zum Teil von Wohnhäusern gebildet wird. Der junge Mann befand sich gerade in der Wohngegend mit kleinen Arbeiterhäusern auf der einen und der Mauer eines Güterbahnhofs auf der anderen Seite. Die hohe Mauer schlug einen Schattenvorhang über die schmale Straße, und dieser Schatten und die fernen skelettartigen Umrisse der um diese Zeit verlassenen Marktstände gaben ihr den Anschein eines Lebewesens, das ein Frosthauch im Augenblick zwischen Atemholen und Sterben hatte erstarren lassen. Die gleichen Lampen, die anderswo einen warmen goldenen Schein warfen, strahlten hier im strengen Glanz von Edelsteinen. Der Journalist spürte diese Botschaft der erstarrten Ewigkeit und sagte sich gerade, daß er die ganze Sache satt hatte, als mit einem Schlag der Bann gebrochen wurde. Im Augenblick zwischen zwei Schritten zerriß ein gellender Schrei Dunkelheit und Stille, und durch das Schreien rief eine Stimme: »Hilfe! Hilfe! *Er ist hier!*«

Bevor er sich über seine nächste Bewegung schlüssig werden konnte, erwachte die Straße zum Leben. Als hätten ihre unsichtbaren Bewohner nur auf diesen Schrei gewartet, sprangen alle Türen weit auf, und aus den Häusern und Gängen strömten schemenhafte Gestalten und verharrten vorgebeugt wie lauschende Fragezeichen. Einige Sekunden standen sie so steif und stumm, bis eine Polizeipfeife die Richtung angab und die ganze Schattenherde die Straße hinauflief. Der Journalist folgte ihr, und mehr Leute schlossen sich ihm an. Aus der Hauptstraße und den umliegenden Nebenstraßen eilten sie herbei, einige aus ihrem Nachtmahl gerissen; andere, in Pantoffeln und Hemdsärmeln, in ihrer Feierabendruhe gestört; einige auf gebrechlichen Beinen dahinstolpernd; andere aufrecht und mit Schürhaken oder den Werkzeugen ihres Handwerks bewaffnet. Hier und da schwammen Polizeihelme auf dem wogenden Meer von Köpfen. In einer kompakten, dunklen Masse brandeten sie gegen ein ärmliches Häuschen, dessen Eingang von dem Sergeanten und zwei Polizisten flankiert war. Stimmen aus den hinteren Reihen der Menge trieben sie an mit Rufen wie: »Hinein! Sucht ihn! Umzingelt das Haus! Über die Mauer!« und aus den vorderen Reihen schrien sie: »Zurück! Zurück! Nicht drängen!«

Und jetzt brach die ganze, bisher von einer unbekannten Gefahr in Bann gehaltene Wut des Mobs ihre Fesseln. Er war hier – hier an diesem Ort! Diesmal konnte er einfach nicht entkommen. Das Streben aller konzentrierte sich auf das Häuschen; all ihre Energie richtete sich auf die Türen, die Fenster und auf das Dach; all ihre Gedanken zielten nur auf den Mann und seine Vernichtung. Keiner sah den andern an. Keiner sah die enge, von Menschen überquellende Straße und die Masse schiebender, drängender, stoßender Schatten; und alle vergaßen, untereinander nach dem Ungeheuer Umschau zu halten, das nie bei seinen Opfern zu verweilen pflegte. Alle hatten in der Tat vergessen, daß sie ihm in ihrem Massenkreuzzug der Rache das vollkommenste Versteck boten. Sie sahen nur das Haus, hörten nur das Bersten von nachgebendem Holz, das Klirren von Glas an der Vorder- und Rückseite und die Befehle und Zurufe der ebenfalls fieberhaft suchenden Polizisten. Und sie drängten weiter.

Doch sie fanden keinen Mörder. Sie hörten lediglich die Nachricht neuen Mordens und erhaschten einen Blick auf den Ambulanzwagen, und ihrer rasenden Wut bot sich kein anderes Ziel als die Polizisten, die gegen diese Behinderung ihrer Arbeit kämpften.

Der Journalist brachte es mühsam fertig, sich zur Tür hindurchzudrängen und den Hergang von dem dort aufgestellten Polizeiposten zu erfahren. Das Häuschen gehörte einem pensionierten Seemann, der hier mit seiner Frau und seiner Tochter wohnte. Sie hatten beim Abendessen gesessen, und zuerst hatte es so ausgesehen, als hätte irgendein giftiges Gas sie alle drei mitten aus ihrem Tun gerissen. Die Tochter lag tot auf dem Kaminteppich, in der Hand ein Stück Butterbrot. Der Vater war seitwärts von seinem Stuhl gefallen und hatte einen mit Reispudding gefüllten Löffel auf seinem Teller zurückgelassen. Die Mutter lag halb unter dem Tisch, und in ihrem Schoß fanden sich Splitter eines zersprungenen Bechers und Kakaospritzer. Aber innerhalb von drei Sekunden konnte man den Gedanken an Gas fahren lassen. Ein Blick auf die Hälse der Opfer zeigte, daß der Würger wieder am Werk gewesen war, und die Polizei stand ratlos im Zimmer und teilte vorübergehend den Fatalismus der Bevölkerung. Sie war machtlos.

Dies war der vierte Besuch des Würgers, der damit sieben Morde auf sein Schuldkonto geladen hatte. Wie Sie wissen, sollte er noch einen achten begehen – und zwar in derselben Nacht. Danach aber sollten seine Verbrechen in die Geschichte der unaufgeklärten Londoner Schreckenstaten eingehen und er selbst zu dem wohlanständigen Leben zurückkehren, das er vordem stets geführt hatte. Er erinnerte sich späterhin kaum noch an seine Taten, und auch diese schwache Erinnerung beunruhigte ihn nicht im geringsten. Warum er aufhörte? Diese Frage ist unmöglich zu beantworten. Warum er überhaupt begann? Auch hierauf gibt es keine Antwort. Es geschah einfach, wie berichtet. Und falls er überhaupt an diese Tage und Nächte zurückdenkt, so nehme ich an, daß er sich an sie erinnert, wie wir an die närrischen oder boshaften Streiche unserer Kindheit zurückdenken. Wir sagen uns, daß es keine richtigen Sünden gewesen sind, weil wir damals unser selbst noch nicht recht bewußt waren: wir waren noch nicht zur Erkenntnis gekommen. Und wir blikken auf das törichte kleine Geschöpf zurück, das wir einmal waren, und vergeben ihm, weil es unbewußt gehandelt hat. So ist es, glaube ich, bei diesem Mann.

Es gibt viele seines Schlages. Eugène Aram lebte nach dem Mord an Daniel Clark noch vierzehn Jahre lang ruhig und zufrieden, weder von der Erinnerung an sein Verbrechen gehetzt noch in seiner Selbstachtung erschüttert. Dr. Crippen ermordete seine Frau und lebte vergnügt mit seiner Mätresse im selben Haus, unter dessen Keller er die Frau verscharrt hatte. Constance Kent, die man von dem Mord an ihrem jüngeren Bruder freigesprochen hatte, führte bis zu ihrem freiwilligen Geständnis fünf Jahre lang ein friedliches Leben. George Joseph Smith und William Palmer lebten leutselig und liebenswürdig unter ihren Mitbürgern, furchtlos und ohne Reue, wie viele Menschen sie auch vergiftet und ertränkt hatten. Als Charles Peace seine einzige, unglückliche literarische Abhandlung schrieb, hatte er sich bereits als angesehener

Bürger mit großem Interesse für Antiquitäten zur Ruhe gesetzt. Nach einiger Zeit wurden zwar die Taten dieser Männer durch einen Zufall aufgedeckt, aber mehr Mörder als wir glauben führen heute mitten unter uns ein angesehenes Leben und werden angesehen sterben, unentdeckt und unverdächtigt. So wie dieser Mann.

Doch er entkam nur mit knapper Not, und vielleicht war es diese Tatsache, die ihn zum Aufhören veranlaßte. Er entkam, weil dem Journalisten ein Fehler in der Beurteilung des Mannes unterlief.

Sobald der junge Reporter alle Einzelheiten der letzten Affäre in Erfahrung gebracht hatte – und dazu brauchte er einige Zeit – hängte er sich fünfzehn Minuten lang ans Telefon und gab den Bericht an seine Redaktion durch. Als er das Gespräch beendet hatte und der Reiz des Geschehens abgeklungen war, befand er sich in einem Zustand völliger körperlicher und geistiger Erschöpfung. Nach Hause konnte er jedoch noch nicht, da seine Zeitung erst in einer Stunde in Druck gehen würde; er trat daher in eine Kneipe, um etwas zu trinken und ein paar Sandwiches zu essen.

Und hier, als er gerade alle Gedanken an die schrecklichen Ereignisse der letzten Tage aus seinem Kopf verbannt hatte, während er sich im Gastzimmer umschaute, die geschmackvolle Uhrkette und das selbstbewußte Auftreten des Wirts bewunderte und dabei dachte, daß der Wirt einer gut geführten Schenke doch ein angenehmeres Leben als ein Journalist führte, ging ihm unversehens ein Licht auf. Er dachte nicht an die grauenhaften Mordtaten des Würgers; seine Gedanken weilten bei seinem Sandwich. Als Sandwich in einer Bierkneipe stellte es unbedingt eine Seltenheit dar. Das Brot war dünn geschnitten und mit Butter bestrichen, und der Schinken war nicht zwei Monate alt und betrocknet; es war Schinken, wie er sein sollte. Seine Gedanken wanderten zu dem Erfinder dieser Stärkung, dem Earl of Sandwich, weiter zu George dem Vierten und all seinen königlichen Namensvettern, bis sie schließlich bei jenem George angelangt waren, von dem die Legende berichtet, daß er sich den Kopf darüber zerbrochen habe, wie der Apfel in den Apfelkloß gekommen sei. Er überlegte, ob George genauso daran herumgerätselt hätte, wie der Schinken in das Schinkensandwich gekommen sei, und wie lange er wohl gebraucht hätte, bis es ihm aufgegangen wäre, daß jemand den Schinken hineingelegt haben mußte, weil er anders nicht dahin gekommen sein konnte. Er erhob sich, um ein neues Sandwich zu bestellen, und in diesem Augenblick löste ein in seinem Unterbewußtsein tätig gebliebener kleiner Winkel seines Gehirns den Fall. Wenn Schinken in diesem Sandwich war, mußte jemand ihn hineingelegt haben. Wenn sieben Leute ermordet worden waren, mußte jemand zur Stelle gewesen sein, um sie zu ermorden. Flugzeuge oder Autos, die ein Mann in seine Tasche stecken konnte, gab es nicht; also mußte dieser Jemand entkommen sein, indem er entweder fortgelaufen oder stehengeblieben war; und infolgedessen …

Er stellte sich die Titelseite seiner Zeitung mit dem Bericht vor, den sein Redakteur bringen würde, wenn seine Theorie sich als richtig erwiese und wenn – darüber konnte man geteilter Meinung sein – dieser Redakteur den erforderlichen Mut zu so einem kühnen Streich aufbrächte. Doch in diesem Augenblick riß ihn die Stimme des Wirts mit dem Ruf: »Ich muß schließen, Gentlemen! Bitte gehen Sie!« aus seinen Spekulationen und erinnerte ihn an die vorgerückte Stunde. Er stand auf und ging hinaus in eine Welt voller Nebel, die nur von den gezackten Flächen der

Pfützen am Straßenrand und dem gelegentlich vorbeihuschenden Aufblitzen erleuchteter Autobusse durchbrochen wurde. Er war überzeugt, daß er *den* Bericht greifbar hatte, doch selbst wenn er ihn beweisen konnte, war es noch lange nicht sicher, ob die Einstellung seiner Zeitung es gestatten würde, ihn auch zu drucken. Der Bericht hatte einen großen Fehler: er stellte die Wahrheit dar, aber eine unmöglich scheinende Wahrheit. Er rüttelte an den Grundlagen von allem, was Zeitungsleser glaubten und Redakteure ihnen zu glauben verhalfen. Sie würden glauben, daß ein türkischer Teppichhändler sich unsichtbar machen konnte – dies aber würden sie nicht glauben.

Sie sollten allerdings auch nie dazu aufgefordert werden, denn dieser Bericht wurde nie geschrieben.

Da seine Zeitung inzwischen in Druck gegangen war, und unser junger Reporter sich durch Essen und Trinken gestärkt und von seiner Theorie angespornt fühlte, wollte er noch eine halbe Stunde daransetzen, seine Annahme zu erhärten. Er begann also nach jenem Manne Umschau zu halten, an den er dachte – nach einem Mann mit weißem Haar und großen weißen Händen, sonst aber einer ganz alltäglichen Erscheinung, an die niemand einen zweiten Blick im Vorübergehen verschwenden würde. Er wollte diesem Manne seine Vermutung ohne jede vorherige Warnung ins Gesicht schleudern und würde sich zu diesem Zweck in den Machtbereich desjenigen begeben, den die Legende mit so viel Erbarmungslosigkeit und Furchtbarkeit ausgestattet hatte. Das mag wie eine überaus mutige Handlung aussehen – daß ein einzelner Mann, ohne Hoffnung auf rechtzeitige anderweitige Hilfe, sich auf Gnade und Ungnade demjenigen ausliefern wollte, der einen ganzen Stadtteil in Angst und Schrecken hielt. Aber das war es nicht. Er dachte überhaupt nicht an das Risiko. Er dachte auch nicht an seine Pflicht seinen Arbeitgebern gegenüber oder an Loyalität zu seiner Zeitung. Lediglich ein unberechenbarer Instinkt trieb ihn voran, eine Sache bis an ihr Ende zu verfolgen.

Er ging langsam von der Kneipe fort, bog in die Fingal Street ein und ging weiter in Richtung auf Deever Market, wo er seinen Mann zu finden hoffte. Doch so weit brauchte er nicht mehr zu laufen. An der Ecke der Lotus Street sah er ihn – beziehungsweise einen Mann, der wie der Gesuchte aussah. Diese Straße war nur schwach beleuchtet, und er konnte wenig von dem Mann erkennen; doch er *sah* weiße Hände. Ungefähr zwanzig Schritte weit ging er unauffällig hinter ihm her. Bei der Eisenbahnüberführung holte er ihn ein und erkannte, daß er seinen Mann vor sich hatte. Mit dem damals in jenem Bezirk üblichen Satz, unter Bekannten ein Gespräch zu beginnen, trat er auf ihn zu: »Nun, haben Sie schon etwas von dem Mörder gesehen?« Der Mann blieb stehen und musterte ihn scharf, wie um sich zu vergewissern, daß der Journalist nicht der Mörder sei.

»Ehem«, räusperte er sich und antwortete: »Nein, und auch sonst niemand, verdammt nochmal. Ich beginne schon zu zweifeln, ob man ihn überhaupt jemals fassen wird.«

»Da bin ich anderer Ansicht. Ich habe darüber nachgedacht, und dabei ist mir ein Einfall gekommen.«

»So?«

»Ja. Es ging mir ganz plötzlich auf. Etwa vor einer Viertelstunde. Wir müssen alle blind gewesen sein. Er hat uns direkt ins Gesicht gestarrt.«

Der Mann blickte ihn erneut forschend an, und sein Blick und seine Bewegung drückten Argwohn gegenüber dem Journalisten aus, der so viel zu wissen schien. »Oh? Wirklich? Nun, wenn Sie so sicher sind, warum wollen Sie uns dann nicht auch von Ihrem Wissen profitieren lassen?«

»Das will ich.« Sie schritten nebeneinander her und waren fast am Ende der kleinen Straße, wo sie in den Deever Market einmündet, als der Journalist sich wie beiläufig zu seinem Begleiter hinwandte und einen Finger auf dessen Arm legte. »Ja, jetzt kommt mir die Sache sehr einfach vor; aber da ist noch ein Punkt, den ich nicht ganz verstehe – eine Kleinigkeit, die ich gern aufklären würde. Ich meine das Motiv. Doch vielleicht können Sie mir jetzt einmal von Mann zu Mann verraten, Sergeant Ottermole, *warum* Sie diese unschuldigen Leute getötet haben?«

Der Sergeant blieb stehen, und auch der Journalist hielt an. Vom Himmel, der den Glanz der Riesenstadt London reflektierte, fiel gerade genügend Licht, um den Journalisten das Gesicht des Sergeanten erkennen zu lassen, welches sich ihm mit einem so charmanten, offenen und höflichen Lächeln zuwandte, daß dem jungen Manne bei seinem Anblick das Blut in den Adern gerann.

Das Lächeln verweilte ein paar Sekunden im Gesicht des Sergeanten. Dann antwortete er: »Um der Wahrheit die Ehre zu geben, Herr Zeitungsreporter – ich weiß es auch nicht. Ich weiß es wirklich nicht. Ich habe in der Tat schon begonnen, mir deswegen Sorgen zu machen. Aber auch mir ist dabei eine Idee gekommen – genau wie Ihnen. Jedermann weiß, daß wir das Wirken unseres Verstandes nicht kontrollieren können. Habe ich nicht recht? Ideen und Gedanken entstehen in unseren Hirnen, ohne uns zu fragen. Und doch erwartet man von jedermann, daß er in der Lage ist, seinen Körper zu beherrschen. Warum? Eh? Wir erhalten unser Wissen, unseren Verstand, von Gott-weiß-woher – von Leuten, die Hunderte von Jahren gestorben sind, bevor wir geboren wurden. Können wir nicht auch unsere Körper auf dieselbe Weise erhalten haben? Unsere Gesichter – unsere Beine – unsere Köpfe – sie gehören nicht ausschließlich uns. Wir schaffen sie nicht selbst. Wir bekommen sie zugeteilt. Und könnten nicht auch in unsere Körper Ideen kommen, wie sie unseren Köpfen zufliegen? Eh? Können Eingebungen nicht genauso in Nerven und Muskeln leben wie im Gehirn? Könnte es nicht sein, daß Teile unseres Körpers nicht wirklich uns gehören, und daß Eingebungen ganz unvermutet in diese Körperteile fahren, wie solche Eingebungen in – in« – seine Arme mit den großen, weißbehandschuhten Händen und den behaarten Handgelenken schossen plötzlich vor; schossen so blitzschnell an die Kehle des Journalisten, daß dessen Augen sie überhaupt nicht kommen sahen – »in *meine Hände!*«

EDMUND CRISPIN

Der schnelle braune Fuchs

Der Portwein hatte verschiedene Male die Runde gemacht, und Wakefields temperamentvolle Bestimmtheit war mittlerweile noch befeuert worden.

»Trotzdem«, sagte er und mischte sich in ein Gespräch ein, an dessen Ursache und Zweck sich niemand mehr deutlich erinnern konnte, »trotzdem sind Kriminalgeschichten mit Sicherheit gesellschaftsfeindlich, und diese Tatsache kann man auch hinter noch soviel Spitzfindigkeit nicht verstecken. Es ist völlig unmöglich, wenn man etwa glaubt, ein Verbrecher könnte ihnen nicht irgendwelche nützliche Hinweise entnehmen – mögen sie auch noch so phantastisch und weithergeholt sein. Keiner wird vermutlich den Versuch machen, dies zu bestreiten.« Streitlustig blickte er die übrigen Gäste an. »Und außerdem ...«

»Ich für meine Person bestreite es«, sagte Gervase Fen; und Wakefield ächzte enttäuscht. »Soweit es um den Nutzen geht, den Verbrecher daraus ziehen können, sind die Mitglieder des Detection Club nichts anderes als Rufer in der Wüste. Sehen Sie sich doch die Zeitungen an und lesen Sie dort nach, was die Verbrecher trotz aller Kriminalromane tatsächlich tun. Sie kaufen beim Drogisten oder beim Apotheker eine Tüte Arsen, schreiben ihren richtigen Namen in das Kontrollbuch und schütten dann ihrem Opfer erstaunliche Mengen dieses Zeugs in den Tee. Sie hinterlassen Fingerabdrücke auf allen Gegenständen, die sich in unmittelbarer Nähe der Leiche befinden, und vergessen unvermeidlich, daß verbranntes Papier, wenn es nicht zu Staub zerfallen ist, wieder präpariert und lesbar gemacht werden kann. Mit unbekümmerter Mißachtung geben sie gestohlene Banknoten aus, obgleich sie wissen müßten, daß die Seriennummern der Scheine bei der Polizei genau bekannt sind …

Nein: Alles in allem glaube ich nicht, daß Verbrecher in Kriminalgeschichten viel Unterstützung finden. Und sollte es sich zufällig wirklich einmal um einen Süchtigen handeln, dann kann man fast mit Sicherheit annehmen, daß diese Tatsache ausgesprochen nachteilig wirkt, denn die Kunst, sich ein Verbrechen vorzustellen – was in der Regel äußerst schwierig ist –, verleitet meistens dazu, bei der Durchführung der eigenen Missetaten allzu gründlich vorzugehen; und das bedeutet naturgemäß, daß man mit ihnen leichtes Spiel hat … Als Beispiel gibt es da den Fall Munsey.«

»Ich bin immer der Ansicht gewesen«, sagte Wakefield zu der Zimmerdecke, »daß die Unterhaltung nach dem Essen lieber allgemein gehalten werden und nicht in Anekdoten ausarten sollte. Überdies …«

»Ich war mit der ganzen Familie flüchtig bekannt«, fuhr Fen fort, ohne sich stören zu lassen, »und zwar über eine ganze Reihe von Jahren hinweg. Allerdings nehme ich an, daß ich George Munsey, den Herrn des Hauses, doch am besten von allen kannte. Durch einen Zufall kamen wir 1928 in Mailand zusammen: Ich hielt an der dortigen Universität Vorlesungen, und er war in irgendwelche länger dauernden Verhandlungen verwickelt, bei denen es um Kraftfahrzeuge ging. Und obgleich sich seine Familie, die ich später kennenlernte, als ausgesprochen reizend herausstellte, kam ich doch nie dazu, sie so gut zu kennen, daß es für mich Einzelpersönlichkeiten waren – ich meine: daß sie mir mehr bedeuteten als der natürliche Anhang meines Bekannten George Munsey. George selbst war ein kleiner, rundlicher und immer vergnügter Mann, der sein Vermögen an der Börse gemacht hatte; ich hatte allerdings immer das Gefühl, daß es mehr oder weniger ein Zufall gewesen war, denn er hatte so gar nichts von der entsetzlichen Beschränktheit, die man normalerweise bei jenen Leuten feststellt, die damit beschäftigt sind, Geld mit Geld zu verdienen. In Wirklichkeit war es genau umgekehrt: George war ein Mann mit verschiedenen Hobbys – er sammelte Gespenstergeschichten, hatte ein selbstgebasteltes Puppentheater, für das er sogar die Stücke schrieb, beobachtete die Vögel, illustrierte Bücher, und der Himmel weiß, was er noch alles tat. Und das alles machte ihn lebendiger, intelligenter und menschlicher als selbst den durchschnittlichen Nicht-Geschäftsmann, zum Beispiel einen Romancier, dessen Interessen zwangsläufig größer sind. Als ich ihm zum ersten Mal begegnete, war er siebenunddreißig; demnach war er also 1947, als sich die Dinge, von denen ich spreche, zutrugen, Ende Fünfzig – obgleich sein engelhaftes Aussehen darüber hinwegtäuschte und seine Glatze der einzige Hinweis auf sein Alter war, den ich an ihm entdecken konnte.

Ich war von Oxford nach London gekommen, um einige geschäftliche Dinge zu erledigen und um mir eine neue Reiseschreibmaschine zu kaufen; übrigens war es schließlich eine gebrauchte Maschine, die ich in Holborn erstand. Am nächsten Vormittag war ich jedenfalls zu einer Konferenz im Erziehungsministerium bestellt, und deshalb hatte ich beabsichtigt, im Athenaeum Club zu übernachten. Gegen Mittag begegnete ich dann George Munsey ganz zufällig in der Bar des Author's Club, und als er hörte, was ich vorhatte, fand er, ich sollte statt dessen bei ihm wohnen. Es war einige Jahre her, daß wir uns zum letzten Mal gesehen hatten, und er meinte, seine Familie würde es ihm nie verzeihen, wenn er zulassen würde, daß ich nach Oxford zurückführe, ohne sie besucht zu haben. Ich wandte ein, daß ich noch eine ganze Menge zu tun hätte – daß ich zum Beispiel noch eine ausführliche Denkschrift schreiben müßte, die ich auf der Konferenz im Erziehungsministerium vorlegen wollte –, aber auch damit war er einverstanden. Und so erschien ich, um zwei Uhr nachmittags, pflichtschuldigst vor seiner Haustür, Schreibmaschine und meine anderen Sachen in der Hand.

Das Haus der Munseys lag in der St. John's Wood: ein hohes, schmales, graues Gebäude mit einem ebenfalls schmalen und langen Hintergarten, der ziemlich ungepflegt aussah. Heute wohnen sie nicht mehr dort. Mit einer einzigen Ausnahme weiß ich gar nicht einmal, wie es den verschiedenen Familienmitgliedern jetzt geht, und ich habe gute Gründe, mich nicht danach zu erkundigen. Im Jahre 1947 jedenfalls gehörten sie zu den langjährigen Bewohnern dieser Gegend, die zwei Kriege überstanden hatten und in der Nachbarschaft gutbekannt und beliebt waren. Ich läutete an diesem Haus mit einem leicht schuldbewußten, leicht sehnsuchtsvollen Gefühl, das man gegenüber Leuten empfindet, von denen man sich irgendwie hat verleiten lassen.

Ich läutete also, und aufgemacht wurde mir von Judith, der jüngeren Tochter.

Die beiden Töchter George Munseys waren gutaussehende Mädchen; aber wenn ich zwischen beiden hätte wählen müssen, hätte ich wahrscheinlich Judith ihrer Schwester Eleanor vorgezogen. Eleanor hatte von beiden die aufregendere Figur, aber dieses Urteil ist natürlich nur relativ. Judiths Figur hatte zwar nichts von dem anbetungswürdigen Reiz ihrer Schwester, der einem Mann den Atem verschlug, reichte jedoch aus, daß ein durchschnittliches Mädchen damit immer noch auffiel. Hinzu kam, daß ihre Züge sehr viel schöner als die Eleanors waren. Ich bitte um Verzeihung, daß ich nur über Äußerlichkeiten spreche; aber es liegt daran, daß ich damals wie heute das Wesen der beiden Mädchen nicht genauer kennenlernte und kaum etwas darüber weiß – abgesehen natürlich von so offensichtlichen Tatsachen, daß Judith ausgesprochen lebhaft, Eleanor dagegen still, Judith sehr energisch, Eleanor aber faul war. Der Altersunterschied zwischen den beiden betrug drei Jahre – Judith war mit zweiundzwanzig die Jüngere. Judith war dunkel, Eleanor blond, und Eleanor zog sich hübscher an als Judith. Das alles wirkt, fürchte ich, nicht sehr lebendig – aber was ist bei gesunden, reizvollen jungen Frauen denn schon lebendig, wenn man von ihrem Körper einmal absieht.

›Aha!‹ begrüßte mich Judith, die in der Tür stand. ›Der berühmte Menschenjäger persönlich – wie nett, Sie einmal wiederzusehen, aber seit damals bin ich etwas dicker geworden, finden Sie, daß es mir steht? Und jetzt geben Sie mir erst mal schnell Ihre Sachen, und den Lärm müssen Sie bitte entschuldigen, aber die anderen spielen vorn Rasender Teufel, und wie lange bleiben Sie – aber nun kommen Sie doch erst mal rein!‹

Ich ging also hinein.

Vielleicht sollte ich jetzt schnell erklären, daß die Munseys eine wohlhabende Familie waren, da Mrs. Munsey sowie Judith und Eleanor Haupterben von Mrs. Munseys Vater gewesen waren, der mehrere Mühlen besessen hatte. Hauspersonal hatten sie jedoch nicht, weil sie am liebsten ein bißchen wie Bohemiens lebten und alles selber taten. Aus irgendeinem Grunde hatten sie allerdings in ihrem Haushalt nicht die Vorteile jenes Prinzips begriffen, das den Wirtschaftlern als ›Arbeitsteilung‹ bekannt ist, und wenn irgend etwas erledigt werden mußte, kam es sehr oft vor, daß sich alle gleichzeitig darauf stürzten, und das Resultat war dann verheerend. Aber die Atmosphäre des Hauses war sehr freundschaftlich, und dafür war das aus dem Wohnzimmer dringende laute Gelächter so bezeichnend, daß die Zeit für einen Augenblick zusammenschrumpfte und ich das Gefühl hatte, erst vor wenigen Stunden – und nicht vor einigen Jahren – zum letzten Mal hier gewesen zu sein.

›Was mich angeht‹, sagte Judith, ›ich habe noch in der Küche zu tun und würde an Ihrer Stelle lieber nicht fragen, was ich da tue, weil Sie es nämlich nachher wahrscheinlich essen müssen, und nun stellen Sie doch endlich Ihren Koffer ab, und das andere Ding auch – oh, ist das eine Schreibmaschine, aber nun kommen Sie erst mal mit und sagen Sie den anderen Guten Tag, Tante Ellen müssen wir nämlich auch noch ertragen, aber wissen Sie, ich kann sie einfach nicht aushalten ...‹ Hierbei zeigte sie plötzlich eine derart heftige Gefühlsaufwallung, daß ich ziemlich erschrak. ›... aber die anderen scheinen nichts gegen sie zu haben, und deswegen ist es hoffnungslos, sie aus dem Haus graulen zu wollen, aber wenn sie doch bloß Geld von uns annehmen würde, statt uns hier ausgerechnet so zu bealben, dann würde ich mich wahrscheinlich nicht so aufregen, und Sie müßten es sich einmal selbst ansehen, wie sie oben sitzt und sich mit ihrer quatschigen Stickerei abschuftet und sich noch damit kaputt macht, nur weil sie glaubt, daß irgendwer sie ihr für ein paar Shillings abkauft, und dabei würde ich ihr sogar alles von meinem eigenen Geld bezahlen, wenn sie nur endlich verschwinden würde – Sie erinnern sich doch sicher noch an sie?‹

Ich erinnerte mich tatsächlich. George Munseys Schwester Ellen gehörte zu jenen verzweifelt bereitwilligen, verzweifelt untüchtigen Frauen mittleren Alters, bei denen man unwillkürlich immer gleich an den Frauen-Hilfsdienst und an unbeschreibliche Verwirrung denken muß: kurzsichtige Augen, wuscheliges, langsam ergrauendes Haar und ein Gang wie ein Krüppel, der es eilig hat. Ihre Armut, die wirklich nicht gespielt war, hätte nach den Worten Judiths leicht aus dem Familienvermögen gemildert werden können, wenn sie sich nicht so beharrlich geweigert hätte, sich unmittelbar helfen zu lassen. So aber wohnte sie, ohne Miete zu zahlen, bei ihrem Bruder, und mit Ausnahme Judiths nahm jeder diese Situation geduldig hin. Judiths Abneigung hatte meiner Meinung nach keinen rationalen Grund, sondern war mehr eine Art heftiger temperamentvoller Aversion, wie sie manchmal zwischen völlig verschiedenen Persönlichkeiten entsteht. Auf Tante Ellens Seite bestand diese Aversion übrigens nicht; im Gegenteil – wenn überhaupt, dann mochte sie Judith von allen am liebsten.

Das alles erfuhr ich natürlich nicht auf so direkte Weise; das meiste kam vielmehr während des Kartenspiels ans Tageslicht – und dahin brachte Judith mich, kaum daß ich mein Gepäck abgestellt hatte. Sie spielten zu viert: George Munsey, seine Frau Dorothy, seine älteste Tochter Eleanor und ein junger Mann, der mir fremd war; ich kam dann jedoch zu dem Schluß, daß er in dem zweiten unbenutzten Schlafzimmer wohnte. Er hatte das Aussehen eines Mannes, von dem die Leute zu behaupten pflegen, er sei ein ›Beau‹: Sein dichtes, gewelltes und pechschwarzes Haar klebte vor Öl; er hatte einen Kaugummi im Mund, und offensichtlich war er eitel – obgleich seine Eitelkeit andererseits so naiv war, daß sie niemanden ernstlich störte, zumal sie gelegentlich von einer sonderbaren, eifrigen, hündischen und beinahe rührenden Ergebenheit gemildert wurde. Physisch machte er einen tadellosen Eindruck. ›Das ist Philip‹, sagte Judith, als sie ihn vorstellte. ›Oder mit vollem Namen: Philip Odell. Seine Spezialität ...‹, hier bekamen Judiths Augen einen boshaften Schimmer, ›... seine Spezialität ist es, mitten im Fluß die Pferde – oder eigentlich sollte ich sagen: die Stuten – zu wechseln.‹

›Judith!‹ sagte Mrs. Munsey vorwurfsvoll. ›Dieser Vergleich ist doch wohl kaum – kaum ...‹ Aber der Tadel löste sich im allgemeinen Wohlwollen schnell auf. Dorothy Munsey – unbestimmt, stattlich und gütig – stand anfangs der zwanziger Jahre im Ruf einer Dichterin, den sie ausgangs der zwanziger Jahre endgültig wieder verlor; ihrem Temperament nach war sie gar nicht in der Lage, irgend jemanden zu tadeln, und so war es ein reines Wunder, daß ihre Töchter nicht verzogen waren. ›Was Judith wirklich damit sagen wollte, Professor Fen ...‹

›Ist, daß ich mich nicht wie ein wirklicher Gentleman aufgeführt habe‹, sagte Odell. Soviel ich sah, konnte sein munterer Ton nicht eine gewisse Unbehaglichkeit verbergen. ›Tatsache ist nämlich, Sir, daß ich einige Zeit mit Judith verlobt war‹, fuhr er fort. ›Es war von vornherein klar, daß sie mich auf die Dauer nicht ertragen konnte ...‹ Als er keineswegs überzeugend lachte, kamen sehr weiße Zähne zum Vorschein. ›... jedenfalls nicht für längere Zeit. Als Eleanor zu dem Entschluß kam, daß sie mich ertragen könnte, verlobte ich mich daher mit ihr. Und dabei ist es dann geblieben, wie man so sagt.‹

›Er meinte‹, fiel Eleanor ein, ›es sollte alles in der Familie bleiben. Und da ich, mit Ausnahme von Tante Ellen, die einzige war, die noch in Frage kam ...‹

›Aber Liebling, du weißt doch genau, wie sehr ich dich ...‹ Unvermittelt verstummte er. ›Verdammt‹, sagte er schließlich, ›warum hat man mich eigentlich nicht anständig erzogen?‹ Er schnitt eine Grimasse. ›Das ist eben der Gigolo in mir‹, fügte er reumütig hinzu, ›der mich solche Sachen in aller Öffentlichkeit sagen läßt. Ich bitte wirklich um Verzeihung.‹

Und irgendwie mochte ich ihn deswegen.

Später erfuhr ich, daß er Besitzer einer Kette von Milchbars in West End war. Und obgleich er sich wirklich leidenschaftlich dafür interessierte, ertrug er die freundschaftlichen Spötteleien der Munseys über dieses Thema mit Fassung. Indirekt erfuhr ich ferner, daß weniger Judith als er selbst vor allem dafür verantwortlich war, daß die erste Verlobung in die Brüche ging. Aber weder ihm noch Judith oder Eleanor schien der Wechsel allzu großes Unbehagen zu bereiten, und bis zum nächsten Tag merkte ich nicht das geringste, daß irgend etwas in diesem Hause nicht stimmte.

Inzwischen spielten wir Karten.

Eigentlich hätte ich arbeiten müssen; ich habe jedoch eine Vorliebe für Rasenden Teufel, und als Judith wieder in die Küche gegangen war, beteiligte ich mich am Spiel, das wir zu fünft zwei Stunden lang durchhielten: George Munsey mit schallendem Gelächter über seine Ungeschicklichkeit, Eleanor in ihrer trägen Art, Odell mit großem Ernst und Mrs. Munsey mit ihrer üblichen stattlichen Ungewißheit. Und so war es, wie es immer wieder passiert, eine große Überraschung, daß Mrs. Munsey gewann. Um halb fünf, als die Munseys geschlossen verschwanden, um alles für den Tee fertig zu machen, zog ich mich mit meiner neuen Schreibmaschine zurück und machte mich in der Bibliothek an die Arbeit. Und dort blieb ich – von der Familie in unregelmäßigen Abständen mit Essen und Trinken versorgt – bis beinahe Mitternacht. Ich hatte keine Gelegenheit, die Bibliothek zu verlassen, und daher hatte ich auch keine Ahnung, was die anderen taten; und ich erinnere mich auch nicht, daß in dieser ganzen Zeit irgend etwas Bedeutsameres geschah als das Einziehen eines neuen Farbbandes in meine Maschine. Als ich meine Arbeit beendet hatte, waren alle bereits zu Bett gegangen, und ohne das geringste Bedauern folgte ich ihrem Beispiel.

Aber am nächsten Morgen – Odell war noch nicht aufgestanden, und die übrigen waren gemeinschaftlich mit der Zubereitung des Frühstücks beschäftigt – nahm Judith mich beiseite und vertraute mir Dinge an, die mich, wie ich zugeben muß, erheblich irritierten.«

Fen lehnte sich zurück und starrte ausdruckslos die Rosen an, die auf dem Tisch standen. »Wir gingen in den Garten«, sagte er, »um von den anderen nicht gestört zu werden. Ich erinnere mich noch eines baufälligen Geräteschuppens und einiger Kohlköpfe, und der Rasen war mit einer Staubschicht überzogen; von der Küche her hörten wir das Klappern des Geschirrs. Judith, in Hosen und Pullover, war ungewöhnlich bedrückt; manchmal verstummte sie plötzlich und schwieg minutenlang. Und der Grund wurde bald klar. ›Äh – ich weiß nicht, ob ich es erzählen soll‹, sagte sie. ›Aber fast empfinde ich es als Vorsehung, daß Sie wirklich hier sind ... Offiziell haben Sie doch mit der Polizei nichts zu tun, nicht?‹

›Nein.‹

›Ich meine: Was ich Ihnen jetzt erzähle, müssen Sie doch nicht unbedingt der Polizei weitererzählen, nicht wahr?‹

›Nein, natürlich nicht‹, sagte ich, und mir wurde etwas unbehaglich. ›Aber...‹

›Wissen Sie – es handelt sich um Philip Odell. Manchmal habe ich schon überlegt, ob das sein richtiger... Aber lassen wir das jetzt. Wichtig ist nur, daß in der vergangenen Nacht etwas passiert ist.‹

›Was denn?‹

›Etwas – werden Sie es auch ganz bestimmt nicht weitererzählen? Es war nämlich ziemlich schrecklich, und ich ... Verdammt nochmal, fällt mir das schwer... Also gut: Es war folgendermaßen.‹

Und dann sprudelte es aus ihr heraus. Zusammengefaßt – um der Kürze und Wakefields wegen – lief es auf folgendes hinaus: Judith hatte gehört, wie ich um Mitternacht zu Bett ging, und da sie gerade ihr Buch ausgelesen hatte, jedoch immer noch nicht schlafen konnte, wollte sie – als das Klappen meiner Tür gezeigt hatte, daß ich verschwunden war und sie nicht mehr erwischen würde (denn trotz ihres Geredes war sie ein sehr sittsames Mädchen, und zwar ein offensichtlich sehr kleines Mädchen) – wollte sie also anschließend in die Diele hinunterlaufen, um sich eine Zeitschrift zu holen. Als sie jedoch am oberen Ende der Treppe stand und hinunterblickte, hatte sie gesehen, daß Odell verstohlen das Wohnzimmer verließ – wo er allein zurückgeblieben war, Kaugummi kaute und allein mit sich würfelte – und in die Bibliothek schlich. Gleich darauf hatte sie dann das Klappern meiner Schreibmaschine gehört, die ich dort gelassen hatte. Normalerweise hätte sie sich weiter keine Gedanken darüber gemacht, aber Odells ganzes Verhalten war ihr eindeutig geheimnisvoll vorgekommen, und neugierig, wie sie war, wollte sie nun genau wissen, was er vorhatte. Sie versteckte sich also in dem Mantelschrank, der in der Diele stand, bis Odell nach etwa zehn Minuten genauso geheimnisvoll wieder erschien und in sein Zimmer schlich. Anschließend ging sie in die Bibliothek, um zu sehen, ob sie irgendeinen Hinweis auf das entdecken könnte, was er dort getan hatte. Na ja – sie fand tatsächlich etwas, zeigte es mir schließlich auch, und ...« Fen verstummte unvermittelt; und als er seinen Bericht wieder aufnahm, fragte er: »Sie wissen sicher, daß man bei dünnem Schreibmaschinenpapier außer dem Bogen, auf dem man schreibt, noch einen zweiten einspannt?«

Haldane nickte. »Ja, das weiß ich.«

»Und das hatte Odell auch getan. Anschließend hatte er den zweiten Bogen in den Papierkorb geworfen. Auf Grund der durchgeschlagenen Buchstaben konnte man genau entziffern, was er geschrieben hatte – und das war nun allerdings alles andere als erfreulich.«

Fen schwieg einen Augenblick, um sein Glas wieder vollzugießen. »Soweit ich mich noch daran erinnere«, fuhr er fort, nachdem er getrunken hatte, »lautete der Text ungefähr folgendermaßen: *Wissen Sie noch, was am 4. Dezember 1945 in Manchester passierte? Ich auch. Aber tausend Pfund könnten mich vielleicht dazu bringen, es zu vergessen. Ich gebe Ihnen schriftlich Bescheid, wo Sie das Geld hinlegen sollen. Sollten Sie versuchen, mich ausfindig zu machen, könnte es für Sie sehr schlecht ausgehen.*«

Wieder nickte Haldane. »Erpressung«, murmelte er nachdenklich.

»Ganz richtig. Odell war also ein Mensch, der tatsächlich so skrupellos sein konnte, dieses merkwürdige Spiel auszuprobieren. Und mit Ausnahme Tante Ellens waren die Munseys für derartige Dinge ein äußerst dankbares Objekt. Damit will ich natürlich nicht sagen, daß ihre Vergangenheit etwa zweifelhaft gewesen wäre, sondern nur, daß jeder einzelne finanziell vollständig unabhängig war. Alles in allem schien der Fall völlig klar zu sein – und doch war er ein wenig allzu klar. Und ferner hatte ich den Eindruck, daß selbst Judith trotz ihrer Ängstlichkeit irgendwelche unausgesprochenen Zweifel hatte. Abgesehen davon gehörte zu der Mitteilung, die sich von dem Bogen entziffern ließ, noch ein merkwürdiger Zusatz – und zwar war es die Überschrift.«

»Die Überschrift?«

»Ja. Über dem eigentlichen Text standen noch vier zusätzliche Wörter: *the quick brown fox* – der schnelle braune Fuchs.«

Es folgte nachdenkliches Schweigen. Irgendwer sagte: »Was zum Teufel ...«

»Eben. Das war, wie ich zugebe, ein bißchen mysteriös. Aber so stand es jedenfalls auf dem Bogen – oberhalb des sehr viel wichtigeren erpresserischen Textes. Wenn nun Odell, trotz Judiths und meiner eigenen unklaren Zweifel, tatsächlich irgend jemanden im Hause erpreßte, dann erforderte die Situation natürlich ein sehr vorsichtiges Vorgehen. Und es war nur natürlich, daß Judith von mir einen Rat haben wollte ...«

»Jaja!« sagte Wakefield.

»... was sie nun tun sollte. Aber dazu bekam ich keine Gelegenheit mehr, denn an diesem Punkt unserer Unterhaltung hörten wir Eleanors Aufschrei. Eleanor war nach oben gegangen, um ihren Verlobten zum Frühstück herunterzuholen, und hatte ihn ermordet in seinem Bett aufgefunden.

Jedenfalls erschien die Polizei, das Ministerium wartete vergeblich auf mich, und sobald die routinemäßigen Untersuchungen abgeschlossen waren, zog Superintendent Yolland mich zu Rate. Ich war heilsfroh, die Familie verlassen zu können – das kann ich wohl sagen. Odells Tod hatte deutlich die Vermutung unterstrichen, daß er irgend jemanden aus der Familie erpreßte – daß er den Brief auf dem Weg zu seinem Zimmer unter einer bestimmten Tür durchgeschoben hatte und daß der Bewohner dieses Zimmers geahnt hatte, wer der Erpresser war, und beschlossen hatte, nicht zu zahlen, sondern den Erpresser umzubringen. Und so war es mir schwergefallen, irgendeinem der Munseys offen in die Augen zu sehen. Eleanor befand sich in einem Zustand der Hysterie, George Munsey war so verstört, wie es nur ein sonst jovialer Mann sein kann, die übliche Unbestimmtheit seiner Frau war ins Grenzenlose geraten, so daß sie geistig gar nicht gegenwärtig zu sein schien, und Tante Ellens gutgemeinte Bemühungen um Hilfsbereitschaft waren unter diesen Umständen ungewöhnlich peinlich. Judith blieb äußerlich mehr oder weniger normal; obgleich sie mit mir über das Thema unserer Unterhaltung im Garten nicht mehr gesprochen hatte, merkte ich doch, daß sie trotz ihrer augenscheinlichen Selbstbeherrschung entsetzliche Angst hatte.

Yolland erwies sich als ein typischer Mann aus Devonshire, den man nur nach London verpflanzt hatte: langsam, gründlich und alles andere als unintelligent. Aber die Tatsachen, die er zu bieten hatte, waren keineswegs dazu angetan, eine Klärung herbeizuführen. Odell war im tiefen Schlaf mit einem einzigen Schlag gegen die Stirn getötet worden. Die Waffe war ein großer messingner Schürhaken aus dem Wohnzimmer, und um sie wirkungsvoll zu benutzen, war keine große Kraft erforderlich. Der Tod war zwischen fünf und sechs Uhr morgens eingetreten, und zwar sofort. Fingerabdrücke waren nicht gefunden worden, und andere Spuren gab es ebenfalls nicht.

Selbstverständlich fühlte ich mich verpflichtet, dem Superintendenten mitzuteilen, was Judith mir erzählt hatte; statt einer Antwort legte Yolland mir zwei Bögen vor, die er in Odells Zimmer, in einer Schublade versteckt, gefunden hatte. Den ersten betrachtete ich gelangweilt: Er enthielt in schwacher Maschinenschrift jenen Erpressungstext, den ich bereits kannte – nicht jedoch die merkwürdige Überschrift. Der zweite Bogen stimmte mit dem ersten in jeder nur möglichen Hinsicht überein, mit der einzigen Ausnahme allerdings, daß er – wie der untergelegte Bogen, den Judith gefunden hatte – dieselbe Überschrift enthielt: *the quick brown fox*. Und dementsprechend ...«

»Dementsprechend«, fiel Wakefield ihm ins Wort, »brauchten Sie bestimmt nicht allzu angestrengt nachzudenken, um das Geheimnis zu lösen.«

Wakefield war während Fens Bericht unnatürlich still gewesen. Und jedem der um den Tisch herum Sitzenden wurde unverzüglich klar, daß diese Stille nur einem atemberaubenden Gedankenkunststück zu verdanken war, dessen Ergebnisse er jetzt vorzuführen wünschte. »Ihrer Ansicht nach war die Lösung also klar?« fragte Fen sanft.

»Kinderleicht ist sie«, sagte Wakefield äußerst wohlgefällig. »Womit bringt man wohl die vier Wörter – ›*the quick brown fox*‹ – in Zusammenhang? Natürlich mit dem Satz ›*the quick brown fox jumps over the lazy dog*‹, der die Eigenschaft besitzt, sämtliche Buchstaben des Alphabets zu enthalten. Um mich kurz zu fassen: Odell hatte den Erpressungsbrief nicht selbst geschrieben, sondern lediglich abgeschrieben, um festzustellen, ob dazu diese spezielle Schreibmaschine benutzt worden war. Mit anderen Worten: Odell war kein Erpresser, sondern das Opfer einer Erpressung. Zuerst fing er an, den Satz vom schnellen braunen Fuchs zu schreiben, um eine Vergleichsmöglichkeit zu haben, und entschloß sich dann, den ganzen Brief der Einfachheit halber ganz abzutippen. Und daher war es nur natürlich, daß sowohl das Original als auch die Abschrift im Schubfach gefunden wurden. Nach allem nehme ich an, daß er nicht zu den Menschen gehörte, die einen Erpressungsversuch einfach hinnehmen, sondern daß er unbedingt herausfinden wollte, wer es war, der ihn bedrohte. Aus diesem Grunde bekam der Erpresser es mit der Angst zu tun und schlug ihm den Schädel ein ... Bis hierher irgendwelche Einwände?«

Einwände wurden nicht erhoben – nicht einmal von Fen.

»Jetzt also zur Person des Erpressers«, fuhr Wakefield fort. »Auch hier ist die Lösung einfach, und zwar aus folgendem Grund: Soweit ich verstanden habe, wurden beide Briefe auf Professor Fens Schreibmaschine geschrieben.« Fen nickte. »Gut. Wann also hatte jemand Gelegenheit, die Maschine zwischen Professor Fens Betreten des Hauses und jenem Zeitpunkt zu benutzen, als Odell den Brief abschrieb? Ein Mal, ein einziges Mal – als Professor Fen im Wohnzimmer Rasender Teufel spielte. Und wir wissen schließlich, daß nur zwei Leute nicht ununterbrochen am Spiel beteiligt waren, nämlich Judith, die sich in der Küche aufhielt, und Tante Ellen, die oben war. Judith können wir gleich streichen – aus dem einfachen Grunde, daß sie, wenn sie den Erpressungsbrief geschrieben hätte, Professor Fen wohl kaum das erzählt hätte, was sie ihm im Garten anvertraute. Übrig bleibt demnach nur Tante Ellen... Haben Sie irgend etwas über Odell, Manchester und jenes Datum feststellen können?«

»Ja«, erwiderte Fen. »Odell – und das war nicht sein richtiger Name – ist an jenem Tag aus der Armee desertiert, und zwar in Manchester. Und Tante Ellen, die bei einer Dienststelle der Armee beschäftigt war, hatte irgendwann einmal mit Akten von Deserteuren zu tun. In einer dieser Akten hatte sie eine Aufnahme von Odell gesehen, und folglich erkannte sie ihn wieder, kaum daß er das Haus betreten hatte.«

»Hat sie nie abzuleugnen versucht, daß sie ihn wiedererkannte?«

»Warum denn? Sie konnte es auch gar nicht ableugnen, weil sie es – nachdem sie sich diskret vergewissert hatte, daß sie sich auch nicht irrte – Judith erzählt hatte, als Odell sich mit Eleanor verlobt hatte. Und Judith riet ihr, nichts zu tun und nichts zu sagen, weil Odell sich im Kriege ausgezeichnet hatte und seine Desertion gegen Ende des Krieges daher eher eine technische als eine moralische Angelegenheit war.«

Während dieser Unterhaltung herrschte Schweigen, bis irgend jemand unfreundlich sagte: »Es hat wirklich den Anschein, daß Wakefield diesmal das Klassenziel erreicht hat.«

»Das Problem war sehr einfach«, sagte Wakefield selbstbewußt – und das vorschnelle Echo, das seine Überlegungen gefunden hatte, ließ ihn die Schrecken vergessen, die die Götter für jene bereithalten, deren Selbstbewußtsein nicht ganz begründet ist. »Ich will nicht behaupten, daß man Tante Ellen auf Grund meiner Skizzierung des Falles tatsächlich wegen Mordes hätte anklagen können, obgleich es ziemlich gewiß ist, daß sie ihn beging. Aber wegen Erpressung wurde sie doch sicherlich angeklagt, nicht wahr?«

»Um Himmels willen – nein! Sehen Sie, Wakefield«, sagte Fen mit aufreizender Nachsicht, »Ihre Lösung des Problems ist zwar ungeheuer überzeugend und logisch, hat jedoch einen großen Fehler: Zufällig ist es nicht die richtige Lösung.«

Wakefield war zutiefst beleidigt. »Wenn meine Lösung wirklich nicht stimmt«, erwiderte er mürrisch, »dann kann es nur sein, weil Sie nicht alle wichtigen Tatsachen genannt haben.«

»Aber natürlich habe ich das. Erinnern Sie sich, daß ich sagte, ich hätte das Farbband meiner Schreibmaschine ausgewechselt?«

»Ja.«

»Und erinnern Sie sich ferner, daß ich sagte, die Schrift des einen Erpresserbriefes wäre ›schwach‹ gewesen?«

»Demnach muß er also geschrieben worden sein, bevor Sie das Farbband auswechselten.«

»Sie erinnern sich jedoch auch zweifellos, daß ich

sagte, bis auf die Wörter ›*the quick brown fox*‹ hätte der zweite Bogen mit dem ersten in jeder nur möglichen Hinsicht übereingestimmt.«

Diesmal hatte es Wakefield die Sprache verschlagen; hörbar durch die Nase atmend, gab er sich geschlagen.

»Folglich wiesen beide Bögen dieselbe schwache Schrift auf«, sagte Fen. »Folglich waren beide Texte geschrieben, als ich im Wohnzimmer Rasender Teufel spielte. Und folglich war Judiths Geschichte über Odell und meine Schreibmaschine und die Erpressung von Anfang bis Ende bewußt gelogen.«

Haldane versuchte, seine Gedanken zu ordnen. »Wollen Sie damit sagen, daß die beiden Briefe von einem anderen in Odells Schublade praktiziert worden waren?«

»Gewiß. Zur Zeit des Mordes.«

»So daß Odell also einen Erpressungsbrief weder geschrieben noch erhalten hat?«

»Sie haben vollständig recht: weder er noch irgendein anderer.«

»Aber die Sache mit seiner Desertion ...«

»Die allerdings stimmte«, sagte Fen. »Ihre einzige Aufgabe in dieser Affäre bestand jedoch darin, Judith den Rohstoff für ihr abgekartetes Spiel zu liefern. Und dieses Spiel hätte aller Wahrscheinlichkeit nach auch geklappt, wenn ich nicht zufällig das Farbband ausgewechselt hätte. Außer dieser Tatsache gab es als Beweis nur Tante Ellens Aussage, daß der Erpressungsversuch niemals stattfand. Wenn Judith so klug gewesen wäre, die Abschrift des Erpressungsbriefes – den mit der Überschrift ›*the quick brown fox*‹ – erst zu schreiben, als ich zu Bett gegangen war ... Aber das tat sie eben nicht.«

Fen drehte das Glas zwischen den Fingern, trank es aus und griff nach dem Zigarettenkasten. »Und dabei mochte ich sie sehr gern«, murmelte er, als er das Streichholz anriß. »Das war das Schwierige dabei. Bis ich die Wahrheit erfuhr, mochte ich sie sehr gern. Alle mochte ich gern. Aber ...«

»Die Geschichte mit dem Farbband haben Sie auch der Polizei erzählt?«

Fen nickte kurz.

»Ja, ich habe es der Polizei gesagt. Sehen Sie – Odell mochte ich ebenfalls gern ... Während des Verhörs brach Judith zusammen und gestand den Mord. Sie hatte Angst gehabt – das sagte ich wohl schon, nicht wahr? Sie hatte sich mehr zugetraut, als sie ertragen konnte. Und hätte sie bei Beginn der Verhandlung erklärt, unschuldig zu sein, hätte ihre Aussage gegen meine gestanden; ich war daher äußerst erleichtert, als sie sich schuldig bekannte. Mich hatte sie jedenfalls mit ihrem Verhalten getäuscht. Und wäre es bei der Verhandlung zwischen uns beiden zu einer Auseinandersetzung gekommen, wäre es sehr leicht möglich gewesen, daß sie eine bessere Figur gemacht hätte als ich. Natürlich ist das Eingeständnis der Schuld bei einem Mord sehr selten; es hatte jedoch in Judiths Fall den großen Vorteil, daß der kaltblütige Versuch, Tante Ellen den Mord in die Schuhe zu schieben, hinfällig wurde und die Empfehlung einer Begnadigung ermöglicht wurde. So kam es dann schließlich auch dazu, daß sie nicht hingerichtet wurde; die Todesstrafe wurde in lebenslängliche Haft umgewandelt.«

»Und ihr Motiv für den Mord?« fragte Haldane.

»Eifersucht. Sie haßte Odell, weil er sie ihrer Schwester wegen sitzengelassen hatte. Und wenn sie die Briefe nicht in Odells Zimmer versteckt und mir gegenüber nicht ihr allzu gescheites Märchen erzählt hätte, mit dem sie Tante Ellen in die Geschichte hineinziehen wollte, hätte man ihr vielleicht nicht das geringste nachweisen können.

Die Schwierigkeiten kamen jedoch daher, daß sie Kriminalgeschichten las. Und was sie sich erträumt hatte – in der Hoffnung, jeder würde genauso folgern, wie Wakefield es getan hat, und nicht weiter nachforschen – entsprach folglich genau dem Plan einer Kriminalgeschichte ... Hoffentlich glaubt jetzt niemand, ich wollte mich über derartige Geschichten lustig machen. Wenn Sie es genau wissen wollen: Ich bin von ihnen begeistert. Aber solange Verbrecher sich eine Geschichte zum Vorbild nehmen, hat die Polizei leichtes Spiel; denn vom Mord wirklich faszinierte Verbrecher – wie etwa die unglückliche Judith – werden ihren Verfolgern zwar äußerst geschickte und schwierige Gruben graben, aber dann zuletzt doch selbst kopfüber hineinfallen.«

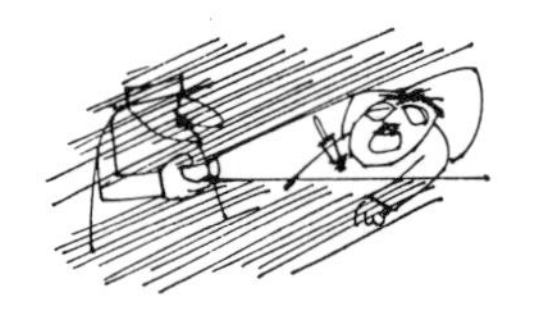

RICHARD DEMING

Die zweiten Flitterwochen

Seine Nachbarn aus dem Nebenhaus arbeiteten draußen im Garten, als Herbert May von der Arbeit nach Hause kam. Er blieb stehen, um mit ihnen zu plaudern. Froh über diese Unterbrechung, legte John Henderson seine Gartenschere hin und zündete sich eine Pfeife an. Mrs. Henderson zog ihre Arbeitshandschuhe aus und tupfte sich das Gesicht mit einem Taschentuch ab. »Heiß«, meinte sie dabei.

Herbert May gab ihr recht. John Henderson nickte, als hätte seine Frau irgendeine inhaltsschwere Bemerkung gemacht. Er paffte weiter seine Pfeife und schien irgendwie erleichtert zu sein.

»In den letzten Wochen sehen Sie soviel besser aus, Mr. May«, sagte Mrs. Henderson.

Herbert sah überrascht aus. »Sie tun gerade, als wäre ich schwerkrank gewesen, Mrs. Henderson. Ich war aber nicht krank.«

Der Frau schien etwas unbehaglich zu Mute zu sein. »Ich meine nur, daß Sie viel freundlicher und vergnügter aussehen. Sonst rannten Sie immer nur vorbei, nickten höchstens, und hatten es immer eilig. Nicht daß wir geglaubt hätten, Sie wären kein guter Nachbar, Mr. May. Wir verstehen sehr gut, warum Sie sich immer so beeilten, um schnell nach Hause zu kommen.«

»Ach?« sagte Herbert.

»Wirklich, wir bewundern richtig, mit welcher Aufmerksamkeit Sie um Ihre Frau besorgt sind, Mr. May. Es muß schon schwer sein, Stunde um Stunde vom Geschäft nach Hause zu laufen, um nach ihr zu sehen, und von dem Moment an, wo man wieder nach Hause gekommen ist, nicht von ihrer Seite weichen zu können, bis man am nächsten Morgen wieder zur Arbeit muß. Und dabei haben Sie nicht einmal geklagt.«

Herbert errötete. »Ich tue nur meine Pflicht. Für Miranda ist es sehr viel schwerer als für mich.«

»Genau das habe ich doch gemeint«, sagte Mrs. Henderson bewundernd. »Sie sind so selbstlos. Selbst in ihrem Zustand beneide ich Ihre Frau manchmal, wenn ich sehe, wie Sie sie jeden Abend auf die Veranda fahren, damit sie dort ihre abendliche Tasse Tee trinken kann.«

Mit gefurchter Stirn blickte sie ihren Mann an. »Manchmal überlege ich, wie viele Männer wohl ihr sonstiges Leben opfern würden, um ihrer gelähmten Frau jeden Wunsch zu erfüllen.«

Abwehrend sagte ihr Mann: »Daß du einmal gelähmt sein wirst, Liebling, ist äußerst unwahrscheinlich. Du weißt, daß du eine Roßnatur hast.«

Mrs. Henderson wandte Herbert wieder ihre ganze Aufmerksamkeit zu. »Jedenfalls ist es schön, daß Sie etwas fröhlicher aussehen, Mr. May. Geht es Ihrer Frau besser?«

»Seit einigen Wochen hat sie keine Schmerzen mehr – das kann ich glücklicherweise sagen. Genaugenommen hat sie in letzter Zeit überhaupt keine Beschwerden mehr gehabt.«

»Wie wunderbar! Geht es ihr schon soweit wieder gut, daß sie Besuch empfangen kann?«

»Ach Gott – Sie wissen doch selbst, wie es bei ihr mit Besuchen ist«, erwiderte Herbert vorsichtig. »Mitleid kann sie einfach nicht ertragen, und sie glaubt, die Leute besuchten sie immer nur deshalb. Ich fürchte fast, daß jeder Besuch sie aufregen könnte und gerade jetzt einen Rückfall auslöst. Mir wäre es – ehrlich gesagt – lieber, wenn wir damit noch etwas warteten, bis sich herausgestellt hat, ob die Besserung auch von Dauer ist.«

»Aber natürlich, Mr. May. Sie müssen uns dann nur gleich Bescheid sagen, wenn Sie glauben, daß sie Besuch empfangen kann – ja?«

Mit dem Versprechen, es bestimmt zu tun, ging Herbert May weiter: ein kleiner rundlicher Mann mit einem kleinen rundlichen Bauch, der beim Gehen leicht schaukelte. Während Mrs. Henderson hinter ihm her blickte, bemerkte sie wiederum die auffällige Besserung seines Aussehens während der allerletzten Wochen. Sonst war er immer nach Hause gerannt, als müßte er einen Sprung ins kalte Wasser tun, überlegte sie, und hatte dabei den Ausdruck eines Menschen gehabt, der Angst hat. Heute dagegen geht er die Treppe zur vorderen Veranda hoch und ist dabei so vergnügt, als wäre er ein junger Bräutigam, der zu seiner jungen Braut nach Hause kommt.

Mrs. Henderson war sehr froh, daß es seiner Frau soviel besser ging.

Als Herbert im Hause war, sah er – wie immer – zuerst nach Miranda, bevor er etwas anderes tat. Sie lag auf dem Rücken, die Knie angewinkelt und in genau derselben Haltung, die sie gehabt hatte, als er vor eineinhalb Stunden vom Laden herübergerannt war, um nach ihr zu sehen. Ohne Hilfe konnte sie ihre Lage natürlich nicht verändern.

»Du liegst nicht bequem – nein, Liebling?« fragte er fürsorglich und schob sie etwas auf die Seite. »So. Ist es so besser?«

Noch vor wenigen Wochen hätte Miranda sich bitter darüber beklagt, daß jede Lage genauso wäre wie die andere. Aber auf Grund ihrer neuen und glücklicheren Beziehung belohnte sie jede kleine Aufmerksamkeit nicht mehr mit neuen Klagen.

»In den letzten Wochen ist es richtig wieder ein Vergnügen geworden, abends nach Hause zu kommen«, sagte er zärtlich zu ihr. »Weißt du eigentlich, was es für einen Mann bedeutet, daß man nicht dauernd an ihm herumnörgelt? Deine Krankheit hat mir eigentlich nie so viel ausgemacht – nur das ewige ›Herbert, mache dies‹ und ›Herbert, tue das‹ von dem Augenblick an, in dem ich das Haus betrat. Bist du nicht auch der Meinung, daß wir beide viel glücklicher sind, seit du aufgehört hast zu nörgeln?«

Miranda bestritt es nicht.

»Ich glaube, viel länger hätte ich es auch nicht ausgehalten«, sagte er. »Jeder Mann hat einen Punkt, wo ...« Er seufzte und ließ den Satz unvollendet. Miranda schien ihn zu verstehen, denn sie antwortete nicht mit einem einzigen Wort.

Mit der Methodik eines Mannes, der die gleichen Bewegungen seit so vielen Jahren ausgeführt hat, daß er sie mechanisch und ohne zu überlegen tut, begab Herbert sich an die tägliche Hausarbeit. Munter ging er durch das Haus, wobei er Staubtuch und Staubsauger benutzte.

Als er das Haus aufgeräumt hatte, war es bereits sechs vorbei. Und bis er das Abendbrot zubereitet, anschließend das Geschirr abgewaschen und alles wieder weggeräumt hatte, war es beinahe halb acht. Jetzt kam der erfreuliche und angenehme Teil des Abends, den er mit Miranda zusammen verbrachte.

Obgleich Herbert kein ausgesprochen kräftiger Mann war, hob er Miranda mit Leichtigkeit in den Rollstuhl. Ihr magerer Körper wog keine hundert Pfund mehr, und hinzu kam die jahrelange Übung, sie hochzuheben. Fürsorglich legte er einen Schal um ihre knochigen Schultern, bevor er sie in die verglaste Veranda an der Vorderseite des Hauses schob.

Die Dämmerung war gerade angebrochen, aber trotzdem war noch deutlich zu erkennen, daß Mr. und Mrs. Henderson in der Veranda des Nachbarhauses saßen. Mrs. Henderson winkte herüber, und Herbert winkte zurück.

»Mrs. Henderson hat sich heute nachmittag nach dir erkundigt, Miranda«, sagte Herbert. »Ihr ist aufgefallen, daß ich in letzter Zeit anscheinend besserer Stimmung bin, und daher wollte sie wissen, ob es dir besser ginge. Selbst die Nachbarn merken die Veränderung, seit wir so viel netter miteinander auskommen. Und wir sind doch auch glücklicher, nicht wahr?«

Er setzte Miranda etwas bequemer in den Rollstuhl, bevor er wieder im Innern des Hauses verschwand, um ihre abendliche Kanne Tee aufzubrühen. Wenige Minuten später rollte er einen Teewagen heran, auf dem zwei Tassen, eine Teekanne, ein Zuckerschälchen, ein Sahnekännchen und ein Teller mit einigen Zitronenscheiben standen. Ferner befand sich ein kleiner Teller mit Keksen auf dem Wagen.

Nachdem er den Wagen neben ihren Rollstuhl geschoben hatte, zog er sich einen Stuhl an die andere Seite des Teewagens, setzte sich und goß beide Tassen ein. In Mirandas Tasse tat er ein Stückchen Zucker sowie etwas Zitrone und rührte sorgfältig um.

»So«, sagte er vergnügt und stellte die Tasse unmittelbar neben den Rollstuhl auf den Teewagen.

Dann machte er sich daran, seine eigene Tasse Tee zu bereiten. Er warf ein Stückchen Zucker hinein und rührte so lange um, bis es sich völlig aufgelöst hatte, tat dann ein neues Stück hinein und wiederholte den Vorgang noch einmal. Beim dritten Stückchen Zucker blinzelte er Miranda an.

»Weißt du noch, wie du dich immer aufregtest,

weil ich zu viel Zucker nähme, Liebling?« fragte er. »Als ob es eine fürchterliche Verschwendung wäre, mehr als ein einziges Stück zu nehmen. Zehn Jahre lang habe ich mich mit einem einzigen Stück pro Tasse begnügt, um alles zu vermeiden, wo ich den Tee doch lieber süßer getrunken hätte. Es ist schon eine große Erleichterung, wenn man wegen solcher Dinge nicht mehr ausgeschimpft wird. Komisch – aber die unerträglichsten Spannungen entstehen aus lauter Kleinigkeiten. Und manchmal kann es dann passieren, daß sie einen verrückt machen.«

Er goß einige Tropfen Zitronensaft in seinen Tee, fügte etwas Sahne hinzu und kicherte plötzlich. »Was glaubst du wohl, wie oft du mich ausgeschimpft hast, weil ich sowohl Zitrone als auch Milch in den Tee tat, Miranda? Bestimmt einige tausendmal im Laufe der Jahre, könnte ich mir vorstellen.« Mit schriller Stimme ahmte er sie nach: »Durch die Zitrone gerinnt doch die Sahne, du Dummkopf!«

Etwas freundlicher fuhr Herbert dann fort: »Eigentlich sollte ich über diese vergangenen bösen Zeiten gar nicht mehr reden, wo wir doch jetzt wieder so glücklich sind. Aber es ist wirklich wunderschön, Miranda, wenn man nicht mehr ausgeschimpft wird. Manchmal hatte ich wirklich Angst, ich würde aus Verzweiflung irgend etwas anstellen. Aber warum reden wir eigentlich darüber? Das alles ist doch jetzt vorbei. In diesen letzten Wochen habe ich doch tatsächlich angefangen, mich wieder in dich zu verlieben. Ich komme mir vor wie in den zweiten Flitterwochen.«

Er trank seinen Tee und knabberte dazwischen ein paar Kekse. Sobald seine Tasse leer war, erhob er sich.

»Ich glaube, wir bringen dich jetzt lieber wieder hinein, Liebling«, sagte er. »Besonders bei dieser Temperatur.« Er blickte verstohlen zu den Hendersons hinüber, die in der einfallenden Dunkelheit schnell unsichtbar wurden. »Wahrscheinlich sollte ich dich bei dieser Hitze lieber überhaupt nicht hierher bringen – aber vielleicht würden dann die Hendersons wissen wollen, warum wir plötzlich abends nicht mehr unsere Tasse Tee auf der Veranda trinken. Und daß sie hier auftauchen und sich persönlich erkundigen, wollen wir doch vermeiden, nicht wahr?«

Er schob den Teewagen in das Haus und weiter bis in die Küche. Er leerte die Teekanne in den Ausguß, und anschließend schüttete er auch den Inhalt von Mirandas Tasse weg. Die Tasse war unberührt gewesen. Schnell wusch er das Geschirr ab und räumte es in den Schrank.

Als er zur Veranda zurückkehrte, war es bereits zu dunkel, um die Nachbarn in ihrer Veranda noch sehen zu können. Er fuhr Miranda in das Haus, durch das Vorderzimmer und schließlich in die Küche. Nachdem er einen Augenblick überlegt hatte, holte er eine Zigarre aus der Tasche und zündete sie an.

»Kleine Vergnügen wie diese Zigarre verschönern das Leben, Liebling«, sagte er und paffte zufrieden. »Du kannst dir gar nicht vorstellen, wieviel Vergnügen es macht, in seinem eigenen Haus rauchen zu können. Ich glaube auch nicht, daß der Qualm sich in den Gardinen festsetzt und daß dann alles nach kaltem Rauch riecht, wie du immer behauptet hast. Damit wolltest du doch nur erreichen, daß ich keine Freude am Rauchen hatte, nicht wahr?«

Nachdem er lächelnd auf eine Antwort gewartet hatte, die nicht kam, legte er die Zigarre auf die Kante des Ausgusses, und sein Lächeln verschwand. Nachdenklich und prüfend blickte er Miranda an.

»Das einzig Unrechte an unserer neuen Beziehung ist, daß du überhaupt nicht mehr mit mir sprichst«, sagte er in einem leicht vorwurfsvollen Ton. »Zehn Jahre habe ich nichts anderes getan, als dir zuzuhören, und deshalb finde ich es merkwürdig, daß ich jetzt plötzlich immer allein reden muß. Manchmal fehlt mir dein Schimpfen sogar, Miranda. Schließlich war es auch so etwas wie eine Unterhaltung.«

Er trat an sie heran. »Und jetzt verschwindest du wieder für vierundzwanzig Stunden, Liebling. Bei dieser Hitze kann ich es leider nicht riskieren, dich noch länger hier draußen zu lassen.«

Als er die Arme ausbreitete, um sie hochzuheben, streifte sein Handgelenk den Griff eines Eispicks, der aus der Mitte ihrer Brust vorstand. Er hielt inne, um ihn zu betrachten.

»Wahrscheinlich sollte ich das Ding lieber herausziehen, Liebling«, sagte er nachdenklich. »Aber irgendwie gibt es mir merkwürdigerweise Auftrieb, wenn ich es da sehe. Du warst richtig sprachlos, als du hinunterblicktest und erkanntest, was ich getan hatte. Ach, Miranda, es war wirklich richtig komisch, wenn auch auf eine grausliche Art, denn zum ersten Mal in deinem ganzen Leben hatte es dir die Sprache verschlagen. Du wußtest nicht, was du sagen solltest, nicht wahr?«

Er nahm den Schal von ihren Schultern und hängte ihn an einen Haken in der Wand; dann griff er mit beiden Armen nach ihr. Ihr Körper blieb starr, die Knie waren angewinkelt, als säße sie immer noch auf einem unsichtbaren Stuhl, und ihre Hände waren still gefaltet.

Mit Mühe ließ er sie in die leere Tiefkühltruhe hinunter, bis sie auf dem Rücken lag, die Knie immer noch seltsam angezogen. Mit einem Tischtuch wischte er ihr sorgfältig die Feuchtigkeit von Gesicht und Händen, wo das Eis durch die Berührung mit der warmen Außenluft bereits geschmolzen war.

»Liegst du so gut auf dem Rücken, Liebling?« erkundigte er sich. »Oder möchtest du lieber auf der Seite liegen?«

Er wartete, als rechnete er mit einer Antwort. Als nichts erfolgte, sagte er vergnügt: »Gute Nacht, Liebling – bis morgen.«

Freundlich schloß er den Deckel der Tiefkühltruhe, nahm seine Zigarre vom Ausguß und ging in das Vorderzimmer, wobei er zufrieden rauchte. Und als Asche auf den Teppich fiel, lächelte er.

Er machte sich nicht die Mühe, sie aufzufegen. Miranda hätte schon angefangen zu schreien, bevor sie überhaupt den Boden erreichte; jetzt aber brauchte er nicht mehr auf alles und jedes zu achten.

Er würde die Asche wegschaffen, wenn er morgen abend – wie gewöhnlich – alles saubermachte.

HARRY KEMELMAN

Der Neun-Meilen-Marsch

Bei einer Rede während des Essens der Good Government Association hatte ich mich ausgesprochen dämlich benommen, und während unseres Frühstücks im Blue Moon, in dem wir beide gelegentlich aßen, hatte Nicky Welt mich aus reinem Vergnügen, sich an mir zu reiben, ziemlich in die Ecke gedrängt. Ich hatte den Fehler begangen, von meiner vorbereiteten Ansprache abzuweichen, um eine Behauptung zu kritisieren, die mein Vorgänger im Amt des District Attorney der Presse gegenüber gemacht hatte. Aus dieser Behauptung hatte ich eine Reihe von Folgerungen gezogen und dadurch eine Widerlegung heraufbeschworen, die prompt erfolgte und durch die mein Vorgänger erreichte, daß ich in intellektueller Hinsicht nicht ganz zuverlässig wirkte. Dieses politische Spiel war für mich vollkommen neu, da ich erst vor wenigen Monaten die Law School absolviert hatte und als Kandidat der Reform Party für den Posten des District Attorney aufgestellt worden war. Das alles sagte ich zu meiner Entlastung, aber Nicholas Welt – Professor für englische Sprache und Literatur in Snowdon – erwiderte fast in dem gleichen Ton, mit dem er wahrscheinlich die Bitte eines Studenten um Verlängerung des Ablieferungstermins für eine Arbeit ablehnte: »Das ist keine Entschuldigung.«

Obgleich er nur zwei oder drei Jahre älter ist als ich,

also Ende vierzig, behandelt er mich immer wie ein Lehrer, der einem zurückgebliebenen Schüler irgend etwas klarzumachen versucht. Und weil er mit seinen weißen Haaren und dem zerfurchten, gnomenhaften Gesicht soviel älter aussieht, wehre ich mich wohl nicht dagegen.

»Immerhin waren es völlig logische Folgerungen«, verteidigte ich mich.

»Mein lieber Junge«, knurrte er, »auch wenn der menschliche Umgang ohne Folgerungen nahezu unmöglich ist, sind die meisten Folgerungen gewöhnlich falsch. Im juristischen Beruf, wo die Absicht nicht darin besteht, das herauszufinden, was der Sprecher sagen will, sondern vielmehr das, was der Sprecher verheimlichen möchte, ist der Prozentsatz der Irrtümer am größten.«

Ich griff nach der Rechnung und zwängte mich am Tisch entlang ins Freie.

»Vermutlich meinst du damit das Kreuzverhör vor Gericht. Immerhin hat man es dort immer mit einem gegnerischen Anwalt zu tun, der sofort Einspruch erhebt, wenn die Folgerung unlogisch ist.«

»Wer redet denn hier von Logik?« erwiderte er sofort. »Eine Folgerung kann logisch und trotzdem nicht richtig sein.«

Er folgte mir den Gang entlang zur Kasse. Ich bezahlte meine Rechnung und wartete ungeduldig, während er in einer altmodischen Geldbörse herumsuchte, die Münzen einzeln herausholte und sie neben seine Rechnung legte, um dann schließlich festzustellen, daß der Betrag doch nicht reichte. Er tat sie also wieder in das Portemonnaie zurück, zog aus einem anderen Fach seiner Börse, leise seufzend, einen Geldschein heraus und reichte ihn der Kassiererin.

»Nenne mir einen Satz mit zehn oder zwölf Wörtern«, sagte er, »und ich werde daraus eine logische

Kette von Folgerungen aufbauen, an die du bei der Bildung des Satzes nicht einmal im Traum gedacht hast.«

Neue Gäste kamen herein, und da der Platz vor der Kasse etwas eng war, beschloß ich, draußen zu warten, bis Nicky seine Verhandlungen mit der Kassiererin beendet hatte. Ich erinnere mich noch, leicht amüsiert gewesen zu sein, weil ich mir denken konnte, daß Nicky wahrscheinlich glaubte, ich stünde immer noch neben ihm, und das Gespräch fortsetzte.

Als er endlich auf dem Bürgersteig neben mir stand, sagte ich: »Ein Neun-Meilen-Marsch ist kein Vergnügen, besonders nicht im Regen.«

»Das kann ich mir vorstellen«, erwiderte er geistesabwesend. Dann blieb er plötzlich stehen und blickte mich scharf an. »Was, zum Teufel, meinst du eigentlich damit?«

»Es ist ein Satz, und dieser Satz hat elf Wörter«, erklärte ich. Und ich wiederholte ihn, indem ich die Wörter an den Fingern abzählte.

»Und was soll das?«

»Du sagtest vorhin, ich solle dir einen Satz mit zehn oder zwölf Wörtern nennen ...«

»Ach so.« Mißtrauisch blickte er mich an. »Woher hast du den Satz?«

»Er ist mir gerade eingefallen. Aber los jetzt – ich möchte deine Folgerungen hören.«

»Ist das dein Ernst?« fragte er, und seine kleinen blauen Augen funkelten amüsiert. »Soll ich es wirklich?«

Und das war typisch für ihn: mich herauszufordern und dann amüsiert zu tun, wenn ich die Herausforderung annahm. Und das ärgerte mich.

»Fang an – oder halte das nächste Mal deine Klappe«, sagte ich.

»Also schön«, meinte er sanft. »Du brauchst nicht gleich einzuschnappen. Ich bin kein Spielverderber.

Ja, also – sag mal, wie hieß der Satz noch? ›Ein Neun-Meilen-Marsch ist kein Vergnügen, besonders nicht im Regen.‹ Viel läßt sich nicht daraus machen.«

»Es sind sogar mehr als zehn Wörter«, erwiderte ich.

»Schon gut.« Seine Stimme wurde lebhaft, während er das Problem in Gedanken umkreiste. »Erste Folgerung: Der Sprecher ist gekränkt.«

»Einverstanden«, sagte ich, »obwohl es kaum eine Folgerung sein dürfte. Es liegt bereits in der Feststellung selbst.«

Er nickte ungeduldig. »Nächste Folgerung: Der Regen kam unerwartet, denn sonst hätte er wohl gesagt: Ein Neun-Meilen-Marsch im Regen ist kein Vergnügen. So aber gebrauchte er das Wort ›besonders‹ als eine Art Hintergedanke.«

»Einverstanden«, sagte ich, »obwohl auch das ziemlich klar ist.«

»Die ersten Folgerungen sollten immer klar sein«, sagte Nicky bissig.

Ich beließ es dabei. Er schien noch im Dunkel zu tappen, und ich wollte ihn nicht unnötig reizen.

»Nächste Folgerung: Der Sprecher ist kein Sportler und auch kein Mensch, der viel im Freien ist.«

»Das mußt du genauer erklären«, sagte ich.

»Hier geht es wieder um das Wort ›besonders‹. Der Sprecher sagt nicht, daß ein Neun-Meilen-Marsch im Regen kein Vergnügen ist, sondern lediglich, daß der Marsch – also nur die Entfernung – kein Vergnügen ist. Neun Meilen sind jedoch keine besonders große Entfernung. Bei einer einzigen Runde Golf über achtzehn Löcher legt man mehr als die Hälfte dieser Strecke zurück – und Golf ist immerhin ein Spiel für alte Herren!« Den Nachsatz fügte er aus reiner Bosheit hinzu, denn auch ich gehöre zu den Leuten, die Golf spielen.

»Unter normalen Umständen könnte es so stimmen«, sagte ich. »Aber es gibt noch andere Möglichkeiten. Der Sprecher könnte zum Beispiel Soldat sein und sich im Dschungel befinden, so daß neun Meilen eine ganz hübsche Strecke sein würden, ob es nun regnet oder nicht.«

»Richtig.« Nicky war sarkastisch. »Und der Sprecher könnte einbeinig sein. Ferner könnte der Sprecher auch Akademiker mit einer Doktorarbeit über den Humor sein, der sich zu diesem Zweck alles anhört, was keineswegs komisch ist. Aber bevor ich fortfahre, muß ich erst einmal einige Voraussetzungen klären.«

»Was meinst du damit?« fragte ich mißtrauisch.

»Vergiß nicht, daß ich nur diesen Satz kenne, ohne jeden Zusammenhang. Ich weiß nicht, wer ihn gesagt hat und bei welcher Gelegenheit. Normalerweise gehört ein Satz in den Rahmen einer Situation.«

»Ich verstehe. Welche Voraussetzungen willst du also klären?«

»Einmal will ich voraussetzen, daß dem Ganzen keine unsinnige Absicht zugrunde lag, daß der Sprecher sich auf einen Marsch bezieht, der tatsächlich stattfand, und daß der Zweck dieses Marsches nicht darin bestand, eine Wette oder irgend etwas Derartiges zu gewinnen.«

»Das ist vernünftigerweise anzunehmen«, sagte ich.

»Und ferner will ich voraussetzen, daß der Marsch hier stattfand.«

»Hier in Fairfield?«

»Nicht unbedingt. Ich meine nur ganz allgemein diese Gegend.«

»Das ist anzunehmen.«

»Schön – wenn du also mit diesen Voraussetzungen einverstanden bist, wirst du auch meine letzte Folgerung akzeptieren müssen: daß es sich bei dem Sprecher weder um einen Sportler noch um einen Menschen handelt, der viel im Freien ist.«

»Gut, einverstanden. Also weiter.«

»Meine nächste Folgerung lautet dann, daß der Marsch sehr spät abends oder aber sehr früh morgens stattfand – sagen wir: zwischen Mitternacht und sechs Uhr früh.«

»Wie kommst du darauf?« fragte ich.

»Denke an die Entfernung: neun Meilen. Wir leben in einer ziemlich dicht besiedelten Gegend. Suche dir irgendeine Straße aus, und du wirst feststellen, daß du in einem Umkreis von weniger als neun Meilen bestimmt auf irgendeine Ansiedlung stößt. Nach Hadley sind es fünf Meilen, nach Hadley Falls siebeneinhalb, nach Goreton elf, nach East Goreton jedoch nur acht, und du kommst dicht nach East Goreton vorbei, wenn du nach Goreton gehst. Nach Goreton führt eine Bahnlinie, zu allen anderen Orten bestehen Busverbindungen. Der Verkehr auf den Landstraßen ist ziemlich erheblich. Wer brauchte also neun Meilen im Regen zu marschieren, wenn es nicht gerade spätabends ist, so daß weder Bahn noch Busse fahren und die wenigen Autofahrer, die unterwegs sind, nur äußerst ungern anhalten, um einen Fremden mitzunehmen?«

»Vielleicht hat ihn keiner bemerkt?« schlug ich vor.

Nicky lächelte mitleidig. »Du glaubst, wenn er einsam eine Landstraße entlangtrottet, würde er weniger auffallen als in einem öffentlichen Verkehrsmittel, wo gewöhnlich jeder in seine Zeitung vertieft ist?«

»Das will ich nicht unbedingt behaupten«, sagte ich kurzangebunden.

»Wie wäre es dann mit folgendem Vorschlag: Wahrscheinlicher ist, daß er in Richtung auf eine Stadt und nicht von ihr weg ging.«

Ich nickte. »Das dürfte vermutlich stimmen. Wäre er in einer Stadt gewesen, hätte er wahrscheinlich irgendeine Fahrmöglichkeit gefunden. Ist das die Grundlage deiner Folgerung?«

»Zu einem Teil«, sagte Nicky. »Aber auch aus der bloßen Entfernung läßt sich eine Folgerung ableiten. Vergiß nicht, daß es sich um einen Marsch von ausgerechnet neun Meilen handelt, und die Neun gehört zu den genauen Zahlen.«

»Das, fürchte ich, verstehe ich nicht ganz.«

Wieder erschien auf Nickys Gesicht der Ausdruck eines verzweifelten Lehrers. »Angenommen, es ist die Rede von einem Zehn-Meilen-Marsch oder einer Hundert-Meilen-Fahrt – dann würde ich sofort zu dem Schluß kommen, es handle sich dabei um einen Marsch über etwa acht bis zwölf Meilen oder eine Fahrt über neunzig bis hundertzehn Meilen Entfernung. Mit anderen Worten: Zehn und Hundert sind runde Zahlen. Man kann zwar auch genau zehn Meilen marschiert sein, aber höchstwahrscheinlich waren es nur schätzungsweise zehn Meilen. Wenn einer jedoch sagt, er sei neun Meilen gegangen, kann ich mit Recht annehmen, daß er damit eine präzise Zahl genannt hat. Andererseits ist es auch wahrscheinlich, daß wir mit dieser Zahl dann die Entfernung der Stadt von einem bestimmten Punkt, nicht aber die Entfernung eines bestimmten Punktes von der Stadt kennen. Wenn man nämlich in der Stadt jemanden fragt, wie weit es bis zum Farmer Brown sei, und der Mann kennt diesen Bauern, wird er sagen: drei bis vier Meilen. Wenn man jedoch den Farmer Brown fragt, wie weit es bis zur Stadt ist, wird er antworten: dreidreiviertel Meilen – das habe ich mehr als einmal an meinem Tachometer abgelesen.«

»Das ist dürftig, Nicky«, sagte ich.

»Aber in Verbindung mit deinem eigenen Vorschlag, daß er in der Stadt vermutlich irgendeine Fahrgelegenheit gefunden hätte ...«

»Ja, das könnte hinkommen«, sagte ich. »Also genehmigt. Und weiter?«

»Ich bin mit meiner Untersuchung erst am Anfang«, prahlte er. »Meine nächste Folgerung ist die, daß er zu einem festgelegten Bestimmungsort unterwegs war und daß er zu einem bestimmten Zeitpunkt dort eintreffen mußte. Es ging also nicht etwa darum, Hilfe zu holen, weil er mit seinem Wagen eine Panne hatte oder seine Frau ein Kind bekam oder irgend jemand versuchte, in sein Haus einzubrechen.«

»Nun mal langsam«, sagte ich. »Die wahrscheinlichste Situation dürfte doch die sein, daß sein Wagen streikte. Die genaue Entfernung konnte er sich leicht dadurch ausrechnen, daß er beim Verlassen der Stadt auf den Tachometer gesehen hatte.«

Nicky schüttelte den Kopf. »Ehe er neun Meilen im Regen gegangen wäre, hätte er sich auf dem Rücksitz zusammengerollt und geschlafen; zumindest wäre er bei seinem Wagen geblieben und hätte versucht, einen vorbeikommenden Autofahrer anzuhalten. Vergiß nicht, daß es um neun Meilen ging. Wie lange würde er mindestens dafür gebraucht haben?«

»Vier Stunden«, schlug ich vor.

Er nickte. »Weniger bestimmt nicht, angesichts des Regens. Wir sind also beide der Meinung, daß es sehr spät nachts oder sehr früh morgens gewesen sein muß. Angenommen, der Wagen streikte um ein Uhr nachts; dann wäre er erst um fünf Uhr an seinem Ziel eingetroffen – also in der Morgendämmerung. Um diese Zeit sieht man auf den Straßen schon eine ganze Menge Fahrzeuge. Wenig später fährt der erste Bus ab. Wenn du es genau wissen willst: In Fairfield kommt der erste Bus um fünf Uhr dreißig an. Hätte er übrigens Hilfe holen wollen, wäre er nicht bis zur Stadt zurückgelaufen, sondern nur bis zum nächsten Telefon. Nein. Er hatte sich zu einem bestimmten Zeitpunkt verabredet, und zwar in der Stadt, und der Zeitpunkt war irgendwann vor halb sechs.«

»Warum ist er dann aber nicht früher hingegangen und hat ein bißchen gewartet?« fragte ich. »Er hätte den letzten Bus nehmen können, wäre gegen ein Uhr angekommen und hätte dann bis zu dem Termin gewartet. Statt dessen marschiert er neun Meilen im Regen, und dann behauptest du auch noch, er sei kein Sportler!«

Wir waren am Stadthaus angekommen, in dem mein Büro lag. Normalerweise endete jedes Streitgespräch, das im Blue Moon begonnen hatte, am Eingang dieses Gebäudes. Nickys Beweisführung interessierte mich jedoch, und deshalb machte ich den Vorschlag, er solle noch auf ein paar Minuten in mein Büro kommen.

Als wir Platz genommen hatten, sagte ich: »Wie ist das eigentlich, Nicky – warum kann er nicht früher eingetroffen sein und gewartet haben?«

»Möglich ist es schon«, erwiderte Nicky. »Da er es jedoch nicht tat, müssen wir annehmen, daß er entweder aufgehalten wurde und den letzten Bus verpaßte, oder daß er erst noch irgendein Zeichen, vielleicht einen Anruf, abwarten mußte.«

»Deinen Überlegungen nach hatte er also eine Verabredung irgendwann zwischen Mitternacht und halb sechs Uhr morgens ...«

»Das können wir noch sehr viel genauer bestimmen. Du weißt, daß er für die Entfernung vier Stunden benötigte. Der letzte Bus trifft nachts um halb eins ein. Wenn er diesen Bus nicht nahm, sondern um dieselbe Zeit zu Fuß aufbrach, kann er vor halb fünf nicht am Treffpunkt gewesen sein. Wenn er andererseits den ersten Bus nahm, der morgens fährt, muß er gegen halb sechs dort gewesen sein. Daraus geht hervor, daß der vereinbarte Zeitpunkt zwischen halb fünf und halb sechs Uhr morgens lag.«

»Du meinst also: Wenn der Zeitpunkt vor halb fünf lag, hätte er den letzten Bus genommen, und wenn der Zeitpunkt später als halb sechs war, hätte er morgens den ersten Bus genommen?«

»Genau. Und noch etwas. Wenn er auf irgendein Zeichen oder einen Anruf gewartet hat, muß er kurz nach ein Uhr nachts Bescheid bekommen haben.«

»Ja, das ist klar«, sagte ich. »Wenn er sich gegen fünf verabredet hatte und vier Stunden für den Weg brauchte, muß er gegen eins aufgebrochen sein.«

Er nickte, schweigend und nachdenklich. Aus irgendeinem merkwürdigen Grund, den ich nicht erklären kann, hatte ich das Gefühl, seine Überlegungen nicht stören zu dürfen. An der Wand hing eine große Karte der Gegend, und ich ging hinüber und betrachtete sie.

»Du hast recht, Nicky«, sagte ich, ohne mich umzudrehen. »In einem Umkreis von neun Meilen gibt es nicht einen Ort, an dem man nicht vorüberkäme. Fairfield liegt genau in der Mitte einer Gruppe kleinerer Städte.«

Er trat ebenfalls an die Karte. »Du weißt, daß es nicht unbedingt Fairfield zu sein braucht«, sagte er ruhig. »Wahrscheinlich mußte er zu einer der weiter entfernten Städte. Versuche es mal mit Hadley.«

»Wieso Hadley? Was soll man denn um fünf Uhr morgens in Hadley?«

»Um diese Zeit hält dort der Washington Flyer und übernimmt Wasser«, sagte er ruhig.

»Das stimmt allerdings«, sagte ich. »Ich habe den Zug schon mehr als einmal gehört, wenn ich nicht schlafen konnte. Ich konnte genau hören, wie er hielt, und wenig später schlug dann die Uhr der Methodistenkirche fünf.« Ich ging an meinen Schreibtisch und holte den Fahrplan heraus. »Der Flyer verläßt Washington um null Uhr siebenundvierzig und ist morgens um acht in Boston.«

Nicky stand immer noch vor der Karte und maß die Entfernungen mit einem Bleistift.

»Genau neun Meilen von Hadley entfernt liegt das Old Sumter Inn«, verkündete er.

»Old Sumter Inn«, wiederholte ich. »Aber das wirft doch die ganze Theorie über den Haufen. Dort findet man doch genauso leicht eine Fahrgelegenheit wie in einer Stadt!«

Er schüttelte den Kopf. »Die Wagen stehen auf einem bewachten Parkplatz, und um ihn zu betreten, muß man an einem Wächter vorbei. Dieser Wächter erinnert sich bestimmt an jeden, der seinen Wagen zu ungewöhnlicher Zeit abholt. Es geht dort ziemlich konservativ zu. Möglich ist allerdings, daß der Mann auf seinem Zimmer wartete, bis er aus Washington einen Anruf wegen irgendeines Mannes im Zug bekam – vielleicht die Nummer des Wagens und des Schlafwagenabteils. Dann konnte er heimlich das Hotel verlassen und zu Fuß nach Hadley gehen.«

Hypnotisiert starrte ich ihn an.

»Während der Zug Wasser übernimmt, dürfte es nicht schwer sein, in irgendeinen Wagen zu steigen, und wenn er die Nummer des Wagens und des Abteils kannte ...«

»Nicky«, sagte ich in böser Ahnung, »als District Attorney, der von der Reform Party gestellt wird und für Sparsamkeit eintritt, werde ich jetzt das Geld der Steuerzahler zum Fenster hinauswerfen und ein Ferngespräch nach Boston anmelden. Es ist lächerlich, es ist blödsinnig – aber ich telefoniere mit Boston!«

Seine kleinen blauen Augen funkelten, und mit der Zungenspitze feuchtete er seine Lippen an.

»Dann tu's doch!« sagte er heiser.

Ich legte den Hörer wieder auf die Gabel.

»Nicky«, sagte ich, »das ist wahrscheinlich der merkwürdigste Zufall in der Geschichte der Kriminalistik: In dem Zug, der um null Uhr siebenundvierzig aus Washington abfuhr, wurde heute nacht ein Mann in seinem Schlafwagenabteil ermordet! Er war seit etwa drei Stunden tot – und das stimmt genau mit dem Aufenthalt in Hadley überein.«

»Ich hatte mir schon irgend etwas Ähnliches gedacht«, sagte Nicky. »Aber wegen des merkwürdigen Zufalls befindest du dich in einem Irrtum. Das kann es nicht sein. Wo hattest du diesen Satz her?«

»Woher soll ich denn das wissen? Er ist mir einfach eingefallen.«

»Das ist völlig unmöglich! Das war kein Satz, der einem plötzlich einfällt. Wenn du so lange Satzbau unterrichtet hättest wie ich, wüßtest du, daß man auf die Frage nach einem Satz mit ungefähr zehn Wörtern ganz allgemeine Feststellungen zu hören bekommt: Ich trinke gern Milch. Und mit den restlichen Wörtern wird dann irgendeine Art von Nebensatz gebildet: weil es gut für meine Gesundheit ist. Der Satz, den du nanntest, bezog sich dagegen auf eine ganz besondere Situation.«

»Aber wenn ich dir sage, daß ich heute morgen noch mit niemandem gesprochen habe! Und im Blue Moon war ich nur mit dir zusammen.«

»Aber nicht die ganze Zeit, als ich meine Rechnung bezahlte«, sagte er scharf. »Bist du irgend jemandem begegnet, als du draußen auf dem Bürgersteig wartetest?«

Ich schüttelte den Kopf. »Ich habe höchstens eine Minute gewartet, bis du dann ebenfalls herauskamst. Als du dein Kleingeld zusammensuchtest, kamen nämlich zwei Männer herein, und einer der beiden rempelte mich an, als ich gerade überlegte, ich könnte schließlich ...«

»Kanntest du sie?«

»Wen?«

»Die beiden Männer, die hereinkamen«, sagte er, und wieder schlich sich ein Ton der Verzweiflung in seine Stimme.

»Aber nein – ich habe keine Ahnung, wer die beiden waren.«

»Unterhielten sie sich?«

»Das ist anzunehmen. Doch – ja. Wenn ich es mir genau überlege, waren sie sogar in ihr Gespräch ausgesprochen vertieft, denn sonst hätten sie mich doch wohl bemerkt, und ich wäre nicht fast umgerannt worden.«

»Allzu viele Fremde kommen nicht in den Blue Moon«, bemerkte er.

»Glaubst du etwa, daß sie es waren?« fragte ich gespannt. »Wahrscheinlich würde ich sie wiedererkennen, wenn ich sie sähe.«

Nickys Augen wurden schmal. »Möglich ist es. Es müssen zwei gewesen sein: einer, der dem Opfer in Washington auf der Spur blieb und die Nummer des Abteils feststellte, und ein zweiter, der hier wartete und den Rest erledigte. Man kann annehmen, daß der Mann aus Washington anschließend hierhergefahren ist. Wenn sie ihn nicht nur ermordet, sondern auch noch beraubt haben, werden sie die Beute teilen wollen; wenn es nur Mord war, ist er wahrscheinlich hergekommen, um seinen Komplicen zu bezahlen.«

Ich griff nach dem Telefon.

»Wir sind erst vor einer knappen halben Stunde weggegangen«, fuhr Nicky fort. »Sie kamen gerade herein, und die Bedienung im Blue Moon ist ziemlich langsam. Derjenige, der zu Fuß nach Hadley gegangen ist, wird bestimmt Hunger haben, und der andere ist wahrscheinlich die ganze Nacht hindurch von Washington hierher gefahren.«

»Rufen Sie mich sofort an, wenn Sie jemanden verhaften«, sagte ich in das Telefon und legte den Hörer auf.

Keiner von uns sagte ein Wort, während wir warteten. Wir wanderten im Zimmer auf und ab, und jeder mied den anderen, als gäbe es zwischen uns irgend etwas, dessen wir uns schämen müßten.

Schließlich läutete das Telefon. Ich nahm den Hörer ab und lauschte gespannt. »O. K.«, sagte ich dann und wandte mich an Nicky. »Einer versuchte, durch die Küche zu entwischen, aber Winn hatte einen seiner Leute hinter dem Haus postiert, und so haben sie ihn auch noch geschnappt.«

»Das scheint eine Art von Beweis zu sein«, sagte Nicky mit einem kleinen, eingefrorenen Lächeln.

Ich nickte zustimmend.

Er blickte auf seine Uhr. »Ach du lieber Himmel!« rief er. »Heute morgen wollte ich frühzeitig mit der Arbeit anfangen, und jetzt habe ich fast die ganze Zeit damit verschwendet, mich mit dir zu unterhalten.«

Ich ließ ihn bis zur Tür gehen. »Übrigens, Nicky«, sagte ich dann, »was wolltest du eigentlich mit der ganzen Geschichte beweisen?«

»Daß eine Kette von Folgerungen zwar logisch sein kann, aber trotzdem nicht richtig zu sein braucht«, erwiderte er.

»Ach!«

»Wieso lachst du eigentlich?« fragte er bissig. Aber dann mußte er ebenfalls lachen.

JOHN DICKSON CARR

Böse Gäste

Zwei Gäste, die nicht über Nacht in Cranleigh Court blieben, gingen kurz nach elf Uhr. Marcus Hunt begleitete sie zur Tür. Dann kam er ins Speisezimmer zurück, wo sich auf dem Spieltisch die Poker-Chips zu ansehnlichen weißen, roten und blauen Türmchen stapelten.

»Noch ein Spiel?« fragte Arthur Rolfe.

»Nicht gut«, meinte Derek Henderson; sein Tonfall war, wie gewöhnlich, schleppend und müde. »Jetzt sind wir nur noch drei.«

Ihr Gastgeber stand neben dem Spieltisch und blickte sie an. Das langgestreckte, niedrige Haus auf einer Anhöhe der lieblichen Hügellandschaft von Kent war so still, daß ihre Stimmen unnatürlich laut geklungen hatten. Das Speisezimmer, groß wie ein Saal und bis zu halber Höhe mit dunkel gebeiztem Eichenholz paneeliert, war sanft erhellt von den elektrischen Wandleuchten, die die düsteren Farben der Gemälde voll zur Geltung brachten. Es kommt nicht häufig vor, daß man im Spielzimmer eines sonst recht durchschnittlichen englischen Landhauses zwei Rembrandts und einen van Dyck findet.

Irgend etwas Beunruhigendes, Herausforderndes war an diesen Gemälden.

Für Arthur Rolfe, den Kunsthändler, stellten sie Objekte von solchem Wert dar, daß es ihn schaudern machte. Für Derek Henderson, den Schriftsteller und Kunstkritiker, stellten sie, jedes für sich, ein Problem dar. Was sie für ihren Eigentümer Marcus Hunt darstellten, war nicht ersichtlich.

Hunt stand neben dem Spieltisch, die Hände in die Hüften gestemmt, und lächelte zu seinen Gästen hinab. Er war ein mittelgroßer, untersetzter Mann mit vollem, rötlichem Gesicht, breiten Schultern und behäbigem Aussehen. Entsprechend kostümiert und mit einem kurzen Knebelbart geschmückt, hätte er für einen wohlhabenden holländischen Bürgersmann aus der Rembrandtzeit gelten können. Er pflegte sich mit konservativ solider Eleganz zu kleiden; momentan allerdings war, gewiß ob der Hitzigkeit der vorangegangenen Pokerspiele, sein Schlips gelockert und sein seidenes Hemd ein bißchen unordentlich aus dem Hosenbund gerutscht. Ironisch amüsiert sah er zu, wie Henderson doch wieder zu den Karten griff, den Packen in zwei Hälften teilte und mit geschickten Fingern durcheinander mischte.

Als dies vollbracht war, gähnte Henderson.

»Mein junger Freund«, sagte Hunt, »Sie überraschen mich.«

»Das war es, was ich zu tun versuchte«, antwortete Henderson in seiner schleppenden Sprechweise. »Aber weshalb betonen Sie das besonders? Weshalb erwähnen Sie es überhaupt?«

Henderson war jung, er war lang, er war hager. Er wirkte auf unschuldige Art blasiert. Und er trug einen Bart. Es war ein rötlicher, noch recht dünner Bart, der manche Leute erheiterte. Henderson indessen trug ihn mit dem Ausdruck völliger Selbstverständlichkeit.

»Ich bin überrascht«, sagte Hunt, »daß Sie sich an etwas so Bourgeoisem, so Plebejischem wie Poker erfreuen.«

»Oh, in Wahrheit erfreue ich mich daran, die Charaktere der Menschen zu studieren«, entgegnete Henderson, »und Poker ist eines der besten Mittel dazu, müssen Sie wissen.«

Hunts Augenbrauen rückten zusammen. »Ah, das ist interessant. Vermochten Sie bei unseren Spielen vielleicht auch meinen Charakter zu studieren? Und wenn ja – würden Sie mir wohl das Ergebnis verraten?«

»Mit Vergnügen«, sagte Henderson. Gedankenverloren teilte er sich einen Satz Pokerkarten zu, aufgedeckt, mit der Vorderseite nach oben. Der Satz enthielt ein Paar Fünfen, und die letzte Karte war ein Pik-As. Henderson starrte das Pik-As sekundenlang an und schien etwas betroffen. »Und ich kann Ihnen versichern, Mr. Hunt«, fuhr er schließlich fort, »daß das Ergebnis mich verwundert hat. Es macht Ihnen doch nichts aus, wenn ich ganz offen bin? Ich hatte eigentlich angenommen, Sie seien in geschäftlichen Dingen so etwas wie ein Koloß, ein Zerschmetterer, ein kalter Spekulant, ein Bursche, der auf gut Glück eine ganze Menge riskiert. Jetzt habe ich gefunden, daß all dies gar nicht stimmt.«

Marcus Hunt lachte laut auf. Aber Henderson blieb unbeirrt.

»Sie stecken voller Tricks, Mr. Hunt. Dennoch sind Sie vorsichtig. Ich bezweifle, daß Sie je im Leben irgend etwas auf gut Glück riskiert haben – es entspräche nicht Ihrer Art. Aber eine weitere Überraschung –«, Henderson teilte sich einen neuen Satz Karten zu, »war mir Mr. Rolfe hier. Er ist der Mann, der unter Umständen eine ganze Menge auf gut Glück riskieren würde.«

Arthur Rolfe schien darüber nachzudenken. Er wirkte leicht verdutzt, jedoch keineswegs geschmeichelt. Er war, ähnlich wie Hunt, ein mittelgroßer, untersetzter Mann und so korrekt gekleidet, wie es sich für einen seriösen Kunsthändler aus der Londoner

Bond Street gehört. Er hatte ein viereckiges, absolut humorloses Gesicht mit goldgefaßter Brille und ständig sorgenvoll gerunzelter Stirn.

»Ich muß der Behauptung unseres Freundes Henderson widersprechen«, erklärte er in entschiedenem Ton. Dann zeigte er ein flüchtiges Lächeln. »Ein Mann, der in meinem Beruf eine Menge auf gut Glück riskiert, würde sich bald im Hintertreffen finden. Gewiß, mein Beruf zwingt zu Spekulationen. Welcher Beruf täte das nicht? Aber er zwingt auch zur Vorsicht. Ich, zum Beispiel –«, er warf einen Blick auf die wertvollen Gemälde an der Wand, »ich, zum Beispiel, wäre zu vorsichtig, um drei Gemälde, die einen Gesamtwert von nahezu hunderttausend Pfund darstellen, in einen ungesicherten Erdgeschoßraum zu hängen, der noch dazu vier große Fenstertüren zur Terrasse besitzt.« Ein fanatischer, beinah wahnsinniger Klang kam in seine Stimme. »Himmel und Hölle! Angenommen, ein Einbrecher –«

»Verdammt!« sagte Henderson mit unerwarteter Heftigkeit.

Selbst Hunt fuhr zusammen. Er hatte sich einen Apfel von der silbernen Fruchtschale auf der nahen Anrichte genommen und angefangen, ihn mit einem Fruchtmesser zu schälen, dessen auffallend lange, sehr schmale und offensichtlich scharfe Klinge im Lichtschein der Wandleuchten funkelte. »Beinah hätte ich mir Ihretwegen den Daumen abgeschnitten«, knurrte er Henderson an und legte das Fruchtmesser fort. »Was ist plötzlich los?«

»Oh, das kommt bloß von dem verwünschten Pik-As«, äußerte Henderson irritiert. »Innerhalb von fünf Minuten ist es jetzt zum drittenmal aufgetaucht.«

Arthur Rolfe befand es für gut, sich unwissend zu stellen. »Und was wäre daran so bemerkenswert?« fragte er kühl.

»Nun, ich denke, unser junger Freund fängt an, abergläubisch zu werden«, sagte Hunt, schon wieder gutgelaunt. »Befassen Sie sich eigentlich mit Charakteranalysen, wenn Sie Pokerkarten zur Hand haben, oder versuchen Sie, aus den Karten zu weissagen?«

Henderson zögerte. Sein Blick ging zu Hunt, dann zur Wand über der Anrichte, wo Rembrandts ›Alte Frau mit Kappe‹ mit unergründlichen Hexenaugen aus ihrem Rahmen schaute, schließlich zu den vier Fenstertüren, die auf die Terrasse hinausführten. »Mich geht es eigentlich nichts an«, meinte Henderson achselzuckend, den Blick wieder auf Hunt gerichtet. »Es ist Ihr Haus und Ihre Sammlung und Ihre Verantwortung. Aber dieser Bursche Cutler – was wissen Sie von ihm?«

Marcus Hunt schien belustigt.

»Cutler? Er ist ein Bekannter meiner Nichte. Harriet ist ihm letzthin in London rein zufällig wieder begegnet und hat mich gebeten, ihn für dieses Wochenende hierher einzuladen. Unsinn – Cutler ist in Ordnung! Was wollten Sie mit Ihrer Frage andeuten, Henderson?«

»Psst! Hören Sie!« raunte Rolfe und hob warnend die Hand.

Das Geräusch, das Arthur Rolfe von der Terrasse her vernommen hatte, wiederholte sich nicht.

Es wiederholte sich nicht, weil die Person, die es verursacht hatte, eine recht erschrockene junge Lady, schnell zum entfernten Ende der Terrasse gehuscht war, wo sie nun schweratmend an der steinernen Balustrade lehnte.

Lew Cutler zögerte zunächst, ihr zu folgen. Der Mond schien so hell, daß die schmalen Mörtelfugen zwischen den Fliesen der Terrasse beinah ebenso deutlich zu erkennen waren, wie die Umrisse der steinernen Urnen auf der Balustrade. Harriet Davis in ihrem hellen Sommerkleid hob sich auch auf einige Entfernung gut gegen die Dunkelheit ab. Lew Cutler sah, daß sie ihm winkte, und ging hin.

Sie hatte sich inzwischen auf die breite Balustrade gesetzt. Das dunkle Haar und die großen dunklen Augen kontrastierten im Mondlicht besonders stark mit dem blassen Gesicht. Cutler glaubte sogar die feinen Schatten zu erkennen, die ihre langen Wimpern auf der Hautpartie unter den Augen verursachten. Sie atmete schnell und erregt.

»Das war doch eine Lüge!« stieß sie heraus.

»Was?«

»Was mein Onkel Marcus eben sagte. Sie haben es selbst gehört.« Harriet Davis' Finger krampften sich um den Sims der Balustradenkante. »Daß ich Sie aus London kenne, und daß ich ihn gebeten hätte, Sie über dieses Wochenende hierhin einzuladen! Ich habe Sie nie gesehen, bis wir uns heute vormittag hier trafen! Entweder ist Onkel Marcus im Begriff, den Verstand zu verlieren, oder ... Würden Sie mir eine Frage beantworten?«

»Wenn ich kann?«

»Nun gut – sind Sie zufällig ein Verbrecher?«

Sie brachte das so einfach und direkt heraus, als hätte sie ihn gefragt, ob er Arzt oder Rechtsanwalt sei. Lew Cutler war nicht so töricht, darüber zu lachen. Er wußte, daß sich Harriet in einer Stimmung befand, bei der ein Lachen wie Salz in einer frischen Wunde gewirkt hätte; die gelindeste Folge wäre vermutlich eine Ohrfeige gewesen.

»Und wenn ich Sie damit noch so sehr enttäusche, Miss Davis«, sagte er, »ich muß der Wahrheit zuliebe bekennen, daß ich kein Verbrecher bin. Würden Sie mir verraten, weshalb Sie das gefragt haben?«

»Dieses Haus«, erklärte Harriet Davis, den Blick zum Mond gerichtet, »dieses Haus war mit einer

Alarmvorrichtung versehen. Sobald nur ein Fenster von außen berührt wurde, begannen überall im Haus Alarmklingeln zu schrillen. Mitte dieser Woche ließ Onkel Marcus die gesamte Alarmanlage entfernen. Mitte dieser Woche!« Sie löste die Hände von der Balustradenkante und schlang sie mit einer Geste der Verzweiflung ineinander. »Dann die Gemälde! Sie pflegten im Obergeschoß zu hängen, in einem verschlossenen Raum neben Onkel Marcus' Schlafzimmer. Nachdem die Alarmanlage entfernt war, hängte Onkel Marcus sie im Speisezimmer auf! Es ist beinah, als wolle er direkt herausfordern, daß hier eingebrochen wird!«

Cutler wußte, daß er jetzt kein unvorsichtiges Wort sagen durfte; andererseits wünschte er etwas Bestimmtes herauszufinden. »Nun«, äußerte er achselzuckend, »für jemanden, der die Zusammenhänge nicht kennt, wirkt das in der Tat absurd. Aber man kann ja nie wissen, was dahintersteckt.«

Harriet bedachte ihn mit einem schnellen, scharfen Blick.

»Nehmen wir zum Beispiel an«, fuhr Cutler fort, »einer seiner Rembrandts hätte sich als Fälschung erwiesen –«

»Ausgeschlossen«, unterbrach ihn das Mädchen und schüttelte energisch den Kopf, »sie sind alle echt. Sie sehen – an eine solche Möglichkeit habe ich auch gedacht.«

Cutler hatte plötzlich den Eindruck, als könne er es doch riskieren, ziemlich unverblümt auf eine heikle Frage loszusteuern. Er holte sein Zigarettenetui hervor, ließ es aufspringen und sagte dabei: »Sehen Sie, Miss Davis – Ihnen dürften solche Dinge beinah unglaublich erscheinen. Aber ich kann Ihnen von Situationen erzählen, in denen Leute sehr daran interessiert waren, sich ihr Eigentum stehlen zu lassen. Wenn ein

Gemälde über seinen Wert hinaus versichert ist und dann eines Nachts bei einem mysteriösen Einbruch verschwindet –«

»Alles gut und schön«, warf Harriet ein, »abgesehen von der Tatsache, daß nicht eins dieser Gemälde versichert ist.«

Das Zigarettenetui, ein flaches, modernes Ding aus poliertem Silber, rutschte Cutler aus den Fingern, fiel mit Geklirr auf die Steinfliesen und verstreute ein Gewirr von Zigaretten um sich, ähnlich wie es Harriets Worte mit Cutlers Theorien gemacht hatten. Als er sich bückte, um die Zigaretten aufzulesen, hörte er in der Ferne eine Kirchturmuhr die halbe Stunde nach elf schlagen.

»Sind Sie dessen sicher, Miss Davis?«

»Völlig sicher. Er hat keins seiner Gemälde auch nur für einen Penny versichert. Er sagt, Versichern wäre reine Geldverschwendung.«

»Aber –«

»Oh, ich weiß, was Sie erwidern wollen. Aber ich weiß nicht, weshalb ich eigentlich mit Ihnen über alle diese Dinge spreche. Sie sind für mich ein Fremder – nicht wahr?« Harriet kreuzte die Arme über der Brust und hob die Schultern, als ob ihr kalt wäre; Ungewißheit, Furcht und Nervosität sprachen aus ihrer Miene. »Andererseits – auch Onkel Marcus ist auf einmal ein Fremder für mich. Wissen Sie, was ich denke? Ich denke tatsächlich, er ist im Begriff, den Verstand zu verlieren!«

»Aber ich bitte Sie, Miss Davis! So schlimm muß es doch wohl nicht gleich sein?«

»Sie haben leicht reden!« Harriet war erregt. »Für mich ist er, seit dem Tod meiner Eltern, der einzige Verwandte! Sie aber stehen ihm nicht nahe, Sie kennen ihn ja kaum! Und Sie haben auch niemals miterlebt, wenn eine seiner unerklärlichen Stimmungen über ihn kommt. Dann scheinen seine Augen plötzlich kleiner zu werden, sein ganzer Gesichtsausdruck scheint verändert. Es ist dann, als wäre er plötzlich nicht mehr er selbst. Das ist kein Getue, wie Sie vielleicht denken mögen. Ich weiß – viele Menschen haben die Gewohnheit zu posieren, sei es, um sich interessant zu machen oder um nicht gestört zu werden oder aus sonst irgendeinem Grund. Aber Onkel Marcus nicht! Er haßt jegliches Getue, jegliche Unechtheit! Er war immer darauf aus, alles Unechte, alles Unwahre zu entlarven, wo es ihm auch begegnete ... Ich fürchte wirklich, er ist nicht mehr ganz klar im Kopf. Was könnte er sonst mit alledem bezwecken?«

»Ich kann es mir auch nicht erklären, Miss Davis. Doch wollen wir deswegen den Mut nicht verlieren. Vielleicht wissen wir bald mehr ...«

Nach kaum dreieinhalb Stunden wußten sie mehr.

Der Einbrecher ließ es halb drei Uhr werden, ehe er etwas unternahm. Bis dahin stand er zigarettenrauchend in dem Gebüsch neben der Terrasse. Als er die Kirchturmuhr schlagen hörte, wartete er noch einige Minuten länger. Dann schlich er die Stufen zu den Fenstertüren des Speisezimmers hinauf.

Ein kühler Wind verkündete die Wende der Nacht, die Stunde der Selbstmorde und der schlechten Träume. Er strich über den Rasen und durch die Bäume und machte die Grashalme wispern und die Blätter rauschen.

Als der Mann, der vor einer der Fenstertüren stehengeblieben war, noch einmal sichernd über die Schulter zurückblickte, traf das Licht des sinkenden Mondes sein Gesicht. Aber da war nicht viel Gesicht – da war eine schwarze Stoffmaske unter einer alten, bis über die Ohren gezogenen Mütze.

Nun fing der Mann an, mit Dingen, die er einem

kleinen Faltfutteral entnahm, an der Fenstertür herumzuarbeiten. Sein Glasschneider machte einen spannlangen waagerechten Schnitt in das Fensterglas unmittelbar neben dem Türschloß. Diesen Schnitt überklebte der Mann mit einem Streifen Leukoplast. Dann machte der Glasschneider vom äußeren Endpunkt des ersten einen zweiten, diesmal senkrechten Schnitt in das Glas, hierauf von dessen Endpunkt aus wieder einen waagerechten Schnitt, der etwa eine Handbreit unter dem ersten verlief, und schließlich noch einen zweiten senkrechten Schnitt, der die inneren Endpunkte der beiden waagerechten Schnitte miteinander verband.

Das geschah sehr schnell, aber nicht ganz ohne Geräusch; es verursachte ein leises Knirschen und Surren, ähnlich wie der elektrische Bohrer eines Zahnarztes. Nach dem vierten Schnitt unterbrach der Mann seine Arbeit und lauschte.

Er vernahm keinerlei Antwortgeräusch – keine behutsam näherkommenden Schritte, kein Hundegebell, nichts.

Dank des Leukoplaststreifens fiel das herausgeschnittene Stück Fensterscheibe nicht unter Geklirr zu Boden, sondern öffnete sich beim vorsichtigen Druck der behandschuhten Rechten des Mannes wie eine kleine Klapptür. Die Hand fuhr durch die Öffnung, tastete nach dem von innen steckenden Schlüssel und drehte ihn herum.

Um ein mögliches Quietschen der Angeln zu vermeiden, hob der Mann die Tür von der Klinke aus ein wenig an, als er behutsam eintrat.

Er wußte genau, was er wollte. Er steckte sein Faltfutteral mit den Werkzeugen wieder zu sich und zog eine kleine Stablampe aus der Tasche. Der Lichtstrahl der Stablampe glitt über die Anrichte hin; er berührte schimmerndes Silber, eine wohlgefüllte Fruchtschale und ein gefährlich aussehendes Messer, dessen schmale Klinge in einen Apfel gestoßen war, als sei dieser Apfel irgend jemandes Körper; schließlich blieb er auf das hexenhafte Gesicht der ›Alten Frau mit Kappe‹ gerichtet.

Es war kein großes Gemälde. Der Einbrecher nahm es ganz leicht vom Haken. Beinah ebenso leicht und schnell befreite er es von Glas und Rahmen. Schwieriger wurde dann allerdings die Aufgabe, die Leinwand vom Keilrahmen zu lösen, aber der Einbrecher führte ein paar kleine Spezialwerkzeuge mit sich.

Dann begann er, um seinen Raub unbemerkt transportieren zu können, die Leinwand zu rollen. Obgleich er das sehr behutsam tat, zeigte ein kaum vernehmbares Knistern an, daß sich in der jahrhundertealten, spröde gewordenen Farbschicht Sprünge bildeten.

Der Einbrecher war so vertieft in seine Arbeit, daß er nicht das geringste von der Anwesenheit einer anderen Person im Raum wahrnahm.

Er war kein wirklich begabter Einbrecher. Ihm fehlte der sechste Sinn, der Mord und Gefahr wittert.

Im Obergeschoß des Hauses wurde Lew Cutler durch ein Geräusch geweckt, das sich anhörte, als wären irgendwo im Erdgeschoß Metallgegenstände zu Boden gefallen.

Lew Cutler hatte es in dieser Nacht bestenfalls zu einer Art Halbschlaf gebracht. Er wußte im Moment des Erwachens mit ziemlicher Gewißheit, was geschehen sein mochte, aber vom Warum oder Wie oder Wer hatte er noch keine Vorstellung.

Er war aus dem Bett und in seinen Hausschuhen, sobald die ersten alarmierenden Geräusche aus dem Erdgeschoß sein Bewußtsein erreicht hatten. Der Hausmantel indessen hatte sich zusammengerollt wie ein Regenschirm und widerstand sekundenlang Cutlers verzweifelten Bemühungen, die Ärmellöcher zu finden. Dafür befand sich die kleine Taschenlampe ordnungsgemäß in der Tasche, in der Cutler sie suchte.

Jenes Geräusch schien sonst niemanden geweckt zu haben.

Gewisse Möglichkeiten, an die Cutler dachte, waren der Anlaß, daß er sich, nachdem er in den Etagenflur hinaus gelangt war, so schnell bewegte wie nur selten zuvor. Ohne seine Taschenlampe zu benutzen, eilte er geräuschlos die zwei teppichbelegten Treppenfluchten zum Erdgeschoß hinab. In der unteren Halle spürte er einen Luftzug, der nur bedeuten konnte, daß irgendwo ein Fenster oder eine Tür offenstand. Ohne sich aufzuhalten, huschte er zum Durchgang ins Speisezimmer.

Aber er war zu spät gekommen.

Nur für den Bruchteil einer Sekunde leuchtete er mit seiner Taschenlampe herum, dann knipste er sofort die gesamte elektrische Beleuchtung des Speisezimmers an.

Der Einbrecher war noch da, ganz recht. Aber er lag reglos vor der Anrichte. Und nach der Menge Blut an seinem Sweater und an seiner Hose zu urteilen, war es wohl ausgeschlossen, daß er sich je wieder bewegen würde.

»Das war es«, sagte Cutler laut.

Das Silberservice, einschließlich der Fruchtschale und einer Teemaschine, war von der Anrichte gestoßen worden. Der tote Mann lag inmitten einem Durcheinander von Orangen, Äpfeln, Bananen und Weintrauben auf dem Rücken. Die schwarze Stoffmaske bedeckte sein Gesicht, die alte schmutzige Mütze war tief über seine Ohren hinabgezogen. Die Arme mit den behandschuhten Händen lagen seitwärts ausgestreckt.

Größere und kleinere Splitter von Bilderglas waren

rings um den leeren Rahmen über den Boden verstreut, und unter der linken Schulterpartie des reglosen Mannes lugte ein Stück der böse mißhandelten Leinwand der ›Alten Frau mit Kappe‹ hervor.

Aus der Art, wie die Kleidung des Mannes mit Blut besudelt war, schloß Cutler, daß er einen Stich in die Brust erhalten haben mußte, höchstwahrscheinlich mit dem neben ihm liegenden blutbefleckten Fruchtmesser.

»Was gibt's?« fragte eine Stimme unmittelbar hinter Cutlers Rücken.

Hätte er jenes fatale Fruchtmesser plötzlich zwischen den eigenen Rippen gespürt – er wäre kaum erschrockener gewesen. Er hatte weder gemerkt, daß in der Halle hinter ihm das Licht angeknipst worden war, noch hatte er auch nur das geringste von Harriet Davis' Kommen gehört. Sie stand, in einen japanischen Kimono gehüllt, unmittelbar hinter ihm. Das schöne dunkle Haar fiel ihr über die Schultern.

Cutler erklärte ihr mit wenigen Worten, was geschehen war. Sie verspürte keinerlei Neigung, ins Speisezimmer zu sehen. Sie wich so angstvoll zurück und schüttelte dabei so heftig den Kopf, als wolle sie im nächsten Moment entfliehen.

»Sie täten gut daran, Ihren Onkel zu wecken«, sagte Cutler nüchtern und mit einer Sicherheit, die er durchaus nicht verspürte. »Auch die Dienstboten. Ich werde inzwischen Ihr Telefon benutzen.« Er blickte ihr in die Augen. »Ja, Sie hatten schon recht, Miss Davis. Jedenfalls nehme ich an, daß Sie es sich längst gedacht haben. Mindestens seit unserer Unterhaltung gestern abend auf der Terrasse. Ich bin Polizeibeamter.«

Sie nickte.

»Ja, das habe ich mir gedacht. Aber – ist Ihr Name wirklich Cutler? Und weshalb sind Sie hier?«

»Mein Name ist wirklich Cutler, Lew Cutler. Ich bin Detektivsergeant bei Scotland Yard in London. Ihr Onkel hat den Yard um Entsendung eines Beamten gebeten.«

»Oh. Weshalb?«

»Ich weiß es nicht. Er ist nicht dazu gekommen, es mir zu sagen.«

Harriets Intelligenz war, ungeachtet aller Furcht, hellwach. »Merkwürdig, daß man Sie hierhergeschickt hat, wenn der Zweck nicht bekannt war. Man muß doch bestimmt klare Angaben über das Warum und Wieso machen, ehe man einen Scotland-Yard-Detektiv ins Haus geschickt bekommt, noch dazu auf eine Entfernung von fünfzig oder sechzig Meilen.«

Cutler ignorierte es, er hatte Wichtigeres im Sinn. »Miss Davis«, sagte er nachdrücklich, »ich muß Ihren Onkel sprechen. Es ist sehr dringend. Würden Sie bitte hinaufgehen und ihn wecken?«

»Das hätte wenig Zweck«, erwiderte Harriet. »Onkel Marcus ist nicht in seinem Zimmer.«

»Wie, er ist nicht in seinem Zimmer?«

»Nein. Ich klopfte an seine Tür, als ich auf dem Weg hier hinunter war. Ich schaute sogar in sein Zimmer. Er ist fort.«

Mehr brauchte Cutler nicht zu hören. Er rannte, immer drei Stufen auf einen Sprung, die Treppe hinauf. Harriet hatte auf ihrem Weg ins Erdgeschoß überall das Licht eingeschaltet, aber nichts rührte sich in den hellerleuchteten, überreichlich ausstaffierten Korridoren.

Marcus Hunts Schlafzimmer war leer. Das dunkle Dinnerjackett, das er vorhin angehabt hatte, war nicht allzu ordentlich über eine Stuhllehne gehängt. Seine Hose lag über dem Sitz eines anderen Stuhles, an dessen Lehne sein Hemd mit dem Schlips im Kragen hing. Seine goldene Taschenuhr tickte auf dem Ankleidetisch. Neben ihr lagen seine Brieftasche und seine Schlüssel. Zu Bett gelegt hatte er sich nicht. Zwar fehlte sein Schlafanzug, doch die Bettlaken waren glatt und unberührt.

Lew Cutler stand da und lauschte gedankenvoll dem leisen Ticken der goldenen Taschenuhr. Der Argwohn, der ihn plötzlich befiel, schien so phantastisch, daß er sich im stillen einen Narren schalt. Nur gut, daß es keine besonderen Umstände machte, sich hierüber Gewißheit zu verschaffen.

Er verließ Hunts Schlafzimmer, um wieder nach unten zu gehen. Dabei begegnete er Arthur Rolfe, der aus einem anderen Gästeschlafzimmer im Obergeschoß gestolpert kam. Die untersetzte Gestalt des Kunsthändlers war in einen Hausmantel gehüllt. Ohne die Brille zeigte sein Gesicht einen matten, beinah trübseligen Ausdruck. Er stellte sich in Cutlers Weg und schien etwas fragen zu wollen.

»Sie brauchen nicht erst zu fragen«, sagte Cutler. »Es ist ein Einbrecher.«

»Ich ahnte es«, erklärte Rolfe gefaßt. »Hat er – hat er irgend etwas mitgenommen?«

»Nein. Dazu ist er nicht gekommen. Er wurde ermordet.«

Für einen Moment sagte Rolfe nichts. Seine rechte Hand fuhr in die Brusttasche des Hausmantels, als griffe er sich erschrocken ans Herz.

»Ermordet?« murmelte er dann. »Sie wollen doch nicht sagen, der Einbrecher sei ermordet worden?«

»Doch, genau das.«

»Um Gottes willen! Aber warum? Von einem Komplicen? Wer ist dieser Einbrecher?«

»Das«, sagte Lew Cutler, »beabsichtige ich jetzt festzustellen.« Damit ließ er den bestürzten Arthur Rolfe stehen und eilte weiter.

In der Erdgeschoßhalle fand er Harriet Davis, die

an der offenen Tür zum Speisezimmer stand und den Blick starr auf die reglose Gestalt gerichtet hielt. Obwohl sich in ihrem Gesicht kaum ein Muskel bewegte, waren ihre Augen mit Tränen gefüllt.

»Sie werden ihm jetzt die Maske abnehmen, nicht wahr?« fragte sie, ohne Cutler anzusehen.

»Ja«, antwortete Cutler.

Harriet Davis zog sich schweigend von der offenstehenden Tür zurück.

Sorgsam auf die herumliegenden Früchte achtend, trat Cutler neben den toten Mann und beugte sich über ihn. Er nahm ihm die alte Mütze vom Kopf; er lüftete die schwarze Stoffmaske, die von einem primitiv befestigten Gummiband gehalten wurde, und er fand, was er befürchtet hatte zu finden.

Der Einbrecher war Marcus Hunt – durch das Herz gestochen, als er versucht hatte, sein eigenes Haus, das die zwei berühmten Bilder enthielt, zu berauben.

Von der fernen Kirchturmuhr schlug es drei ...

»Das also, Sir«, sagte Cutler zwölf Stunden später zu Dr. Gideon Fell, »das also ist die Schwierigkeit – wie man diesen Fall auch betrachtet, es ergibt keinen Sinn.«

Noch einmal ging er die Tatsachen durch.

»Weshalb sollte ein Mann«, fragte er schließlich zusammenfassend, »in sein eigenes Haus einbrechen und sein Eigentum stehlen? Jedes dieser Gemälde ist wertvoll, aber keines ist auch nur mit einem Penny versichert! Daher die Frage – weshalb? War dieser Mann einfach verrückt? Was glaubte er zu tun?«

Das Städtchen Sutton Valley, mit seinen kleinen weißen Häusern in die Hügellandschaft von Kent gebettet, lag unter so heißem Nachmittagssonnenschein, daß man meinen konnte, in ein italienisches Städtchen versetzt zu sein. Unter den schattigen Apfelbäumen des Obstgartens hinter dem Gasthaus ›Zum streitbaren Herold‹ saß, von Wespen umschwirrt und mit einem Krug Bier neben sich auf dem Tisch, Dr. Gideon Fell, von Beruf Psychologe. Seine große, füllige Gestalt steckte in einem reichlich weit gearbeiteten blütenweißen Leinenanzug; sein rosarotes, rundes Gesicht dampfte förmlich in der Hitze; die besorgte Aufmerksamkeit, mit der seine lebhaften dunklen Augen das Umherschwirren der lästigen Wespen verfolgten, verlieh ihm einen leicht gequälten Ausdruck.

Auf der anderen Seite des Tisches saß Lew Cutler. Sonst waren nur noch die Hitze und die Wespen anwesend.

Dr. Fell labte sich an einem Schluck Bier und sagte: »Superintendent Hadley rief mich in Brighton an und fragte, ob ich mir diese Cranleigh-Court-Sache nicht mal anschauen möchte. Nun gut, da bin ich. An und für sich gehört der Fall der Distriktspolizei, nicht wahr?«

»Ganz recht, Sir. Ich helfe sozusagen nur mit, da ich ohnehin am Tatort war. Das heißt, Superintendent Hadley wünschte es ausdrücklich so. Er hat beim Scotland Yard formell um meine Freigabe für diesen Fall nachgesucht. Ich saß dabei, als er telefonierte. Es klang sehr wichtig.«

Dr. Fell lachte. »Möchten Sie wissen, was Hadley wörtlich zu mir sagte? ›Diese Cranleigh-Court-Sache‹, sagte er, ›ist so verdreht, daß es außer Ihnen niemanden gibt, der sie lösen könnte. Zu Ihrer Unterstützung habe ich mir schon einen sehr befähigten jungen Scotland-Yard-Beamten verschrieben.‹ Na gut, wir werden unseren lieben Hadley nicht enttäuschen. Aber jetzt frage ich den sehr befähigten jungen Scotland-Yard-Beamten – kommt Ihnen diese Cranleigh-Court-Sache auch so außerordentlich verdreht vor?«

»Nun, immerhin – weshalb sollte ein Mann in sein eigenes Haus einbrechen und es zu berauben versuchen?«

»Nein, nein, nein – falsch, mein junger Freund«, brummte Dr. Fell, »ganz falsch. Zerbrechen Sie sich nicht den Kopf über diesen Punkt! Lassen Sie sich nicht von ihm hypnotisieren! Zum Beispiel scheint mir da –«, er unterbrach sich, eine Wespe hatte sich auf dem Rand seines Bierkruges niedergelassen, er blähte seine gewaltigen Wangen auf und pustete das getigerte Insekt mit kaum geringerer Kraft hinweg, als weiland Vater Neptun sie zur Entfesselung mittlerer Stürme benötigt haben mag. »Zum Beispiel scheint mir da diese junge Lady eine interessante Frage angeschnitten zu haben. Wenn Marcus Hunt durchaus nicht sagen wollte, aus welchem Grund er einen Scotland-Yard-Detektiv im Haus zu haben wünschte – weshalb hat sich der Yard trotzdem entschlossen, Sie nach Cranleigh Court zu schicken?«

»Weil«, entgegnete Cutler achselzuckend, »Chefinspektor Ames den Eindruck hatte, Hunt führe irgendeine krumme Sache im Schilde, und er der Meinung war, meine Anwesenheit könne diese krumme Sache verhindern.«

»Welche Art krummer Sache etwa?«

»Einen fingierten Einbruch, um eines der kostbaren Gemälde verschwinden zu lassen und die Versicherungssumme dafür zu kassieren. Es sah in der Tat anfangs so aus wie eine Neuauflage des alten, alten Tricks, jeden möglichen Verdacht zu zerstreuen, indem man sich vorher an die Polizei wendet und um ihre Unterstützung ersucht. Mit anderen Worten, Sir – genau das, was es zu sein schien. Bis ich erfuhr und heutigen Tags bestätigt fand, daß – wie ich schon sagte – nicht eines dieser verwünschten Gemälde auch nur für einen Penny versichert ist.«

Cutler zögerte.

»Es kann sich nicht einfach um einen Scherz gehandelt haben«, fuhr er nach kurzem Überlegen fort. »Bedenken Sie nur den Aufwand, der bei dieser Sache getrieben wurde. Zum Beispiel stieg Hunt in alte Kleidungsstücke, aus denen jedes Herkunftsmerkmal, ja sogar jede Reinigungschiffre entfernt worden war. Er zog sich Handschuhe an und trug eine Maske vor dem Gesicht. Er verschaffte sich eine kleine, außergewöhnlich starke Stabtaschenlampe und ein erlesenes Sortiment feiner Einbrecherwerkzeuge. Er verließ das Haus durch eine Hintertür – wir fanden sie später unverschlossen. In einem Gebüsch neben der Terrasse wartete er den richtigen Zeitpunkt ab und rauchte dabei eine Anzahl Zigaretten – wir fanden die Stummel und noch dazu seine Fußspuren in dem weichen Boden. Dann schnitt er kunstgerecht ein Loch in die Scheibe der einen Fenstertür – aber das alles habe ich Ihnen bereits erzählt.«

»Und dann«, murmelte Dr. Fell versonnen, »dann brachte jemand ihn um.«

»Ja, dann brachte jemand ihn um. Und damit sind wir beim letzten und unerklärlichsten Warum angelangt. Warum, aus welchem Grund, könnte jemand ihn umgebracht haben?«

»Hmm«, brummte Dr. Fell und beschäftigte sich wieder ein wenig mit dem Inhalt des Bierkruges. »Anhaltspunkte?«

»Nichts, was sich verwerten ließe, Sir.« Cutler holte sein Notizbuch heraus. »Nach den Feststellungen des Polizeiarztes starb Hunt durch einen Messerstich mitten ins Herz. Die Klinge des benutzten Messers – vermutlich handelt es sich um das neben der Leiche gefundene blutbefleckte Fruchtmesser – war so schmal, daß der Polizeiarzt Schwierigkeiten hatte, die Wunde überhaupt zu finden. Wir haben eine Menge

Fingerabdrücke festgestellt – ausschließlich solche von Hunt selber und sonst niemandem. Außerdem haben wir noch etwas höchst Seltsames festgestellt. An den Stücken des Silberservices, die neben der Anrichte auf dem Boden liegend gefunden wurden, waren unter dem Mikroskop Spuren zu erkennen, aus denen zu schließen ist, daß diese Stücke nicht etwa bei einem Kampf von der Anrichte gestoßen wurden, sondern daß sie mit einiger Sorgfalt auf der Anrichte turmartig übereinander geschichtet und dann hinuntergekippt worden sein müssen. Das alles –«

Cutler hielt inne, denn Dr. Fell schüttelte nachdrücklich und offenbar mißbilligend den dicken Kopf.

»Gut, gut, gut«, brummte Dr. Fell, als er merkte, daß Cutler zum Schweigen gebracht war. »Gut, gut, gut. Aber warum nennen Sie das ›unverwertbare Anhaltspunkte‹, junger Freund?«

»Nun, sind sie das denn nicht, Sir? Jedenfalls erklären sie nicht, weshalb ein Mann in sein eigenes Haus eingebrochen sein sollte.«

Dr. Fell lächelte. »Hören Sie mir zu, junger Freund«, sagte er milde. »Ich möchte Ihnen eine Frage stellen. Welches ist der wichtigste Punkt in dieser Sache? Einen Moment! Ich sagte nicht, der interessanteste. Ich sagte, der wichtigste. Und das ist fraglos die Tatsache, daß ein Mann ermordet wurde – nicht wahr?«

»Gewiß, Sir. Selbstverständlich.«

»Ich unterstreiche diese Tatsache«, erklärte der Doktor in beinah nachsichtheischendem Ton, »weil sie mir in Gefahr schien, übersehen zu werden. Sie, junger Freund, scheinen sich jedenfalls kaum noch dafür zu interessieren. Sie richten Ihr Augenmerk und alle Ihre Überlegungen auf Hunts sinnlose Maskerade. Dadurch, junger Freund, berauben Sie sich des festen Bodens unter Ihren Füßen. Sollten wir nicht lieber versuchen, die Sache von der anderen Seite her anzupacken, und uns zunächst einmal fragen · Wer hat Hunt umgebracht?«

Cutler wurde für ein Weilchen sehr still und nachdenklich.

»Die Dienstboten scheiden hierbei aus«, sagte er schließlich. »Sie schlafen im Dachgeschoß des anderen Gebäudeflügels, und aus irgendeinem Grund –«, er zuckte die Achseln, »hatte gestern abend irgend jemand die einzige Zugangstür zu diesem Dachgeschoß von außen abgeschlossen.« Seine Zweifel, seine Befürchtungen begannen, während er diese Worte sprach, festere Formen anzunehmen. »Es gab ein beachtliches Durcheinander, als das Haus geweckt wurde ... Natürlich könnte der Mörder ein Außenstehender gewesen sein –«

»Sie wissen, daß dem nicht so ist, junger Freund«, unterbrach ihn Dr. Fell. Er hob den Bierkrug an die Lippen und leerte ihn bis auf den Grund. »So«, sagte er dann befriedigt, »und nun ist es wohl an der Zeit, junger Freund, daß wir uns zum Cranleigh Court hinüberfahren lassen ...«

Zur heißesten Stunde des Nachmittags traten sie, nachdem sich Dr. Fell, von Cutler und den anderen begleitet, ein wenig im Haus umgesehen hatte, auf die Terrasse hinaus.

Dr. Fell ließ sich, wohlig seufzend, auf einem geräumigen Liegestuhl nieder. Harriet Davis, blaß und bedrückt, nahm in einem Korbsesselchen neben ihm Platz. Derek Henderson, nur in Hemd, leichter Flanellhose und Sandalen, wählte die Balustrade als konvenierenden Sitzplatz für seine lange, dünne Gestalt. Arthur Rolfe, als einziger in einem dunklen Anzug, plazierte sich steif und feierlich auf einen unbequemen Hocker; durch seine Kleidung und die betont korrekte Art, in der er saß, wirkte er wie ein Fremdkörper in dieser Umgebung. Denn das fahle Grün und das lichte Rotbraun der Hügellandschaft von Kent, in der es keine harten, toten Farben gibt, glühten und waberten unter der gleißenden Nachmittagssonne. Kein Lüftchen regte sich, die Blätter der Büsche und Bäume hingen still in der lastenden Hitze, und unten im Garten, etwa dreißig Schritt von der Terrasse entfernt, glitzerte und funkelte das Spiegelbild der Sonne im Wasser des weiten Schwimmbassins. Cutler, der an Harriets freier Seite saß, spürte dieses Glitzern und Funkeln wie Gewichte auf seinen Augenlidern.

Derek Hendersons rötlicher Bart wirkte erheiternd und aggressiv zugleich.

»Es würde nicht viel taugen«, wandte sich Henderson an Dr. Fell und Cutler, »wenn Sie mich jetzt zum x-ten Mal fragten, weshalb meiner Meinung nach Marcus Hunt in sein eigenes Haus eingebrochen sein sollte. Aber ich will Ihnen einen Tip geben.«

»Und der wäre?« erkundigte sich Dr. Fell.

»Welchen Grund immer er dafür gehabt haben mag«, antwortete Henderson, »es muß ein verdammt guter Grund gewesen sein. Denn Hunt war zu clever und zu vorsichtig, um irgend etwas ohne verdammt guten Grund zu tun. Das, oder etwas sehr Ähnliches, habe ich ihm noch gestern abend gesagt.«

»Zu clever und zu vorsichtig?« wiederholte Dr. Fell in überraschend scharfem Ton. »Wie kommen Sie zu diesem Urteil?«

»Nun – zum Beispiel durch unser Pokerspiel von gestern abend. Hören Sie sich das an und urteilen Sie selbst. Ich nehme drei Karten vom Talon. Hunt nimmt eine. Ich setze ein. Hunt wirft mir einen forschenden Blick zu und erhöht. Ich decke seinen Einsatz und erhöhe meinerseits. Und was geschieht? Hunt paßt! Mit anderen Worten – es ist ziemlich sicher, daß er ein gutes Blatt hatte. Aber es ist durchaus nicht sicher, daß ich mehr als ein Paar hatte. Und doch paßt Hunt. So hatte ich ihn mit meinen drei Siebenkarten gegen seinen Straight ausgeblufft. Ähnlich wie dieses spielte er ein Dutzend Spiele. Wenn das nicht aufschlußreich ist?«

Henderson lachte leise vor sich hin, bemerkte den Ausdruck auf Harriets Gesicht und wurde augenblicklich ernst.

»Aber allem Anschein nach«, fügte er hinzu, »hatte Hunt gestern abend irgend etwas Besonderes im Sinn.«

»So? Und was war Ihrer Meinung nach das Besondere, das er gestern abend im Sinn hatte?« fragte Dr. Fell.

»Nun – er schien jemanden entlarven zu wollen, dem er bisher getraut hatte«, entgegnete Henderson kühl. »Das glaubte ich erkannt zu haben. Und deshalb gefiel es mir nicht, daß das Pik-As so oft auftauchte.«

»Vielleicht sollten Sie das etwas näher erklären, Mr. Henderson«, sagte Harriet nach kurzem Überlegen. »Ich ahne nicht, auf was Sie anspielen. Aber Sie können es uns gewiß erklären. Zum Beispiel – wie gab er Ihnen zu verstehen, daß er jemanden zu entlarven beabsichtigte, dem er bisher getraut hatte?«

»Oh, er – er gab es nicht klar zu verstehen. Er spielte, wie ich es eben getan habe, nur darauf an – wissen Sie?«

Es war der seriöse Arthur Rolfe, der sich jetzt mit Nachdruck in die Unterhaltung einschaltete. Er wirkte dabei wie ein Mann, der entschlossen ist, sich an die Vernunft und die Logik zu halten, aber es schwierig findet, diesen Entschluß zu verwirklichen.

»Lassen Sie mich ein Wort sagen«, verlangte er mit gewichtiger Stimme. »Ich habe schon bei so mancher Gelegenheit dieses und jenes über Mr. Hunts Neigung gehört, Leute zu entlarven. Gut und schön.« Er schob die rechte Hand in die linke Brustseite seines zweireihigen Jacketts – eine charakteristische Geste. »Aber wohin – im Namen der Vernunft – führt uns das? Es wird hier gesagt, Hunt wünschte jemanden zu entlarven. Und um dies zu tun, muß er in alte, schmutzige Kleidungsstücke schlüpfen und sich als Einbrecher maskieren? Wäre so etwas zu fassen? Hätte das einen Sinn? Nein, nein und abermals nein! Ich sage Ihnen, der Mann war irre! Es gibt keine andere Erklärung!«

»Irrtum«, widersprach Dr. Fell. »Ich könnte mit fünf anderen Erklärungen aufwarten.«

Derek Henderson wollte sich von seinem Platz auf der Balustrade erheben, sah aber Arthur Rolfes verweisende Geste und blieb sitzen.

»Allerdings will ich Ihre Zeit nicht verschwenden«, fuhr Dr. Fell fort, »indem ich Ihnen nun alle fünf Erklärungen darlege. Wir werden uns vielmehr nur mit einer einzigen Erklärung befassen. Nämlich der richtigen.«

»Und Sie«, fragte Henderson scharf, »Sie behaupten, diese richtige Erklärung zu kennen?«

»Ja. Wenigstens glaube ich das.«

»Und seit wann?«

»Nun«, erwiderte Dr. Fell lächelnd, »seit ich Gelegenheit hatte, Sie alle zu sehen.«

Er lehnte sich schwer in den geflochtenen Liegestuhl zurück, der unter seinem Gewicht ächzte und krachte, wie ein hölzernes Schiff im Sturm. Er reckte sein imposantes Doppelkinn empor und nickte versonnen vor sich hin, als wünsche er etwas zu bekräftigen, das in seinem Verstand bereits klare Form angenommen hatte.

»Ich habe«, fügte er hinzu, »ein kleines Arrangement mit dem Polizeiinspektor von Sutton Valley getroffen. Er wird in wenigen Minuten hier erscheinen, um – wie ich ihm vorgeschlagen habe – ein bestimmtes Ansuchen an Sie alle zu richten. Es wird ein sehr naheliegendes, einfaches Ansuchen sein, und ich hoffe aufrichtig, daß niemand sich weigert, es zu befolgen.«

»Ein Ansuchen?« wiederholte Henderson. »Was für ein Ansuchen?«

»Oh, ich sagte ja – ein sehr naheliegendes.« Dr. Fell schaute schmunzelnd zum Schwimmbassin im Garten. »Wir haben einen ungewöhnlich heißen Tag. Der Inspektor wird Ihnen also vorschlagen, daß Sie alle dort drüben ein wenig schwimmen gehen.«

Harriet Davis gab einen kleinen erschreckten Seufzer von sich und blickte wie hilfesuchend zu Lew Cutler.

»Diese einfache Maßnahme«, erläuterte Dr. Fell, »dürfte der schonungsvollste Weg sein, einen Mörder zu entlarven ... Ja, und in der Zwischenzeit möchte ich Ihrer aller Aufmerksamkeit auf einen bestimmten Punkt der bisherigen Ermittlungen lenken, der anscheinend weitgehend übersehen worden ist ... Mr. Henderson – wissen Sie etwas über Herzwunden? Ich meine jetzt Herzwunden, die von einer schmalen, scharfen Messerklinge verursacht werden?«

»Wie Hunts Wunde? Nein, ich habe keine Ahnung. Was ist damit?«

»Nun, bei Wunden dieser Art tritt praktisch keine äußere Blutung auf«, erklärte Dr. Fell. »Der Polizeiarzt –«

»Aber –«, begann Harriet Davis; eine schnelle Handbewegung von Cutler gebot ihr Schweigen.

»– der Polizeiarzt«, fuhr Dr. Fell fort, »verwies in seinem Bericht darauf, daß Hunts Wunde ›schwierig zu finden‹ war. Das Opfer einer solchen Verwundung stirbt beinah sofort an innerer Verblutung. Die äußeren Wundränder jedoch schließen sich im Augenblick des Todes. Nun ergibt sich für unseren Fall die Frage, wie es geschehen konnte, daß der verstorbene Mr.

Hunt so viel Blut an seinem Sweater und sogar an seiner Hose hatte.«

»Und die Antwort darauf?« flüsterte Harriet Davis angstvoll.

»Ist verblüffend einfach und logisch«, sagte Dr. Fell. »Was sich an Mr. Hunts Sweater und Hose befand, war nicht Mr. Hunts Blut.«

»Aber das – das ist ja blanker Unsinn!« rief Harriet Davis und sprang von ihrem Sessel auf. »Es tut mir leid, Sir – aber sind Sie vielleicht selbst verrückt geworden? Wollen Sie uns einreden, wir hätten ihn nicht über und über mit Blut besudelt vor der Anrichte liegen sehen?«

»Freilich haben Sie ihn über und über mit Blut besudelt vor der Anrichte liegen sehen.«

»Lassen wir den gelehrten Mann weiterphantasieren«, knurrte Henderson, der vor Erregung bleich geworden war. »Hören wir uns mal an, was dabei noch alles herauskommt!«

»Ihr Einwand, Miss Davis«, sagte Dr. Fell, »ist bemerkenswert. Doch ist er es aus einem anderen Grunde als Sie meinen. Er führt uns nämlich zur Antwort auf die Frage, wie es kam, daß ausgerechnet Mr. Hunt – dem so etwas nach allem, was wir über ihn wissen, überhaupt nicht anstand – in ein paar alte, zweifelhafte Kleidungsstücke stieg und den Einbrecher spielte. Diese Antwort lautet kurz und einfach: Marcus Hunt hat nichts dieser Art getan ...

Es muß jedem von uns klar sein«, fuhr Dr. Fell mit erhobener Stimme fort, um die aufflackernde Unruhe zu übertönen, »daß Mr. Hunt beabsichtigt hatte, jemandem eine Falle zu stellen – nämlich dem wirklichen Einbrecher. Er war überzeugt, daß eine gewisse Person versuchen würde, eines oder mehrere seiner wertvollen Gemälde zu stehlen. Vermutlich wußte er, daß diese Person ähnliche Spielchen schon früher in anderen Landhäusern versucht hatte – das heißt, die Tat so aussehen zu lassen, als sei sie das Werk eines Außenstehenden. Er machte also dem Dieb die Sache möglichst leicht, um ihn dann mit um so größerer Sicherheit zu fassen und dem Scotland-Yard-Detektiv zu übergeben, den er sich vorsorglich ins Haus geholt, aber leider nicht ins Vertrauen gezogen hatte ...

Der Dieb, ein Gast dieses Hauses, fiel prompt darauf herein. Er wartete bis nach zwei Uhr nachts. Dann legte er in seinem Zimmer die mitgebrachten alten Kleidungsstücke, die Gesichtsmaske, die Handschuhe und die Mütze an, schlich sich durch eine Hintertür ins Freie und tat alles das, was bisher fälschlicherweise Marcus Hunt zugeschrieben wurde ...

Doch es kam der Moment, da die Falle zuschnappte. Als der Dieb eben im Begriff ist, das ausgerahmte und vom Keilrahmen gelöste Rembrandtbild zusammenzurollen, hört er ein Geräusch. Er fährt herum, leuchtet mit seiner Stablampe und sieht Marcus Hunt in Schlafanzug und Hausmantel hinter sich stehen ...

Es kommt zu einem Kampf. Hunt springt auf ihn los. Der Dieb greift nach dem Fruchtmesser und setzt sich zur Wehr. Beim Handgemenge zwingt Marcus Hunt die Messerhand des Diebes zurück. Dabei streift das Messer die Brust des Diebes und verursacht eine oberflächliche, aber stark blutende Fleischwunde. Das bringt den Dieb zur Raserei. Er reißt seine Messerhand aus Hunts Griff, holt aus und stößt Hunt das Messer ins Herz ...

Der Kampf hatte nur Sekunden gedauert und war erbittert, aber geräuschlos geführt worden. Im Haus bleibt alles still, niemand anders hat etwas gemerkt, niemand anders ist erwacht. Schon glaubt der Mörder, sich mit seiner Beute zurückziehen zu können, als er etwas sieht, das ihn an den Galgen bringen wird. Er sieht im Lichtschein seiner Taschenlampe, wie das

Blut aus seiner eigenen oberflächlichen Verletzung seine ganze Kleidung durchtränkt ...

Wie soll er sich der blutbesudelten Kleidungsstücke entledigen? Er kann sie weder vernichten, noch kann er sie aus dem Haus schaffen. Fraglos wird, sobald der Mord entdeckt ist, das Haus genau durchsucht werden. Die Polizei wird die blutigen Kleidungsstücke finden. Ohne das Blut wären diese Kleidungsstücke, obwohl alt und abgetragen, nichts unbedingt Auffälliges. Warum sollte ein Mann, der ein Wochenende in ländlicher Umgebung verbringt, nicht auch altes Zeug zum Anziehen bei sich haben – für einen langen Streifzug durch die Wälder oder ähnliche Unternehmungen? Aber mit den Blutflecken – da bleibt ihm nur eins, was er tun kann ... Nun, Miss Davis – was tat er?«

Harriet stand da und blickte, eine Hand zum Schutz gegen die Sonne über die Augen erhoben, wie gebannt zu Dr. Fell hinab. »Er – er wechselte die Kleidung mit meinem Onkel«, sagte sie mit tonloser Stimme.

»Das ist es«, bestätigte Dr. Fell, »das ist die letzte Pointe der ganzen düsteren Geschichte ... Der Mörder streift also der Leiche seine eigenen blutbesudelten Kleidungsstücke über, um seinerseits in Marcus Hunts Schlafanzug und Hausmantel zu schlüpfen, die er beide notfalls unschwer als die seinen ausgeben kann. Hunts Wunde hatte äußerlich so gut wie gar nicht geblutet. Sein Hausmantel dürfte sich, wie anzunehmen ist, beim Handgemenge geöffnet haben, so daß nur der Schlafanzug einen kleinen Schnitt, vielleicht auch bloß ein winziges Loch in der Herzgegend aufweist – eine belanglose, ganz unauffällige Beschädigung, um die sich der Mörder keine Sorge zu machen braucht ...

Nachdem dieses schwierige Problem gelöst ist, hat der Mörder allerdings noch etwas zu bedenken. Er muß Ihnen allen den Eindruck aufzwingen, daß da gar keine Zeit für einen Austausch der Kleidungsstücke gewesen sein kann. Sie dürfen überhaupt gar nicht erst auf einen solchen Gedanken kommen. Es muß also der Eindruck erweckt werden, als hätte der Kampf eben erst stattgefunden. Aber wie? Der Mörder hat einen passenden Einfall. Er schichtet alle Stücke des Silberservices einschließlich der Fruchtschale und der Teemaschine auf der Ecke der Anrichte zu einem Haufen übereinander, stößt den Haufen um, was einen erheblichen Lärm verursacht, und rennt über die Treppe hinauf in sein Zimmer.«

Dr. Fell schwieg sekundenlang und blickte in die Gesichter der Anwesenden.

»Daß nicht Marcus Hunt der Einbrecher gewesen ist«, fügte er dann hinzu, »ergibt sich noch aus einem speziellen Grund. Überall in der Nähe der Anrichte wurden Hunts Fingerabdrücke gefunden. Der ermordete Mann aber trug Handschuhe.«

Gedämpfte Schritte kamen über den Rasen unterhalb der Terrasse heran; gleich danach waren die Geräusche fester Schuhe auf den Terrassenstufen zu vernehmen. Der Polizeiinspektor aus Sutton Valley, bis oben hin zugeknöpft und dampfend in seiner Uniform, erschien auf der Terrasse. Mit ihm erschienen zwei Constabler.

Dr. Fell richtete sich in seinem Liegestuhl auf.

»Ah«, sagte er tief atmend, »da haben wir ja die Gentlemen, die sich um unsere kleine Schwimmveranstaltung kümmern wollen ... Ja, ja – es ist nicht schwer, eine Fleischwunde mit etwas Leukoplast und einem Taschentuch zu flicken, so lange man das alles unter seiner Kleidung verborgen halten kann. Hingegen wird so etwas äußerst verdächtig an jemandem, der sich in Schwimmkleidung zeigen muß ... Nun, werte Anwesende –«

»Aber es kann doch einfach nicht sein ...!« schrie Harriet Davis; ihre Augen blickten verstört umher, ihre Finger krampften sich schutzsuchend in Lew Cutlers linken Arm – eine Geste, deren sich Cutler noch ganz klar erinnerte, als er Harriet schon sehr viel besser kannte.

»Völlig richtig, meine liebe Miss Davis«, bestätigte Dr. Fell vergnügt, »es kann doch einfach nicht sein, daß es ein langer, dünner, schlaksiger Bursche wie Mr. Henderson gewesen wäre. Ebensowenig kann es sein, daß statt dessen ein kleines, zartgebautes Mädchen wie Sie in Frage käme ...

Es gibt in diesem Kreis nur einen Menschen, der, wie wir wissen, ziemlich genau von Marcus Hunts Gestalt und Größe ist. Nur ihm war es möglich, seine eigene Kleidung dem Ermordeten überzustreifen, ohne damit von vornherein Verdacht gegen sich zu erregen ...

Es ist derselbe Mensch, der sich die Messerwunde in seiner Brust irgendwie verbunden oder bepflastert hat und nun alle paar Minuten mit der Hand unter sein Jackett fährt, um nachzuprüfen, ob dieser behelfsmäßige Verband noch sicher ist – so, wie es Mr. Rolfe gerade tut.«

Arthur Rolfe saß reglos da, mit der rechten Hand unter der linken Brustpartie seines Jacketts. Sein Gesicht war plötzlich ganz fahl geworden, aber die Augen hinter der goldgefaßten Brille blieben unergründlich.

Er sprach nur einmal, und das geschah, als die beiden Constabler schon im Begriff standen, ihn abzuführen.

»Ich hätte die Warnung dieses jungen Mannes beachten sollen«, sagte er, beinah ohne die Lippen zu bewegen, und streifte dabei Henderson mit einem Seitenblick. »Er hat mich gestern abend wissen lassen, daß ich unter Umständen eine ganze Menge auf gut Glück riskieren würde ...«

DAVID ALEXANDER

Der erste Fall

Die Stille in dem kleinen Zimmer zersplitterte wie eine hauchdünne Teetasse, als der Wecker schrill verkündete, daß in dem eintönigen Leben der Miss Elsie Petty ein neuer Tag heraufgedämmert war. Wie gewöhnlich fuhr Miss Pettys schlanker, fast ausgezehrter kleiner Körper, aufgeschreckt von dem metallenen Rasseln, kerzengerade hoch und tauchte – wie ein Kasperl im Theater – aus den Decken auf. Fieberhaft suchte ihre blasse, blauädrige Hand nach dem kleinen Hebel, der das lärmende Drängen des sirrenden Mechanismus ersticken würde. Jahrelang hatte Miss Petty davon geträumt, eines Tages soviel Geld beisammen zu haben, um sich ein Weckerradio leisten zu können, so daß sie nicht mehr von grellen Zimbeln, sondern von gedämpften Geigen geweckt würde; aber auch dieser Traum war, wie ihre anderen kleinen Träume, nie verwirklicht worden.

Das kleine möblierte Zimmer in dem Haus, das in der Charles Street lag, war peinlich sauber und sogar gemütlich. Die Chintzvorhänge und den Polstersessel sowie einige Kleinigkeiten hatte sie aus jener Wohnung hierhergebracht, die sie in jener Zeit bewohnt hatte, als es ihr noch besser ging.

Der gute Druck des nebligen Renoir an der Wand gehörte ihr ebenfalls. Mrs. Stearns, die üppige Wirtin, sagte immer, Miss Pettys Zimmer wäre irrsinnig gemütlich und bewiese, daß ein Mensch mit gutem Geschmack selbst das kleinste Fleckchen Lebensraum in ein wohnliches Heim verwandeln könnte, wenn er nur wollte. Den übrigen Mietern, die ihre Zigarettenasche überall verstreuten und ihre Sachen einfach im Zimmer herumliegen ließen, so daß die Reinmachefrau sie wegräumen mußte, wurde Miss Petty von Mrs. Stearns immer als Muster der Ordentlichkeit vorgehalten.

Miss Petty wirkte zierlich und war nicht nur kurzsichtig, sondern auch grauhaarig; ihr Alter hätte man auf etwa sechzig Jahre geschätzt. In Wirklichkeit hatte sie jedoch erst kürzlich ihren achtundvierzigsten Geburtstag gefeiert, obgleich von Feiern eigentlich nicht die Rede sein konnte: An jenem Abend hatte sie im Old Rose Tea Room gegessen, wo das Abendessen einen Dollar sechzig plus einen Vierteldollar Trinkgeld kostete. Sonst aß Miss Petty in der Co-Op Cafeteria, wo man sich mit einiger Überlegung eine sehr nahrhafte Mahlzeit für weniger als einen Dollar zusammenstellen konnte.

Miss Petty seufzte erleichtert auf, als das fordernde Rasseln des Weckers endlich abgestellt war. Aufrecht saß sie in ihrem Bett, die dünnen Arme um die Knie geschlungen, und blickte aus ihrem Fenster zu dem Baum hinaus. Der Baum war in den frühmorgendlichen Nebel gehüllt, und seine Äste sahen so gekrümmt und nackt wie ein spindeldürrer alter Mann aus. Seit Jahren waren der Baum und Miss Petty jetzt schon Freunde – seit sie damals ihren Posten als Texterin einer Werbeagentur verloren und ihre Wohnung in der West Eleventh Street aufgegeben hatte. Auch in Sandusky hatte, als sie noch ein Kind war, ein Baum vor ihrem Fenster gestanden, wie sie sich genau erinnerte.

Miss Petty überlegte, daß es wunderbar sein würde, wieder unter die Steppdecke kriechen zu können. Um sieben Uhr dreißig war es im Haus nie richtig warm. Und beeilen brauchte sie sich heute auch nicht. Die Verhandlung begann schließlich erst um zehn. Aber sie wagte es nicht, Mrs. Stearns merken zu lassen, daß sie ihre Stellung aufgegeben hatte. Mrs. Stearns würde entsetzt sein. Als Miss Petty ihre Stellung bei der Werbeagentur verloren hatte, war sie – wenn auch mit kleinerem Gehalt – in der Werbeabteilung der Firma Bernstein's Store untergekommen. Einige Jahre später hatte sie auch diesen Posten wieder verloren, und wochenlang hatte sie irgend etwas Neues gesucht, während Mrs. Stearns sich mit der Miete geduldet hatte. Schließlich war sie von Bernstein als Verkäuferin für das Kellergeschoß eingestellt worden.

Und jetzt hatte sie ihre Stellung aus dem einzigen Grunde aufgegeben, einem Mordprozeß beizuwohnen. Nie hätte Mrs. Stearns so etwas verstanden; folglich mußte Miss Petty zur gewohnten Zeit das Haus verlassen, wie sie es bereits dreimal getan hatte, damit Mrs. Stearns nichts merkte. Hundertachtzehn Dollar hatte Miss Petty auf ihrem Sparkonto, und wenn sie sich sehr vorsah, würde dieser Betrag einen Monat reichen. Morgen wollte sie gleich die Stellenangebote durchsehen und versuchen, eine andere Stellung zu finden – irgendwo.

Für Mrs. Stearns wäre es unfaßlich gewesen, daß Miss Petty die einzige Sicherheit, die sie auf dieser Welt besaß, aus einem derart leichtfertigen Grunde opferte. Bei der Verhandlung ging es um einen keineswegs ungewöhnlichen Mordfall, und die Zeitungen hatten ihn auch nur mit wenigen Zeilen erwähnt. Es handelte sich um ein mittelloses Mädchen aus Portoriko namens Maria Valdez, das sein gerade geborenes uneheliches Kind durch Ersticken umgebracht hatte. Den Namen Maria Valdez hatte Miss Petty noch nie in ihrem Leben gehört.

Miss Petty las die Zeitungen sehr gründlich, denn ihr Leben war stellvertretend für viele gewesen. Und aufgefallen war ihr die ganze Geschichte eigentlich nur wegen einer Notiz.

Sohn eines berühmten Anwalts verteidigt Mörderin

Winston Knight jun., Sohn des berühmten Strafverteidigers, der während der letzten zehn Jahre in einigen der aufsehenerregendsten Prozessen die Verteidigung übernommen hatte, ist vom Gericht zum Verteidiger von Maria Valdez (20) bestimmt worden, die angeklagt ist, ihr uneheliches Kind in einer Haarlemer Wohnung kurz nach der Geburt durch Ersticken ermordet zu haben.

Es ist der erste große Prozeß, bei dem der junge Knight als Verteidiger auftritt.

»Ich muß ihn sehen«, hatte sich Miss Petty gesagt. »Schließlich ist er fast mein Sohn. Ich muß wissen, ob er Winston ähnelt, ob er Winstons gerade Nase und seine schönen Augen und sein lockiges Haar und seine zauberhafte Art hat.«

Miss Petty war nie zu einer Verhandlung gegangen, bei der der ältere Knight, der vor langer Zeit ihr Liebhaber gewesen war, die Verteidigung übernommen hatte. Merkwürdigerweise hatte sie nie den leisesten Wunsch verspürt, Winston bei einem Prozeß zu beobachten. Aber schließlich hatte sie Winston auch nicht mehr geliebt, als alles vorüber war. Sie hatte einfach nichts mehr empfunden. Und das gerade war das Beunruhigende: Sie fühlte nichts. Sie war in sich zusammengeschrumpft, weil keine Wärme mehr in ihr war, aus der sie hätte Kraft ziehen können. Und das war auch der Grund, daß sie keine ihrer empfindsamen kleinen Geschichten mehr an die avantgardistischen Zeitschriften geschickt hatte; es war der Grund, daß man sie nicht mehr als vielversprechende junge Texterin einer Werbeagentur betrachtete. Die Texte, die sie für Damenmoden und Parfüms und Mittelmeerreisen schrieb, hätten ihren Charme verloren, hieß es. Und dann hatte man ihr aufgetragen, statt dessen nüchterne Sätze über Küchenutensilien und Waschmittel zu verfassen. Sie war nicht nur keinen Schritt mehr weitergekommen, sondern schließlich hinausgeworfen worden.

Von Sandusky war sie in jenem zauberhaften, golden-heißen Sommer des Jahres 1928 nach New York City gekommen, als das alte Waldorf Hotel und dessen Peacock Alley noch an der Thirty-fourth und Thirty-fifth Street lagen und Eugene O'Neills »Strange Interlude« am Nachmittag begann, von einer Pause unterbrochen wurde, in der man zum Abendessen ging, und dann bis in die Nacht hinein weitergespielt wurde. Sie hatte sich gleich ein kleines Apartment in Greenwich Village genommen, weil sie auch zu der wunderbaren Welt der Schriftstellerei gehören wollte und glaubte, Village sei das Zentrum der schönen Künste. Einundzwanzig war sie damals gewesen, und obgleich sie auf eine so unfruchtbare Angelegenheit wie Keuschheit nicht gerade in aller Einfalt stolz war, hatte sie sich doch fest vorgenommen, ihren reinen Körper nicht irgendeinem fürchterlichen, schwitzenden Galan hinzugeben, der von ihr nichts anderes als tierische Befriedigung wollte.

Zwei Monate war sie erst in New York, und sie hatte ihre Stellung bei der Agentur und eine ihrer kleinen empfindsamen Geschichten an eine Zeitschrift für zehn Dollar und sechs Freiexemplare verkauft, als sie Winston Knight kennenlernte. Er war der überwältigend maskulinste Mann, dem sie jemals begegnet war, und trotzdem hatte er eine süße, schüchterne Seite, die genauso reizvoll war, wie seine physischen Eigenschaften atemberaubend waren. Er war nur wenige Jahre älter als Elsie, und im Herbst hatte sein letztes Studienjahr an der Columbia Law School begonnen.

Genaugenommen war es keine stürmische Liebschaft. Sie hatten sich jedoch häufig gesehen und waren sich langsam immer näher gekommen: im Theater, in kleinen Restaurants und in Lokalen, in denen heimlich Alkohol ausgeschenkt wurde, und schließlich in ihrer kleinen Wohnung. Winstons Familie spielte gesellschaftlich eine Rolle, war reich, und er hatte sie in die vornehmsten Lokale mitgenommen. Am meisten hatte es ihr bei Tony, in der Fifty-second Street, gefallen. »Stell' dir vor!« hatte sie einer Freundin nach Sandusky geschrieben, »die kleine Elsie sitzt an einem Tisch direkt neben Tallulah Bankhead, und in der gegenüberliegenden Ecke sitzt der dicke gemeine Heywood Broun und macht sich Notizen für seine Klatschspalte.«

Und dann war es passiert. Bevor sie Winston etwas gesagt hatte, war sie zum Arzt gegangen. Und es stimmte: Sie würde ein Kind bekommen.

Über ihre Schwangerschaft war sie fast außer sich vor Freude. Sie wünschte sich das Kind fast mehr, als sie sich jemals irgend etwas gewünscht hatte, als sie sich selbst Winston gewünscht hatte. Und sie wußte genau, was Winston jetzt natürlich tun würde. Er würde darauf bestehen, sie sofort zu heiraten. Im Grunde war er nämlich ein völlig konventioneller Mensch. Aber auch außerhalb einer Ehe hätte sie sich über dieses Kind genauso gefreut. Zählen tat doch nur, daß sie Winston hatte und daß sie bei ihm war und daß sie sein Kind trug – obgleich sie sich nicht sicher war, daß es ein Junge sein würde. Wenn er den Vorschlag gemacht hätte, sie sollte ohne Heirat mit ihm zusammenleben, hätte sie es fraglos getan.

Aber Winston hatte es nicht gewollt. Und er hatte

auch nicht den Wunsch geäußert, sie zu heiraten. Statt sich – wie sie – wahnsinnig über das zu freuen, was sie beide nun erlebten, hatte ihn die Aussicht, Vater zu werden, geradezu entsetzt. Er hatte ihr gesagt, daß er sein Studium aufgeben müßte und daß seine Familie sich völlig von ihm zurückziehen würde, wenn sie das Kind bekäme und er sie heiratete. Und seine Karriere wäre ruiniert, bevor sie überhaupt angefangen hätte. Damals war zum ersten Mal dieser merkwürdige erstarrte Ausdruck in ihrem Blick aufgetaucht. Und oft hatte sich Mr. Briggs, der Abteilungsleiter bei Bernstein, mitten in einer Unterhaltung mit ihr unterbrochen und gesagt: »Miss Petty – bitte! Haben Sie mich verstanden? Sie haben schon wieder diesen geistesabwesenden Ausdruck in Ihren Augen!«

An jenem Dezembertag des Jahres 1928, an dem sie Winston gesagt hatte, daß sie ein Kind erwartete, hatten ihre veilchenblauen und lustigen Augen angefangen zu erlöschen; und seitdem waren die Augen erstorben.

Sie hatte ihm an jenem Tag gesagt, daß er sie nicht zu heiraten brauchte, daß sie nicht einmal Geld von ihm wollte. Ihr einziger Wunsch wäre, das Kind zu bekommen. Er hatte jedoch seine ganze Überredungskunst aufgewandt, die ihn später zu einem der bekanntesten Strafverteidiger werden ließ. Er hatte gesagt, sie müßten das Kind loswerden – jenes Kind, das noch nicht einmal geboren war. Und so, wie er es sagte, klang es, als handelte es sich ganz einfach um einen Sack voller junger Katzen, die in einem Teich ersäuft werden sollten.

Gewisse Dinge mußten vorher von ihm geregelt werden, und das brauchte seine Zeit. Darüber verging Weihnachten. Sie hatte die Feiertage allein in dem Haus an der West Eleventh Street verbracht, wie sie sich noch genau erinnerte. Sie hatte nicht geweint. Sie hatte nur starr am Fenster gesessen und in das Schneegestöber hinausgesehen. Die Geschenke, die ihre Familie aus Sandusky geschickt hatte, waren auf einem Tisch aufgestapelt; das schneeweiße Seidenpapier war mit Schleifen und Stechpalmenzweigen geschmückt. Wochenlang hatte sie die Päckchen ungeöffnet liegenlassen.

Das war Elsie Pettys erstes Weihnachten in New York gewesen.

Kurz vor Neujahr 1929 war Winston dann erschienen und hatte sie in das Haus aus Sandstein gebracht. Es wäre alles geregelt, hatte er gesagt. Sie brauchte sich keine Sorgen zu machen. Das Haus lag in der West Eighty-eighth Street, in der Nähe des Drive. Es war ein ganz gewöhnliches New Yorker Haus aus Sandstein und von jener gemütlichen Häßlichkeit, die für den Baustil des neunzehnten Jahrhunderts typisch ist.

Die nette Mrs. Myers, die mit Miss Petty bei Bernstein gearbeitet hatte, war über Elsies Einsamkeit sehr bekümmert gewesen und hatte sie eines Abends zu sich eingeladen. Wie Mrs. Myers später sagte, hätte Miss Petty »aufgestrahlt« und wäre anscheinend nur allzu gern bereit gewesen, bis sie erfuhr, daß Mrs. Myers in der West Eighty-eighth Street wohnte, ganz in der Nähe des Drive. Dann aber wäre sie totenblaß geworden, hätte die Hand erschrocken vor den Mund gehalten und gerufen: »Oh – da kann ich nie wieder hingehen!«

»Eines will ich Ihnen sagen«, hatte Mrs. Myers erklärt; »das arme Ding ist völlig übergeschnappt.«

Im Innern jenes Hauses, zu dem Winston sie an jenem kalten Wintertag gebracht hatte, war es düster, vor allem wegen der schweren viktorianischen Möbel; und dann war eine grimmig aussehende Frau mittleren Alters mit kräftigen Augenbrauen erschienen, die Schwesterntracht trug. Auf der Schwesterntracht war deutlich ein roter Fleck zu erkennen gewesen, und als Elsie ihn fasziniert anstarrte, hatte die Schwester gelacht. »Nun kriegen Sie es nicht gleich mit der Angst, Mädchen«, hatte sie gesagt. »Das ist Tomatenmark. Ich habe mir in der Küche gerade ein Brot gemacht.«

Der Arzt war ein alter Mann, der – bis auf den weißen Kittel, den er trug – gar nicht wie ein Arzt aussah. Elsie hatte den Eindruck, daß seine Hände nicht ganz sauber waren – auch dann nicht, als er sie gründlich gewaschen und steril gemacht hatte; und gezittert hatten sie auch. Sein Atem roch nach Schnaps.

Zwei Tage hatte sie hinterher noch dableiben und fest zu Bett liegen müssen: in einem winzigen Zimmer mit schräger Decke, weil es unmittelbar unter dem Dach lag, und mit einer altmodischen Kommode sowie einer marmornen Waschschüssel. An der Wand hatte ein Bild gehangen, und zwar ein Stahlstich von einem Bernhardiner.

Ein einziges Mal war sie, Jahre später, im Washington Square Park einem Mann begegnet, der einen Bernhardiner an der Leine hatte, und sie hatte sich gerade noch beherrschen können, nicht in Ohnmacht zu fallen oder laut aufzuschreien.

Manchmal überlegte Miss Petty, ob sie wirklich verrückt war. Sie liebte Tiere über alles, und trotzdem hatte der Anblick eines großen plumpen Hundes mit traurigen Augen sie fast hysterisch werden lassen. Sie hatte sich in eine derartige Angst hineingesteigert, daß sie sich stadteinwärts nie weiter als bis zum Columbus Circle an der Fifty-ninth Street wagte.

Als sie das Sandsteinhaus schließlich verlassen hatte, war Winston es gewesen, der alles versucht hatte, um sie wiederzusehen; sie hatte ihn jedoch abgewiesen. Der erloschene Ausdruck ihrer Augen hatte sich endgültig festgesetzt, und sie empfand nichts mehr. Bald nach seinem Abschlußexamen heiratete Winston ein hübsches Mädchen, dessen Bild oft im Gesellschaftsteil der Zeitungen auftauchte. Im folgenden Jahr bekamen sie einen Sohn, Winston jun.; das hübsche Mädchen, dessen Bild immer im Gesellschaftsteil der Zeitungen auftauchte, hatte Winston also nicht in das Sandsteinhaus gebracht.

Miss Petty kam zu dem Entschluß, daß sie es sich leisten könnte, noch ein bißchen im Bett zu bleiben. Gewissenhaft hatte sie in den ersten drei Tagen des Prozesses ihren Tagesablauf eingehalten, und morgen würde sie wieder früh aufstehen müssen, um sich auf die langweilige Suche nach einer neuen Stellung zu machen. »Wenn ich Mrs. Stearns begegne«, sagte sie sich, »werde ich einfach sagen, ich hätte den Wecker verschlafen. Selbst ein Packesel wie ich hat das Recht, einmal im Jahr zu verschlafen.«

Bisher hatte der Junge, der ihr Sohn sein konnte, sie ziemlich enttäuscht. Er hatte dem Gericht nicht klarmachen können, wie sehr das arme Mädchen mit dem dunklen Gesicht litt, welche Qualen es bedeutet hatte, das unerwünschte und ungewollte Kind zu töten. Wäre er wirklich ihr Sohn gewesen, der nicht nur von Winston, sondern auch von ihr etwas gehabt hätte, würde er es gewußt haben. Dann hätte er den Schmerz des Mädchens so tief verspürt, daß es ihm bestimmt gelungen wäre, es auch die Geschworenen spüren zu lassen. Dann hätte er sie überzeugen können, daß es nicht in ihrer Macht liege, Maria Valdez noch mehr zu strafen, und daß jeder Versuch, es zu tun, einfach unmenschlich sein würde.

Miss Petty fühlte genau, daß der junge Mann, der ihr Sohn sein konnte, bisher schrecklich versagt hatte. Sie war jedoch überzeugt, daß er heute alles wieder gutmachen würde. Seine leidenschaftliche Darstellung jener Qualen, die das Mädchen erduldet hatte, sparte er sich bestimmt für das Schlußplädoyer auf.

Er weiß es, sagte Miss Petty sich immer wieder. Er weiß es, und er kann auch das Gericht davon überzeugen. Er weiß es, weil er ein Teil Winstons und beinahe auch ein Teil von mir ist.

Miss Petty machte sich sorgfältig zurecht; die hübschen, wenn auch billigen Kleidungsstücke hatte sie bei Bernstein mit dreißig Prozent Nachlaß bekommen. Auf ihrer elektrischen Kochplatte kochte sie sich ein Ei und machte das Wasser für den Pulverkaffee heiß.

Am ersten Tag des Prozesses war sie schon sehr zeitig hingegangen und hatte eine ganze Weile warten müssen, bis die Türen des Gerichtssaales geöffnet wurden. Aber sie hatte ganz sichergehen wollen, einen Platz ziemlich weit vorn zu bekommen. Dabei war es gar nicht nötig gewesen, so früh dort zu sein. Nur wenige Menschen interessierten sich für das Schicksal eines dunkelhäutigen Mädchens namens Maria Valdez. An allen drei Verhandlungstagen war der Gerichtssaal nicht einmal zur Hälfte besetzt gewesen.

Punkt zehn Uhr erschien Miss Petty im Gerichtssaal und setzte sich auf einen der vordersten Plätze, von dem aus sie Winston Knight jun. genau beobachten konnte.

Der jüngere Knight ähnelte seinem Vater. Er hätte sogar jener Student sein können, den Miss Petty damals, 1928, kennenlernte. Sein Haar war nicht ganz so gelockt. Seine Nase hatte einen leichten, fast geringschätzigen Schwung nach oben, während Winstons Nase schmal und gerade geformt war. Und seine Augen waren ein bißchen härter als die hübschen Augen jenes Jungen, den Elsie Petty einmal gekannt hatte. Miss Petty spürte auch, daß jene schwer zu bezeichnende jungenhafte Schüchternheit, die sie an Winston besonders geliebt hatte, seinem Sohn fehlte. Sie war jedoch zuversichtlich, daß der junge Mann tüchtig war, daß er Herz und Seele besaß, Empfindsamkeit und Mitgefühl. Bestimmt würde es ihm gelingen, auch beim Gericht Verständnis hervorzurufen, weil er selbst Verständnis besaß. Bestimmt würde er dieses arme Mädchen mit dem dunklen Gesicht und den toten, erloschenen Augen retten, das neben ihm saß.

Traurig sah Miss Petty das portorikanische Mädchen namens Maria Valdez an. Die Zeitungen, die sich überhaupt die Mühe machten, es zu erwähnen, hatten es als »mürrisch« bezeichnet. Aber Miss Petty wußte, daß Maria Valdez nicht mürrisch war; das dunkelhäutige Mädchen war erstorben, genau wie Miss Petty selbst vor mehr als einem Vierteljahrhundert erstorben war. Die Augen des Mädchens blickten starr geradeaus, als der junge Verteidiger ihm etwas zuflüsterte. Hatte es verstanden, was er sagte? Das hätte Miss Petty gern gewußt; und sie mußte an den Abteilungsleiter bei Bernstein denken.

»Miss Petty – bitte! Sie haben schon wieder diesen abwesenden Ausdruck!«

Der Richter war noch nicht erschienen; die Geschworenen nahmen jedoch bereits ihre Plätze ein. Durch ihre Brillengläser blickte Miss Petty verstohlen die Geschworenen an und studierte deren Gesichter. Eine Frau war darunter: mittleren Alters, mit einem hageren Gesicht und ernsten Augen. Auf sie können wir rechnen, sagten Miss Pettys Gedanken dem jungen Verteidiger. Sie hat selbst gelitten und wird es verstehen.

Auch ein kleiner älterer Mann gehörte dazu, dessen kahler rosiger Schädel von grauen Haarbüscheln umrahmt war und dessen Gesicht falsche Fröhlichkeit verriet. Er ist gefährlich, sagten Miss Pettys Gedanken warnend zu Winston Knight jun., und du mußt genau überlegen, was du sagst, um ihn zu überzeugen. Er gehört zu den Leuten, die allzu bereitwillig lachen. Das Leben spielt sich für ihn an der Oberfläche ab. Es wird schwer sein, ihn so weit zu bringen, daß er das Mädchen versteht.

Im Gerichtssaal entstand eine leichte Unruhe. Köpfe drehten sich zur Tür, und ein gedämpftes Murmeln war zu hören, wie es immer ist, wenn eine berühmte Persönlichkeit erscheint. Ein tadellos gekleideter Mann in mittleren Jahren hatte den Saal betreten. Ein Hauch von Zuversicht schien ihn zu umgeben, als er den Saal durchquerte und neben dem Verteidiger Platz nahm.

Es war Winston: Winston Knight sen., der berühmte Strafverteidiger – jener Mann, der Elsie Petty an einem kalten Wintertag des Jahres 1928 in das Haus aus Sandstein gebracht hatte.

Er hat sich verändert, überlegte Miss Petty. Er ist schwerer geworden. An den Schläfen ist er schon grau, und sein Gesicht ist leicht gerötet, als tränke er zuviel. Die leise Schüchternheit, die früher so reizend an ihm war, ist ebenfalls verschwunden. Er ist hart geworden – hart und selbstsicher. Aber ich hätte ihn wiedererkannt. Überall hätte ich ihn wiedererkannt.

Der berühmte Anwalt drehte sich auf seinem Platz am Tisch der Verteidigung leicht zur Seite und blickte die Zuhörer mit einem Strahlen an, als nähme er ihren gemurmelten Tribut und die Tatsache, daß man ihn erkannt hatte, zur Kenntnis. Für die Dauer einer schnell verstreichenden Sekunde blickte er dabei direkt in das hagere Gesicht der kleinen alten Dame, die in seiner Nähe saß. Elsie Petty erwiderte seinen Blick.

Er erkannte sie nicht. Für ihn war sie irgendeine Fremde.

Winston beugte den Kopf zur Seite und sprach ernsthaft mit seinem Sohn und den anderen am Tisch. Das dunkle Mädchen mit den erloschenen Augen beachtete er nicht. Er sah sie kaum an. Es war klar, daß das Ganze für ihn eine gründlich geprobte Aufführung war, bei der sein Sohn die Hauptrolle spielte. Das Mädchen, des Mordes an seinem neugeborenen Kind angeklagt, hatte dabei bestenfalls eine kleine Nebenrolle. Es zählte nicht.

Der Richter betrat den Gerichtssaal; die Robe der Gerechtigkeit bauschte sich um ihn, und Miss Petty fand, er schiene auf seinen Platz zuzuschweben, als wäre er aus einer vorüberziehenden dunklen Wolke entstanden. Der Richter war ein hagerer Mann mit einem strengen intelligenten Gesicht. Er ist gerecht, überlegte Miss Petty. Seinen Fähigkeiten entsprechend ist er gerecht. Aber das Gesetz ist für ihn alles. Er wird es so auslegen, als wäre es das Gesetz Gottes und nicht ein Gesetz der Menschen. Für das Mädchen mit den erloschenen Augen hat er kein wahres Verständnis. Er ähnelt meinem Vater, überlegte Miss Petty. Mein Vater war ehrenwert und aufrichtig und hätte nie verstanden, was sich damals in dem Sandsteingebäude abgespielt hatte; er hätte jedoch auch das Mädchen nicht verstanden, dem das alles passiert war, obgleich es doch seine Tochter gewesen war.

Ein gebrechlicher alter Mann mit dem Gesicht eines Asketen klopfte mit einem Hammer auf die Tischplatte und gab bekannt, daß die Verhandlung eröffnet wäre und das Verfahren »The People against Maria Valdez« aufgerufen würde.

Das Volk, überlegte Miss Petty. Wer ist denn das Volk? Der alte Mann sagte es so, daß es klang, als wäre es irgendeine düster drohende Gestalt aus einem Alptraum, die nur darauf wartete, über das verstörte Mädchen herfallen und es in Stücke reißen zu können. Aber so war das Volk nicht. Das Volk war kein Gummistempel unter einem rechtsgültigen Dokument. Das Volk waren menschliche Wesen wie sie selbst, die in der grauen Monotonie ihres Alltagslebens irgendwelche kleinen Ziele verfolgten, und das Volk hatte Mitleid, weil diese Wesen auch gelitten hatten – genauso wie sie, genauso wie das dunkelhäutige Mädchen, das nun dem Zorn des Volkes ausgeliefert war. Das Volk, das plötzlich einen so unheilvollen und fürchterlichen Klang bekam, wenn der alte Mann es zu zwei klaren Silben zusammenschrumpfen ließ, war jetzt die einzige Hoffnung. Das Volk konnte verstehen, wenn nur der Junge, der ihr Sohn sein konnte, es ihm entsprechend erklärte.

Die Entscheidung war gekommen.

Der hübsche junge Mann erhob sich zur Verteidigung; er näherte sich langsam der Geschworenenbank, um sein Plädoyer zu beginnen und alles noch einmal zusammenzufassen.

Er wirkte beinahe genauso sicher, wie sein Vater gewirkt hatte, als er vorhin durch den Gerichtssaal ging. Und gerade das beunruhigte Miss Petty. Vielleicht hielten die Geschworenen seine Sicherheit für Arroganz oder gar für Verachtung. Er hatte eine schwere Aufgabe vor sich, und dieser Aufgabe sollte er sich lieber mit Bescheidenheit nähern, im vollen Bewußtsein der Bedeutung dessen, was er nun zu tun hatte.

Eine ungeheuerliche Aufgabe lag vor ihm, und plötzlich, voller Verzweiflung, wußte Miss Petty, daß der junge Mann ihr nicht gewachsen war. Er mußte das Volk von der Geschworenenbank herunterholen, es auf den Stuhl der Angeklagten setzen, mußte alles tun, daß das Volk nicht mehr aus Einzelwesen bestand, daß es nicht mehr einfach eine Masse war, sondern für einen Augenblick zu jenem dunkelhäutigen Mädchen wurde, das sein Kind umgebracht hatte. Ein einziger Augenblick würde genügen. Vor mehr als einem Vierteljahrhundert hatte Miss Petty die Leiden des dunklen Mädchens selbst durchlebt; und trotzdem würde ein einziger Augenblick für die Geschworenen ausreichen, die plötzlich das Volk darstellten.

Die Stimme des jungen Winston Knight klang tief, tönend und eindrucksvoll. Seine Aussprache war klar und deutlich. Als Anwalt, der bestimmte juristische Punkte darlegt, war er überzeugend, wirklich großartig. Aber Miss Petty wußte, daß dies alles mit juristischen Gesichtspunkten überhaupt nichts zu tun hatte. Hier ging es um ein mitleidsvolles menschliches Wesen, das anderen menschlichen Wesen etwas klarzumachen hatte, damit das Volk es auch verstand.

In einer derartigen Rolle aber war dieser gutaussehende junge Mann ein völliger und restloser Versager.

Er sprach jetzt über die Gutachten der Psychiater, die das dunkelhäutige Mädchen untersucht hatten, und gebrauchte dabei jenen wissenschaftlichen Jargon, mit dem bärtige Ärzte in Wien ihre Bücher gefüllt hatten. Die Geschworenen hörten ihm höflich zu, aber ihre Augen blieben ohne jeden Ausdruck.

Ausführlich ließ er sich vor den Geschworenen über die Definition der Unzurechnungsfähigkeit aus, als könnten Paragraphen, die von gelehrten Richtern aufgestellt waren, die dunklen Wege des menschlichen Geistes nachzeichnen und Grenzpfosten in jenem Irrgarten aufstellen, den die Menschen Wahnsinn nennen. Die Augen der Geschworenen starrten gelangweilt vor sich hin, denn der Staatsanwalt hatte ihnen das alles bereits auf andere Art und Weise erzählt.

Und dann verbreitete er sich weitschweifig über den Vorrang des Rechts, und das war sein größter Fehler, denn man spürte richtig, daß die Geschworenen es ablehnten, wie er frühere Fälle heranzog, bei denen die Verteidigung triumphiert hatte und das Volk geschlagen worden war. Man konnte beinahe hören, wie die Geschworenen sich sagten: »Aber das war doch 1919! Wir sind ein anderes Volk in einer anderen Zeit. Wir sind das Volk von heute, und wir kennen unsere

Pflicht; man sollte uns nicht überreden wollen, diese Pflicht nicht zu erfüllen.«

Ohne einen Laut zu äußern, rief Miss Petty dem so überaus sicheren jungen Mann zu: Nicht doch – so geht es nicht! Erzähl ihnen von dem Mädchen! Sage ihnen, sie sollten sich die erloschenen Augen ansehen. Sage ihnen, daß freundliche Menschen dieses Mädchen jetzt sein ganzes Leben lang besorgt anblicken und sagen werden: »Was ist denn, Kind? Du hast einen so merkwürdigen Ausdruck.« Und daß grobe Menschen mit den Fingern schnalzen und rufen werden: »Heh! Schläfst du? Du siehst aus, als wärst du besoffen!«

Erzähle ihnen von dem Zimmer, in dem sie das Kind umbrachte. An irgend etwas muß sie sich doch erinnern – vielleicht an ein Loch im Teppich oder an einen Riß in der Decke. Und an der Wand muß ein Bild gehangen haben: von einem Haus, oder einer Blume, oder einem traurig blickenden Hund. Und vielleicht stand auf dem Regal eine Dose Tomatenmark. Erzähle ihnen doch, daß diese einfachen, vertrauten Dinge das Mädchen nicht mehr zur Ruhe kommen lassen!

Plötzlich wußte Miss Petty mit Bestimmtheit, daß dieser junge Mann es den Geschworenen nicht sagen konnte, weil er selbst es nicht wußte und wohl auch nicht verstehen konnte.

Es gab eben nur einen einzigen jungen Mann, der das dunkelhäutige Mädchen mit den erloschenen Augen hätte retten können: Ihr eigener Sohn hätte es gekonnt, aber ihn hatte man vor langer, langer Zeit in einem Haus aus Sandstein umgebracht.

Die Geschworenen brauchten nur siebzehn Minuten, um das erwartete Urteil zu fällen.

Knight hatte seinen Sohn an der Schulter gepackt. »Nimm es nicht tragisch, mein Junge«, sagte er. »Es war von Anfang an aussichtslos. Du hast getan, was du konntest – was man überhaupt tun konnte. Und vergiß nicht: Dein Vater hat seinen ersten Fall auch verloren.«

Eine Frau schrie gellend.

Der junge Anwalt wandte sein bestürztes Gesicht jener alten Dame zu, die ganz vorn gesessen hatte. Sie war aufgestanden und zeigte mit ihrem dünnen zitternden Finger auf seinen Vater.

»Mörder!« schrie sie. »Mörder! Mörder!«

»Was soll ... was soll denn das heißen?« sagte der junge Mann. »Wer ist denn das überhaupt?«

Sein Vater zuckte die Schulter.

»Irgendein verrücktes altes Weib«, erwiderte er. »Bei Mordprozessen trifft man eine Menge verrückter Leute.«

ROALD DAHL

Die Wirtin

Billy Weaver hatte London nachmittags mit dem Personenzug verlassen, war unterwegs in Swindon umgestiegen, und als er in Bath ankam, war es etwa neun Uhr abends. Über den Häusern am Bahnhof ging der Mond auf; der Himmel war sternklar, die Luft schneidend kalt, und Billy spürte den Wind wie eine flache, eisige Klinge auf seinen Wangen.

»Entschuldigen Sie«, sagte er, »gibt es hier in der Nähe ein nicht zu teures Hotel?«

»Versuchen Sie's mal im *Bell and Dragon*«, antwortete der Gepäckträger und wies die Straße hinunter. »Da können Sie vielleicht unterkommen. Es ist ungefähr eine Viertelmeile von hier auf der anderen Seite.«

Billy dankte ihm, nahm seinen Koffer und machte sich auf, die Viertelmeile zum *Bell and Dragon* zu gehen. Er war noch nie in Bath gewesen und kannte niemanden im Ort. Aber Mr. Greenslade vom Zentralbüro in London hatte ihm versichert, es sei eine herrliche Stadt. »Suchen Sie sich ein Zimmer«, hatte er gesagt, »und wenn das erledigt ist, melden Sie sich sofort bei unserem Filialleiter.«

Billy war siebzehn Jahre alt. Er trug einen neuen marineblauen Mantel, einen neuen braunen Hut und einen neuen braunen Anzug. Seine Stimmung war glänzend, und er schritt energisch aus. In letzter Zeit bemühte er sich, alles energisch zu tun, denn seiner Ansicht nach war Energie das hervorstechendste Kennzeichen erfolgreicher Geschäftsleute. Die großen Tiere in der Direktion waren immer phantastisch energiegeladen. Billy bewunderte sie sehr.

In der breiten Straße, die er entlangging, gab es keine Läden, sondern nur zwei Reihen hoher Häuser, von denen eines wie das andere aussah. Alle hatten Portale und Säulen, zu den Haustüren führten vier oder fünf Stufen hinauf, und zweifellos hatten hier einmal vornehme Leute gewohnt. Jetzt aber bemerkte man sogar im Dunkeln, daß von den Türen und Fensterrahmen die Farbe abblätterte und daß die weißen Fassaden im Laufe der Jahre rissig und fleckig geworden waren.

Plötzlich fiel Billys Blick auf ein Fenster zu ebener Erde, das von einer Straßenlaterne hell beleuchtet wurde. An einer der oberen Scheiben klebte ein Zettel. ZIMMER MIT FRÜHSTÜCK lautete die gedruckte Aufschrift. Unter dem Zettel stand eine Vase mit schönen großen Weidenkätzchen.

Er blieb stehen. Dann trat er etwas näher. An beiden Seiten des Fensters hingen grüne Gardinen aus einem samtartigen Gewebe. Die gelben Weidenkätzchen paßten wunderbar dazu. Er ging ganz dicht heran und spähte durch die Fensterscheibe ins Zimmer. Das erste, was er sah, war der Kamin, in dem ein helles Feuer brannte. Auf dem Teppich vor dem Fenster lag ein hübscher kleiner Dackel, zusammengerollt, die Nase unter dem Bauch. Das Zimmer war, soweit Billy im Halbdunkel erkennen konnte, recht freundlich eingerichtet. Außer einem großen Sofa und mehreren schweren Lehnsesseln war noch ein Klavier da, und in einer Ecke entdeckte er einen Papagei im Käfig. Billy sagte sich, daß Tiere eigentlich immer ein gutes Zeichen seien, und auch sonst hatte er den Eindruck, in diesem Haus könne man eine anständige Unterkunft finden. Sicherlich lebte es sich hier behaglicher als im *Bell and Dragon.*

Andererseits war ein Gasthof vielleicht doch vorteilhafter als ein Boardinghouse. Da konnte man abends Bier trinken und sich mit Pfeilwerfen vergnügen, man hatte Gesellschaft, und außerdem war es gewiß erheblich billiger. Er hatte schon einmal in einem Hotel gewohnt und war recht zufrieden gewesen. Ein Boardinghouse dagegen kannte er nur dem Namen nach, und ehrlich gesagt, hatte er ein wenig Angst davor. Schon das Wort klang nach wässerigem Kohl, habgierigen Wirtinnen und penetrantem Bücklingsgeruch im Wohnzimmer.

Nachdem Billy diese Überlegungen zwei oder drei Minuten lang in der Kälte angestellt hatte, beschloß er, zunächst einen Blick auf das *Bell and Dragon* zu werfen und sich dann endgültig zu entscheiden. Er wandte sich zum Gehen.

Da geschah ihm etwas Seltsames. Als er zurücktrat, um seinen Weg fortzusetzen, wurde sein Blick plötzlich auf höchst merkwürdige Weise von dem Zettel gefesselt, der am Fenster klebte. ZIMMER MIT FRÜHSTÜCK, las er, ZIMMER MIT FRÜHSTÜCK, ZIMMER MIT FRÜHSTÜCK, ZIMMER MIT FRÜHSTÜCK. Jedes Wort war wie ein großes schwarzes Auge, das ihn durch das Glas anstarrte, ihn festhielt, ihn zum Stehenbleiben nötigte, ihn zwang, sich nicht von dem Haus zu entfernen – und ehe er sich's versah, war er von dem Fenster zur Haustür gegangen, hatte die Stufen erstiegen und die Hand nach dem Klingelknopf ausgestreckt.

Er läutete. Die Glocke schrillte in irgendeinem der hinteren Räume, und gleichzeitig – es mußte gleichzeitig sein, denn er hatte den Finger noch auf dem Knopf – sprang die Tür auf und vor ihm stand eine Frau.

Wenn man läutet, dauert es gewöhnlich mindestens eine halbe Minute, bevor die Tür geöffnet wird. Aber diese Frau war wie ein Schachtelmännchen: Man drückte auf den Knopf, und schon sprang sie heraus! Geradezu unheimlich war das.

Sie mochte fünfundvierzig bis fünfzig Jahre alt sein, und sie begrüßte ihn mit einem warmen Willkommenslächeln.

»Bitte, treten Sie näher«, sagte sie freundlich. Sie hielt die Tür weit offen, und Billy ertappte sich dabei, daß er automatisch vorwärts gehen wollte. Der Drang oder vielmehr die Begierde, ihr in dieses Haus zu folgen, war außerordentlich stark.

»Ich habe das Schild im Fenster gesehen«, erklärte er, ohne die Schwelle zu überschreiten.

»Ja, ich weiß.«

»Ich suche ein Zimmer.«

»Alles ist für Sie bereit, mein Lieber«, antwortete sie. Ihr Gesicht war rund und rosig, der Blick ihrer blauen Augen sehr sanft.

»Ich war auf dem Weg zum *Bell and Dragon*«, berichtete Billy. »Aber dann sah ich zufällig dieses Schild in Ihrem Fenster.«

»Lieber Junge«, sagte sie, »warum stehen Sie denn in der Kälte? Kommen Sie doch herein.«

»Wieviel kostet das Zimmer?«

»Fünfeinhalb für die Nacht einschließlich Frühstück.«

Das war unglaublich billig. Weniger als die Hälfte des Betrages, mit dem er gerechnet hatte.

»Wenn es zuviel ist«, fügte sie hinzu, »kann ich's vielleicht auch ein bißchen billiger machen. Wollen Sie ein Ei zum Frühstück? Eier sind zurzeit teuer. Ohne Ei kostet es einen halben Schilling weniger.«

»Fünfeinhalb ist ganz gut«, erwiderte er. »Ich möchte gern hierbleiben.«

»Das habe ich mir gleich gedacht. Kommen Sie herein.«

Sie schien wirklich sehr nett zu sein. Und sie sah genauso aus wie eine Mutter, die den besten Schulfreund ihres Sohnes für die Weihnachtstage in ihrem Hause willkommen heißt. Billy nahm den Hut ab und trat ein.

»Hängen Sie Ihre Sachen nur dorthin«, sagte sie. »Warten Sie, ich helfe Ihnen aus dem Mantel.«

Andere Hüte oder Mäntel waren in der Diele nicht zu sehen. Auch keine Schirme, keine Spazierstöcke – nichts.

»Wir haben hier *alles* für uns allein«, bemerkte sie und lächelte ihm über die Schulter zu, während sie ihn die Treppe hinaufführte. »Wissen Sie, ich habe nicht sehr oft das Vergnügen, einen Gast in meinem kleinen Nest zu beherbergen.«

Die Alte ist ein bißchen verdreht, dachte Billy. Aber für fünfeinhalb die Nacht kann man das schon in Kauf nehmen. »Ich hätte geglaubt, Sie wären von Gästen überlaufen«, sagte er höflich.

»Bin ich auch, mein Lieber, bin ich auch. Die Sache ist nur so, daß ich dazu neige, ein ganz klein wenig wählerisch und eigen zu sein – wenn Sie verstehen, was ich meine.«

»O ja.«

»Aber bereit bin ich immer. Ja, ich halte Tag und Nacht alles bereit für den Fall, daß einmal ein annehmbarer junger Mann erscheint. Und es ist eine große Freude, mein Lieber, eine sehr große Freude, wenn ich hie und da die Tür aufmache und jemand vor mir sehe, der *genau* richtig ist.« Sie hatte den Treppenabsatz erreicht, blieb stehen, die eine Hand auf dem Geländer, wandte den Kopf und lächelte mit blassen Lippen auf ihn herab. »Wie Sie«, setzte sie hinzu, und der Blick ihrer blauen Augen glitt langsam von Billys Kopf bis zu seinen Füßen und dann wieder hinauf.

In der ersten Etage sagte sie zu ihm: »Hier wohne ich.«

Sie stiegen noch eine Treppe höher. »Und dies ist Ihr Reich«, fuhr sie fort. »Ich hoffe, Ihr Zimmer gefällt Ihnen.« Damit öffnete sie die Tür eines kleinen, aber sehr hübschen Vorderzimmers und knipste beim Eintreten das Licht an.

»Morgens scheint die Sonne direkt ins Fenster, Mr. Perkins. Sie heißen doch Mr. Perkins, nicht wahr?«

»Nein«, sagte er. »Weaver.«

»Mr. Weaver. Wie hübsch. Ich habe eine Wärmflasche ins Bett getan, damit sich die Bezüge nicht so klamm anfühlen. In einem fremden Bett mit frischer Wäsche ist eine Wärmflasche sehr angenehm, finden Sie nicht? Und falls Sie frösteln, können Sie jederzeit den Gasofen anstecken.«

»Danke«, sagte Billy. »Haben Sie vielen Dank.« Er bemerkte, daß die Überdecke bereits abgenommen und die Bettdecke an einer Seite zurückgeschlagen war – er brauchte nur noch hineinzuschlüpfen.

»Ich bin so froh, daß Sie gekommen sind«, beteuerte sie und blickte ihm ernst ins Gesicht. »Ich hatte mir schon Gedanken gemacht.«

»Alles in Ordnung«, antwortete Billy munter. »Gar kein Grund zur Sorge.« Er legte seinen Koffer auf den Stuhl und schickte sich an, ihn zu öffnen.

»Und wie sieht's mit Abendbrot aus, mein Lieber? Haben Sie bereits irgendwo etwas gegessen?«

»Danke, ich bin wirklich nicht hungrig«, sagte er. »Ich glaube, ich werde so bald wie möglich schlafen gehen, weil ich morgen beizeiten aufstehen und mich im Büro melden muß.«

»Gut, dann will ich Sie jetzt allein lassen, damit Sie auspacken können. Aber ehe Sie sich hinlegen, seien

Sie doch bitte so freundlich, unten im Salon Ihre Personalien ins Buch einzutragen. Das muß jeder tun, denn es ist hierzulande Gesetz, und in *diesem* Stadium wollen wir uns doch nach den Gesetzen richten, nicht wahr?« Sie winkte leicht mit der Hand, verließ rasch das Zimmer und schloß die Tür hinter sich.

Das absonderliche Benehmen seiner Wirtin beunruhigte Billy nicht im geringsten. Die Frau war ja harmlos – darüber bestand wohl kein Zweifel –, und zudem schien sie eine freundliche, freigebige Seele zu sein. Vermutlich hatte sie im Krieg einen Sohn verloren oder einen anderen Schicksalsschlag erlitten, über den sie nie hinweggekommen war.

Wenig später, nachdem er seinen Koffer ausgepackt und sich die Hände gewaschen hatte, ging er ins Erdgeschoß hinunter und betrat den Salon. Die Wirtin war nicht da, aber im Kamin brannte das Feuer, und davor schlief noch immer der kleine Dackel. Das Zimmer war herrlich warm und gemütlich. Da habe ich Glück gehabt, dachte Billy und rieb sich die Hände. Besser hätte ich's gar nicht treffen können.

Da das Gästebuch offen auf dem Klavier lag, zog er seinen Füllfederhalter heraus, um Namen und Adresse einzuschreiben. Auf der Seite standen bereits zwei Eintragungen, und Billy las sie, wie man es bei Fremdenbüchern immer tut. Der eine Gast war ein gewisser Christopher Mulholland aus Cardiff, der andere hieß Gregory W. Temple und stammte aus Bristol.

Merkwürdig, dachte er plötzlich. Christopher Mulholland. Das klingt irgendwie bekannt.

Wo in aller Welt hatte er diesen keineswegs alltäglichen Namen schon gehört?

Ein Mitschüler? Nein. Vielleicht einer der vielen Verehrer seiner Schwester oder ein Freund seines Vaters? Nein, ganz gewiß nicht. Er blickte wieder in das Buch.

Christopher Mulholland, 231 Cathedral Road, Cardiff
Gregory W. Temple, 27 Sycamore Drive, Bristol

Wenn er es recht bedachte, hatte der zweite Name einen fast ebenso vertrauten Klang wie der erste.

»Gregory Temple«, sagte er laut vor sich hin, während er in seinem Gedächtnis suchte. »Christopher Mulholland ...«

»So reizende junge Leute«, hörte er eine Stimme hinter sich. Er fuhr herum und sah seine Wirtin ins Zimmer segeln. Sie trug ein großes silbernes Tablett, das sie weit von sich ab hielt, ziemlich hoch, als hätte sie die Zügel eines lebhaften Pferdes in den Händen.

»Die Namen kommen mir so bekannt vor«, sagte er.

»Wirklich? Wie interessant.«

»Ich möchte schwören, daß ich sie irgendwoher kenne. Ist das nicht sonderbar? Vielleicht aus der Zeitung. Handelt es sich etwa um berühmte Persönlichkeiten? Kricketspieler, Fußballer oder dergleichen?«

»Berühmt ...« Sie stellte das Teebrett auf den niedrigen Tisch vor dem Sofa. »Ach nein, berühmt waren sie wohl nicht. Aber sie waren ungewöhnlich hübsch, alle beide, das kann ich Ihnen versichern. Groß, jung und hübsch, mein Lieber, genau wie Sie.«

Billy beugte sich von neuem über das Buch. »Nanu«, rief er, als sein Blick auf die Daten fiel. »Die letzte Eintragung ist ja mehr als zwei Jahre alt!«

»So?«

»Tatsächlich. Und Christopher Mulholland hat sich fast ein Jahr früher eingeschrieben – also vor reichlich drei Jahren.«

»Du meine Güte«, sagte sie kopfschüttelnd mit einem gezierten kleinen Seufzer. »Das hätte ich nie gedacht. Wie doch die Zeit verfliegt, nicht wahr, Mr. Wilkins?«

»Ich heiße Weaver«, verbesserte Billy. »W-e-a-v-e-r.«

»O ja, natürlich!« Sie setzte sich auf das Sofa. »Wie dumm von mir. Entschuldigen Sie bitte. Zum einen Ohr hinein, zum anderen hinaus, so bin ich nun mal, Mr. Weaver.«

»Wissen Sie«, begann Billy von neuem, »was bei alledem höchst merkwürdig ist?«

»Nein, was denn, mein Lieber?«

»Ja, sehen Sie, mit diesen beiden Namen – Mulholland und Temple – verbinde ich nicht nur die Vorstellung von zwei Menschen, die sozusagen unabhängig voneinander existieren, sondern mir scheint auch, daß sie auf irgendeine Art und Weise zusammengehören. Als wären sie beide auf demselben Gebiet bekannt, wenn Sie verstehen, was ich meine – etwa wie ... ja ... wie Dempsey und Tunney oder wie Churchill und Roosevelt.«

»Sehr amüsant«, sagte sie. »Aber kommen Sie, mein Lieber, setzen Sie sich zu mir aufs Sofa. Sie sollen eine Tasse Tee trinken und Ingwerkeks essen, bevor Sie zu Bett gehen.«

»Bemühen Sie sich doch nicht«, protestierte Billy. »Machen Sie bitte meinetwegen keine Umstände.« Er lehnte am Klavier und sah zu, wie sie eifrig mit den Tassen und Untertassen hantierte. Sie hatte kleine, weiße, sehr bewegliche Hände mit roten Fingernägeln.

»Ich bin überzeugt, daß ich die Namen in der Zeitung gelesen habe«, fuhr Billy fort. »Gleich wird's mir einfallen. Ganz bestimmt.«

Es gibt nichts Quälenderes, als einer Erinnerung nachzujagen, die einem immer wieder entschlüpft. Er mochte nicht aufgeben.

»Warten Sie einen Moment«, murmelte er. »Nur einen Moment. Mulholland ... Christopher Mulholland ... war das nicht der Etonschüler, der eine Wanderung durch Westengland machte und der dann plötzlich ...«

»Milch?« fragte sie. »Und Zucker?«

»Ja, bitte. Und der dann plötzlich ...«

»Etonschüler?« wiederholte sie. »Ach nein, mein Lieber, das kann nicht stimmen, denn *mein* Mr. Mulholland war kein Etonschüler. Er studierte in Cambridge. Na, wollen Sie denn nicht herkommen und sich an dem schönen Feuer wärmen? Nur zu, ich habe Ihnen schon Tee eingeschenkt.« Sie klopfte leicht auf den Platz an ihrer Seite und schaute Billy erwartungsvoll lächelnd an.

Er durchquerte langsam das Zimmer und setzte sich auf die Sofakante. Sie stellte die Teetasse vor ihn hin.

»So ist's recht«, sagte sie. »Wie hübsch und gemütlich das ist, nicht wahr?«

Billy trank seinen Tee, und auch sie nahm ein paar kleine Schlucke. Eine Zeitlang sprachen die beiden kein Wort. Aber Billy wußte, daß sie ihn ansah. Sie hatte sich ihm halb zugewandt, und er spürte, wie sie ihn über den Tassenrand hinweg beobachtete. Hin und wieder streifte ihn wie ein Hauch ein eigenartiger Geruch, der unmittelbar von ihr auszugehen schien und der keineswegs unangenehm war. Ein Duft, der Billy an irgend etwas erinnerte – er konnte nur nicht sagen, an was. Eingemachte Walnüsse? Neues Leder? Oder die Korridore im Krankenhaus?

Schließlich brach sie das Schweigen. »Mr. Mulholland war ein großer Teetrinker. Nie im Leben habe ich jemanden soviel Tee trinken sehen wie den lieben Mr. Mulholland.«

»Ich nehme an, er ist erst vor kurzem ausgezogen«, meinte Billy, der noch immer an den beiden Namen herumrätselte. Er war jetzt ganz sicher, daß er sie in der Zeitung gelesen hatte – in den Schlagzeilen.

»Ausgezogen?« Sie hob erstaunt die Brauen. »Aber nein, lieber Junge, er ist gar nicht ausgezogen. Er wohnt noch hier. Mr. Temple auch. Sie sind beide im dritten Stock untergebracht.«

Billy stellte die Tasse vorsichtig auf den Tisch und starrte seine Wirtin an. Sie lächelte, streckte eine ihrer weißen Hände aus und klopfte ihm beruhigend aufs Knie. »Wie alt sind Sie, mein Freund?«

»Siebzehn.«

»Siebzehn!« rief sie. »Ach, das ist das schönste Alter! Mr. Mulholland war auch siebzehn. Aber ich glaube, er war ein wenig kleiner als Sie, ja, bestimmt war er kleiner, und seine Zähne waren nicht *ganz* so weiß wie Ihre. Sie haben wunderschöne Zähne, Mr. Weaver, wissen Sie das?«

»So gut, wie sie aussehen, sind sie gar nicht«, sagte Billy. »Auf der Rückseite haben sie eine Menge Füllungen.«

Sie überhörte seinen Einwurf. »Mr. Temple war natürlich etwas älter«, erzählte sie weiter. »Er war schon achtundzwanzig. Aber wenn er mir das nicht verraten hätte, wäre ich nie darauf gekommen, nie im Leben. Sein Körper war ganz ohne Makel.«

»Ohne was?« fragte Billy.

»Er hatte eine Haut wie ein Baby. *Genau* wie ein Baby.«

Es entstand eine Pause. Billy nahm seine Tasse, trank einen Schluck und setzte sie behutsam auf die Untertasse zurück. Er wartete auf irgendeine Bemerkung seiner Wirtin, aber sie hüllte sich in Schweigen. So saß er denn da, blickte unentwegt in die gegenüberliegende Zimmerecke und nagte an seiner Unterlippe.

»Der Papagei dort...«, sagte er schließlich. »Wissen Sie, als ich ihn zuerst durchs Fenster sah, bin ich tatsächlich darauf hereingefallen. Ich hätte schwören können, daß er lebt.«

»Leider nicht mehr.«

»Eine ausgezeichnete Arbeit«, bemerkte Billy. »Wirklich, er sieht nicht im geringsten tot aus. Wer hat ihn denn ausgestopft?«

»Ich.«

»Sie?«

»Natürlich«, bestätigte sie. »Haben Sie schon meinen kleinen Basil gesehen?« Sie deutete mit einer Kopfbewegung auf den Dackel, der so behaglich zusammengerollt vor dem Kamin lag. Billy schaute hin, und plötzlich wurde ihm klar, daß sich das Tier die ganze Zeit ebenso stumm und unbeweglich verhalten hatte wie der Papagei. Er streckte die Hand aus. Der Rücken des Hundes, den er vorsichtig berührte, war hart und kalt, und als er mit den Fingern das Haar beiseite schob, sah er darunter die trockene, gut konservierte, schwarzgraue Haut.

»Du lieber Himmel«, rief er, »das ist ja phantastisch!« Er wandte sich von dem Hund ab und blickte voller Bewunderung die kleine Frau an, die neben ihm auf dem Sofa saß. »So etwas muß doch unglaublich schwierig sein.«

»Durchaus nicht«, erwiderte sie. »Ich stopfe *alle* meine kleinen Lieblinge aus, wenn sie von mir gehen. Möchten Sie noch eine Tasse Tee?«

»Nein, danke«, sagte Billy. Der Tee schmeckte ein wenig nach bitteren Mandeln, und das mochte er nicht.

»Sie haben sich in das Buch eingetragen, nicht wahr?«

»Ja, gewiß.«

»Dann ist es gut. Weil ich später, falls ich Ihren Namen einmal vergessen sollte, immer herunterkommen und im Buch nachschlagen kann. Das tue ich fast täglich mit Mr. Mulholland und Mr. ... Mr. ...«

»Temple«, ergänzte Billy. »Gregory Temple. Entschuldigen Sie, aber haben Sie denn außer den beiden in den letzten zwei, drei Jahren gar keine anderen Gäste gehabt?«

Sie hielt die Tasse hoch in der Hand, neigte den Kopf leicht nach links, blickte aus den Augenwinkeln zu ihm auf, lächelte ihn freundlich an und sagte: »Nein, lieber Freund. Nur Sie.«

ELLERY QUEEN

Die schwarze Kladde

Der Fall mit der schwarzen Kladde war einer der wichtigsten Fälle, die Ellery je übernahm; selbst die verhältnismäßig geringe Mühe, die dabei aufzuwenden war, änderte nichts an seiner eigentlichen Bedeutung. Sachlich bestand Ellerys Aufgabe in der Tat nur darin, einen Laufburschen zu spielen und die Kladde von New York nach Washington zu überbringen.

Weshalb die Überbringung eines kleinen Kontobuches ein Problem darstellte, weshalb Ellery und nicht ein Beamter des F.B.I. der Überbringer war, weshalb er seine Aufgabe freiwillig allein und sogar ohne Mitnahme einer Waffe durchführte – die Antworten auf diese schwerwiegenden Fragen sind eine Sache für sich, die aber nicht hierher gehört. Unsere Geschichte jedenfalls beginnt dort, wo jene andere endete ...

Rein äußerlich war die schwarze Kladde, deren Anschaffungspreis ungefähr drei Dollar betragen haben mochte, keineswegs aufsehenerregend. Sie hatte die üblichen steifen schwarzen Buchdeckel mit Ecken und Rücken aus schwarzem Kunstleder – etwas abgeschabt vom Gebrauch, wie dies bei allen vielbenutzten Kontobüchern der Fall zu sein pflegt –, maß etwa fünfzehn mal zweiundzwanzig Zentimeter und enthielt zweiundfünfzig dicke, schon ein bißchen angeschmuddelte und lappig gewordene Seiten mit der üblichen aufgedruckten roten und blauen Liniierung. Und doch stellte sie eines der schändlichsten Bücher in der Bibliothek der amerikanischen Kriminalistik dar. Denn auf den vorgedruckten Linien jener zweiundfünfzig angeschmuddelten Seiten standen die Namen und Adressen sämtlicher wichtigen Rauschgiftverteiler aus allen großen, mittleren und kleineren Städten der USA verzeichnet, geschrieben von der Hand des Chefs der Rauschgifthändlerorganisation.

Infolge der ständig wachsenden Rauschgiftsucht, die den Charakter einer Epidemie anzunehmen drohte, hatten die zuständigen Bundesbehörden ein brennendes Interesse an diesem einzigartigen Namensverzeichnis. In den Händen derer, für die es nicht bestimmt war, also der zuständigen Bundesbehörden, mußte das Verzeichnis zur vernichtenden Waffe gegen den gesamten Rauschgifthandel werden; daher stand fest, daß das verderbte Scheusal an der Spitze jener geheimen Organisation vor buchstäblich nichts zurückschrecken würde, wenn es die Überbringung der schwarzen Kladde nach Washington zu verhindern galt. Die F.B.I.-Beamten, denen die Erbeutung des Buches zu danken war, hatten für ihren Triumph mit dem Leben bezahlen müssen; doch als dies geschah, befand sich das Buch für den Augenblick sicher in New York.

So standen die Dinge, als Ellery an dieses Problem geriet.

Das Haus, in dem er die schwarze Kladde in Augenschein nahm, die angetragene Mission akzeptierte, seine Pläne entwickelte und entsprechende Vorbereitungen veranlaßte, stand – dessen durfte man sicher sein – unter schärfster Überwachung durch die Gegenseite. Der Chef dieser kontinentweiten Organisation war kein billiger Verbrecherbandenführer. Er war ein Genius des Bösen, ein Dämon mit ungeheuren Machtmitteln, verhängnisvoll weitreichenden Beziehungen und unerschöpflichen Hilfsquellen. Normale Polizeimethoden waren ihm gegenüber zum Scheitern verdammt; im übrigen wollte man es nicht auf eine Kraftprobe ankommen lassen, weil dabei die ganze nähere Umgebung in ein blutiges Schlachtfeld verwandelt und das Leben zahlreicher unschuldiger Passanten gefährdet worden wäre. Ellerys Plan hingegen schien recht günstige Erfolgsaussichten zu bieten, ohne deswegen mehr als ein individuelles Risiko zu fordern.

Ein Salonabteil im nächstfälligen ›Capitol-Expreß‹, dem Salonwagenzug von New York nach Washington, wurde telefonisch für ihn bestellt, und zur angemessenen Zeit begab sich Ellery aus dem Haus, in dem die Beratung über seine Mission stattgefunden hatte, auf die Straße hinab.

Der Herbsttag war grau und regendrohend, und Ellery hatte einen zusammengerollten Regenschirm mit dicker Bambuskrücke über den linken Arm gehängt. Er trug einen eleganten Borsalino und einen gefütterten Übergangsmantel und hatte eine Aktenmappe bei sich. Daß sein Lebensflämmchen von dem Augenblick an, da er seinen Fuß auf das Gehsteigpflaster setzte, sozusagen dem Erlöschen entgegenflackerte, schien ihm nicht bewußt zu sein. Behaglich seine große gebogene Bruyèrepfeife rauchend, trat er an den Rand des Gehsteiges und blickte umher, als hielte er Ausschau nach einem Taxi.

Zweierlei geschah gleichzeitig: Ellerys Arme wurden von hinten gepackt, eine große Limousine sauste heran und kam unmittelbar vor ihm an der Bordschwelle zum Stehen.

Im nächsten Moment befand er sich in der Limousine – Gefangener von vier bulligen Kerlen, deren absolutes Schweigen beunruhigender war, als Drohungen es hätten sein können.

Er war nicht überrascht, als die Limousine nach kurzer, schneller Fahrt neben einem Seiteneingang des Pennsylvania-Bahnhofs hielt und drei seiner vier schweigsamen Entführer ihn ohne jeglichen Kommentar zum ›Capitol-Expreß‹, Waggon Nr. 5, und dortselbst zum Salonabteil A geleiteten, das telefonisch für ihn reserviert worden war. Zwei der Männer betraten mit ihm das Abteil, der eine von ihnen riegelte die Tür von innen ab; die Fensterblenden des Abteils waren bereits heruntergezogen.

Wie Ellery dies vermutet hatte, wartete hier der Genius des Bösen auf ihn. Er saß in einem der Lehnstühle – ein untadelig gekleideter Mann mittleren Alters mit strähnigem, weißlich-grauem, in der Mitte gescheiteltem Haar und rotumränderten, fiebrig wirkenden Augen. Dieses Scheusal ist Millionär, schoß es Ellery durch den Sinn – ein Millionär, der seine Millionen gemacht hat, indem er den Willen, die Gesundheit und die Zukunft Tausender und Abertausender von Narren zerstörte. Jugendliche bildeten einen erschreckend hohen Prozentsatz seiner Opfer.

Und Ellery sagte: »Natürlich hatten Sie das Telefon angezapft.«

Der Rauschgiftkönig antwortete nicht. Er warf einen schrägen, fragenden Blick auf den größeren seiner zwei Gorillas, den mit der eingeschlagenen Nase.

Boxernase berichtete mit heiserer, beflissener Stimme: »Er hat zu niemand gesprochen, als er herauskam. Keiner kam ihm nahe. Er hat nichts berührt. Er hat nichts fallen lassen.«

Das Scheusal im Lehnstuhl schaute zum zweiten Gorilla, dem mit dem Tic am rechten oberen Augenlid.

»Keiner is' uns gefolgt«, sagte Tic. »Niemand sonst is' beim Seitenausgang ausgestiegen. Und Al hält beim Zugtelefon im Speisewagen Wache.«

Die fiebrigen Augen richteten sich auf Ellery. »Sie möchten Ihr Leben behalten?« Das Scheusal hatte eine weiche, weibische Stimme.

»Wie jeder von uns«, antwortete Ellery, den es einige Mühe kostete, seine Zunge vor dem Stammeln zu bewahren.

»Schön. Dann rücken Sie es heraus.«

Ellery schluckte und rang sich die Frage ab: »Oh, bitte – wie soll ich das verstehen?«

Boxernase grinste und reckte erwartungsvoll die Schultern, aber das Scheusal gebot: »Nein. Sieh erst mal in seiner Aktenmappe nach!«

Boxernase griff sich Ellerys Aktenmappe und entleerte ihren Inhalt auf den Boden. Es handelte sich um einen einzigen Gegenstand – ein druckfrisches Exemplar des dicken Telefonbuchs von New York-Manhattan.

»Sonst nichts in der Mappe?«

»Nich' der kleinste Krümel.« Boxernase warf die leere Mappe zur Seite, hob das Telefonbuch auf, schüttelte es, ohne daß etwas herausfiel, und durchblätterte es dann zweimal.

»Komisches Ding für um in 'ner Mappe mitgeschleppt zu werden«, kommentierte Tic.

»Meine bevorzugte Reiselektüre«, erklärte Ellery. Er fühlte das dringende Verlangen, um ein Glas Wasser zu bitten, vermochte es aber zu unterdrücken.

»Nich' hier drin«, verkündete Boxernase und legte das Telefonbuch aus der Hand.

»Seinen Mantel und Hut.«

Boxernase langte sich den Mantel von Ellerys Schultern und schüttelte ihn aus wie ein Bündel trockener Schoten. Tic untersuchte währenddessen den Borsalino.

»Kann doch nich' hier im Hut sein«, brummte Tic, »wäre ja viel zu groß.«

»Mit Einband schon«, meinte Boxernase. »Aber der is 'n schlauer Hund. Hat die Seiten 'rausgerissen und zusammengeknautscht.«

»Na hör mal«, protestierte Tic, »zweiundfünfzig Seiten!«

Das Scheusal sagte nichts. Sein Blick war auf den eingerollten Regenschirm gerichtet, den Ellery einstweilen noch behalten hatte. Plötzlich beugte er sich nach vorn, entriß Ellery den Schirm, zog vorsichtig die Hülle herunter, drückte nicht minder vorsichtig auf den Knopf, spannte den Schirm auf, schaute hinein, klappte ihn wieder zu und hängte ihn hinter sich an die Sessellehne.

»Nichts im Mantel«, verkündete Boxernase. Das Mantelfutter lag in Fetzen um ihn herum; die Taschen hatte er nicht nur umgestülpt, er hatte auch das Taschenfutter aufgerissen, ebenso sämtliche Säume; der Mantel taugte allenfalls noch für eine Vogelscheuche.

»Zieht ihn aus.«

Ellery fühlte seine Knie einknicken unter dem Druck von Boxernases Pranken, die sich auf seine Schultern legten, um jeden möglichen Widerstand im Keim zu ersticken. Tic besorgte das Ausziehen; er tat es ohne alle Freundlichkeit. Fieberauge beobachtete die Entkleidungsszene mit der gnadenlosen Geduld eines Krokodils.

»Laßt mir wenigstens meine Shorts!« flehte Ellery.

Sie ließen ihm nichts. Splitterfasernackt, wie er war, bekam er schließlich die Erlaubnis, sich mit dem Wrack seines Mantels zu umhüllen, auf einem Stuhl Platz zu nehmen und seine Pfeife zu rauchen. Es schmeckte nach erhitztem Metall, aber es gewährte ihm Trost.

Was sich bisher abgespielt hatte, war das Werk weniger Minuten gewesen. Gerade in dem Augenblick,

da Ellery nach dem Manhattan-Telefonbuch griff, um
auch hierin ein bißchen Trost zu suchen, setzte sich
der ›Capitol-Expreß‹ in Bewegung und verließ den
New Yorker Pennsylvania-Bahnhof. Ellery wußte,
daß Zugführer und Schaffner von Rauschgiftkönigs
dienstbaren Geistern unter Kontrolle gehalten wurden; es würde also keine Störungen geben, bis sie
Washington erreichten – sofern er, Ellery, dies tatsächlich noch erleben sollte.

Aber er hatte sich geirrt. Schon beim ersten Halt des
Zuges, in Newark, ertönte ein Klopfzeichen an der
Abteiltür. Boxernase öffnete die Tür, und ein weiterer
Mann betrat das Salonabteil. Boxernase nannte ihn
Doc.

Doc, ein fetter kleiner Mann mit dreifachem Kinn,
doch dafür ohne jedes Haar auf dem Kopf, trug ein
schwarzes Köfferchen bei sich. Er beäugte Ellery mit
der munteren Hoffnungsfreudigkeit eines Anatomie-
professors, der sich dem Kadaverbehälter im Sezier-
saal nähert.

Ellery packte das Manhattan-Telefonbuch wie einen
Schutzschild mit beiden Händen und verhakte vor-
sichtshalber seine Füße um die Stuhlbeine, als er sah,
daß Doc dem Köfferchen ein Gerät entnahm, welches
ihn fatal an eine Apparatur erinnerte, mit der man ihn
in fernen Kindheitstagen, vornehmlich um die Weih-
nachtszeit, wenn er sich an Nußkuchen und anderen
schwerverdaulichen Dingen überfressen hatte, hin-
terrücks zu erleichtern pflegte.

Der ›Capitol-Expreß‹ donnerte durch New Brun-
swick, als Doc, geschäftig am Werk, sich scherzend als
einen unerbittlichen Enthüller innerer menschlicher
Werte bezeichnete und mit dem Bemerken, manche
Leute hätten eben einen wahren Straußenmagen, sein
Opfer einem zweiten Verfahren unterwarf, diesesmal
aus entgegengesetzter Richtung.

Zur Zeit, da der Zug in den Bahnhof von Trenton einfuhr, scherzte Doc allerdings nicht mehr; er transpirierte stark und sah recht angegriffen aus Sein Köfferchen schließend, erstattete er dem Scheusal im Lehnstuhl mit gequälter Stimme Bericht.

Beide Befunde, der dorsale wie der frontale, waren negativ.

Das Scheusal wandte sich an Tic: »Geh zu Al und sag ihm, er soll Phil antelefonieren. Ich brauche Jig mit der gewohnten Ausrüstung.«

Tic ging hinaus. Das Scheusal blickte zu Ellery, der bleich und hohl, wieder in das Mantelwrack gehüllt, auf einem Stuhl hockte und ohne sonderliche Begeisterung seine Pfeife anzündete. Mit einem dämonischen Lächeln zeigte das Scheusal seine falschen Zähne und erläuterte milde: »Von wegen unsichtbarer Schrift – verstehen Sie? Man kann ja nie wissen.«

Jig stieg in Philadelphia-Nord zu. Er war ein langer, knochiger Mann mit Hängeschultern und einem Klumpfuß.

Beim Passieren von Wilmington gaben Boxernase und Jig einen Abschlußbericht über ihre vereinten Bemühungen.

Die schwarze Kladde, ganz oder in Einzelstücke zerlegt, konnte auch nicht in Ellerys Anzug verborgen gewesen sein; die traurigen Ruinen von Ellerys Jackett und Hose bezeugten dies. Sein Hemd, Schlips, Unterhemd, die Unterhose und die Socken waren gründlichst untersucht worden. Seine Schuhe hatten die beiden Schergen förmlich auseinandergenommen, indem sie das Oberleder vom Hacken bis fast an die Spitze von der Brandsohle und die Brandsohle ebenso weit von der Laufsohle lösten und das Futter herausrissen; übriggeblieben waren traurige Schlappen, mit denen jeder Zirkusclown Sonderapplaus erzielt hätte. Selbst Ellerys Hosengürtel, der aus einem einzigen ungefütterten Streifen Rindleder bestand, war der Länge nach aufgeschlitzt worden.

Ellerys gesamter Tascheninhalt lag übersichtlich auf dem Tisch ausgebreitet. Von den Geldstücken und den Schlüsseln wurde vernünftigerweise vorausgesetzt, daß sie massiv seien und keiner inneren Untersuchung bedürften. Die Brieftasche enthielt siebenundneunzig Dollar in Banknoten, einen eingelösten Wechsel, Ellerys Lizenzkarte als Privatdetektiv für den Bereich von New York, eine Beitragsquittung des Schriftstellerverbandes, fünf Geschäftskarten sowie sieben Notizzettel mit Ideen für Kriminalstories. Sein Scheckbuch war Blatt für Blatt genau geprüft worden, einschließlich der Abschnitte bereits entnommener Schecks. In seinem Tabaksbeutel war nichts zu finden gewesen als Tabak. Ein ungeöffnetes Päckchen Zigaretten wurde geöffnet und entleert, enthielt aber nichts weiter als völlig unschuldige, fabrikfrische Zigaretten ohne jede Spur von Fremdkörpern im Tabak oder von unsichtbaren Schriftzeichen auf dem Papier. Der Brief eines Verlegers, in dem Ellery gemahnt wurde, seit drei Wochen überfällige Korrekturabzüge endlich zurückzuschicken, bestand die Prüfung unter Jigs Gerät als unverdächtig, ebenso ein Brief mit der Unterschrift ›Ihr Freund Joe‹, in welchem ›Joe‹, Bewohner der Nervenheilanstalt Happydale, androhte, Ellery zu ermorden, falls er – Ellery – ihn – Joe – nicht davor bewahre, weiterhin von einem furchtbaren Feind gepeinigt zu werden, nämlich den Werbesendungen im Fernsehen. Letzteres Schreiben entlockte dem Scheusal ein flüchtiges Lächeln und die gemurmelte Bemerkung: »Warum eigentlich Nervenheilanstalt?«

Jig fingerte verlegen an seinem Adamsapfel herum und beteuerte, daß nichts von und an diesem Burschen – damit meinte er Ellery – geheime Schriftzeichen enthalte. Nichts, einschließlich der Epidermis dieses Burschen; wahrhaftig, Jig gebrauchte dieses Wort!

Zu dieser Zeit näherte sich der Zug der Stadt Elkton in Maryland.

Das Scheusal kaute schweigend auf seiner Unterlippe herum und starrte nachdenklich vor sich hin.

»Vielleicht«, versuchte Boxernase, »vielleicht hat er die Namen im Kopf – huh?«

»Jaa!« Jig wirkte erleichtert. »Die Kladde kann immer noch sicher bei denen in New York liegen, und er hat die Namen allesamt im Kopf!«

Das Scheusal blickte indigniert auf. »Die Kladde hat zweiundfünfzig Seiten, und auf jeder Seite stehen achtundzwanzig Namen. Das gibt fast fünfzehnhundert Namen nebst Adressen. Wer ist er schon – etwa Einstein?«

Nach kurzem Überlegen wandte sich das Scheusal an Ellery: »Dieses Telefonbuch, das Sie da wieder auf den Knien liegen haben – was ist der Witz daran?«

Ellery stopfte, um seinen Fingern etwas zu tun zu geben, eine neue Ladung Tabak in seine Pfeife. »Manche Leute«, sagte er dabei, »entspannen sich, indem sie Kriminalstories lesen. Ich kann das nicht – ich *schreibe* Kriminalstories. Mir bietet die Lektüre des Telefonbuches Entspannung.«

»Darauf nehme ich Gift!« höhnte das Scheusal. »Jig, sieh dir das Buch noch mal an!«

Boxernase schnappte sich den dicken Wälzer von Ellerys Knien und reichte ihn Jig.

»Aber ich hab's doch schon wegen unsichtbarer Schrift geprüft«, sagte Jig.

»Zur Hölle mit unsichtbarer Schrift! Wir sind hinter einer Liste mit Namen her. Und in einem Manhattan-Telefonbuch findest du jeden Namen, den du brauchst. Du sollst jetzt auf Markierungen neben oder unter den Namen achten – Nadelstiche, Bleistiftpünktchen, Ritzer mit dem Fingernagel, irgend etwas dieser Art.«

Jig nickte und begann mit der Arbeit.

»Meine Zündhölzer sind alle«, ließ Ellery sich mit klagender Stimme vernehmen. »Würde vielleicht einer der Gentlemen so freundlich sein, mir Feuer für meine Pfeife zu geben?«

Das Scheusal warf ihm ein Briefchen Zündhölzer zu.

Sie näherten sich bereits den Vororten von Washington, als Jig mit der neuen Untersuchung des Telefonbuches fertig war. »Keine Markierungen«, murmelte er, »keine Nadelstiche, keine Bleistiftpünktchen, keine Ritzer mit dem Fingernagel, gar nichts. Das Buch ist so unberührt, wie's aus der Druckerei kam.«

»Und kein einziger hat versucht, das Haus in New York zu verlassen, das wir beschatten«, sagte Tic, der vor wenigen Minuten wieder einmal zu Al in den Speisewagen gegangen war und eben zurückkehrte. »Al hat eben noch mal telefoniert.«

Das Scheusal im Lehnstuhl äußerte nachdenklich: »Demnach war der hier also doch nur ein Lockvogel. Die lieben Leutchen haben ihn losgeschickt, um uns zu beschäftigen, während sie in aller Ruhe warten, bis es Zeit ist, den richtigen Mann auf den Weg zu bringen. Wenn sich bisher auch noch nichts gerührt hat – früher oder später wird der andere versuchen, sich aus dem Haus zu schleichen ... Tic, geh noch mal zu Al. Er soll New York anrufen und Lefty sagen, wenn ihm einer durch die Lappen ginge, könnte er schon immer anfangen, sich ganz gemütlich die eigene Kehle aufzuschneiden ... So, und Sie«, das Scheusal blickte zu Ellery, »Sie können sich jetzt wieder anziehen.«

Der ›Capitol-Expreß‹ rollte in den Zentralbahnhof von Washington ein, als Ellery – eher einem sturmzerzausten Landstreicher ähnlich als einem achtbaren

Gentleman-Schriftsteller und Privatdetektiv – seinen Regenschirm über den linken Arm hängte und sich mit banger Wehmut erkundigte: »Habe ich nun doch noch einen Schuß in den Rücken zu erwarten, wenn ich gehe? Oder ist alles ausgestanden?«

»Eine kleine Frage noch – wenn es Ihnen nichts ausmacht«, sagte das Scheusal.

»Ja – äh und sie wäre?« murmelte Ellery und tastete mit der freien Hand nervös an seinem Regenschirm herum.

»Wohin gedenken Sie mit diesem schönen Regenschirm zu gehen?«

»Mit diesem Regenschirm – wieso?« Ellery versuchte ein völlig unschuldiges Gesicht zu zeigen. »Sie – äh – Sie selbst haben ihn ja schon untersucht und –«

»Also doch der Schirm!« rief das Scheusal, und die weibische Stimme hatte einen bösartigen Unterton. »Ich habe ihn untersucht, gewiß – aber am falschen Ende! In der Bambuskrücke steckt die Liste! Sie haben die Seiten aus der Kladde gerissen und zusammengerollt und in die hohle Schirmkrücke gestopft! Nehmt ihm den Schirm ab!«

Ellery, von Tic in stahlhartem Griff gehalten, mußte schmerzerfüllt mitansehen, wie Boxernase die schöne dicke Schirmkrücke demolierte.

Und als das Vernichtungswerk vollendet war, bedeckten zwar zahlreiche größere und kleinere Bambusrohrsplitter den Teppich des Salonabteils, aber gefunden worden war nichts.

Der Zug war zum Stehen gekommen. Draußen ertönten Rufe: »Zentralbahnhof Washington, Endstation! Alles aussteigen, bitte!«

Das Scheusal erhob sich aus dem Lehnstuhl, seine fiebrigen Augen schienen Funken zu sprühen. »Jetzt schafft mir diesen Clown aber vom Halse!« krächzte es ärgerlich. »Schmeißt ihn schleunigst hinaus!«

Sechsundzwanzig Minuten später wurde Ellery in das Privatbüro eines sehr wichtigen Ressortchefs einer sehr wichtigen Behörde in einem sehr wichtigen Gebäude des Regierungsviertels von Washington geleitet.

»Ich bin der Bote aus New York«, sagte Ellery, »und ich bringe Ihnen, wie angekündigt, die schwarze Kladde.«

Ellery sah das Scheusal erst bei der Verhandlung vor dem Obersten Bundesgerichtshof wieder. Sie begegneten sich während einer Verhandlungspause im Korridor. Der Rauschgiftkönig war umringt von Justizbeamten, Anwälten und Journalisten und sah, ungeachtet aller Eleganz, genau wie ein Verbrecher aus, der sich über sein Schicksal keine Illusionen mehr macht. Nichtsdestoweniger leuchtete es in seinem Gesicht freudig auf, als er Ellery erblickte. Er stieß einige der Leute beiseite, die ihn umringten, eilte auf Ellery zu, nahm ihn beim Arm und zog ihn in eine stille Korridorecke.

»Bleibt mir eine Minute vom Leibe!« rief er den anderen zu. Dann wandte er sich an Ellery. »Queen«, sagte er in beinah kläglichen Tönen, »Sie haben, wie die Dinge liegen, zwar wenig Anlaß dazu, aber Sie *müssen* mir einen Gefallen tun! Diese Sache macht mich sonst noch verrückt! Seit Sie mich damals überlistet haben, zerbreche ich mir den Kopf, wie Ihnen das gelungen sein könnte. Es war nicht an Ihnen, es war nicht in Ihnen, es war weder in dem Telefonbuch noch in ihrem Schirm. Wo war es bloß ? Bitte, Queen – würden Sie mir das verraten ?«

»Es ist nicht meine Art, einen Mann zu treten, der schon am Boden liegt«, erwiderte Ellery kühl, »selbst dann nicht, wenn es sich um ein so ruchloses Scheusal handelt wie Sie. Freilich werde ich es Ihnen verraten ... Das Telefonbuch und der Schirm waren natürlich nur irreführende Staffagen. Ich hatte doch dafür zu sorgen, daß Sie mit Ihrer eigenen Klugheit beschäftigt blieben. Im übrigen verließ der Inhalt der Kladde sozusagen niemals meine Hand.«

»Was – äh – was wollen Sie mir da einreden?« stammelte das Scheusal. »Das – das kann doch nicht Ihr Ernst sein!«

»Sie haben es Ihrer geläufigen Vorstellung vom Format der Kladde und dem Umfang ihres Inhalts zu verdanken, daß Sie einem Phantom nachjagten. Ihnen ist überhaupt nicht eingefallen, daß beides, äußeres Format und Umfang des Inhalts, sich verringern läßt.«

»Heh?«

»Mikrofilm«, erklärte Ellery. »Ein knapper Viertelmeter Mikrofilm genügte, um alle zweiundfünfzig Seiten der Kladde abzufotografieren. Um einen halbierten Zahnstocher zu einem festen Spindelchen zusammengedreht –«

»Aber«, unterbrach das Scheusal verwirrt, »Sie sagten doch – in Ihrer Hand! Ich würde eine Million zu eins wetten, daß Sie damals kein noch so winziges Etwas in Ihrer Hand verborgen halten konnten!«

»Auf ein so törichtes Risiko, es in der nackten Hand zu halten, hätte ich mich auch kaum eingelassen«, sagte Ellery. »Nein, das kunstvoll um den halbierten Zahnstocher gewickelte Filmspindelchen war in etwas Bestimmtem – genauer gesagt, in zwei bestimmten Dingen. Und auf der ganzen unterhaltsamen Reise von New York nach Washington habe ich häufig genug, wann immer es nötig war, ein brennendes Zündholz daran gehalten.«

»Brennende Zündhölzer haben Sie daran gehalten? Feuer haben Sie daran gelegt?«

»Das scheint ziemlich verrückt – wollen Sie sagen, nicht wahr? Oh, aber es war in einem feuersicheren Behälter – einer alten Teschingpatronenhülse, gerade groß genug, um es aufzunehmen, und natürlich fest verlötet. Außerdem gerade klein genug, um dorthin zu passen, wohin ich sie plazierte ... Erinnern Sie sich der großen, gebogenen Bruyèrepfeife, die ich rauchte, so oft Ihre Gorillas mir Gelegenheit dazu ließen? Diese Pfeife war das einzige Ding an mir, das nicht untersucht wurde. Gut – was könnte schon in einer Tabakspfeife, und sei sie noch so klobig, verborgen sein? Nicht wahr, das haben Sie gedacht? Doch im Schaft dieser Art Pfeifen gibt es einen relativ weiten Hohlraum für einen auswechselbaren Filter. Und die Patronenhülse mit dem Mikrofilm war um zwei Millimeter schmaler als dieser Hohlraum, so daß die Pfeife sogar noch Zug behielt. Ehrlich gesagt, es gab einen unangenehm metallischen Geschmack« – Ellery verzog bei der Erinnerung ein wenig das Gesicht –, »aber wenn ich an alle jene unglücklichen Menschen denke, vornehmlich an die vielen Jugendlichen unter ihnen, die dazu verführt wurden, Ihr Marihuana zu rauchen und sich mit Ihrem Heroin vollzupumpen – dann möchte ich behaupten, daß diese kleine Unannehmlichkeit kaum der Rede wert war. Meinen Sie das nicht auch?«

REX STOUT

Copkiller

Es gab manchen Grund dafür, daß ich über nichts zu klagen hatte, als ich an diesem Dienstagvormittag die 35. Straße West zu Nero Wolfes altem Sandsteinhaus entlangspazierte, wo ich sowohl wohne wie arbeite. Der Tag war strahlend und sonnig, meine neuen Schuhe saßen nach dem flotten Halbstundenmarsch bequem und doch straff an den Füßen, der komplizierte Auftrag eines großen Klienten war – weit schneller als gedacht – erfolgreich erledigt worden, und das Honorar dafür, in Gestalt eines fünfstelligen Schecks, hatte ich soeben auf Wolfes Bankkonto eingezahlt.

Fünf Schritte vor dem Hauseingang bemerkte ich, daß zwei Leute, ein Mann und eine Frau, auf dem gegenüberliegenden Gehsteig standen und entweder den Eingang des Wolfe-Hauses oder mich oder beides anstarrten, wie eben Leute eine Sehenswürdigkeit oder eine prominente Persönlichkeit oder beide anzustarren pflegen.

Das hob, da ich mir recht gern Illusionen mache, meine Stimmung noch ein wenig mehr, bis ich bei einem zweiten Blick erkannte, daß ich diese Leute schon früher gesehen hatte. Aber wo? Anstatt die Vortreppe hinaufzugehen, machte ich halt und sah, wie sie sich anschickten, über den Fahrdamm zu mir zu laufen.

»Mr. Goodwin –« sagte die Frau in einer Art von atemlosem Flüstern.

Sie war blauäugig und sehr hellhäutig, noch ziemlich jung, nett aussehend, klein und zierlich, und steckte in einem hübschen dunkelblauen Konfektionskostüm. Er hingegen war so dunkel wie sie hell, nicht viel größer, mit melancholischen schwarzen Augen, schmaler Nase und vollem, breitem Mund. Daß ich ihn nicht gleich erkannt hatte, lag daran, daß ich ihn noch nie mit Hut gesehen hatte. Er war der Mann, der in dem Friseurladen, bei dem ich Stammkunde war, die Hüte und Mäntel und Jacketts und Schlipse der Kunden in Verwahrung nahm.

»Oh, Sie sind's, Carl –«

»Können wir mit Ihnen hineingehen?« fragte die Frau mit demselben atemlosen Flüstern, und nun erkannte ich auch sie. Sie gehörte ebenfalls zu dem Friseurladen – eine Maniküre. Ich hatte mich noch nie von ihr bedienen lassen, da ich meine Nägel selbst in Ordnung halte, aber ich hatte sie dort gesehen und hatte gehört, daß sie Tina gerufen wurde. Ich blickte hinab in ihr sanftes, blasses Gesicht mit dem kleinen, betonten Kinn und war nicht erfreut über den Ausdruck, den ich sah. Ich blickte Carl an – er wirkte noch bedrückter.

»Was gibt's?« Ich schätze, ich hörte mich ziemlich schroff an. »Schwierigkeiten?«

»Bitte, nicht hier auf der Straße«, flüsterte Tina. Ihre Augen blickten angstvoll nach links und nach rechts und dann wieder zu mir empor. »Wir – wir hatten gerade genug Mut gesammelt, hinüber und in das Haus zu gehen, als wir Sie kommen sahen. Bitte, lassen Sie uns ein?«

»Sie sagten mir einmal«, Carl winselte es förmlich, »daß Leute in Gefahr nur Ihren Namen zu erwähnen brauchten, und –«

»Unsinn«, fiel ich ihm ins Wort, »das war nur ein Scherz. Ich rede zuviel.« Es sollte ablehnend klingen, aber ich war irgendwie betroffen. »Gut«, fügte ich hinzu, »kommen Sie mit hinauf, und erzählen Sie mir von Ihren Sorgen.«

Ich ging vor ihnen her die Treppen hinauf, sperrte mit meinem Wohnungsschlüssel auf und öffnete die erste Tür auf der linken Seite der langen breiten Halle. Ich hatte gedacht, mir das Anliegen der beiden in dem großen Raum erzählen zu lassen, der von uns ›das Vorderzimmer‹ genannt wird, aber dort war Fritz beim Abstauben. Also führte ich meine Besucher fünfzehn Schritt weiter zur nächsten Tür und in das Büro. Nachdem ich sie auf zwei Besucherstühlen untergebracht hatte, setzte ich mich hinter meinen Schreibtisch und nickte ihnen ungeduldig zu. Tina hatte sich inzwischen umgesehen.

»So ein hübscher und sicherer Raum«, sagte sie, »für Sie und Mr. Wolfe, zwei so große Männer.«

»Wolfe ist der große Mann«, berichtigte ich, »ich bin nur Handlanger ... Also – was ist mit der Gefahr?«

»Wir lieben dieses Land«, begann Carl pathetisch und fing plötzlich an zu zittern – zuerst die Hände, dann auch die Arme und Schultern, schließlich der ganze Körper. Tina sprang auf, faßte ihn bei den Ellbogen und schüttelte ihn, keineswegs sanft, und redete dabei in einer Sprache auf ihn ein, die ich nicht verstand. Er antwortete ihr murmelnd, und nach einem Weilchen hörte das Zittern auf.

»Wirklich«, sagte sie zu mir, »wir lieben dieses Land!«

Ich nickte. »Aber warten Sie nur, bis Sie Chillicothe, Ohio, sehen, wo ich geboren bin. Dann werden Sie es erst lieben. Wie weit westwärts sind Sie schon gekommen? Bis zur Zehnten Avenue?«

»Ich glaube nicht«, entgegnete Tina zweifelnd, »ich glaube nur bis zur Achten Avenue. Aber das ist es, was wir möchten – weiter nach Westen gehen.«

Sie öffnete ihre blaue Lederhandtasche und holte, ohne erst lange zu suchen, irgend etwas daraus hervor. »Nur, sehen Sie – wir wissen ja nicht, wohin wir gehen sollen. Nach diesem Ohio vielleicht? Ich habe fünfzig Dollar hier.«

»Damit kommen Sie hin.«

Sie schüttelte den Kopf. »O nein, diese fünfzig Dollar sind für Sie. Sie wissen unseren Namen – Vardas? Sie wissen, daß wir verheiratet sind? Das ist alles in Ordnung, wir halten es mit der Moral. Wir möchten nichts weiter, als unsere Arbeit tun und friedlich für uns leben, Carl und ich, und wir glauben –«

Ich hatte das Klicken von Wolfes Privatlift vernommen, der von den Gewächshäusern auf dem Dach herunterkam, und wußte, daß eine Unterbrechung bevorstand. Aber ich hatte Tina weiterreden lassen. Jetzt hielt sie inne, als draußen Wolfes schwere Schritte ertönten, die Tür sich öffnete und Wolfe höchstpersönlich mit seinen zweihundertsechzig Pfund Lebendgewicht im Türrahmen erschien. Carl und Tina sprangen auf. Zwei Schritt weit im Zimmer und nach einem flüchtigen Blick auf die Besucher blieb Wolfe wie angewurzelt stehen und starrte mich finster an.

»Ich unterließ es, Sie zu verständigen, daß wir Besucher haben«, sagte ich in etwas krampfhafter Munterkeit, »ich wußte ja, daß Sie bald herunterkommen würden. Sie kennen Carl aus dem Friseurladen? Und Tina haben Sie dort gewiß auch schon gesehen? Alles in Ordnung – sie sind verheiratet. Sie sind gerade eben gekommen, um sich für fünfzig Dollar Rat zu –«

Ohne ein Wort oder auch nur ein Nicken machte Wolfe auf der Stelle kehrt und stampfte durch die Tür in Richtung Küche davon. Die beiden Vardas starrten ihm nach, bis die Tür zuschlug, und blickten wieder zu mir.

»Setzen Sie sich«, forderte ich sie auf. »Wie Sie sagten – er ist ein großer Mann. Er ist jetzt eingeschnappt, weil ich ihn nicht verständigt habe, daß Besucher da sind. Er gedachte sich dort an seinen Schreibtisch zu setzen«, ich wies mit der Hand hinüber, »nach seinem gewohnten Bier zu klingeln und sich daran zu erlaben. Er würde für fünfzig Dollar nicht einen Finger krümmen. Ich vielleicht auch nicht, aber wir werden sehen.« Ich blickte Tina an, die wieder auf der äußersten Kante ihres Stuhles Platz genommen hatte. »Sie sagten –?«

»Wir möchten nicht, daß Mr. Wolfe ärgerlich auf uns ist«, flüsterte Tina bekümmert.

»Vergessen Sie das. Nur auf mich ist er ärgerlich, und das ist ein Dauerzustand ... Weshalb wollen Sie nach Ohio gehen?«

»Vielleicht nicht nach Ohio.« Sie versuchte zu lächeln. »Es ist, wie ich sagte – wir lieben dieses Land. Und wir möchten weiter hineingehen, sehr weit. Wir möchten, daß Sie uns sagen, wohin. Daß Sie uns helfen –«

»Halt«, warf ich brüsk ein, »fangen Sie beim Anfang an. Was ist es für eine Gefahr, die Carl erwähnte?«

»Oh –« versuchte sie zu widersprechen, »ich glaube nicht, daß es einen Unterschied macht –«

»Nicht gut!« unterbrach Carl. Seine Hände begannen wieder zu zittern, aber er krampfte sie um die Armlehnen seines Stuhles, und das Zittern hörte auf. Seine schwarzen Augen starrten mich an. »Ich traf Tina«, sagte er mit leiser, klangloser Stimme, aus der er jede Gefühlsbewegung zu verbannen versuchte, »ich traf Tina vor drei Jahren in einem Konzentrationslager hinter dem Eisernen Vorhang. Falls Sie darauf bestehen, kann ich Ihnen erzählen, weshalb man uns lebend nicht wieder hinausgelassen hätte. Aber lieber spräche ich nicht davon. Es macht mich zittern, und ich möchte allmählich lernen, zu sprechen und zu handeln, ohne daß dieses Zittern über mich kommt.«

Ich nickte. »Gut, erzählen Sie es später ... Aber – Sie kamen lebend hinaus?«

»Offenbar. Wir sind ja hier.« In der bisher klanglosen Stimme lag plötzlich eine Andeutung von Triumph. »Auch darüber möchte ich jetzt nichts Näheres sagen. Dort, wo wir herkommen, glaubt man, wir wären tot. Natürlich hießen wir damals nicht Vardas, keiner von uns. Wir nahmen diesen Namen später an, als wir in Istanbul heirateten. Dann –«

»Carl«, mahnte Tina, »du solltest lieber keine Städte nennen. Und auch keine Menschen.«

»Du hast recht«, pflichtete Carl bei. Wieder an mich gewendet, sagte er: »Es war also nicht Istanbul, ich habe mich geirrt. Wir waren in so vielen Städten. Und nach einiger Zeit gelang es uns irgendwie, über den Ozean zu kommen. Wir haben uns sehr bemüht, als Einwanderer in dieses Land zu gelangen, wie Ihre Gesetze es vorschreiben. Aber das war nicht möglich – auf keinem Weg, den wir versuchten. Daß wir schließlich doch nach New York kamen, war mehr ein Zufall – aber nein, das habe ich nicht gesagt. Bitte, vergessen Sie es. Ich sage nur, daß wir schließlich nach New York kamen. Eine Zeitlang hatten wir es hier sehr schwer. Aber seit einem Jahr, seit wir die Jobs im Friseurladen haben, war unser Leben so fein und ruhig und glatt, daß wir schon beinah wieder gesund geworden sind. Was wir essen! Wir haben uns sogar etwas Geld gespart! Wir haben –«

»Fünfzig Dollar«, warf Tina hastig ein.

»Ganz recht«, bestätigte Carl, »fünfzig amerikanische Dollar! Ich kann behaupten, daß wir glücklicher waren, als wir es vor drei Jahren zu träumen wagten – bis auf die Gefahr. Die Gefahr ist, daß wir gegen Ihre Gesetze verstoßen. Ich leugne nicht, daß es gute Gesetze sind und daß es solche Gesetze geben muß. Aber wir konnten sie nicht erfüllen, es war unmöglich. Nun dürfen wir nicht erwarten, wirklich glücklich zu sein, solange wir jede Minute befürchten müssen, daß irgend jemand kommt und uns fragt, wie wir hierhergelangt sind. Wir haben erfahren, was dann mit uns passieren würde. Wir wissen, daß man uns dorthin zurückschicken würde, woher wir gekommen sind. Wir wissen, was uns dort erwarten würde.«

Ich streifte Tina mit einem Seitenblick. Ihr Ausdruck war so verzweifelt, daß ich schnell wieder zu Carl blickte. »Wenn ich an Ihrer Stelle wäre«, sagte ich, »und versuchen wollte, mir einen Ausweg einfallen zu lassen, würde ich meine Sorgen nicht gerade einem Burschen namens Archie Goodwin anvertrauen, nur weil er hin und wieder den Friseurladen aufsucht, in dem ich arbeite. Vielleicht nimmt es dieser Goodwin sehr genau mit den Gesetzen! Im übrigen gelten diese Gesetze in Ohio und in jedem anderen Staat der USA genauso wie in New York.«

»Hier sind die fünfzig Dollar.« Carl streckte mir eine Hand hin. Die Hand zitterte nicht.

Tina machte eine ungeduldige Geste. »Fünfzig Dollar – das ist soviel wie nichts für Sie«, sagte sie, und zum erstenmal mit bitterem Unterton. »Wir wissen es – für Sie ist das sehr wenig! Aber die Gefahr ist eingetreten. Und nun müssen wir jemanden haben, der uns sagt, wohin wir gehen können ... Heute früh kam ein Mann in den Friseurladen und stellte uns Fragen. Ein Beamter! Ein Polizist!«

»Oh –« ich blickte von Tina zu Carl und von Carl wieder zu Tina, »das ist etwas anderes. Ein Polizist in Uniform?«

»Nein, einer in Zivil. Aber er zeigte uns einen Ausweis – Kriminalpolizei New York City. Sein Name stand darauf – Jacob Wallen.«

»Um welche Zeit heute früh?«

»Etwas nach neun, gleich nachdem der Laden geöffnet worden war. Er sprach zuerst mit Mr. Fickler, und Mr. Fickler kam mit ihm hinter die Trennwand in meine Kabine, wo ich die Maniküre-Kunden bediene, wenn sie vorne im Laden mit allem anderen fertig sind und nur noch manikürt werden wollen. Ich ahnte gleich, was nun käme, und richtig – er setzte sich, holte ein Notizbuch heraus und stellte mir Fragen. Dann ließ er –«

»Was für Fragen?«

»Alles über mich – den Namen, wo ich wohne, woher ich gekommen bin, wie lange ich hier arbeite, alles dieser Art. Und dann fragte er nach gestern abend – wo ich gewesen sei und was ich gestern abend und überhaupt letzte Nacht getan habe.«

»Nach welchem Teil der Nacht fragte er?«

»Nach allem – vom Ladenschluß gestern abend um halb sieben bis zum Morgen.«

»Was sagten Sie ihm, woher Sie gekommen sind?«

»Ich sagte ihm, Carl und ich seien DP's aus Italien. Das hatten wir beschlossen zu sagen. Das sagen wir immer, wenn man uns fragt. Wir müssen doch irgend etwas sagen, wenn die Leute neugierig sind.«

»Ja, das müssen Sie wohl. Wünschte er Ihre Papiere zu sehen?«

»Nein. Aber das wird noch kommen.« Tinas kleines Kinn straffte sich. »Wir können nicht in den Laden zurück. Wir müssen New York noch heute verlassen, gleich jetzt.«

»Fragte er Carl auch?«

»Ja. Aber nicht gleich nach mir. Er schickte mich hinaus, und Mr. Fickler schickte ihm Philip hinein. Und als Philip herauskam, schickte Mr. Fickler Carl hinein. Und als Carl herauskam, schickte er Jimmie hinein. Jimmie war noch bei ihm in der Kabine, als ich zu Carl an die Garderobe ging. Wir wußten beide, daß wir zu verschwinden hätten. Wir warteten, bis die Gelegenheit günstig war, und dann gingen wir fort. Wir fuhren zu unserem Zimmer drüben in East Side und packten unsere Sachen und fuhren damit zur Central Station. Dort fiel uns ein, daß wir ja gar nicht wußten, wohin wir gehen sollten, und daß wir vielleicht einen schrecklichen Fehler machen könnten. Wir berieten uns und kamen überein, zu Ihnen zu gehen und Sie zu bezahlen, damit Sie uns helfen. Sie sind ja Detektiv von Beruf, und außerdem mag Carl Sie von allen seinen Kunden am meisten. Sie geben ihm immer nur zehn Cents – das ist es also nicht. Aber ich habe es selbst auch schon bemerkt – es ist die Art, wie Sie aussehen. Sie sehen aus wie ein Mann, der sogar Gesetze brechen würde – wenn es sein muß.«

Ich gab ihr einen scharfen, argwöhnischen Blick, aber falls sie versucht hatte, mir zu schmeicheln, so war sie darin verdammt gut. Alles, was sich in ihren blauen Augen zeigte, war die Angst, die sie zur Flucht getrieben hatte. Und – die Hoffnung auf mich, bei dem, ihrer Meinung nach, die Entscheidung über Tod oder Leben lag. Ich blickte zu Carl – auch hier Angst, jedoch keine Spur von Hoffnung.

Ich fühlte Ärger und Unbehagen in mir aufsteigen. »Sie stellen mich vor vollendete Tatsachen!« protestierte ich. »Warum sind Sie einfach ausgerückt? Allein das macht Sie verdächtig! Und was war letzte Nacht? Was haben Sie getan? Noch ein paar Gesetze verletzt?«

Beide wollten gleichzeitig antworten, aber sie überließ es ihm. Er sagte nein, sie hätten keine Gesetze verletzt. Sie wären von der Arbeit direkt nach Hause gegangen und hätten, wie immer, in ihrem Zimmer gegessen. Dann hätte Tina einige Wäschestücke gewaschen und er, Carl, hätte in einem Buch gelesen.

Gegen neun Uhr wären sie noch ein wenig an die frische Luft gegangen, aber eine Stunde später wieder daheim und noch vor halb elf Uhr im Bett gewesen.

Meine Verstimmung wuchs. »Fein schildern Sie das!« knurrte ich. »Wenn bei Ihnen letzte Nacht alles so schön in Ordnung war – warum sind Sie dann nicht einfach geblieben? Sie müssen doch beide einigen Verstand in den Köpfen haben – andernfalls wären Sie nicht mit dem Leben davongekommen und bis hierher gelangt! Warum gebrauchen Sie Ihren Verstand nicht?«

Carl lächelte mir zu. Wahrhaftig – er lächelte. Aber auf eine Art, daß ich keine Neigung verspürte, zurückzulächeln. »Ein Polizist, der Fragen stellt«, sagte er mit derselben klanglosen Stimme wie vorhin, »ruft bei verschiedenen Leuten ganz verschiedene Wirkungen hervor. Wenn Sie ein Land wie dieses hinter sich haben und unschuldig sind, und Sie müssen die Fragen eines Polizisten beantworten, dann ist das ganze Land mit allen seinen Bewohnern und allen seinen Gesetzen Ihr Rückhalt. Man braucht ein ganzes Land hinter sich, um mit einem Polizisten zu sprechen. Aber Tina und ich – wir haben keins hinter uns.«

»Mr. Goodwin –« flüsterte Tina, »hier, nehmen Sie das.« Sie stand auf, trat an meinen Schreibtisch und streckte mir die Hand mit dem Geld hin. »Nehmen Sie es, Mr. Goodwin! Bitte! Und dann sagen Sie uns einfach, wohin wir gehen sollen, und noch ein paar Kleinigkeiten, die uns vielleicht helfen können.«

»Oder wir dachten«, ergänzte Carl, nicht im geringsten hoffnungsvoll, »ob Sie uns vielleicht einen Brief an einen Freund in Ohio geben würden. Nicht, daß wir zu viel für fünfzig Dollar erwarten ...«

Ich starrte die beiden an und preßte die Lippen zusammen. Der Vormittag war zum Teufel, Wolfe verärgert, meine laufende Arbeit ungetan. Ich langte zum Telefon. Einer der Leute, die ich im Polizeipräsidium kannte, würde mir vielleicht verraten, welche Art Auftrag einen Kriminalbeamten namens Jacob Wallen in den Goldenrod Salon, so hieß dieser verwünschte Friseurladen, geführt hatte – falls es nicht etwa ein ganz besonderer Anlaß gewesen war. Aber beim Wählen der Nummer zögerte ich und legte schließlich den Hörer wieder auf. Wenn es sich zufällig doch um etwas Heißes handeln sollte, hätte mein Anruf eine ganze Schwadron Polizeiautos zu unserer Adresse in Bewegung gesetzt. Und wir beide, Wolfe und ich, hegten ausgesprochene Vorurteile gegen Polizisten, die in Wolfes geheiligten Räumen Leute verhaften – ganz gleich, wer diese Leute sind – sofern nicht wir selbst sie ausdrücklich zur Abholung durch die Polizei bereithalten.

»Unsinn«, sagte ich. »Wenn die Polizei ernstlich hinter Ihnen her ist, wäre Ihr Geld für eine Fahrt nach Ohio oder sonstwohin glattweg verschwendet. Sparen Sie es für einen Anwalt. Mir bleibt jetzt nichts übrig, als Ihretwegen zum Goldenrod Salon zu gehen, um zu sehen, was dort los ist.« Ich stand auf, ging an die schalldichte Tür zum Vorderzimmer und öffnete sie. »Sie werden so lange in diesem Zimmer hier warten.« Ich wies mit einer Kopfbewegung ins Vorderzimmer.

»Wir – wir möchten lieber gehen«, sagte Tina, jetzt wieder mit ihrem atemlosen Flüstern. »Wir möchten Ihnen nicht länger zur Last fallen, Mr. Goodwin. Komm, Carl –«

»Hier hinein!« gebot ich barsch. »Falls hinter Ihrer Sache mehr stecken sollte als geringfügiger Diebstahl oder eine ähnliche Bagatelle, werden Sie todsicher geschnappt! Sie haben Glück – heute ist zufällig der Tag, an dem ich Gesetze breche! Ich werde bald zurück sein. Los jetzt – hier hinein mit Ihnen! Und ich rate

Ihnen, still und brav da drinnen sitzen zu bleiben, bis ich Sie wieder heraushole.«

Tina setzte sich in Bewegung. Sie kam zögernd herbei und trat auf Zehenspitzen über die Schwelle des Vorderzimmers. Carl folgte ihr auf den Fersen. Ich wies ihnen bequeme Sessel an und schärfte ihnen nochmals ein, nicht unruhig zu werden und unter keinen Umständen davonzulaufen, sondern stillzusitzen, bis ich wieder da wäre. Dann machte ich die Tür hinter mir zu und ging in die Küche, wo ich Wolfe am Ende des langen Tisches beim Biertrinken fand. Ich sagte: »Der Scheck von Pendexter ist heute früh gekommen. Ich habe ihn bereits auf Ihr Bankkonto eingezahlt. Diese zwei Ausländer sind in irgendein Durcheinander geraten. Ich habe sie ins Vorderzimmer gesetzt und ihnen aufgetragen, ruhig sitzen zu bleiben, bis ich zurück bin.«

»Wohin gehen Sie?« brummte Wolfe.

»Bißchen Detektivarbeit verrichten. Ihrer nicht würdig. Ich bleibe nicht lange aus. Sie können mir die Zeit abziehen.«

Der Goldenrod Salon lag im Kellergeschoß eines großen Bürohauses in der mittleren Lexington Avenue. Ich war dort seit Jahren Stammkunde bei einem Friseur namens Ed. Wolfe hatte einige Zeit später begonnen, den Salon ebenfalls mit seiner Kundschaft zu beehren und sich nach langem Herumprobieren für einen Friseur namens Jimmie entschieden. Mit seinen sechs Plätzen, für die im allgemeinen allerdings nur vier Friseure zur Verfügung standen, war der Salon nicht eben groß und keineswegs luxuriös. Doch war er gut ausgestattet und sehr sauber. Vor allem aber arbeitete dort Ed, der sich nicht nur famos auf das Haarschneiden verstand, sondern auch sein Rasiermesser so leicht und geschickt zu handhaben wußte, daß man das Rasiertwerden kaum spürte.

Zufällig hatte ich mich an diesem Morgen nicht rasiert. Ich fuhr also jetzt, gegen Mittag, im Taxi zur mittleren Lexington Avenue, bezahlte den Fahrer, stieg aus und ging die Treppe zum Kellergeschoß hinab. Mein Kriegsplan war einfach. Ich würde mich in Eds Frisiersessel setzen, wenn nötig ein bißchen warten, mich dann rasieren lassen, und alles übrige würde sich ganz von selbst ergeben.

Aber so leicht und einfach sollte es nicht verlaufen.

Eine mittlere Menge Büroangestellter aus dem Haus drängte sich tuschelnd und glotzend und drei Reihen tief an der Wand des breiten Korridors, die dem Ladeneingang gegenüberlag. Andere, die aus beiden Richtungen vorbeigingen, blieben bei der Tür stehen und versuchten einen Blick in den Laden zu werfen, während ein uniformierter Polizist, unmittelbar in der Tür postiert, ihnen sagte, sie sollten weitergehen.

Ich blieb an der anderen Seite stehen, um mir durch die offene Tür einen ersten Überblick zu verschaffen. Joel Fickler, der Chef, war an der Garderobe, wo sonst Carl operierte, und hängte das Jackett eines Kunden auf einen Kleiderbügel. Ein langer, knochiger Mann, den Hut auf dem Kopf, stand hinter der Registrierkasse, beide Ellbogen auf die Kasse gestützt, und überblickte den ganzen Laden. Zwei andere Männer, ebenfalls die Hüte auf den Köpfen, saßen in der Mitte der Stuhlreihe für wartende Kunden und sprachen miteinander, aber anscheinend recht gelangweilt. Zwei der sechs Frisiersessel waren belegt, nämlich der von Ed und der von Tom. Jimmie und Philip, die beiden anderen Friseure, saßen wartend auf den Arbeitshockern neben ihren Frisiersesseln. Von Janet, der zweiten Maniküre, war nichts zu sehen.

Ich näherte mich dem Eingang und versuchte in den Laden zu gehen. Der Uniformierte trat mir in den

Weg. »Unglücksfall hier drinnen. Nur angemeldete Kunden dürfen rein. Sind Sie angemeldet?«

»Gewiß.« Ich streckte den Kopf über die Schulter des Polizisten und rief: »He, Ed!«

Der Mann hinter der Registrierkasse richtete sich auf und wandte mir das Gesicht zu. Bei meinem Anblick knurrte er: »Sie? Wer hat Sie herbeigepfiffen?«

Die Anwesenheit meines alten Freundes und Feindes, Sergeant Purley Stebbins von der Mordkommission Manhattan, gab der Sache einen ganz neuen Aspekt. Bisher war ich ihr aus milder Neugier gefolgt. Jetzt aber wurde ich mit einem Ruck aufmerksam und gespannt. Sergeant Stebbins ist nicht an kleinen Diebstählen und ähnlichen Bagatellen interessiert. Die Möglichkeit, ein Mörderpaar in die Sessel unseres Vorzimmers genötigt zu haben, entzückte mich durchaus nicht.

Purley Stebbins starrte mich finster an. »Ist diese Sache am Ende wieder einer der berühmten Nero-Wolfe-Fälle?«

»Kaum, falls Sie sie nicht dazu machen.« Ich grinste ihm zu. »Hab' keine Ahnung, was hier los ist. Aber was es auch sein mag – ich bin bloß zum Rasieren hergekommen. Überrascht mich einigermaßen, euch Jungens hier zu finden.« Der Uniformierte gab mir den Weg frei, ich trat in den Laden. »Bin hier nämlich Stammkunde.« Ich wandte mich an Fickler, der beflissen herbeigekommen war. »Wie lange schon lasse ich meine Haare hier, Joel?«

Keiner von Ficklers Knochen war der Oberfläche seiner rundlichen Gestalt irgendwie nahe gekommen, außer auf seinem kahlen Schädel. Er war einen Kopf kleiner als ich, was mit dazu beitragen mochte, daß ich nie einen geraden Blick in seine kleinen Augen tun konnte. Er schätzte mich seit jenem Tag nicht mehr, da er vergessen hatte, eine telefonische Anmeldung an Ed weiterzugeben, was mir nachher einige unfreundliche Bemerkungen entlockte. Jetzt zog er ein Gesicht, als werde er von besonders bösen Erinnerungen an diesen Zwischenfall geplagt.

»Fast sechs Jahre, Mr. Goodwin«, sagte er. »Dies«, erläuterte er, an Stebbins gewandt, »ist nämlich der berühmte Detektiv Mr. Archie Goodwin. Mr. Nero Wolfe kommt ebenfalls hierher.«

»Berühmt!« schnaufte Stebbins.

»Eine Redensart«, kommentierte ich achselzukkend, »nicht unbedingt wörtlich zu nehmen.«

»Hmm«, brummte Stebbins. »Sie sind also nur zum Rasieren hergekommen?«

»Ganz recht, Sir. Notieren Sie es, und ich setze meine Unterschrift darunter.«

»Wer ist Ihr Friseur?«

»Ed.«

»Das ist Graboff. Er hat zu tun.«

»Seh' ich. Ich hab' keine Eile. Ich werde ein wenig mit Ihnen plaudern. Oder ein Magazin lesen. Oder mich maniküren lassen.«

»Mir ist nicht nach Plaudern zumute.« Stebbins' finsterer Ausdruck hatte sich nicht gelichtet. »Sie kennen einen Burschen, der hier arbeitet, Carl Vardas mit Namen? Und seine Frau Tina, eine Maniküre?«

»Ich kenne Carl gut genug, um ihm jedesmal zehn Cents für die Bewachung meiner Garderobe zu geben. Daß ich Tina kenne, kann ich nicht behaupten. Ich habe mich nie von ihr maniküren lassen. Aber natürlich habe ich sie hier schon gesehen. Wieso?«

»Rein informativ. Und damit ich Bescheid weiß, falls es gebraucht wird – haben Sie Vardas oder seine Frau zufällig heute früh gesehen?«

»Sicher hab' ich das.« Ich reckte meinen Hals und flüsterte Stebbins ins Ohr: »In unser Vorderzimmer habe ich sie gesetzt und ihnen befohlen, zu warten, und bin hierher geeilt, um es Ihnen zu sagen, und wenn Sie schnell machen –«

»Hab' keinen Sinn für dumme Witze!« fauchte Stebbins. »Besonders jetzt nicht. Die Vardas haben einen Cop ermordet – gemeinsam, oder einer von ihnen. Sie wissen, wie gern wir so etwas mögen!«

Das wußte ich, in der Tat! Ich setzte eine entsprechende Miene auf. »Einen von Ihren Leuten? Kannte ich ihn?«

»Nein. Ein Kriminalbeamter vom Zwanzigsten Revier, Jake Wallen.«

»Wo und wann?«

»Heute früh, hier im Laden. Jenseits der Trennwand, in Tinas Manikürkabine. Stieß ihm eine lange dünne Schere in den Rücken und erwischte sein Herz. Anscheinend hat er keinen Mucks mehr von sich gegeben. Aber einer dieser Apparate für Kopfmassage kann es übertönt haben. Als er gefunden wurde, waren die Vardas auf und davon. Wir brauchten über eine Stunde, um herauszukriegen, wo sie wohnen, und als wir hinkamen, fanden wir das Nest leer. Sie hatten ihr bißchen Zeug gepackt und sich damit verdrückt.«

Ich schüttelte teilnahmsvoll den Kopf. Dann fragte ich: »Gibt es Beweise? Fingerabdrücke auf der Schere oder so etwas?«

Stebbins schnaufte verächtlich. »Brauchen wir nicht. Ich sagte doch, daß sie ausgerückt sind!«

»Tja, aber«, versuchte ich vorsichtig einzuwenden, »manche Leute kriegen einen furchtbaren Schreck und mächtige Angst, wenn sie einen toten Mann mit einer Schere im Rücken sehen. Ich kenne Carl nicht näher, aber er kam mir nie wie ein Mann vor, der einen Cop ohne weiteres niederstechen würde. War denn Wallen hier, um ihn festzunehmen?«

Stebbins fand nicht die Zeit, mir zu antworten. Tom

war mit seinem Kunden fertig, und die beiden Männer mit Hut, die auf der Stuhlreihe an der Trennwand saßen, ließen den Kunden nicht aus den Augen, als er nun zur Garderobe ging, wo Fickler ihm ins Jackett half. Tom war, nachdem er sich flüchtig abgebürstet hatte, nach vorn und damit in unsere Nähe gekommen. Für gewöhnlich pflegte Tom ungeachtet seiner weißhaarigen sechzig und mehr Jahre munter herumzuhüpfen wie ein Schuljunge, heute jedoch schleppte er sich wie auf bleiernen Füßen. Er begrüßte mich auch nicht wie sonst mit einem munteren ›Hallo, Mr. Goodwin‹, sondern nickte mir nur müde zu, ehe er zu Stebbins sagte: »Meine Lunchzeit, Sergeant. Ich gehe nur hinüber in die Cafeteria am Ende der Halle.«

Stebbins rief einen Namen, der sich wie ›Joffe‹ anhörte. Einer der beiden Männer mit Hut erhob sich von der Stuhlreihe und kam herbei.

»Yerkes geht zum Lunch«, sagte Stebbins zu ihm. »Sie gehen mit und bleiben bei ihm.«

Sie gingen, Tom einen Schritt vorneweg. Stebbins und ich traten zur Seite, als der Kunde zum Zahlen an die Kasse kam und Fickler sich an der Kassenschublade zu schaffen machte.

»Ich dachte«, raunte ich Stebbins zu, »Sie hätten sich für Carl und Tina entschieden. Weshalb bekommt Tom Gesellschaft mit, wenn er zum Lunch geht?«

»Wir haben Carl und Tina noch nicht.«

»Das wird aber nicht mehr lange dauern – bei der Art, wie alle Cops über Copkiller denken. Weshalb also diese unschuldigen Friseure behelligen? Wenn einer von ihnen nervös wird und seinen Kunden schneidet – was dann?«

Stebbins brummte etwas Unverständliches.

Ich blieb hartnäckig. »Entschuldigen Sie. Ich bin auch nicht für Copkiller. Es ist also ganz natürlich, daß ich etwas Interesse zeige ... Glücklicherweise kann ich lesen, daher werde ich mich an die Abendzeitungen halten.«

»Lassen Sie Ihre Witze.« Stebbins' Blicke folgten dem Kunden, der zur Tür ging und sich neben dem Uniformierten hinausschlängelte. »Natürlich werden wir Carl und Tina bald haben. Aber wenn es Ihnen nichts ausmacht, überwachen wir bis dahin den Appetit der anderen Angestellten ... Sie fragten, weshalb Jake Wallen hierherkam.«

»Ich fragte, ob er kam, um Carl festzunehmen.«

»Ja. Ich glaube, er kam deswegen her. Aber ich kann es nicht beweisen, noch nicht. Gestern gegen Mitternacht wurde Ecke Broadway und Einundachtzigste Straße eine Frau von einem Auto überfahren. Sie war tot. Das Auto fuhr weiter. Es wurde später Ecke Broadway und Sechsundneunzigste Straße gefunden, dicht neben dem Untergrundbahneingang, natürlich verlassen. Wir haben niemanden, der den Fahrer gesehen hat, weder bei dem Unfall noch beim Verlassen des Autos. Das Auto war gestohlen. Der Eigentümer hatte es gegen acht Uhr in der Achtundvierzigsten Straße zwischen der Neunten und Zehnten Avenue geparkt. Als er es gegen elf Uhr dreißig wieder besteigen wollte, war es nicht mehr da.«

Stebbins unterbrach sich, um einen hereinkommenden Kunden zu beobachten, der mit Ficklers Unterstützung den uniformierten Polizisten passierte, seine Sachen an die Garderobe hängte und schließlich in Jimmies Sessel Platz nahm. Stebbins blickte wieder zu mir und fuhr fort: »Als das Auto von einem Streifenwagen an der Ecke Broadway und Sechsundneunzigste Straße entdeckt wurde, mit eingedrücktem Kotflügel und Blutspuren und anderen verdächtigen Merkmalen, schickte das Zwanzigste Revier Jake Wallen hin. Wallen war also der erste, der es sich etwas genauer ansah. Bald danach waren natürlich auch das

Verkehrsunfallkommando und die Laborleute zur Stelle und untersuchten es gründlich, ehe sie es abschleppten. Wallen blieb die ganze Zeit dabei und beteiligte sich an den Untersuchungen, erzählte aber nichts davon, daß er eine Spur entdeckt hätte. Sein Dienst wäre heute früh um acht Uhr zu Ende gewesen. Gegen halb acht rief er seine Frau an und sagte ihr, er käme später, er hätte eine heiße Spur in einer Verkehrsunfallsache mit tödlichem Ausgang und Fahrerflucht und werde diesen Fall persönlich klären, das könne seiner Beförderung dienlich sein. Nicht nur das – er telefonierte auch mit dem Eigentümer des Autos in dessen Haus in Yonkers und fragte ihn, ob er irgendeine Verbindung zum Goldenrod Frisiersalon in der Lexington Avenue habe oder jemanden kenne, der eine habe, oder ob er jemals dort gewesen sei. Der Eigentümer des Autos hatte nie vom Goldenrod Salon gehört und war auch nie dort gewesen ... Natürlich haben wir uns das alles erst zusammenklauben müssen, nachdem wir um zehn Uhr fünfzehn hierhergerufen wurden und Wallen mit einer Schere im Rükken tot auffanden.«

Ich runzelte die Stirn. »Aber was führte ihn ausgerechnet in diesen Laden?«

»Das wüßten wir gern. Natürlich muß es irgend etwas gewesen sein, das er in dem Unglücksauto gefunden hatte. Aber wir wissen nicht, was es war. Der arme ehrgeizige Kerl nahm es an sich, schwieg darüber, weil er an seine Beförderung dachte, kam hierher und wurde ermordet.«

»Zeigte er es hier denn niemandem? Sprach er zu keinem davon?«

»Alle sagen nein. Er hatte nur eine Zeitung bei sich. Wir haben sie – es ist ein Exemplar der ›Daily Press‹ mit dem heutigen Datum, aber eine Frühausgabe, die schon vor Mitternacht erscheint. Wir konnten nichts darin entdecken. Auch sonst hatte er nichts bei sich, so oder in den Taschen, was uns irgendwie helfen könnte.«

Das Telefon klingelte. Fickler, bei der Registrierkasse stehend, blickte zu Stebbins. Stebbins ging hin und nahm den Hörer auf. Der Anruf war für ihn. Als es nach einer Minute so schien, als sollte das Gespräch noch ein Weilchen dauern, begann ich mich der Stuhlreihe an der Trennwand zu nähern. Ich hatte kaum zwei oder drei Schritte gemacht, als eine frische Stimme ertönte: »Hallo, Mr. Goodwin!«

Es war Jimmie, Wolfes Stammfriseur, der mit Kamm und Schere seinem Kunden an den Haaren über dem rechten Ohr herumvoltigierte. Er war der Jüngste aus Ficklers Belegschaft, ungefähr in meinem Alter, und bei weitem der Hübscheste, mit geschwungenen Lippen und weißen Zähnen und lebhaften schwarzen Augen. Ich nickte ihm zu und sagte: »Hallo.«

»Mr. Wolfe sollte hier sein«, murmelte er mir zu.

Unter den gegebenen Umständen erschien mir diese Bemerkung ein wenig taktlos. Ich war eben im Begriff, ihm das zu sagen, als Ed, der am übernächsten Stuhl seinen Kunden behandelte, mir das Gesicht zukehrte und rief: »Noch fünfzehn Minuten, Mr. Goodwin! Recht so?«

Ich sagte ja, ich würde warten, und ging endgültig zu der Stuhlreihe an der Trennwand. Dort setzte ich mich auf den Stuhl, der direkt neben dem Tischchen mit den Magazinen stand. Ich meinte, es wäre angebracht, ein Magazin zur Hand zu nehmen. Doch das obenauf liegende hatte ich bereits gestern abend zu Hause gelesen – die neueste Nummer von ›Ellery Queen's Mystery Magazine‹; es steckte noch in seinem Versandstreifband, war aber mit der Oberkante ein wenig daraus hervorgerutscht, so daß ich es genau erkennen konnte. Die anderen Magazine interessierten mich nicht. Ich lehnte mich also zurück und ließ meine Blicke durch den Laden wandern.

Obschon ich seit fast sechs Jahren hierherkam, kannte ich diese Leute nicht wirklich – trotz der allgemein verbreiteten Ansicht, daß Friseure besonders geschwätzige Menschen sind. Ich wußte zwar, daß Joel Fickler, der Chef, vor einiger Zeit hier im Laden von seiner geschiedenen Frau tätlich angegriffen worden war; daß Philip zwei Söhne gehabt hatte, die in Korea gefallen waren; daß Tom irgendwann einmal von Fickler verdächtigt worden war, Haarwässer und Parfüms aus dem Laden gemaust zu haben, und Fickler daraufhin mit Ohrfeigen traktiert hatte; daß Ed auf Rennpferde wettete und immer in Schulden steckte; daß Jimmie ein wenig beobachtet werden mußte, weil er sonst hin und wieder ein Magazin mitgehen ließ, das noch benötigt wurde; und daß Janet, die erst seit einem Jahr bei Fickler arbeitete, beargwöhnt wurde, irgendwelche schleierhaften Nebeneinkünfte zu haben, angeblich durch Kleinhandel mit Rauschgift. Von diesen Streiflichtern abgesehen, waren sie für mich Freunde.

Plötzlich stand Janet vor mir. Sie war um die Ecke der Trennwand herumgekommen. Nicht allein. Der Mann neben ihr war ein breitschultriger, sehniger Hüne, grauhaarig und grauäugig, mit einer unangezündeten Zigarre im Mundwinkel. Sein Blick schweifte systematisch durch den ganzen Laden und blieb schließlich starr auf mich gerichtet.

»Ausgerechnet Mr. Goodwin!« sagte der Mann mit zusammengebissenen Zähnen. »Was bedeutet das?«

Ich muß gestehen, daß ich im ersten Moment überrascht war, Inspektor Cramer, den Chef der Mordkommission Manhattan, hier höchstpersönlich am Werk zu sehen.

»Ich warte aufs Rasieren«, erwiderte ich. »Bin hier Stammkunde. Fragen Sie Purley Stebbins.«

Stebbins kam herbei und bestätigte meine Angaben. Aber Cramer prüfte es selbst noch einmal nach, indem er Ed und Fickler fragte. Dann zog er Stebbins beiseite; sie flüsterten ein Weilchen, schließlich winkte Cramer den Friseur Philip zu sich und ging mit ihm hinter die Trennwand.

Janet setzte sich auf den Stuhl neben mir. Sie sah mit ihrer kleinen, geraden Nase, dem feingeformten Kinn und den langen natürlichen Wimpern im Profil beinah noch hübscher aus als von vorn. Ich fühlte mich ein wenig in ihrer Schuld, da ich – in Eds Frisiersessel sitzend – manchmal das Vergnügen gehabt hatte, ihr zuzusehen, wie sie neben einem der Sessel auf einem Schemelchen hockte und den betreffenden Kunden manikürte. Sie machte das immer sehr hübsch.

»Ich wunderte mich schon, wo Sie wären«, sagte ich zu ihr.

Sie wandte mir das Gesicht zu und fragte abwesend: »Bitte? Sagten Sie etwas?«

»Nichts Wichtiges. Mein Name ist Goodwin. Sie dürfen mich Archie nennen.«

»Ich weiß. Sie sind Detektiv ... Wie kann ich verhindern, daß mein Foto in die Zeitungen kommt?«

»Das können Sie nicht, wenn es die Fotoreporter schon geschossen haben. Haben sie das?«

»Ich glaube ja ... Ich wünschte, ich wäre tot.«

»Das wünschte ich nicht.« Ich sagte es nicht laut, aber mit gefühlvollem Nachdruck.

»Weshalb sollten Sie auch? Ich schon. Meine Leute in Michigan denken, ich wäre hier in New York Schauspielerin oder Fotomodell. Ich ließ dies offen. Und jetzt – oh, mein Gott!« Ihr Kinn begann zu zittern, aber sie beherrschte sich.

»Arbeit ist Arbeit«, sagte ich. »Meine Eltern wünschten, ich solle Lehrer und später Collegedirektor werden. Ich selber wünschte nichts anderes zu werden, als Schlagmann beim Baseball. Und was aus mir geworden ist, sehen Sie ja ... Wenn Ihre Fotos gut gelungen sind – wer weiß, wozu das nützt?«

»Oh, dies ist mein Gethsemane«, erklärte sie mit verhaltener Dramatik.

Das erregte meinen Widerspruch. Insbesondere, weil sie die Schauspielerei erwähnt hatte. »Vergessen Sie es«, riet ich ihr, »denken Sie an etwas anderes. Denken Sie an den Burschen, der hier erstochen worden ist – nein, er hat es hinter sich. Denken Sie an seine Frau. Wie, glauben Sie, mag ihr zumute sein? Oder Inspektor Cramer – was mag er bei dem Job empfinden, den er hier zu erledigen hat? ... Was hat er Sie denn gefragt?«

Sie hörte mich nicht. Sie sagte mit zusammengebissenen Zähnen: »Ich wünschte nur, ich hätte etwas Mut.«

»Wieso? Was würden Sie dann tun?«

»Ich? Alles darüber erzählen!«

»Sie meinen – letzte Nacht? Warum versuchen Sie es nicht erst mal bei mir? Probeweise? Um zu sehen, was dabei herauskommt? Halten Sie nur die Stimme gedämpft, und erzählen Sie drauflos.«

Sie hörte kein Wort, ihre Ohren schienen verschlossen. Sie richtete die hübschen braunen Augen unter den langen Wimpern direkt auf meine Augen und sagte leise, aber in entschiedenem Ton: »Nicht letzte Nacht. Was heute früh geschah! Wie ich in meine Kabine zurückgehen wollte, nachdem ich Mr. Levinson in Philips Sessel manikürt hatte, und wie er mich in Tinas Kabine rief und mich packte, mit einer Hand an meiner Kehle, so daß ich nicht schreien konnte, und wie es gar keinen Zweifel gab, was er wollte, so daß ich mir die Schere vom Regal langte, ohne zu wissen, was ich tat, und sie ihm mit all meiner Kraft in den Rücken stieß, und wie er auf den Stuhl sank ... Das ist es, was ich sagen müßte, wenn ich an eine erfolgreiche Karriere dächte! Ich würde verhaftet werden, ich würde eine sensationelle Gerichtsverhandlung bekommen, und dann –«

»Um Gottes willen, hören Sie auf! Mr. Levinson rief Sie in Tinas Kabine?«

»Natürlich nicht Mr. Levinson! Der Mann, der getötet wurde!« Sie bog ihren Kopf zurück. »Da – sehen Sie die Druckstellen an meiner Kehle?«

Nicht die geringste Druckstelle war an ihrem makellos weißen Hals zu entdecken.

»Bravo«, sagte ich, »mit dieser sensationellen Story würden Sie sich ganz groß verkaufen!«

»Das ist es ja, was ich meine.«

»Na gut, dann gehen Sie doch und erzählen Sie es!«

»Ich kann nicht! Ich kann einfach nicht! Es wäre so verdammt vulgär.«

In diesem Augenblick hätte ich ihr mit Vergnügen links und rechts ein paar auf die zarten Wangen hauen mögen, aber ich beherrschte mich. »Ich verstehe Ihre Haltung«, erklärte ich. »Ein Mädchen, so hübsch und fein begabt wie Sie! Aber die Sache kommt schließlich doch heraus. Und ich möchte Ihnen helfen. Zufällig bin ich nicht mal verheiratet. Ich werde jetzt zu Inspektor Cramer gehen und ihm davon erzählen. Er wird dann Aufnahmen von Ihrer Kehle machen lassen. Kennen Sie einen guten Rechtsanwalt?«

Sie schüttelte den Kopf. Wie ich annahm, als Antwort auf meine Frage nach dem Rechtsanwalt. Aber nein, der Sinn stand ihr nicht nach dem Beantworten von Fragen. »Übrigens, Ihr Verheiratetsein oder Nichtverheiratetsein«, sagte sie träumerisch, »ich habe das noch gar nicht bedacht. Ich denke, ein Mädchen muß zuallererst dafür sorgen, daß die eigene

Karriere gesichert ist. Daher interessiert es mich nie, ob attraktive Männer, die mir begegnen, verheiratet sind oder nicht. Wenn meine Karriere erst läuft, werden mir gewiß noch weit attraktivere begegnen. Ich denke, ein Mädchen –«

Nicht abzusehen, wohin das noch geführt haben würde, hätte mir nicht Ed, der mit seinem Kunden fertig war, in diesem Moment gewinkt. Jedes Wort wäre verschwendet gewesen, da die Lady sich für alles taub stellte, was sie nicht hören wollte. Vielleicht wäre mir zu guter Letzt irgendein rabiater Ausweg eingefallen, ihrer Spintisiererei zu entrinnen. Aber so war es besser – ich konnte Ed nicht warten lassen, das mußte sie begreifen. Ich stand auf, ging zu Eds Sessel und kletterte hinein.

»Heut nur rasieren«, sagte ich zu Ed.

Er spannte mir das Papierlätzchen um den Hals, legte mir den Schultermantel um und kippte mich mit dem Sessel zurück. »Hatten Sie angerufen?« fragte er. »Hat dieser Fettkopf es wieder mal vergessen?«

Ich sagte nein, ich hätte zufällig in der Nähe zu tun gehabt und dabei eine unvorhergesehene, aber dringend wichtige Verabredung treffen müssen, zu der ich nicht unrasiert erscheinen wolle, und fügte hinzu: »Scheint so, als hätten Sie hier etwas Aufregung gehabt?«

Er trat an sein Materialdepot, nahm eine Tube Spezialrasiercreme zur Hand, schmierte mir einiges von der Creme auf Kinn und Wangen und begann es mit den Fingern zu verteilen. »Und ob wir hier Aufregung hatten«, sagte er wichtig. »Reichliche Aufregung sogar. Carl – Sie kennen ja Carl – tötete einen Mann in Tinas Kabine. Dann rückte er mit Tina aus. Tut mir leid für Tina, sie war schon in Ordnung. Aber Carl – na, ich weiß nicht.«

Ich konnte nicht sprechen, solange er die Creme

auf meinem Gesicht verteilte. Schließlich war er damit fertig, wischte sich den Rest von den Fingern und kam mit dem Rasiermesser.

»Ich würde mit solchen Bemerkungen vorsichtig sein, Ed«, murmelte ich. »Scheint mir riskant, einfach zu sagen, Carl habe ihn getötet – es sei denn, man hätte schon Beweise.«

»Na – und weshalb ist er schon ausgerückt?«

»Das weiß ich natürlich nicht. Aber die Cops schnüffeln immer noch hier herum.«

»Sicher, um Beweise zu finden. Beweise müssen ja sein.« Eds Finger zogen die Haut an meiner linken Kinnseite straff. »Zum Beispiel fragten sie mich, ob dieser Wallen mich nach irgendeinem Gegenstand aus dem Laden gefragt oder mir irgend etwas gezeigt hätte. Ich sagte, das hätte er nicht. Aber wenn doch – das wäre dann ein Beweis gewesen, nicht wahr?«

»Ja, selbstverständlich.« Ich konnte nur murmeln. »Was hat er Sie gefragt?«

»Wallen? Oh, alles über mich – Namen, wann und wo geboren, ob verheiratet oder nicht, Wohnung, und so weiter. Die üblichen Fragen. Als er dann anfing, wegen letzter Nacht zu fragen, dachte ich, was geht das den an, und wollte patzig werden. Aber dann dachte ich, warum eigentlich? Und erzählte es ihm. War ja nichts weiter dabei.«

Er rieb mich von neuem mit Creme ein und fuhr fort: »Ist ja klar – die Polizei muß das alles wissen. Aber sie kann nicht erwarten, daß man sich an jede Kleinigkeit erinnert. Als er kam, sprach er zuerst mit Fickler. Vielleicht fünf Minuten. Dann führte Fickler ihn in Tinas Kabine, und er sprach mit Tina. Als Tina herauskam, schickte Fickler Philip hinein, und dann Carl, und dann Jimmie, und dann Tom, und dann mich, und zuletzt Janet. Scheint mir ganz nützlich, das im Gedächtnis zu behalten.«

Ich brummte zustimmend. Er war mit dem Messer an meinem rechten Mundwinkel.

»Aber ich kann mich nicht an alles erinnern, und dazu kann mich niemand zwingen. Ich weiß nicht, wie lange Janet schon wieder draußen war, ehe Fickler in Tinas Kabine ging und ihn ermordet fand. Die Cops fragten mich, ob es eher zehn oder eher fünfzehn Minuten waren. Aber ich sagte, ich hätte ja zu dieser Zeit einen Kunden zu bedienen gehabt, wie wir alle, bis auf Philip, und ich wüßte es nicht. Sie fragten mich, wie viele von uns hinter die Trennwand gegangen wären, nachdem Janet herausgekommen war: zum Dampferhitzer für die Frottiertücher oder zum Sterilisator oder zu einem anderen Gerät oder um irgend etwas zu holen. Aber ich sagte wieder, ich hätte ja zu dieser Zeit einen Kunden gehabt und wüßte nichts weiter, als daß ich selber nicht hinter die Trennwand gegangen wäre. Der Kunde war nämlich Mr. Howell – Sie kennen doch Mr. Howell, vom Sehen, meine ich –, und Mr. Howell, bei seinem schütteren Haar, hat es mit dem richtigen Kämmen und Bürsten immer so wichtig. Ich war gerade bei den letzten Bürstenstrichen im Nacken, als Fickler schrie und herausgerannt kam. Die Polizei kann ja Mr. Howell fragen.«

»Das wird sie wahrscheinlich tun«, sagte ich, aber zu niemandem, denn Ed war gegangen, um ein heißes Frottiertuch zu holen.

Er kam zurück, gebrauchte das Frottiertuch, warf es schließlich beiseite und nahm die Flasche mit dem Fliederwasser. Beim Einreiben fügte er hinzu: »Dann fragten sie mich, wann Carl und Tina gegangen wären. Sie fragten zwanzigmal danach und wollten es unbedingt wissen. Aber ich konnte es nicht sagen, ich hatte nicht darauf geachtet. Ich würde es auch nicht sagen, selbst wenn ich darauf geachtet hätte. Carl hat es getan, gut. Aber durch mich können sie es nicht beweisen. Klar – sie müssen sich Beweise zusammenholen. Aber nicht von mir... Kaltes Handtuch heute?«

»Nein. Der Fliederduft soll bleiben.«

Er brachte Kamm und Bürste. »Wie sollte ich mich an etwas erinnern, was ich nicht weiß?« fragte er.

»Ich kann es nicht, das weiß ich.«

»Sehen Sie! Und ich bin nur Friseur, kein großer Detektiv wie Sie!« Ed war heute ein bißchen rauh mit der Bürste. »Jetzt, sobald ich mit Ihnen fertig bin, gehe ich zum Lunch. Natürlich werde ich einen Cop zur Begleitung mitbekommen. Die haben sich nicht schlecht, kann ich Ihnen sagen! Sie durchsuchten uns alle bis auf die Haut! Sie ließen extra eine Polizistin kommen, wegen Janet – verstehen Sie? Natürlich nahmen sie auch unsere Fingerabdrücke. Na ja – ich gebe zu, daß sie ihre Beweise haben müssen.« Er befreite mich von Schultermantel und Papierlätzchen. »Wie war die Rasur heute, Mr. Goodwin? In Ordnung?«

Ich sagte ihm, alles sei fein gewesen wie immer, fischte nach einem Trinkgeld und gab es ihm. Purley Stebbins stand in der Nähe und beobachtete uns. Bei früheren Gelegenheiten hatte ich mir bisweilen erlaubt, den guten Stebbins sogar am Schauplatz eines Mordes ein wenig aufzuziehen. Heute tat ich es nicht. Ein Polizist war ermordet worden.

Er blickte mich stirnrunzelnd an und sagte ohne jeden aggressiven Unterton: »Dem Inspektor gefällt es gar nicht, daß Sie hier sind.«

»Mir auch nicht«, erklärte ich, »aber wie hätte ich es wissen sollen? Ein Glück, daß diese Sache nicht an Mr. Wolfes Haarschneidetag passiert ist – Sie und der Inspektor hätten es nie geglaubt. Bei mir ist es ein weniger bedeutsamer Zufall. Nett, Ihnen mal wieder begegnet zu sein.«

Ich ging und bezahlte meine Rechnung bei Fickler, zog mein Jackett an und verließ den Laden.

Als ich auf die Lexington Avenue kam, gingen mir verschiedene Erwägungen durch den Sinn. Die dringlichste war diese: Wenn Cramer argwöhnisch genug war, mir einen Mann nachzuschicken, und wenn dieser Mann mich nun direkt nach Hause zurückkehren sähe, würde es bei Cramer und Stebbins neues Kopfzerbrechen über die Frage geben, weshalb ich mir ausgerechnet den heutigen Vormittag ausgesucht hätte, um fast eine volle Stunde auf eine simple Rasur zu verschwenden. Diese Möglichkeit mußte ich vermeiden. Ich nahm also kein Taxi, sondern ging zu Fuß. Und als ich zu einem Woolworth-Kaufhaus kam, trat ich ein und benutzte das Gedränge zwischen den Verkaufstischen, die vielen Lifts und schließlich die große Zahl verschiedener Ausgänge, um einen etwaigen Verfolger abzuschütteln. Das machte mir auf dem restlichen Heimweg den Kopf frei für andere Überlegungen.

Die nunmehr wichtige Frage war, ob ich Carl und Tina dort wiederfinden würde, wo ich sie zurückgelassen hatte – in unserem Vorderzimmer. Diese Frage überschattete alle anderen Gedanken, beflügelte meine Schritte und brachte mich schließlich dazu, immer zwei Stufen auf einmal, die Treppen hinaufzueilen. Die Antwort lautete nein – das Vorderzimmer war leer!

Leicht benommen ging ich durch die Halle auf die Bürotür zu, blieb aber stehen, ehe ich sie erreicht hatte, denn ich vernahm Wolfes Stimme. Sie kam aus dem Speisezimmer und sagte: »... nein, Mr. Vardas, ich kann der Auffassung nicht beipflichten, daß auch das Bergsteigen als eine Manifestation des geistigen Aufwärtsstrebens eines Mannes angesprochen werden muß. Ich denke vielmehr, daß es ein hysterischer Paroxysmus seiner infantilen Eitelkeit ist. Das vordringliche Bestreben eines jeden Esels ist es, lauter zu schreien als jeder andere Esel. Ein Mann aber ist nicht ...«

Ich durchquerte die Halle, öffnete die Tür zum Speisezimmer und trat ein. Wolfe saß auf seinem gewohnten Platz an der rückwärtigen Schmalseite des Tisches, und Fritz, der links hinter ihm stand, hatte eben den Deckel von einer dampfenden Servierplatte gelüpft. An der Längsseite zu seiner Rechten saß Tina. An der zu seiner Linken aber saß Carl, auf dem Platz, auf dem normalerweise ich zu sitzen pflege, wenn wir keine Gäste haben. Für mich war ein Gedeck neben Tina aufgelegt.

Wolfe sah mich eintreten, beendete aber zunächst seine Ausführungen über das Bergsteigen, ehe er mich mit den Worten begrüßte: »Gerade zur rechten Zeit, Archie! Sie lieben ja Kalbfleisch mit Steinpilzen.«

Darlegungen über Infantilismus! Wolfes Abneigung in allen Ehren, sich zum Lunch zu setzen, während das Vorderzimmer hungrige Leute beherbergte! Aber hätte er ihnen nicht einfach Tabletts hineinbringen lassen können? Ihretwegen war er auf mich ärgerlich geworden. Ich hatte sie ihm gegenüber als Ausländer bezeichnet und kein Hehl daraus gemacht, daß sie irgendwie in einer Zwickmühle steckten. Und jetzt saßen sie bei ihm am Tisch!

Ich trat zu ihm und sagte: »Ich weiß, Sir, daß Sie zu Paroxysmen neigen, wenn ich mir erlaube, während der Mahlzeiten die Rede auf Geschäftliches zu bringen. Aber achtzehntausend New Yorker Cops würden je ein Monatsgehalt dafür geben, wenn sie die Hände auf Carl und Tina legen könnten, Ihre Gäste!«

»Wirklich?« Wolfe servierte seelenruhig Kalbfleisch und Steinpilze und kleine Kartoffeln auf Tinas Teller. »Wieso?«

»Haben Sie mit ihnen gesprochen?«

»Nein, ich habe sie nur zum Lunch eingeladen.«

»Dann tun Sie es bitte auch nicht, bis Sie meinen Bericht gehört haben. Ich bin nämlich im Friseurladen auf Cramer und Stebbins gestoßen.«

»Verflixt!« Der Servierlöffel blieb mitten in der Luft stehen.

»Tja. Ziemlich interessant, nicht wahr? Aber zuerst der Lunch, natürlich. Ich gehe nur eben die Sicherheitskette vorlegen. Bitte, tun Sie mir inzwischen etwas Kalbfleisch und Steinpilze auf.«

Carl und Tina waren sprachlos.

Das Verhalten, das Wolfe beim Lunch zeigte, war eine seiner glanzvollsten Leistungen an Takt und Selbstverleugnung. Er wußte nichts weiter über Carl und Tina, als daß sie in irgendeiner Zwickmühle steckten. Andererseits wußte er, daß Cramer und Stebbins sich ausschließlich mit Mordfällen befaßten. Und im übrigen hatte er ein begreifliches Vorurteil gegen Mörder an seinem Tisch. Seine einzige Hoffnung war jetzt sein Wissen, daß mir dieses Vorurteil bekannt war und daß ich es teilte.

Er muß während des ganzen Essens innerlich ungeheuer gespannt gewesen sein, das ist selbstverständlich. Aber er blieb bis zum Schluß der höfliche Gastgeber, ohne jede Spur von Eile oder Ungeduld, selbst beim Kaffee. Dann allerdings begann sich seine Spannung bemerkbar zu machen. Für gewöhnlich vollzieht sich seine Rückkehr ins Büro nach einer Mahlzeit äußerst gemächlich und mit allen Anzeichen tiefgründiger Faulheit. Heute jedoch marschierte er rüstig fürbaß wie ein tatendurstiger Turner, gefolgt von seinen Gästen und mir. Er marschierte stracks bis hinter seinen Schreibtisch, brachte seinen imposanten Körper im Schreibtischsessel unter und fauchte mich an: »In was haben Sie uns da wieder hineinmanövriert?«

Ich war dabei, die Besucherstühle so zu rücken, daß

die Vardas ihm gegenübersäßen, hielt jetzt aber inne und bedachte ihn mit einem ruhigen, langen Blick.
»Uns?« fragte ich.

»Ja.«

»Gut, wenn es so ist«, sagte ich höflich. »Ich habe sie nicht aufgefordert, herzukommen. Ich habe sie auch nicht eingeladen, am Lunch teilzunehmen. Sie kamen von allein, und ich ließ sie ein, was nun mal zu meinen Pflichten gehört. Da ich diese Sache begonnen habe, will ich sie auch beenden. Darf ich dazu das Vorderzimmer benutzen? Binnen einer Minute werde ich sie draußen haben!«

»Pfui!« Er zeigte ein hochmütiges Gesicht. »Ich bin jetzt verantwortlich für ihre Anwesenheit, da sie meine Gäste beim Lunch waren ... Setzen Sie sich, Sir. Setzen Sie sich, Mrs. Vardas.«

Carl und Tina wußten nicht mehr ein noch aus. Ich mußte ihnen die Stühle in die Kniekehlen schieben, damit sie Platz nahmen. Dann ging ich hinter meinen Schreibtisch und setzte mich so, daß ich Wolfe ins Gesicht sehen konnte.

»Ich habe diesen beiden eine Frage zu stellen«, sagte ich zu Wolfe, »doch ehe ich das tue, sollen Sie ein paar Tatsachen hören. Diese beiden sind hier ohne Einwanderungspapiere. Sie waren in einem Konzentrationslager hinter dem Eisernen Vorhang und wollen unter keinen Umständen erzählen, wie sie hierhergelangt sind. Sie könnten Spione sein, aber das kommt mir recht unwahrscheinlich vor, nachdem ich sie sprechen hörte. Begreiflicherweise springen sie vor Schreck in die Höhe und rennen eine Meile weit weg, wenn jemand hinter ihnen ›Buuuh!‹ ruft. Und als heute früh ein Mann in den Friseurladen kam, seinen Kriminalpolizeiausweis vorzeigte und sie fragte, wer sie wären und woher sie kämen und was sie letzte Nacht getan hätten, nutzten sie die erste Chance, die sich bot, und rückten aus. Aber sie wußten nicht wohin und kamen hierher, um sich von mir für fünfzig Dollar Rat zu kaufen. Ich war großmütig und ging in den Friseurladen, um mich ein wenig zu informieren.«

»Sie gingen hin?« jappte Tina.

Ich wandte mich den beiden zu. »Sicher, ich ging hin. Ich fand eine recht verzwickte Situation. Aber ich denke, ich kann die Sache zurechtbiegen, wenn es nur gelingt, Sie beide schnell aus der Schußlinie zu bringen. Hierzubleiben, das wäre zu gefährlich für Sie. Aber ich weiß einen sicheren Platz drüben in Bronx, wo Sie sich für ein paar Tage verstecken könnten. Sie dürfen aber nicht riskieren, ein Taxi oder die Untergrundbahn zu benutzen. Daher gehen wir jetzt über den Hof zur Garage im Nebenhaus. Dort steht Mr. Wolfes Auto. Sie können es nehmen und damit nach Bronx fahren –«

»Entschuldigen Sie«, warf Carl dringlich ein, »werden Sie uns dorthin fahren?«

»Nein, ich habe zu tun. Ich werde später –«

»Aber ich kann kein Auto fahren! Ich weiß nicht, wie man Auto fährt!«

»Dann wird Ihre Frau fahren.«

»Sie kann es nicht, sie weiß auch nicht, wie man ein Auto fährt!«

Ich sprang in die Höhe, war mit zwei langen Schritten um meinen Schreibtisch herum und baute mich vor ihnen auf. »Hören Sie«, sagte ich hitzig, »heben Sie sich diesen Schwindel für die Cops auf! Sie können kein Auto fahren? Bestimmt können Sie das! Jeder kann das!«

Sie blickten zu mir empor, Carl bestürzt, Tina stirnrunzelnd. »In Amerika ja«, sagte Tina. »Aber wir sind keine Amerikaner, bis jetzt nicht. Wir hatten nie Gelegenheit, zu lernen, wie man ein Auto fährt.«

»Was soll das?« fragte Wolfe.

Ich kehrte hinter meinen Schreibtisch zurück. »Das«, sagte ich, »war die Frage, die ich den beiden zu stellen wünschte. Es war eine Fangfrage, wie Sie alsbald erkennen werden.« Ich blickte Carl und Tina an. »Wenn es eine Lüge ist, daß Sie nicht wissen, wie man ein Auto fährt, werden Sie nicht erst nach Hause geschickt, um zu sterben. Dann werden Sie gleich hier sterben. Es ist kinderleicht herauszufinden, ob Sie lügen!«

»Weshalb sollten wir?« fragte Carl. »Was ist so wichtig dabei?«

»Noch einmal«, beharrte ich, »können Sie ein Auto fahren?«

»Nein.«

»Können Sie es, Tina?«

»Nein.«

»Gut.« Ich wandte mich an Wolfe. »Der Mann, der heute früh in den Friseurladen kam, war ein Kriminalbeamter vom Zwanzigsten Revier, Jake Wallen mit Namen. Fickler brachte ihn zu Tinas Kabine, wo er zuerst Tina befragte. Dann wurden die anderen in dieser Reihenfolge zu ihm in die Kabine geschickt: Philip, Carl, Jimmie, Tom, Ed und Janet. Vielleicht ist Ihnen unbekannt, daß die Manikürkabinen sich jenseits der langen Trennwand befinden. Nachdem Janet als letzte Befragte herauskam, gab es eine Zeitspanne von zehn bis fünfzehn Minuten, während welcher Wallen allein in der Kabine war. Dann ging Fickler nachsehen, und was er sah, war Wallens Leiche mit einer Schere im Rücken. Irgend jemand hatte ihn erstochen. Da Carl und Tina sich inzwischen davongemacht hatten –«

Tinas Schrei war eher ein Keuchen – ein gurgelndes, erschrecktes Keuchen, ein gräßlicher Laut. Mit einem Satz war sie auf den Füßen und bei Carl, packte ihn an den Schultern und jammerte verzweifelt: »Carl, nein! Nein, nein! Oh, Carl –!«

»Bringen Sie sie zur Ruhe!« herrschte Wolfe mich an.

Ich mußte es versuchen, weil Wolfe eher mit einem hungrigen Tiger in einem Raum bleiben würde, als mit einer außer Rand und Band geratenen Frau. Ich ging also hin und faßte Tina bei den Oberarmen, ließ aber gleich wieder los, als ich den Ausdruck auf Carls Gesicht bemerkte. Er stand mit einem Ruck auf und schüttelte Tinas Griff ab. Es sah aus, als wollte und könnte er die Situation meistern.

Er tat es. Er schob Tina zurück auf ihren Stuhl und flüsterte einige Augenblicke lang in einer fremden Sprache auf sie ein. Dann wandte er sich an mich: »Dieser Mann – er wurde getötet? In Tinas Kabine?«

»Ja.«

Carl lächelte, wie früher schon einmal krampfhaft und verzerrt. »Dann natürlich«, sagte er in einem Ton, als müßte er einen heftig umstrittenen Diskussionspunkt jetzt anerkennen, »dann natürlich! Das ist das Ende für uns ... Aber, bitte – ich möchte nicht, daß Sie meine Frau tadeln. Wir sind zusammen durch so viele schwere Situationen gegangen, daß sie bereit ist, mir manches zuzutrauen, was meine Kräfte übersteigt. Sie hat eine hohe Meinung von mir, und ich habe eine hohe Meinung von ihr. Aber ich habe diesen Mann nicht getötet. Nicht einmal angerührt habe ich ihn.« Sein Ausdruck wurde finster. »Aber warum schlugen Sie uns vor, mit Mr. Wolfes Auto nach Bronx zu fahren? Sie werden uns doch selbstverständlich der Polizei übergeben.«

»Vergessen Sie Bronx.« Ich machte ebenfalls ein finsteres Gesicht. »Nirgendwo können Sie hin. Jeder einzelne der achtzehntausend Cops dieser Stadt hält Ausschau nach Ihnen. Setzen Sie sich.«

Er ging zu seinem Stuhl und setzte sich.

»Die Sache mit dem Autofahren«, murmelte Wolfe, »war das faules Geschwätz?«

»Nein, Sir. Sie werden sofort hören. Letzte Nacht um zwölf herum überfuhr jemand mit einem gestohlenen Auto auf dem Broadway eine Frau und flüchtete. Die Frau starb. Das Auto wurde später Ecke Broadway und Sechsundneunzigste Straße verlassen aufgefunden. Jake Wallen vom Zwanzigsten Polizeirevier war der erste, der einen genauen Blick in das Auto tat. Anscheinend hat er dabei etwas gefunden, was ihn zum Goldenrod Salon führte. Jedenfalls rief er seine Frau an und sagte, er sei auf einer heißen Spur, die ihn zu Anerkennung und Beförderung bringen könnte. Danach erschien er im Goldenrod Salon und sprach, wie bereits beschrieben, mit der Belegschaft. Ergebnis – ebenfalls wie bereits beschrieben. Cramer nimmt an, daß der schuldige Fahrer sich in die Enge getrieben sah und zur Schere griff. Und Cramer ist – ich zitiere jetzt Mr. Nero Wolfe – bestimmt kein Dummkopf. Um ein flüchtig gewordener Autofahrer zu sein, muß man allerdings gewisse Voraussetzungen erfüllen, deren wichtigste es ist, daß man weiß, wie ein Auto gefahren wird. Carl und Tina behaupten, dies nicht zu wissen. Das beste für Carl und Tina wäre es demnach, ins Geschäft zurückzukehren und alles weitere abzuwarten, wenn es nicht folgende zwei Tatsachen gäbe: erstens, daß sie ihre Situation durch das Ausrücken sehr schwierig gemacht haben, und zweitens, daß sie – selbst wenn ihre Unschuld im Fall Wallen erwiesen wird – durch das Fehlen von Einwanderungspapieren ohnehin geliefert sind.«

Ich machte eine resignierende Handbewegung. »Wo läge also der Unterschied? Schickt man sie dorthin zurück, woher sie gekommen sind, werden sie – wie sie selbst sagen – gehängt. Dort gehängt zu werden oder hier gehängt zu werden – das sind die zwei Möglichkeiten, zwischen denen sie wählen können ... Eine interessante Nuance kommt durch den Umstand hinzu, daß Sie, Sir, zwei von der Polizei gesuchte Personen verborgen halten. Ich nicht. Denn ich habe Purley Stebbins erzählt, daß sie hier sind.«

»Was haben Sie?« bellte Wolfe.

»Was ich sagte – Purley Stebbins erzählt, daß sie hier sind ... Das ist der Vorteil, wenn man den Ruf genießt, dumme Scherze zu lieben – man kann alles geradeheraus sagen. Ich flüsterte ihm ins Ohr, sie seien hier in unserem Vorderzimmer, und er ging glatt darüber hinweg. Ich bin also im reinen. Sie nicht, Sir. Sie können sie jetzt nicht mal wegschicken. Wenn Sie nicht selbst mit Cramer telefonieren möchten, könnte ich Purley Stebbins im Friseurladen anrufen und ihm sagen, sie seien noch immer hier, und weshalb er noch nicht nach ihnen geschickt hätte.«

»Ob es vielleicht besser wäre«, flüsterte Tina hoffnungslos, »ein kleines bißchen besser, wenn Sie uns einfach gehen ließen? Nein?«

Sie bekam keine Antwort. Wolfe saß da und starrte mich düster an. Er brauchte keine Erläuterungen meinerseits, um sich klarzumachen, in welcher Klemme er saß; ich habe nie versucht zu leugnen, daß die weise Allmutter Natur das Innere seines Schädels bedeutend vollkommener ausgestattet hat, als sie es bei mir für nötig hielt. Was ihn dabei zusätzlich wurmte, war der kleine Trick, mit dem ich herausgebracht hatte, daß Carl und Tina offenbar wirklich nicht Auto fahren konnten, er liebt es nicht, wenn andere Leute sich solche Tricks anmaßen, die von ihm selber stammen könnten.

»Da wäre«, brummte er, »noch eine Möglichkeit zu erwägen.«

»Lassen Sie uns doch einfach gehen«, flehte Tina.

»Pfui!« Sein Blick schwenkte zu ihr hinüber. »Sie würden versuchen auszurücken und wären binnen längstens einer Stunde geschnappt.« Wieder zu mir:

»Sie haben Mr. Stebbins erzählt, daß sie hier sind. Gut. Wir können sie einfach hierbehalten und die weitere Entwicklung abwarten. Da Mr. Cramer und Mr. Stebbins so eifrig am Werk sind, mag es sein, daß sie den Mörder bald entdecken.«

»Möglich«, gab ich zu. »Doch im Grunde genommen bezweifle ich es. Cramer und Stebbins wollen zwar keine Möglichkeit auslassen. Aber tatsächlich haben sie sich für Carl und Tina als Täter entschieden. Was sie jetzt noch suchen, sind irgendwelche Beweise, insbesondere das Beweisstück, durch das Wallen in den Friseurladen geführt wurde. Ich glaube übrigens, daß sie nicht mehr viel Hoffnung darauf setzen, es noch zu finden. Es könnte ja sein, daß Carl und Tina es mitgenommen haben.«

Wolfes Blick schwenkte zu Carl. »Haben Sie und Ihre Frau den Laden zusammen verlassen?«

Carl schüttelte den Kopf. »Das wäre aufgefallen. Deshalb ging sie zuerst. Als sie fort war, wartete ich, bis alle beschäftigt waren und Mr. Fickler hinter die Trennwand ging. Dann lief ich hinaus und die Treppe hinauf. Tina wartete oben.«

»Wann war das?« fragte ich. »Wer war zu dieser Zeit in Tinas Kabine bei Wallen?«

»Ich glaube, niemand mehr. Janet war vor einer Weile herausgekommen. Sie manikürte einen Kunden in Jimmies Stuhl.«

»Großer Gott!« Ich hob erschreckt die Hände. »Demnach verließen Sie den Laden nur eine Sekunde, bevor Fickler den ermordeten Wallen entdeckte!«

»Ich weiß nicht.« Carl war nicht beunruhigt. »Ich weiß nur, daß ich diesen Mann nicht angerührt habe.«

»Das«, sagte ich zu Wolfe, »macht die Sache noch netter. Bisher bestand eine schwache Chance, Carl und Tina könnten vielleicht ein bißchen früher gegangen sein.«

»Ja.« Wolfe blickte mich an. »Es kann als sicher

gelten, daß Wallen noch lebte, als Ed die Kabine verließ, da nach Ed diese junge Frau – wie ist ihr Name?«

»Janet.«

»Ich nenne nur wenige Männer und keine Frau beim Vornamen. Wie ist ihr Name?«

»Stahl«, hauchte Tina, »Janet Stahl.«

»Danke Ihnen ... Wallen war also sicher noch am Leben, als Ed ihn verließ, denn nach Ed begab sich Miss Stahl in die Kabine. Miss Stahl, die Wallen zuletzt am Leben sah, und Mr. Fickler, der ihn tot auffand oder zumindest verkündete, er habe ihn tot aufgefunden – diese zwei hatten theoretisch Gelegenheit, ihn umzubringen. Was ist mit den anderen?«

»Erinnern Sie sich bitte«, entgegnete ich, »daß ich offiziell nur in den Laden kam, um mich rasieren zu lassen. Ich hatte ein gewisses Maß persönlicher Neugier zu zeigen und darauf bedacht zu sein, daß ich es nicht zu weit trieb. Aus dem, was Ed mir erzählte, wäre zu schließen, daß beinah alle Gelegenheit gehabt hätten, Ed selbst allerdings ausgenommen. Wie Sie wissen, rennt bald der eine, bald der andere hinter die Trennwand, um dieses oder jenes Ding zu holen. Ed erinnert sich nicht, wer in den fraglichen zehn oder fünfzehn Minuten hinter die Trennwand lief und wer nicht, und wahrscheinlich können sich die anderen auch nicht erinnern. Die Tatsache, daß Cramer und Stebbins jeden einzelnen sehr interessiert danach fragten, zeigt immerhin, daß Carl und Tina kein Monopol besitzen. Wie Ed mir gegenüber bemerkte, braucht die Polizei Beweise. Und danach sucht sie noch.«

Wolfe brummte verstimmt.

»Es zeigt ferner«, fuhr ich fort, »daß Cramer und Stebbins bisher nichts haben, was ihnen weiterhelfen könnte – wie Fingerabdrücke aus dem Auto oder an der Schere, oder die Feststellung, zu wessen speziellem Arbeitsbesteck die Schere gehörte, oder irgend etwas,

was Wallen bei sich gehabt hätte. Sicher sind sie darauf aus, Carl und Tina zu fassen, und wir wissen beide, was passieren würde, wenn sie sie kriegen. Aber an augenfälligen Beweisen fehlt es ihnen noch ... Wenn Sie auf Ihrer Idee beharren, Carl und Tina als unsere Gäste hierzubehalten, bis Cramer und Stebbins ihre Pranken auf den richtigen Burschen gelegt haben, mag sich dies als recht langfristige Maßnahme erweisen. Meines Wissens haben Sie den Gedanken, daß Frauen, oder auch nur eine Frau unter diesem Dach leben könnte, bisher stets mit Entschiedenheit von sich gewiesen. Daher fürchte ich, daß es Ihnen nach ein paar Monaten einigermaßen auf die Nerven gehen könnte.«

»Ach, es ist nicht gut«, sagte Tina, wieder mit ihrem atemlosen Flüstern. »Lassen Sie uns doch einfach gehen! Bitte, lassen Sie uns gehen!«

Wolfe ignorierte es. Er lehnte sich zurück, schloß die Augen und stieß einen schweren Seufzer aus. Nach der Art, wie seine Nasenflügel zu vibrieren begannen, wußte ich, daß er um eine bittere Entscheidung rang – entweder sich in aller Bälde und sehr ernsthaft an die Arbeit zu machen oder mir zu sagen, ich solle Purley Stebbins anrufen; ersteres war ihm grundsätzlich zuwider, letzteres hingegen hätte seine Selbstachtung und seine berufliche Eitelkeit verletzt.

Er seufzte abermals, öffnete die Augen und knarrte in Tinas Richtung: »Abgesehen von Mr. Fickler waren Sie die erste, an die dieser Mann Fragen stellte. Stimmt das?«

»Jawohl, Sir.«

»Erzählen Sie mir, was er sagte, was er fragte. Ich will jedes einzelne Wort wissen. Genau.«

Tina machte ihre Sache gut, ich mußte es anerkennen. Sie zog die Augenbrauen zusammen und konzentrierte sich, und es schien, daß Wolfe alles aus ihr herausbekam, was sie wußte. Sie konnte ihm aber nicht geben, was sie nicht hatte.

Er blieb hinterher. »Sie sind dessen sicher, daß er Ihnen nichts zeigte? Irgendeinen Gegenstand? Irgend etwas?«

»Ja, ich bin ganz sicher, daß er es nicht tat.«

»Fragte er Sie nach einem Gegenstand? Nach irgend etwas aus dem Laden?«

»Nein.«

»Er holte nichts aus einer seiner Taschen?«

»Nein.«

»Die Zeitung, die er bei sich hatte – zog er die nicht aus der Tasche?«

»Nein. Er hatte sie in der Hand, als er in die Kabine kam.«

»In der Hand oder unter dem Arm?«

»In der Hand. Ja, dessen bin ich sicher.«

»War sie zusammengefaltet?«

»Natürlich. Zeitungen sind ja immer gefaltet.«

»Gewiß, Mrs. Vardas. Denken Sie jetzt ganz scharf an die Zeitung, wie Sie sie in seiner Hand sahen. Wir müssen uns an diese Zeitung halten, weil wir sonst nichts haben, woran wir uns halten können. War die Zeitung so gefaltet, als hätte er sie vorher in der Tasche gehabt?«

»Nein, Sir – so war sie nicht gefaltet.« Tina bemühte sich rechtschaffen, es war ihr anzusehen. »Nicht so klein zusammengefaltet, meine ich. Als er sich setzte, legte er sie auf das Tischchen rechts neben sich – ja, von mir gesehen links, also rechts von ihm aus. Ich schob ein paar meiner Arbeitsgeräte zur Seite, um Platz für die Zeitung zu machen. Ich würde sagen – sie war so gefaltet, wie man sie am Zeitungsstand bekommt.«

»Aber er erwähnte die Zeitung nicht?«

»Nein.«

»Und Sie bemerkten nichts Außergewöhnliches daran? Ich meine an der Zeitung.«

Sie schüttelte den Kopf. »Es war ganz einfach eine Zeitung.«

Wolfe wiederholte die Befragung mit Carl und bekam praktisch dasselbe zu hören – kein Gegenstand erwähnt oder gezeigt, keinerlei Hinweis auf irgend etwas. Die Zeitung hatte auf dem Tischchen mit den Manikürgeräten gelegen, als Carl zu Wallen in die Kabine geschickt wurde, und war von Wallen völlig ignoriert worden. Carl machte es sich etwas leichter als Tina – er rang nicht ganz so hart darum, sich genau der Worte zu erinnern, die Wallen gebraucht hatte.

Wolfe gab es auf, von den beiden zu bekommen, was sie nicht hatten. Er lehnte sich zurück, schloß die Augen, preßte die Lippen zusammen und tippte mit den Zeigefingern auf den Armlehnen seines Sessels herum. Schließlich öffnete er die Augen wieder und brummte verdrossen: »Lassen wir's. Es ist unmöglich. Selbst wenn ich eine Möglichkeit sähe, etwas zu tun, könnte ich es doch nicht tun. Sobald ich nur einen Finger rühren würde, finge Mr. Cramer an zu kläffen, und ich habe keinen Schalldämpfer für ihn. Jeder Versuch –«

Die Türklingel läutete. Da ich Fritz beim Lunch gesagt hatte, ich würde mich darum kümmern, stand ich auf und begab mich in die Halle, um zur Wohnungstür zu gehen. Doch nicht den ganzen Weg. Denn fünf Schritt von der Tür entfernt erkannte ich durch die Patentglasscheibe, die nur von innen, aber nicht von außen durchsichtig ist, das rote, zerfurchte Gesicht mit der kalten Zigarre im Mundwinkel und die breiten, knochigen Schultern. Ich machte kehrt, hastete lautlos ins Büro zurück und raunte Wolfe zu: »Der Lieferant für den Henker.«

»Wirklich.« Sein Kopf ruckte hoch. »Das Vorderzimmer.«

Carl und Tina, alarmiert von unserem Ton und Tempo, waren aufgesprungen. Die Klingel ertönte abermals. Ich eilte an die Tür zum Vorderzimmer, öffnete sie, winkte den beiden mit dem Kopf und sagte: »Hier hinein! Schnell!«

Sie gehorchten ohne ein Wort, als hätten sie mich seit Jahren gekannt und mir immer vertraut. Aber welche Wahl wäre ihnen noch geblieben? Als sie an mir vorüber waren, raunte ich ihnen nach: »Entspannen und ruhig bleiben!«

Dann machte ich die Tür zu, blickte Wolfe an, erhielt ein kurzes Nicken, ging in die Halle und zur Eingangstür, öffnete sie und sagte grämlich: »Ach, Sie! Was gibt's?«

»Haben lange genug gebraucht«, knurrte Inspektor Cramer und trat ein.

Wolfe kann sich merkwürdig schnell bewegen, wenn er will; das hatte ich ihn mehr als einmal praktizieren sehen, und jetzt tat er es wieder. Bis ich, gefolgt von Cramer, ins Büro zurückkam, war es ihm gelungen, vor sich auf dem Schreibtisch ein Dutzend Blumensamenkataloge auszubreiten, die er eigens aus einem Aktenschränkchen hatte holen müssen. Einen besonders dicken Katalog hatte er offen vor sich liegen und blickte uns über ihn hinweg finster entgegen. Er brummte einen Gruß, aber kein Willkommen. Cramer brummte zurück, ging zu dem roten Lederstuhl, den er stets bevorzugte, und setzte sich.

Ich begab mich hinter meinen Schreibtisch. Ich wünschte insgeheim, nicht hineingezogen zu werden, um die Situation besser genießen zu können. Wenn es Wolfe gelang, die Vardas vor Cramers Klauen und sich selbst vor einem peinlichen Prozeß zu bewahren, wollte ich ihm meine Hochachtung erweisen, indem ich ihn für die Dauer eines Monats nicht ärgerte.

Fritz kam mit einem Tablett herein. Demnach hatte Wolfe sogar noch Zeit gefunden, den Klingelknopf zu drücken. Es war seine übliche Ration – drei Flaschen Bier. Wolfe gebot Fritz, ein weiteres Glas zu bringen, aber Cramer sagte nein, danke.

Plötzlich sah Cramer mich an und fragte: »Wohin gingen Sie, nachdem Sie den Friseurladen verlassen hatten?«

Ich hob die Augenbrauen. »Wenn es Sie wirklich interessierte, Sir, hätten Sie mir jemanden hinterherschicken können. Da es Sie nicht genug interessierte, um mir jemanden hinterherzuschicken, sind Sie jetzt nur neugierig. Und das verabscheue ich. Nächste Frage, bitte.«

»Warum nicht erst diese beantworten?«

»Weil einige von den Dingen, die ich zu erledigen hatte, vertraulich sind. Und ich möchte nicht anfangen, schlechte Gewohnheiten einzuführen.«

Cramer wandte sich abrupt an Wolfe. »Sie wissen, daß heute früh in diesem Friseurladen ein Kriminalbeamter ermordet wurde?«

»Ja.« Wolfe hielt das schaumgekrönte Glas Bier, das er eben an den Mund führen wollte, auf halbem Weg in der Luft. »Archie hat mir davon erzählt.«

»Vielleicht hat er das.«

»Nicht vielleicht. Er hat.«

»Gut.« Cramer neigte den Kopf schief und beobachtete, wie Wolfe das Glas genießerisch leerte und sich anschließend mit seinem Taschentuch die Lippen abtupfte. Dann sagte er: »Hören Sie, was mich hierherführt. Seit Jahren finde ich eine bestimmte Erfahrung immer wieder bestätigt. Entdecke ich Sie – und Goodwin ist ein Teil von Ihnen – innerhalb einer Meile um einen Mordfall, dann ist irgend etwas Krummes zu erwarten. Ich brauche Ihnen keine Einzelheiten aufzuzählen – Ihr Gedächtnis ist so gut wie meins ... Warten Sie eine Sekunde, lassen Sie mich aussprechen.

Ich behaupte nicht, daß es keine Zufälle gäbe. Ich weiß, daß Sie seit Jahren in diesen Friseurladen gehen und Goodwin noch länger. Es brauchte nicht einmal merkwürdig zu sein, wenn er an diesem speziellen Tag, zwei Stunden nach dem Mord, in den Laden gekommen wäre, gäbe es da nicht gewisse Besonderheiten. Er sagte Graboff, seinem Friseur, daß er dringend eine Rasur nötig habe, um zu einer Verabredung zu gehen. Nun – so sehr dringend kann es nicht gewesen sein. Er wartete nämlich gut eine halbe Stunde, bis Graboff mit der Bedienung eines anderen Kunden fertig war. Aber auch darüber würde ich hinweggehen. Der springende Punkt ist, daß beide, Graboff und Fickler, sich nicht erinnern, daß er in den beinah sechs Jahren, die er dort Kunde ist, auch nur ein einziges Mal bloß zum Rasieren hereingekommen wäre. Er kam immer für das ganze Repertoire – Haarschneiden, Kopfhautmassage, Shampoonieren *und* Rasieren. Ausnahmslos. Das macht mir sein heutiges Erscheinen sehr bemerkenswert. Ausgerechnet heute, zum ersten Mal in fast sechs Jahren, kommt er, weil er dringend rasiert zu werden wünscht. Das nehme ich ihm nicht ab.«

Wolfe zuckte die Achseln. »Dann eben nicht. Ich bin nicht verantwortlich für Ihren Gläubigkeitsquotienten, Mr. Cramer. Ebensowenig Mr. Goodwin. Ich sehe nicht, wie wir Ihnen helfen können.«

»Niemand würde es glauben«, beharrte Cramer verbissen. »Deswegen bin ich hier. Ich glaube, daß Goodwin in den Laden kam, weil er wußte, daß dort ein Mann ermordet worden war.«

»Dann glauben Sie etwas Falsches, Sir«, entgegnete ich ihm. »Bis ich dorthin kam, hatte ich nicht die leiseste Ahnung oder einen Verdacht, daß ein Mann ermordet worden war – weder dort noch sonstwo.«

»Sie sind dafür bekannt, daß Sie lügen, Goodwin.«

»Nur innerhalb gewisser Grenzen. Und ich weiß, wo diese Grenzen liegen. Ich bin bereit, eine eidesstattliche Erklärung abzugeben. Setzen Sie sie auf, und wir gehen zum Notariat an der nächsten Ecke. Über Meineid denke ich nicht anders als Sie.«

»Ihr Erscheinen dort hatte nichts, aber auch gar nichts mit dem Mord zu tun?«

»So können Sie es formulieren. Es hatte nichts, aber auch gar nichts mit dem Mord zu tun.«

Wolfe schenkte sich ein Bier ein. »Wie«, fragte er milde, »sollte denn Goodwin von dem Mord erfahren haben? Haben Sie sich darüber eine Meinung gebildet, Mr. Cramer?«

»Was weiß ich, wie er es erfahren hat«, knurrte Cramer ungeduldig. »Ich habe keine Zeit gehabt, mir darüber den Kopf zu zerbrechen. Ich weiß nur, was es bedeutet, wenn ich mit einem Mordfall beschäftigt bin, und plötzlich tauchen Sie in der Nähe auf oder Goodwin. Und Goodwin tauchte dort auf! Zwei Stunden, nachdem es passiert war! Offen gesagt – ich habe keine Idee, wie und warum Sie mit dieser Sache zu tun haben, Mr. Wolfe. Sie arbeiten nur für teures Geld. Dieser flüchtig gewordene Fahrer kann ein Mann mit Geld sein, gewiß. Aber wenn das so ist, kann er keiner von denen sein, die bei Fickler arbeiten. Keiner dieser Leute hat das Geld, einen Nero Wolfe zu engagieren. Daher glaube ich nicht, daß es Geld sein könnte, was Sie in diese Sache hineingezogen hat. Und ich bekenne offen, daß ich keine Ahnung habe, was sonst Sie hineingezogen haben könnte ... Ich schätze, ich möchte jetzt doch ein kleines Bier, wenn es Ihnen nichts ausmacht. Ich bin abgespannt.«

Wolfe lehnte sich vor, um den Klingelknopf zu drücken.

»Was mir im Sinn liegt«, fuhr Cramer fort, »sind

zwei Dinge. Erstens glaube ich nicht, daß Goodwin sich zufällig auf dem Schauplatz dieses Mordes eingefunden hat. Allerdings gebe ich zu, daß er nicht bedenkenlos genug ist, um einen Meineid zu leisten.« Er blickte mich an. »Ich erwarte diese eidesstattliche Erklärung, Goodwin. Heute noch.«

»Sie werden sie erhalten«, versicherte ich. »Heute noch.«

Fritz kam mit einem anderen Tablett herein, setzte es auf das Tischchen neben Cramer und öffnete die Flasche. »Darf ich einschenken, Sir?«

»Danke. Mach's selbst.« Cramer nahm sein Glas in die linke Hand, hielt es schräg und schenkte mit der Rechten das Bier ein. Im Gegensatz zu Wolfe liebt er übermäßigen Schaum nicht. »Zweitens«, sagte er zu Wolfe, »denke ich, daß das, was Goodwin dorthin führte, irgend etwas Besonderes ist, worüber Sie mir vielleicht Auskunft geben würden. Goodwin tat es nicht, weil Sie der Chef sind und er den Mund halten muß, bis Sie ein Wort sagen. Ich gebe zu, daß ich nichts habe, womit ich es aus Ihnen herausholen könnte. Aber Sie kennen die gesetzlichen Bestimmungen über die Verhehlung von Wissen und Zurückhaltung von Beweisen so gut wie ich. Und nach all den Tricks, die Sie sich schon geleistet haben –«

»Ah, Sie denken«, unterbrach Wolfe, »*ich* hätte Archie mit einem Auftrag in den Laden geschickt?«

»Ja. Aus den genannten Gründen denke ich das.«

»Irrtum, Mr. Cramer, das habe ich nicht. Da Sie von Archie eine eidesstattliche Erklärung erwarten, sollen Sie auch von mir eine bekommen. Ich werde Ihnen darin schriftlich geben, daß ich ihn nicht zum Friseurladen geschickt habe, daß ich nicht mal von seiner Absicht wußte, dorthin zu gehen, und daß ich von dem Mord erst erfuhr, als Archie zurückkam und mir davon erzählte.«

»Das würden Sie beschwören?«

»Ihnen zuliebe, ja. Sie haben kostbare Zeit verschwendet, indem Sie sich hierher bemühten. Nun sollen Sie auch etwas dafür bekommen.« Wolfe langte nach seiner zweiten Flasche Bier. »Nebenbei bemerkt – mir ist immer noch nicht klar, weshalb Sie überhaupt gekommen sind. Wie Archie berichtete, ist der Mörder bekannt, und Sie brauchen ihn bloß noch zu fassen, diesen Mann vom Garderobenständer – äh, Carl. Und seine Frau – sagten Sie, Archie?«

»Ganz recht, Sir. Tina, eine der Maniküren. Purley Stebbins erzählte mir unumwunden, sie hätten es getan und sich verdrückt.«

Wolfe blickte Cramer fragend an. »Nun – was haben Sie dann eigentlich von mir erwartet? Wie soll ich Ihnen helfen können?«

»Was ich sagte, war alles«, knurrte Cramer und goß sich den Rest Bier aus seiner Flasche ins Glas, »wenn ich sehe, daß Goodwin seine Nase irgendwo hineinsteckt, will ich wissen, warum.«

»Ich glaube das nicht, Mr. Cramer«, erklärte Wolfe ziemlich grob. Er wandte sich an mich. »Archie, ich denke, Sie sind dafür verantwortlich. Irgendwie. Ich denke, Mr. Cramer könnte über irgend etwas beunruhigt sein, was Sie getan oder gesagt haben. Was war es?«

»Sicher – immer ich.« Ich gab mich gekränkt. »Was ich getan habe? Ich wollte mich rasieren lassen. Da Ed einen Kunden hatte und ich warten mußte, sprach ich mit Purley Stebbins. Und mit Inspektor Cramer. Und mit Janet – für Sie Miss Stahl. Und dann mit Ed, während er mich rasierte. Das heißt, er sprach –«

»Was haben Sie zu Mr. Cramer gesagt?«

»Praktisch nichts. Nur eine höfliche Frage beantwortet.«

»Und was haben Sie zu Mr. Stebbins gesagt?«

Jetzt glaubte ich zu erkennen, auf was Wolfe hinauswollte. »Zu Stebbins?« wiederholte ich. »Eigentlich fragte ich ihn nur, was los sei, und er sagte es mir. Das habe ich Ihnen erzählt.«

»Nicht wörtlich. Was haben Sie zu ihm gesagt? Genau.«

»Nichts Besonderes. Natürlich wünschte er zu wissen, was mich dorthin geführt hätte, und ich sagte – oh, warten Sie einen Moment! Vielleicht haben Sie recht, vielleicht war da wirklich etwas! Stebbins fragte mich, ob ich Carl oder Tina heute früh gesehen hätte, und ich sagte, sicher, ich hätte sie hier in unser Vorderzimmer gesetzt und ihnen aufgetragen zu warten, und wenn er sich beeile –«

»Ha!« rief Wolfe. »Wußte ich's doch! Ihre verwünschte Zunge! Das also ist es!« Er blickte Cramer an. »Warum sind Sie nicht gleich damit herausgerückt?« fragte er und gab sich dabei Mühe, nicht allzu verächtlich zu reden, denn immerhin trank Cramer momentan sein Bier und galt daher als Gast. »Tja, Mr. Cramer«, fuhr er fort, »da Archie, vorlaut wie immer, unser kleines Geheimnis verraten hat, wäre es sinnlos, wenn ich noch lange damit zurückhalten wollte. Das ist es nämlich, wozu wir unser Vorderzimmer hauptsächlich verwenden – wir verstecken Mörder darin. Sie sind bewaffnet, nehme ich an? Gehen Sie also und schnappen Sie sich die beiden. Archie, machen Sie ihm die Tür auf.«

Ich ging an die Tür zum Vorderzimmer und machte sie auf – nicht zu weit. »Leider habe ich Angst vor Mördern«, sagte ich höflich, »sonst würde ich gerne helfen.«

Cramer hatte sein halbvolles Glas Bier in der Hand. Es kann sein, daß dies die Sache entschied. Verbissen, wie er nun mal ist, wäre er imstande gewesen, aufzustehen und an die Tür zu kommen, um einen Blick in das Vorderzimmer zu werfen, obschon unsere kleine

Szene ihn eigentlich überzeugt haben mußte. Aber das Glas Bier komplizierte es. Er hätte es entweder zur Tür mitnehmen oder sich zur Seite drehen und es auf den kleinen Tisch stellen müssen.

»Blödsinn«, knurrte er, hob das Glas an den Mund und trank. Möglich, daß er es am liebsten Wolfe ins Gesicht geworfen hätte – seine Laune war danach.

Ich zuckte die Achseln und machte die Tür wieder zu, ohne besonders darauf zu achten, daß der Schnapper einklinkte. Dann kehrte ich gähnend zu meinem Platz zurück.

»Immerhin«, bemerkte Wolfe, »kann ich jetzt nicht wegen Versteckens gesuchter Personen bestraft werden – eine Ihrer beliebtesten Drohungen mir gegenüber, Mr. Cramer.« Er gähnte ebenfalls und fügte hinzu: »Natürlich werden Sie diese beiden kriegen, das ist nur eine Frage der Zeit. Was brauchen Sie noch?«

»Nichts als ein paar Beweise mehr.« Cramer blickte auf seine Armbanduhr. »Ganz recht – wir werden sie kriegen, das ist nur eine Frage der Zeit. Es zahlt sich nicht aus, in dieser Stadt einen Cop zu ermorden.« Er stand auf. »Es würde sich auch für niemanden auszahlen, in seinem Vorderzimmer einen Copkiller zu verstecken ... Dank für das Bier ... Ich erwarte diese eidesstattlichen Erklärungen, und falls –«

Das Telefon klingelte. Ich griff zum Hörer. »Büro Nero Wolfe. Am Apparat Archie Goodwin.«

»Inspektor Cramer bei Ihnen?«

Ich bejahte und hielt Cramer den Hörer hin. »Für Sie«, sagte ich und trat beiseite. Er sprach insgesamt nicht mehr als zwanzig Worte mit Unterbrechungen, in denen er lauschte. Dann warf er den Hörer auf die Gabel und ging zur Tür.

»Sind die beiden gefunden?« fragte ich hinter ihm her.

»Nein.« Er drehte sich nicht um. »Jemand ist verletzt worden. Miss Stahl.«

Ich folgte ihm in der Absicht, die Wohnungstür für ihn zu öffnen. Aber er war schon dort und hindurch und knallte sie hinter sich zu, ehe ich ihn eingeholt hatte. Ich machte kehrt und ging ins Büro zurück.

Wolfe war im Begriff, sich aus seinem Sessel zu erheben. Ich verwunderte mich ob dieser Leibesübung, aber ein Blick auf die Wanduhr zeigte mir, daß es fünf Minuten vor vier war und damit Zeit für seinen Nachmittagsbesuch in den Gewächshäusern auf dem Dach.

»Er sagte, Miss Stahl sei verletzt worden«, berichtete ich überflüssigerweise.

»Hab's gehört«, brummte Wolfe und genoß seinen Rest Bier.

»Ich fühle mich Miss Stahl irgendwie verpflichtet. Nebenbei bemerkt, mag dieser neue Zwischenfall bedeuten, daß Carl und Tina nichts mit der Sache zu tun haben. Ich möchte mal eben hinüberfahren. In zehn Minuten könnte ich dort sein.«

»Nein.« Wolfe blickte auf die Uhr und setzte sich würdevoll in Bewegung. »Bitte räumen Sie die Kataloge weg.« Kurz vor der Tür blieb er stehen und wandte mir den Kopf zu. »Stören Sie mich nur, wenn es unvermeidlich ist. Und lassen Sie keine weiteren DP's ins Haus. Zwei auf einmal sind genug.«

Ich räumte die Blumensamenkataloge weg. Dann ging ich hinüber ins Vorderzimmer. Tina, die auf der Couch lag, setzte sich auf, als ich eintrat, und zog ihren Rocksaum zurecht. Sie hatte niedliche Beine, aber meine Aufmerksamkeit war anderweitig beansprucht. Carl, in einem Sessel nahe dem Fußende der Couch, erhob sich. In seinen Augen standen unzählige Fragen.

»So nett Sie auch aussehen«, sagte ich grob und völlig einer Meinung mit Wolfe, daß zwei von dieser

Sorte im Haus genug wären, »dem Fenster sind Sie doch hoffentlich nicht nahe gekommen?«

»Wir haben schon vor langer Zeit gelernt, den Fenstern fernzubleiben«, erwiderte Carl. »Aber wir möchten jetzt gehen. Wir werden gern die fünfzig Dollar bezahlen, aber –«

»Sie können nicht gehen!« Ich war äußerst bestimmt. »Der Mann, den Sie nebenan gehört haben, war Inspektor Cramer, ein sehr wichtiger Polizeibeamter. Wir sagten ihm, daß Sie hier drinnen seien, und daher –«

»Sie sagten es ihm–«, flüsterte Tina und hielt sich erschrocken die Hände vor den Mund.

»Ja. Die bekannte Hitler-Stalin-Taktik umgekehrt. Diese zwei erzählten Lügen in der Absicht, daß sie für wahr genommen würden. Wir erzählten die Wahrheit in der Absicht, daß sie für eine Lüge genommen würde. Es klappte. Aber jetzt sitzen wir fest und Sie auch. Sie bleiben hier. Sie werden dieses Zimmer einstweilen nicht verlassen. Ich schließe Sie ein.« Ich wies auf eine Tür neben der Tür zum Büro. »Dahinter ist ein Badezimmer. Sie finden dort auch ein Glas, falls Sie trinken wollen. Das Badezimmer hat eine zweite Tür, die zum Büro führt. Aber diese zweite Tür werde ich abschließen. Am Fenster des Badezimmers sind ebensolche Gitterstäbe wie vor den Fenstern dieses Zimmers.«

Ich ging an die Tür zur Halle und schloß sie mit meinem Hauptschlüssel ab. Dann ging ich ins Büro, betrat von dort aus das Badezimmer, schob den Riegel der Tür zum Vorderzimmer zurück, öffnete die Tür einen Spalt breit, kehrte in das Büro zurück, versperrte die Tür zwischen Büro und Badezimmer mit meinem Schlüssel und ging wieder ins Vorderzimmer.

»Alles in Ordnung«, erklärte ich den beiden. »Machen Sie's sich bequem. Falls Sie irgend etwas brauchen – rufen Sie nicht. Dieser Raum ist schalldicht. Drücken Sie statt dessen diesen Klingelknopf.« Ich zeigte ihnen, unter welcher Tischecke der Klingelknopf zu finden war. »Sowie ich etwas Neues weiß, gebe ich Ihnen Bescheid.« Ich schickte mich zum Gehen an.

»Aber es ist furchtbar, dieses In-der-Luft-Hängen«, stöhnte Carl.

»Ganz recht, so ist es«, bestätigte ich grimmig. »Ihre einzige Hoffnung ist, daß Mr. Wolfe jetzt in Ihre Angelegenheit verwickelt ist und daß es an ihm liegt, Sie beide und sich selbst vor allem Weiteren zu bewahren – von mir ganz zu schweigen. Daneben gibt es noch einen kleinen Hoffnungsschimmer. Inspektor Cramer erhielt einen Anruf aus dem Friseurladen. Janet ist verletzt worden. Wenn sie mit einer Schere verletzt wurde, könnte dies eine Erleichterung Ihrer Lage bedeuten, denn Sie waren ja nicht in der Nähe.«

»Janet?« Tina war bestürzt. »Wurde sie schwer verletzt?«

»Ich weiß es nicht«, sagte ich, »und ich werde auch nicht versuchen, es herauszufinden. Wir können jetzt nichts tun als abwarten, zunächst bis sechs Uhr.« Ich konsultierte meine Armbanduhr. »Bis dahin fehlen nur noch eine Stunde und vierzig Minuten. Dann werden wir sehen, ob Mr. Wolfe eine Lösung ausgeheckt hat. Falls nicht, wird er Sie wahrscheinlich zum Dinner einladen. Bis nachher.«

Ich ging hinüber ins Büro, machte die Tür hinter mir zu und verschloß sie. Dann setzte ich mich an meinen Schreibtisch und begann über die Vardas-Angelegenheit nachzudenken. Der schlaue Einfall, mit dem ich herausgebracht hatte, daß weder Carl noch Tina Auto fahren konnten, war soweit schon recht. Aber er bewies nichts über die Schere in Wallens Rücken; im Grunde genommen besagte er bloß, daß es eben

Motive und Motive gab. Die Cops dachten, Wallen sei von einem in die Enge getriebenen Unfallfahrer ermordet worden. Was aber dachte ich? Und – noch wichtiger – was dachte Wolfe? Ich suchte noch nach den Antworten, als das Telefon klingelte.

Es war Sergeant Purley Stebbins. »Archie ...? Purley Stebbins. Ich bin noch im Friseurladen. Wir möchten Sie schnell hier haben.«

Ich antwortete höflich: »Oh, ich bin eigentlich sehr beschäftigt. Aber wenn Sie mich dringend brauchen, mache ich mich frei. Sagen Sie mir Näheres?«

»Wenn Sie hier sind. Nehmen Sie ein Taxi.«

Ich rief Wolfe über das Haustelefon in seinen Gewächshäusern an und berichtete die neue Entwicklung. Dann eilte ich los ...

Die Menge der Neugierigen im Korridor vor dem Goldenrod Salon war jetzt doppelt so groß wie am Vormittag, und drinnen im Laden schien ein verstärktes Polizeiaufgebot herumzuwimmeln. Der Eingang wurde nicht mehr von einem, sondern von zwei Uniformierten bewacht. Ich nannte ihnen meinen Namen und Auftrag und brauchte nicht lange zu warten, bis Stebbins kam und mich hereinholte.

Mit schnellem Blick erfaßte ich die Situation. Die Frisiersessel waren alle leer. Fickler und drei seiner Angestellten – Jimmie, Ed und Philip – saßen in ihren weißen Jacken auf den Stühlen vor der Trennwand, jeder mit einem Kriminalbeamten neben sich. Tom war nicht in Sicht.

Stebbins manövrierte mich in die Ecke neben der Registrierkasse. Er fragte: »Wie lange sind Sie schon mit dieser Janet Stahl bekannt?«

»Nicht so!« Ich schüttelte bedauernd den Kopf. »Sie sagten am Telefon, ich würde hier gebraucht, und ich kam schleunigst her. Wenn Ihnen aber bloß an meiner Biographie gelegen ist, können Sie mich jederzeit während der Arbeitsstunden im Büro anrufen.«

Stebbins' rechte Schulter zuckte. Das war nur ein Reflex seines geheimen Verlangens, mir eine reinzuhauen – ihm kaum bewußt und daher nicht weiter übelzunehmen. »Eines Tages mal –« murmelte er verheißungsvoll durch die zusammengebissenen Zähne und entspannte sich wieder. In normalem Ton fuhr er fort: »Wir fanden sie auf dem Fußboden ihrer Kabine. Bewußtlos, hat einen Schlag gegen den Kopf abbekommen. Wir brachten sie wieder zu sich. Sie kann reden, will aber nicht. Sie will uns nichts erzählen. Sie sagt, sie würde mit niemandem reden, ausgenommen mit ihrem Freund Archie Goodwin. Nun – wie lange sind Sie schon mit ihr bekannt?«

»Ha – ich bin gerührt!« erklärte ich gefühlvoll. »Die einzige Unterhaltung, die ich je mit ihr hatte, fand heute vormittag hier in diesem Laden und unter Ihren Augen statt. Aber Sie sehen ja, was es bei ihr angerichtet hat. Wen will es da wundern, wenn meine Meinung über mich selbst so ist, wie sie ist?«

»Hören Sie, Goodwin – wir sind hinter einem Mörder her!«

»Ich weiß. Ich bin ganz bei der Sache.«

»Sie haben sie also nie außerhalb dieses Ladens gesehen?«

»Nein.«

»Gut. Das kann wahrscheinlich nachgeprüft werden ... Aber jetzt wollen wir, daß Sie sie zum Reden bringen. Da sie uns nichts sagen will, hat sie uns lahmgelegt. Kommen Sie mit.« Er setzte sich in Bewegung.

Ich kriegte ihn beim Ellbogen. »Moment noch. Wenn sie darauf besteht, mit mir und nur mit mir allein zu reden, muß ich mich ein bißchen vorbereiten. Ich sollte also wissen, was geschehen ist.«

»Tja.« Stebbins wollte keine weitere Verzögerung,

aber anscheinend hatte mein Argument Gewicht. »Wir waren hier nur noch zu dritt«, erzählte er mir. »Ich hier vorn bei der Kasse, Joffe und Sullivan dort auf den Stühlen. Jeder der vier Friseure war mit einem Kunden beschäftigt. Fickler ging herum. Ich hatte die halbe Zeit am Telefon zu tun.«

»Wo war Janet?«

»Werden Sie gleich hören. Toracco – das ist Philip – war mit einem Kunden fertig, und ein neuer Kunde setzte sich in den freigewordenen Sessel – wir ließen Stammkunden ein. Der neue Kunde wünschte eine Maniküre, und Toracco rief Janet, aber sie kam nicht. Fickler half dem abgefertigten Kunden ins Jackett. Toracco ging hinter die Trennwand, um Janet zu holen. Er fand sie bewußtlos am Boden ihrer Kabine liegen. Sie war vor fünfzehn, vielleicht vor zwanzig Minuten nach hinten gegangen. Ich glaube, alle Friseure und auch Fickler waren während dieser Zeit mindestens einmal hinter der Trennwand.«

»Wie schwer wurde sie verletzt?«

»Nicht schwer genug fürs Hospital. Der Arzt ließ sie uns hier. Sie hat einen Schlag gegen die rechte Kopfseite bekommen, dicht über dem Ohr. Mit einer der großen Haarwasserflaschen, die in einem Regal hinter der Trennwand stehen, ungefähr zwei Schritt vom Eingang ihrer Kabine entfernt. Die Flasche lag neben ihr auf dem Boden. Es war eine massive Halbliterflasche, noch ganz voll.«

»Fingerabdrücke?«

»Verdammt! Lassen Sie diese dummen Fragen! Er hatte natürlich ein Frottiertuch in der Hand oder irgend so etwas. Kommen Sie jetzt.«

»Noch eine Sekunde. Was sagte der Arzt, als Sie ihn fragten, ob sie nicht am Ende selbst die Festigkeit ihres Schädels erprobt hätte?«

»Er sagte, ausgeschlossen wäre es nicht. Aber er

hielt es für unwahrscheinlich. Kommen Sie und fragen Sie sie.«

Ich war nie zuvor hinter der Trennwand gewesen. Der Raum dahinter war annähernd so lang wie der vordere Teil des Ladens. An der Rückseite der Trennwand hingen die beiden Dampferhitzer für die Frottiertücher und verschiedene andere Geräte. Daneben standen einige Regale mit Flaschen verschiedenster Größen, Tuben, Porzellandosen und allen möglichen Frisierutensilien. Auch die Seitenwände des Raumes wurden von wohlgefüllten Regalen eingenommen. Die Manikürekabinen bildeten den Abschluß des Raumes – vier an der Zahl. Ich konnte mich nicht erinnern, jemals mehr als zwei Maniküren bemerkt zu haben.

Als wir den Eingang der ersten Kabine passierten, sah ich darinnen Cramer an einem Tischchen sitzen und ihm gegenüber Tom, den Friseur mit den weißen Haaren. Cramer erblickte mich und stand auf. Ich folgte Stebbins zur dritten Kabine und in diese hinein. Schritte kamen hinter uns her, und dann war Cramer da.

Es war eine geräumige Kabine, ungefähr drei Schritt im Geviert, aber zur Zeit ziemlich überfüllt. Außer uns dreien und dem Inventar waren da noch ein uniformierter Polizist, der wie eine Bildsäule in einer Ecke stand, und Janet Stahl, die langausgestreckt auf vier nebeneinandergerückten Stühlen ruhte, mit einem kleinen Stapel Frottiertücher unter dem Kopf. Sie hatte die Augen, nicht aber den Kopf, bewegt, um zu sehen, wer da käme. Sie sah wunderhübsch aus.

»Hier ist Ihr Freund Archie Goodwin«, verkündete Stebbins mit einem rechtschaffenen, aber nicht eben erfolgreichen Versuch, mitfühlend zu reden.

»Hallo, junge Lady«, sagte ich. »Was bedeutet das denn?«

Die langen Wimpern begannen zu flattern, ein seelenvoller Blick traf mich, und von den holden Lippen tönte es leise: »Sie –!«

»Tja, Ihr Freund Archie Goodwin.« Es war noch ein Stuhl vorhanden, der einzige, den sie nicht für sich in Anspruch nahm. Ich schob mich an Stebbins vorbei, nahm auf diesem Stuhl Platz und blickte ihr in die Augen. »Wie fühlen Sie sich? Schrecklich – wie?«

»Nein. Überhaupt nicht. Ich bin über alles Fühlen hinaus.«

Ich langte nach ihrem Handgelenk, fand den Puls und blickte auf meine Uhr. Nach dreißig Sekunden sagte ich: »Ihr Puls ist nicht schlecht. Darf ich Ihren Kopf befühlen?«

»Wenn Sie vorsichtig sind.«

»Stöhnen Sie, wenn's weh tut.« Ich brauchte alle zehn Finger, um ihr dichtes, feines braunes Haar zu teilen, und untersuchte dann behutsam, aber gründlich die getroffene Stelle. Sie schloß die Augen und zuckte einmal zusammen, gab aber keinen Laut von sich. »Immerhin eine Beule, über die Sie nach Hause schreiben können«, erklärte ich. »Wer war's?«

»Schicken Sie alle weg, alle, und ich werd's Ihnen sagen«, hauchte sie.

Ich wandte mich an die Zuschauer. »Sie haben es gehört«, sagte ich streng. »Gehen Sie hinaus, alle. Wäre ich hier gewesen, hätte so etwas nicht passieren können!« Es hörte sich großartig an, das merkte ich selbst.

Sie gingen ohne ein Wort, auch der Uniformierte. Ich lauschte den Geräuschen ihrer Schritte und beschloß, lieber sofort mit der Unterhaltung zu beginnen, um ihr Wiederheranschleichen zu übertönen, falls sie sich allzu sorglos auf ihre Horchposten begeben sollten. Sie hatten einige Auswahl – entweder direkt neben dem Eingang oder in einer der Nebenkabinen. Die Zwischenwände waren knapp sechs Fuß hoch.

»Brutal und feige war das«, sagte ich empört zu Janet. »Er hätte Sie töten können! Glücklicherweise haben Sie eine gute, starke, dicke Schädeldecke mitgekriegt.«

»Ich wollte anfangen zu schreien«, flüsterte sie. »Aber da war es schon zu spät.«

»Ah – Sie wollten schreien. Was veranlaßte Sie dazu? Sahen Sie ihn oder hörten Sie ihn?«

»Beides. Ich saß im Kundensessel, mit dem Rücken zum Eingang, und da war ein leises Geräusch hinter mir, wie von verstohlenen Schritten, und ich blickte auf und sah ihn – das heißt, nicht ihn, sondern wie er sich im Glas der Zwischenwand widerspiegelte, rechts hinter mir, mit erhobenem Arm, und ich wollte anfangen zu schreien, aber da schlug er auch schon –«

»Einen Moment.« Ich stand auf, zog meinen Stuhl neben das Tischchen und setzte mich wieder. »Diese Einzelheiten sind wichtig. Saßen Sie ungefähr hier?«

»Ja. Ich saß und dachte nach.«

»Hmm, Sie saßen und dachten nach.« Ich sah ein, daß die Meinung, die ich mir bisher von ihr gebildet hatte, ihrem wahren Wert immer noch nicht voll entsprach. Das Rauhglas der Scheidewand konnte nichts und niemanden widerspiegeln, ganz gleich, wie das Licht war. Die Gleichgültigkeit dieses Mädchens gegenüber aller Logik und Vernunft war überwältigend. Ich fragte: »Erkannten Sie ihn?«

»Natürlich erkannte ich ihn. Deshalb wollte ich denen da draußen ja nichts sagen. Deshalb mußte ich Sie sehen. Der Lange mit den großen Ohren und den Goldzähnen, den Sie Stebbins rufen oder Sergeant – der war es!«

Es überraschte mich nicht. Mittlerweile hatte ich die unbändige Kraft ihrer Phantasie kennengelernt.

»Sie meinen – er war es, der Sie mit der Flasche niederschlug?«

»Nun, ich möchte nicht sagen, daß er es war, der mich mit der Flasche niederschlug. Ich denke, man sollte sehr vorsichtig damit sein, andere Leute solcher Dinge zu bezichtigen. Ich weiß nur, daß er es war, den ich mit erhobenem Arm hinter mir stehen sah, und dann traf mich irgend etwas gegen den Kopf. Daraus kann man ja einige Schlüsse ziehen. Aber es gab noch andere Gründe. Schon heute vormittag war er ruppig, als er mir Fragen stellte. Und den ganzen Tag lang hat er mich auf eine Art angesehen, wie kein Mädchen von einem Mann angesehen werden mag. Und dann können Sie sich ja ganz logisch fragen – würde vielleicht Ed mich umbringen wollen, oder Philip oder Jimmie oder Tom oder Mr. Fickler? Weshalb sollten sie? Daher *muß* er es gewesen sein, selbst wenn ich ihn nicht direkt gesehen habe.«

»Jaja, das klingt ungemein logisch«, räumte ich ein. »Nur macht es mich recht bestürzt. Ich kenne Stebbins seit Jahren, und ich glaube zu wissen, daß er noch nie eine Frau ohne schwerwiegenden Grund geschlagen hat. Was mag er bloß gegen Sie haben?«

»Das weiß ich nicht.« Sie blickte mich nachdenklich an, runzelte die hübsche Stirn und bekam einen verträumten Ausdruck. »Ja«, murmelte sie, »aber eine der ersten Sachen, die Sie mir sagen müssen, ist diese – wie man die Fragen der Reporter beantwortet. Dafür sollen Sie dann ja Ihre zehn Prozent bekommen.«

»Meine zehn Prozent? Wovon?«

»Von allem, was ich verdiene. Als mein Manager.« Sie streckte mir die rechte Hand entgegen. »Schlagen Sie ein.«

Um einen verbindlichen Handschlag zu vermeiden, ohne dabei beleidigend zu sein, ergriff ich den Rücken ihrer Hand mit der Linken, drehte ihre Handfläche nach oben und fuhr mit den Fingern meiner Rechten spielerisch vom Gelenk bis zu den Fingerspitzen darüber hin. »Eine verdammt gute Idee«, sagte ich anerkennend. »Leider werden wir sie ein Weilchen zurückstellen müssen. Ich gehe gerade jetzt durch einen Bankrott und darf mir daher nicht erlauben, irgendwelche Übereinkommen zu treffen. Später dann –«

»Später brauche ich Sie nicht. Ich brauche Sie jetzt.«

»Hier bin ich! Sie haben mich zu Ihrer Verfügung, aber noch nicht unter Vertrag.« Ich wurde deutlich. »Wenn Sie den Reportern gegenüber behaupten, ich sei Ihr Manager, werde ich Ihnen eine Beule verschaffen, gegen die Ihre jetzige flach ist wie ein Billardtisch! Wenn die Reporter fragen, weshalb er Sie geschlagen hat, dann sagen Sie nicht, Sie wüßten es nicht. Sagen Sie, dahinter stecke ein Geheimnis. Und nun –«

»Das ist es!« Sie war entzückt.

»Sicher. Erzählen Sie ihnen das. Und nun müssen wir uns aber ausknobeln, was wir den Cops erzählen. Stebbins ist ein Cop, daher würden sie es nicht gerne auf ihm hängen lassen. Sicher werden sie versuchen, Wallens Ermordung und den Überfall auf Sie miteinander zu verbinden. Wahrscheinlich werden sie es dahin auslegen, daß Wallens Mörder geargwöhnt hat, Sie wüßten etwas von seiner Tat, und Sie deswegen umbringen wollte. Vielleicht glauben die Cops sogar, dafür einen Beweis zu besitzen – zum Beispiel irgend etwas von dem, was Sie heute vormittag bei der Vernehmung gesagt haben. Wir müssen darauf vorbereitet sein. Deshalb wollen wir es jetzt noch einmal durchnehmen ... Hören Sie mir überhaupt zu?«

»Gewiß ... Aber was soll ich sagen, wenn die Reporter mich fragen, ob ich weiterhin hier arbeiten würde? Könnte ich nicht sagen, daß ich Mr. Fickler gerade jetzt, bei all diesem Durcheinander, nicht im Stich lassen möchte?«

Ich brauchte ein rechtes Maß an Selbstbeherrschung, um ruhig sitzen zu bleiben. Zu Hause, im verschlossenen Vorderzimmer, befanden sich jene Gäste, die wir irgendwann – je eher, desto besser – wieder loswerden mußten. Ich aber vertrödelte meine Zeit, indem ich mir Janets Unsinn anhörte!

»Das ist *der* Knüller!« rief ich, halblaut und herzlich. »Sagen Sie, Sie gedächten loyal gegen Mr. Fickler zu sein! Sind Sie je zuvor interviewt worden?«

»Nein, dieses hier wird das erste Mal sein. Ich –«

»Gut für Sie ... Was die Reporter am liebsten hören, ist irgend etwas, von dem die Polizei noch nichts weiß. Wenn Sie ihnen etwas dieser Art erzählen können, werden Sie sie auf Lebenszeit zu Freunden gewinnen! Die Tatsache, zum Beispiel, daß Stebbins Sie niederschlug, beweist noch nicht, daß er der einzige Verdächtige ist. Er muß hier im Laden einen Komplicen haben. Weshalb wäre sonst Wallen überhaupt hierhergekommen? Wir werden diesen Komplicen Mister X nennen, oder einfach X. Nun hören Sie zu: Irgendwann heute, zu irgendeiner Zeit, nachdem Wallens Leiche gefunden worden war, sahen oder hörten Sie etwas, und X merkte, daß Sie es gesehen oder gehört hatten. Das wußte er also. Und er wußte, daß, wenn Sie darüber reden würden, wenn Sie zum Beispiel zu mir darüber reden würden, er selbst und Stebbins geliefert wären. Natürlich wünschten beide, X wie auch Stebbins, Sie zu töten. Vielleicht war es X, der es versuchte, obschon Sie sagten, Sie hätten Stebbins gesehen, wie er sich in der Glaswand widerspiegelte. Aber lassen wir es dabei bewenden. Hier nun der springende Punkt: Wenn Sie sich erinnern können, was Sie sahen oder hörten – ich meine das, wovon X wußte und fürchtete, daß Sie es gesehen oder gehört hätten –, und wenn Sie es den Reportern erzählen, ehe die Cops dahinterkommen, dann wird sich jeder einzelne Reporter darum reißen, Sie auf Händen zu tragen! Also – konzentrieren Sie sich! Erinnern Sie sich jeder Einzelheit, die Sie heute hier sahen und hörten! Und auch jeder Einzelheit, die Sie selber sagten und taten!«

Sie runzelte die Stirn. »Ja, aber ich kann mich an nichts erinnern, was irgend jemand zu fürchten hätte.«

»Natürlich nicht auf Anhieb – wer könnte das schon?« Ich tätschelte ihr die Hand. »Ich denke, wir wollen es lieber, Einzelheit um Einzelheit, miteinander durchgehen. So würde auch Nero Wolfe es machen... Um welche Zeit kamen Sie heute früh zur Arbeit?«

»Um Viertel vor neun, wie immer. Ich bin pünktlich.«

»Waren die anderen schon hier?«

»Einige ja, andere nein.«

»Wer war, und wer war nicht?«

»Lieber Himmel – das weiß ich nicht. Ich achte nie darauf.« Sie war ein wenig verärgert. »Als ich heute früh kam, dachte ich außerdem an etwas ganz anderes. Wie hätte ich also darauf achten können?«

Ich mußte geduldig bleiben; es kostete einige Anstrengung, aber es gelang. »Schön, meine Liebe. Nehmen wir einen anderen Punkt vor. Sie erinnern sich, wie Wallen hereinkam und zuerst mit Mr. Fickler sprach, dann in Tinas Kabine ging und mit Tina sprach, und daß, als Tina herauskam, Philip zu ihm hineingeschickt wurde. Nicht wahr, daran erinnern Sie sich?«

Sie nickte. »Glaube schon.«

»Glauben allein wird uns hier nicht helfen. Vergegenwärtigen Sie sich die Situation. Da kommt also Philip um die Trennwand herum, nachdem er mit

Wallen gesprochen hat. Hörten Sie, ob er dabei etwas sagte? Oder sagten Sie etwas zu ihm?«

Sie blickte mich mit großen Augen an. »Ich glaube nicht«, sagte sie, »daß Philip dieser X ist. Er ist verheiratet und – nein, nein, er ist es bestimmt nicht! Ich denke, es ist Jimmie Kirk! Ja, das denke ich! Er hat versucht, mit mir anzubändeln, als ich hierherkam, und er trinkt – das kann Ihnen Ed bestätigen. Außerdem hält er sich für unwiderstehlich. Ein Friseur und unwiderstehlich!« Sie sah amüsiert aus. »Ja, das ist eine gute Idee – Jimmie ist Mister X! Dann brauche ich nicht zu sagen, daß er wirklich versucht hätte, mich zu töten. Vielleicht kann ich mich an irgend etwas erinnern, was er sagte. Käme es sehr darauf an, wann er es gesagt hat?«

Jetzt hatte ich endgültig genug. Aber ein Mann darf eine Frau um so weniger brüskieren, wenn sie als Opfer eines mißglückten Mordanschlags leidend darniederliegt. Also konnte ich diese sinnlose Angelegenheit nicht gewaltsam zu Ende bringen.

»Oh, nicht im geringsten«, sagte ich freundlich. »Aber da ist mir eine Idee gekommen. Ich werde gehen und zusehen, ob ich nicht irgend etwas über Jimmie herausfinden kann. Inzwischen schicke ich Ihnen einen Reporter herein, der sich vorweg ein bißchen mit Ihnen unterhalten soll. Dadurch bekommen Sie schon ein wenig Übung und sind nachher sicherer. Ja, wahrscheinlich schicke ich Ihnen den von der ›Gazette‹.« Ich hatte mich erhoben. »Gebrauchen Sie dann Ihren Verstand, und halten Sie sich an die Tatsachen. Bis nachher.«

»Aber Mr. Goodwin! Ich möchte –«

Ich war schon draußen. Ich eilte schräg durch den Raum und um die Trennwand herum. Dort blieb ich stehen. Ich brauchte nicht lange zu warten, bis Cramer und Stebbins zu mir stießen. Ihre Gesichter waren aufschlußreich. Ich brauchte nicht erst zu fragen, ob sie alles mitbekommen hätten.

»Falls Sie sie erschießen«, schlug ich vor, »schicken Sie ihr Gehirn an das Pathologische Institut der Columbia Universität – das heißt, wenn Sie es finden können.«

»Hat sie sich den Schlag selbst beigebracht?« knurrte Cramer.

»Das bezweifle ich. Nach der Größe der Beule muß es ein ziemlich kräftiger Schlag gewesen sein. Außerdem haben Sie keine Fingerabdrücke von ihr an der Flasche gefunden. An die Möglichkeit, daß sie Fingerabdrücke hinterlassen würde, hätte aber unsere kluge Janet bestimmt nicht gedacht – das geht über ihr Vorstellungsvermögen. So, und jetzt sind Sie wieder dran. Schicken Sie ihr einen gewandten Mann hinein, der die Rolle eines ›Gazette‹-Reporters spielt.«

»Lassen Sie Biatti kommen«, sagte Cramer zu Stebbins.

»Biatti, ausgezeichnet«, pflichtete ich bei, »das ist der richtige Mann für diesen Job. Und ich darf jetzt gehen, nicht wahr?«

»Nein«, sagte Cramer brüsk. »Vielleicht will sie ihren Manager noch mal sprechen.«

»Darauf ließe ich es an Ihrer Stelle nicht ankommen«, warnte ich. »Wie würde Ihnen ein Fernsehinterview über Janet Stahls Erlebnisse mit Sergeant Purley Stebbins gefallen? Im Ernst – ich möchte zum Dinner zu Hause sein. Es gibt Wildschweinfilet.«

»Wir alle möchten zum Dinner zu Hause sein.« Cramers Ausdruck und Ton waren gleichermaßen sauer. Sie blieben auch so, als er Stebbins fragte: »Sind die Vardas immer noch alles, was Sie wollen?«

»Sie sind das, was ich am meisten will«, erklärte Stebbins verbissen, »obwohl sie nicht in der Nähe waren, als das Stahl-Girl niedergeschlagen wurde. Wir möchten den Kreis der Verdächtigen sowieso erweitern ... Aber Sie können hier Schluß machen, Inspektor, und zum Dinner nach Hause gehen. Ich habe die Absicht, die ganze Gesellschaft ins Polizeipräsidium mitzunehmen. Ich will dahinterkommen, ob die phantasievolle Miss Stahl sich den Schlag nicht doch selber beigebracht hat. Ob sie fähig gewesen ist, die Schere gegen Wallen zu schwingen, falls ihr der Sinn danach stand – das brauche ich nicht mehr herauszufinden, das weiß ich. Aber wie dem auch sei – die Vardas sind die Leute, die ich nach wie vor am meisten will. Natürlich gebe ich zu, daß das andere ›Wenn‹ auch seine Berechtigung hat. *Wenn* Janet Stahl wirklich von jemand anders niedergeschlagen wurde, dann käme die Ermittlung des ›Warum‹ und ›Von wem‹ zuerst, bis wir schließlich auch die Vardas finden.«

Cramer blieb weiterhin sauer. »Sie haben noch nicht mal damit angefangen.«

»Vielleicht ist das etwas zu viel gesagt, Inspektor. Wir wollen die Vardas, gewiß. Aber vorläufig sitzen wir hier noch fest. Trotzdem möchte ich nicht sagen, daß wir überhaupt nichts hätten. Wir haben einiges über diese Leute hier. Ed Graboff wettet auf Rennpferde und schuldet einem Buchmacher neunhundert Dollar. Er mußte deswegen sogar sein Auto verkaufen. Philip Toracco ist vor acht Jahren ausgerutscht – Teilzahlungsbetrügerei – und verbrachte zwölf Monate im Gefängnis. Joel Fickler ist in der Öffentlichkeit mehrmals zusammen mit Horney Gallagher gesehen worden, und wenn das auch noch nicht beweist –«

Cramer, nach wie vor sauer, unterbrach Stebbins' Ausführungen, indem er mich anfuhr: »Macht Fickler in Kuppelei?«

Ich zuckte die Achseln. »Tut mir leid, keine Ahnung. Bin nur Kunde hier im Frisiersalon.«

»Wenn er's tut, werden wir es herausfinden.« Stebbins war verletzt und kümmerte sich den Teufel darum, wer es merkte. »Jimmie Kirk«, fuhr er fort, »ist erst seit drei Jahren hier und hat für einen Friseur recht kostspielige Angewohnheiten. Tom Yerkes stand vor zwölf Jahren vor Gericht, wurde aber freigesprochen – er hatte den Verführer seiner jungen Tochter verprügelt ... Ich glaube also nicht, Inspektor, daß Sie sagen können, wir hätten noch nicht mal angefangen.«

»Sind die Alibis für letzte Nacht geprüft?« fragte Cramer, ohne darauf einzugehen.

»Sind geprüft.«

»Nehmen Sie sie nochmals vor. Gründlich. Setzen Sie so viele Männer ein, wie Sie brauchen. Und nicht nur die Alibis – auch allgemeine Führung, Leumund und so weiter. Ich will die Vardas nicht weniger als Sie. Aber wenn Miss Stahl sich diesen Schlag nicht selbst beigebracht hat, will ich außerdem noch jemand anders. Lassen Sie sich Biatti kommen. Er soll einen Versuch mit ihr machen, ehe Sie sie zum Präsidium mitnehmen.«

»Sehr wohl, Sir.«

Stebbins ging zum Telefon neben der Registrierkasse. Ich begab mich in die Telefonzelle neben der Garderobe und wählte die Nummer, die ich von allen New Yorker Telefonnummern am besten kannte. Fritz meldete sich. Ich bat ihn, mich mit den Gewächshäusern auf dem Dach zu verbinden. Wolfe mußte noch oben sein, denn bis sechs Uhr fehlten immer noch ein paar Minuten.

Er war oben. »Wo stecken Sie?« fragte er brummig.

»Im Friseurladen.« Ich war auch nicht allzu freundlich. »Janet – äh – Miss Stahl ist in ihrer Kabine mit einer großen Haarwasserflasche niedergeschlagen worden. Cramer und seine Leute haben das ganze Routineverfahren abgespielt und sind damit nicht weitergekommen. Miss Stahls Befinden ist keinesfalls bedenklicher, als es war, ehe sie den Schlag gegen den Kopf bekam. Wie ich Ihnen vorhin schon sagte, bestand sie darauf, mich zu sprechen. Ich hatte eine lange, vertrauliche Unterredung mit ihr. Daß ich dabei keine Erfolge erzielt hätte, möchte ich nicht behaupten. Immerhin schlug sie mir vor, ihr Manager zu werden. Wenn es nach ihr ginge, hätte ich Ende dieser Woche bei Ihnen aufzuhören. Darüber hinaus allerdings habe ich nichts erreicht ... Ich rate Ihnen, Fritz aufzutragen, daß er bis auf weiteres annähernd die doppelte Menge Lebensmittel einkauft.«

Schweigen. Dann: »Wer ist da?«

»Alle. Cramer, Stebbins, ein halbes Dutzend Kriminalbeamte, drei oder vier Uniformierte, dazu Fickler nebst Belegschaft. Die ganze Gesellschaft wird sich in längstens einer Stunde zum Polizeipräsidium begeben.«

»Pfui.« Schweigen. Einen Augenblick später: »Sie bleiben dort.« Die Verbindung wurde beendet.

Ich verließ die Telefonzelle.

Weder Cramer noch Stebbins waren in Sicht. Ich schlenderte in den hinteren Teil des Ladens, vorbei an den leeren Frisiersesseln zu meiner Rechten, vorbei an der Stuhlreihe zu meiner Linken, wo Fickler nebst dreien seiner Friseure saß, jeder mit einem Kriminalbeamten neben sich.

Der letzte Stuhl dieser Reihe, der Stuhl neben dem Tischchen mit den Magazinen, war leer. Ich nahm darauf Platz. Anscheinend hatte heute niemand Lust zum Lesen verspürt, denn dasselbe streifbandumhüllte Exemplar von ›Ellery Queen's Mystery Magazine‹, das ich schon vormittags bemerkt hatte, lag immer noch obenauf.

Als ich ein paar Minuten dort gesessen und vor mich hingestarrt hatte, wurde ich mir bewußt, daß ich versuchte, Janet zu analysieren. Es mußte eine Methode geben, ihre Erinnerung an die Tatsache oder die Tatsachen zu wecken, die wir brauchten. Durch Hypnose vielleicht? Ich überlegte noch daran herum, ob es Zweck hätte, Cramer einen entsprechenden Vorschlag zu machen, als ich durch einen gelinden Tumult am Eingang abgelenkt wurde und hinüberblickte.

Einer der Uniformierten stand mit dem Rücken zum Laden, um einem massiven Mann, der ihn nicht allzu sehr überragte, der aber mindestens doppelt so schwer war wie er, den Eintritt zu verwehren. Er tat es, indem er verhältnismäßig höflich die Situation erläuterte. Der massive Mann hörte es sich bis zu Ende an und sagte: »Ich weiß, ich weiß.« Dann blickte er über die Schulter des Uniformierten hinweg in den Laden, entdeckte mich und bellte: »Archie! Wo ist Mr. Cramer?«

Ich stand auf und begab mich zum Eingang, ohne jegliche Eile oder Begeisterung.

»Guten Abend, Sir. Bitte, gedulden Sie sich einen kleinen Moment. Ich werde gehen und Mr. Cramer fragen –«

Ich brauchte es nicht. Sein Bellen war weithin hörbar gewesen, und Cramers Stimme ertönte direkt hinter mir: »Na, wo brennt's?«

Der Uniformierte war beiseite getreten, um die Sache den hohen Tieren zu überlassen, und Nero Wolfe war hereingekommen.

»Nur zum Haarschneiden«, verkündete er und ging an Cramer und Stebbins vorbei zur Garderobe, hängte seinen Hut auf, entledigte sich seiner Jacke, seiner Weste, seines Schlipses und hängte diese Dinge, eins nach dem anderen, ebenfalls auf, ging zu Jimmies Sessel, dem zweiten in der Reihe, und nahm darin Platz. In der langen Spiegelwand vor sich hatte er ein Panorama der gemischten Reihe von Friseuren und

Kriminalbeamten hinter sich und rief, ohne den Kopf zu wenden: »Jimmie, wenn ich bitten darf?«

Jimmies lebhafte dunkle Augen richteten sich fragend auf Cramer und Stebbins, die noch neben mir beim Eingang standen. Alle starrten plötzlich auf Cramer und Stebbins. Cramer und Stebbins ihrerseits starrten düster auf Wolfe. Niemand rührte sich, ausgenommen Cramer, der langsam die rechte Hand hob und sich mit dem Zeigefinger nachdenklich den Nasenrücken kratzte. Hierauf begab er sich zum ersten Frisiersessel in der Reihe, schwenkte ihn um neunzig Grad, so daß er auf Wolfe gerichtet war, und setzte sich hinein.

»Wollen sich die Haare schneiden lassen, eh?«

»Ja. Wird mal wieder Zeit, wie Sie sehen.«

»Hmm. Na, gut.« Cramers Blick schweifte zur gemischten Reihe der Friseure und Kriminalbeamten. »Kirk – kommen Sie und schneiden Sie ihm die Haare.«

Jimmie stand auf, kam herbei, öffnete eine Tür in der Spiegelkonsole und brachte einen Haarschneideumhang für Wolfe zum Vorschein. Alles löste sich aus der Erstarrung, als wäre ein kritischer Höhepunkt glücklich überwunden. Stebbins ging zum dritten Sessel in der Reihe, dem von Philip, schwenkte ihn nach Cramers Beispiel um neunzig Grad, aber in der entgegengesetzten Richtung, und ließ sich darin nieder. Auf diese Art hatten er und Cramer meinen Chef in die Mitte genommen. Es schien nur gerecht, daß ich mich entsprechend plazierte. Ich trat also zwischen Cramers und Wolfes Sessel, schob mir Jimmies verwaisten Arbeitshocker zurecht und setzte mich darauf, den Rücken zur Spiegelwand gekehrt.

Jimmie hatte Wolfe in den Haarschneideumhang gehüllt und ließ seine geschwinde Schere über Wolfes rechtem Ohr klappern – Haarschneidemaschinen duldet Wolfe nämlich nicht an seinem Haupt.

»Sie sind nur zum Haarschneiden hereingekommen, he?« knurrte Cramer. »Genau wie Goodwin heute vormittag zum Rasieren?«

»Keinesfalls.« Wolfe war kurzangebunden, aber nicht kriegerisch. »Sie ließen Goodwin hierher beordern. Er erzählte mir am Telefon von seiner fruchtlosen Unterhaltung mit Miss Stahl, und ich hielt es für gut, herzukommen.«

»Na schön«, brummte Cramer. »Nun sind Sie da. Und Sie werden nicht gehen, ehe ich weiß, weshalb Sie gekommen sind – diesmal aber ohne alberne Scherze, wie Mörder im Vorderzimmer oder ähnliches.«

»Nicht so kurz wie letztes Mal«, befahl Wolfe.

»Sehr wohl, Sir.« Jimmie hatte noch nie eine so große und so aufmerksame Schar Zuschauer gehabt und gab eine gute Vorstellung.

»Selbstverständlich habe ich so etwas erwartet, Mr. Cramer«, sagte Wolfe milde. »Sie können mich schikanieren, wenn Sie darauf aus sind. Erreichen werden Sie damit allerdings gar nichts. Deshalb mache ich einen Vorschlag – warum nicht zuerst arbeiten? Warum wollen wir nicht zusehen, daß wir dieses Geschäft in Ordnung bringen? Oder liegt Ihnen mehr daran, mich zu schikanieren, als den Mörder zu fangen?«

»Unsinn ... Arbeiten? Tue ich sowieso. Ich will den Mörder fassen. Und Sie?«

»Mr. Cramer – konzentrieren Sie sich vorübergehend etwas weniger auf Fragen, die mich betreffen. Das können Sie später auch noch. Ich möchte Sie mit meinen Hypothesen über das bekannt machen, was hier geschehen ist. Wollen Sie sie hören?«

»Warum nicht? Anhören kann nicht schaden. Aber spinnen Sie es nicht zu weit aus.«

»Keineswegs. Verschwenden Sie aber bitte keine Zeit darauf, meine Hypothesen zu kritisieren. Ich werde sie weder verteidigen noch rechtfertigen. Betrachten wir sie als eine Grundlage, auf der sich vielleicht weiteres entwickeln läßt... Meine erste Hypothese ist, daß Wallen in jenem Auto etwas gefunden hat. Ich meine das gestohlene Auto, mit dem heute nacht eine Frau getötet wurde... Nein, so gefällt es mir nicht. Ich brauche einen direkten Blick, kein Spiegelbild. Jimmie, drehen Sie mich herum, bitte.«

Jimmie schwenkte den Sessel um hundertachtzig Grad, so daß Wolfe jetzt den Rücken der Spiegelwand und damit auch mir zukehrte und seinerseits zu der gemischten Reihe von Friseuren und Kriminalbeamten auf den Stühlen an der Trennwand hinübersah.

Ich sagte: »Ed ist nicht da.«

»Hab' ihn in der Kabine gelassen«, brummte Stebbins.

»Holen Sie ihn«, gebot Wolfe. »Und Miss Stahl? Wo ist sie?«

»Liegt in ihrer Kabine.«

»Archie – bringen Sie Miss Stahl!«

Reizend, daß er ausgerechnet mich beauftragte – mit einem Inspektor und einem Sergeanten und einer Handvoll Kriminalbeamter im Raum. Aber ich stellte meinen Kommentar für später zurück und ging hinter Stebbins her auf die andere Seite der Trennwand.

Janet lag noch auf den Stühlen in ihrer Kabine, die Augen weit geöffnet und zum Eingang gerichtet. Bei meinem Anblick fauchte sie sofort: »Ein schöner Manager sind Sie mir! Sie sagten, Sie würden einen Reporter schicken –«

»Hören Sie, meine Liebe –«, ich mußte die Stimme erheben, um sie zu unterbrechen, »hören Sie erst mal zu! Sie bekommen jetzt eine Chance! Nero Wolfe ist hier! Er legte großen Wert darauf, Ihre Meinung zu hören. Können Sie aufstehen?«

»Sicher kann ich das. Aber –«

»Nur ruhig.« Ich half ihr in die Höhe und beließ

den einen Arm als gutgemeinte Stütze hinter ihren Schultern. »Ist Ihnen schwindlig?«

»Mir ist niemals schwindlig!« entgegnete sie verächtlich, schüttelte mich ab und stolzierte ungestützt von dannen. Sie wünschte keine Hilfe von einem Mann, und außerdem war ich noch nicht ihr Manager. Sie ließ sich auf dem Stuhl nieder, den ich bei Wolfes Erscheinen verlassen hatte, neben dem Tischchen mit den Magazinen. Ed war von Stebbins herbeigeholt worden, der seinerseits wieder in Philips Sessel gestiegen war. Ich kehrte auf den Hocker zurück.

Jimmie arbeitete jetzt an den Nackenhaaren, so daß Wolfes Kopf nach vorn geneigt war.

»Ihre Hypothesen?« fragte Cramer.

»Ja. Die erste ist, wie ich schon sagte, daß Wallen in dem Auto irgend etwas fand, was ihn zu diesem Laden führte. Es kann nichts gewesen sein, wovon er nur gehört hätte, denn da war niemand, der ihm etwas erzählen konnte. Es war irgendein Gegenstand ... Ich bat Sie, Mr. Cramer, meine Hypothesen nicht zu kritisieren, doch wollte ich damit Widerlegungen nicht ausschließen. Falls es Tatsachen gibt, die dieser oder einer weiteren meiner Hypothesen widersprechen, möchte ich sie erfahren.«

»Zu der Hypothese, die Sie eben äußerten, sind wir bereits ohne Hilfe gelangt.«

»Und sie gilt noch?«

»Ja.«

»Gut, sehr gut. Alle meine Hypothesen basieren nämlich auf dieser ersten ... Die zweite ist, daß Wallen den Gegenstand bei sich hatte, als er hierherkam. Ich kann das mit Nachdruck behaupten –«

»Brauchen Sie nicht. Wir sind zur gleichen Hypothese gelangt und stehen dazu.«

»Um so besser. Das spart Zeit ... Nicht zu kurz da hinten, Jimmie.«

»Nein, Sir.«

»Die dritte Hypothese ist, daß Wallen den Gegenstand in der Zeitung hatte, die er in der Hand trug – eine etwas ungewisse Hypothese, aber wir müssen es mit ihr versuchen. Wallen hatte die Zeitung nicht erst gekauft, kurz bevor er hierherkam. Es war die sogenannte erste Ausgabe der ›Daily Press‹, die schon in den letzten Abendstunden zum Verkauf gelangt und früh morgens, bei Erscheinen der eigentlichen Morgenausgabe, zurückgezogen wird. Die Zeitung steckte also nicht in seiner Tasche, vielmehr trug er sie in der Hand, und zwar nicht zusammengerollt, sondern so gefaltet, wie man sie beim Zeitschriftenstand erhält. Das ist –«

»Sie wissen ziemlich viel darüber«, grollte Cramer.

»Ich weiß nichts, was Sie nicht auch wissen«, schnappte Wolfe. »Schwer vorstellbar, weshalb Wallen eine alte Zeitung auf diese recht ungewöhnliche Art getragen hat – es sei denn, sie diente ihm als Behälter oder Umhüllung für einen Gegenstand. Auf jeden Fall verdient es auch diese Hypothese, weiter verfolgt zu werden ... Die vierte Hypothese lautet, daß der Mörder den fraglichen Gegenstand – ganz gleich, was es war – an sich genommen und irgendwie beseitigt hat. Letzteres ist mehr als eine bloße Hypothese. Denn kein Gegenstand, der Wallen in diesen Laden geführt haben könnte, ist bei Wallen selbst oder in der Kabine gefunden worden. Demzufolge *muß* der Mörder den fraglichen Gegenstand an sich genommen und irgendwie beseitigt haben ... Die fünfte Hypothese ist, daß weder Carl noch Tina der Mörder war. Ich werde –«

»Ah–« unterbrach Cramer, »sagen Sie uns, wieso!«

»Nein. Ich werde diese Hypothese nicht erläutern. Ich stelle Sie auf und unterwerfe sie unserem Test – das ist alles. Verschwenden Sie keine Zeit auf überflüssige Fragen ... Da Carl und Tina nicht in den

Mord verwickelt sind und demzufolge den Gegenstand nicht mitgenommen haben können, befindet er sich noch hier im Laden. Das ist die sechste Hypothese ... Es wäre gut, Mr. Cramer, wenn Ihre Überwachung aller dieser Leute hier von Anbeginn bis jetzt lückenlos gewesen ist. Wie steht's damit? Könnte jemand von ihnen einen entsprechenden Gegenstand hinausgeschmuggelt haben?«

»Ich wünsche zu wissen, weshalb Sie Carl und Tina ausnehmen«, beharrte Cramer.

»Nein, nicht jetzt.« Wolfe und Cramer konnten sich nicht sehen, weil Jimmie, nun mit Wolfes Haupthaar beschäftigt, zwischen ihnen stand. »Zuerst wollen wir unseren Test zu Ende bringen. Wir müssen wissen, ob der Gegenstand hinausgeschmuggelt worden sein kann – und zwar nicht von Carl oder Tina.«

»Nein«, sagte Stebbins.

»Wie gut ist dieses Nein, Mr. Stebbins?« fragte Wolfe.

»Für mich gut genug. Keiner der Angestellten hat den Laden ohne Begleitung verlassen, auch Mr. Fickler nicht. Alle sind durchsucht worden. Unwahrscheinlich, daß einem Kunden irgend etwas zugesteckt wurde. Wir haben auch die Kunden genau beobachtet.«

»Nicht, wie es scheint, den einen, der Miss Stahl niederschlug.«

»Das war hinten im Laden. Soll diese Bemerkung eine Spitze sein?«

»Nein ... Wir setzen also voraus, daß der Gegenstand sich noch hier befindet. Meine siebte und letzte Hypothese – bisher hat keine spezielle Suche nach diesem Gegenstand stattgefunden. Ich beeile mich hinzuzufügen, Mr. Stebbins, daß auch dies keine Spitze sein soll. Sie und Ihre Männer sind fraglos fähig, eine grundgenaue Suche zu veranstalten. Ich unterstelle jedoch, daß Sie dies wegen Carl und Tina nicht getan haben. Da sie die beiden für schuldig hielten, nahmen Sie natürlich an, sie würden einen belastenden Gegenstand keinesfalls hier zurückgelassen haben. Nun – haben Sie gründlich gesucht?«

»Wir haben nachgesehen.«

»Gewiß. Aber hat – im Sinne meiner Hypothese – eine gründliche Suche stattgefunden?«

»Nein.«

»Dann wird es Zeit ... Mr. Fickler!«

Fickler hob den Kopf. »Ja?«

»Sie leiten dieses Geschäft und können uns helfen. Ich wende mich an alle, die hier arbeiten. Auch an Sie, Jimmie.«

Jimmie trat einen Schritt zur Seite und blickte Wolfe aufmerksam an.

»Dies«, sagte Wolfe, »kann ein paar Minuten dauern oder die ganze Nacht. Was wir suchen, ist ein Gegenstand, der irgend etwas an sich haben muß, was ihn als in diesen Laden gehörend kennzeichnet. Dabei konnte es sich in erster Linie um Namen und Adresse oder Telefonnummer handeln, aber wir nehmen auch geringeres, wenn es sein muß ... Da wir gemäß meinen Hypothesen verfahren, unterstellen wir, daß der Gegenstand sich in der Zeitung befand, die Wallen in der Hand trug. Demnach kann es keine Geschäftskarte, kein Zündholzbriefchen mit Reklameaufdruck, keine Flasche, kein Kamm und keine Bürste gewesen sein. Der Gegenstand muß flach und doch von nicht unbeträchtlicher Größe sein. Ein weiterer Punkt – der Gegenstand müßte verhältnismäßig leicht wiedererkennbar sein ... Jeder von Ihnen ging in die Kabine und wurde von Wallen gefragt. Aber keinem von Ihnen zeigte Wallen einen solchen Gegenstand. Er erwähnte ihn auch nicht. Ist das richtig?«

Alle murmelten bestätigend und nickten. Nur Ed sagte laut und deutlich: »Ja.«

»Demnach hat nur der Mörder diesen Gegenstand gesehen oder durch Wallen von ihm gehört. Entweder hat Wallen ihm den Gegenstand gezeigt oder ihn danach gefragt – nur ihn, alle anderen aber nicht. Oder der Gegenstand hat, von den anderen unbemerkt, ein wenig aus der Zeitung herausgesehen. Oder der Mörder hegte lediglich den Verdacht, daß Wallen den Gegenstand bei sich hätte. Auf jeden Fall nahm er – als er später Gelegenheit fand, in die Kabine zu schlüpfen und Wallen zu töten – den Gegenstand an sich ... Wenn, wie Mr. Stebbins versichert, die Überwachung, die hier durchgeführt wurde, genau und lückenlos war, ist der Gegenstand noch hier im Laden. Ich frage Sie alle, und besonders Sie, Mr. Fickler – was und wo ist dieser Gegenstand?«

Sie blickten sich gegenseitig an und wieder zu Wolfe. Philip sagte mit seiner dünnen Stimme: »Vielleicht war es die Zeitung selbst.«

»Nicht völlig ausgeschlossen, aber ich bezweifle es ... Wo ist die Zeitung, Mr. Cramer?«

»Im Labor. An oder in ihr ist nichts, was Wallen hierhergeführt haben könnte.«

»Was ist, außer der Zeitung, von hier noch ins Labor gelangt?«

»Nichts als die Schere, mit der Wallen getötet, und später noch die Flasche, mit der Miss Stahl niedergeschlagen wurde.«

»Demnach muß der Gegenstand noch hier sein ... Gut, Jimmie, Sie können weitermachen.«

»Sieht mir aus wie'n Blindgänger«, brummte Stebbins mit seinem knarrenden Baß. »Trotz all Ihrer Hypothesen, Mr. Wolfe. Angenommen, wir finden irgend etwas, wie Sie es wünschen. Wie wissen wir dann, daß es das ist, was wir suchen? Selbst wenn wir denken, daß es das ist – wohin kämen wir damit?«

Wolfe war kurzangebunden. »Fingerabdrücke.«

»Unsinn. Wenn es hierhergehört, hat es natürlich ihre Fingerabdrücke.«

»Nicht *ihre* Fingerabdrücke, Mr. Stebbins. *Wallens* Fingerabdrücke! Wenn er es aus dem Auto genommen hat, muß er es berührt haben. Wenn er es berührt hat, muß er Fingerabdrücke darauf hinterlassen haben. Soweit ich verstand, ist er hier nicht herumgegangen und hat Sachen angefaßt. Er kam herein, sprach mit Mr. Fickler, wurde in die Kabine geführt und verließ sie lebendig nicht mehr ... Wenn wir etwas mit seinen Fingerabdrücken finden, haben wir, was wir suchen! Haben Sie die Untersuchungsgeräte für Fingerabdrücke hier, Mr. Stebbins? Falls nicht, dann rate ich Ihnen, sie sofort herbeizubeordern, ebenso die Karteikarte mit Wallens Fingerabdrücken.«

Stebbins brummte, rührte sich aber nicht.

»Los«, sagte Cramer zu ihm, »telefonieren Sie. Besorgen Sie ihm, was er wünscht.«

»Die Suche«, fuhr Wolfe fort, »muß gründlich sein und kann daher Zeit kosten. Zuerst bitte ich Sie alle, Ihren Verstand zu bemühen ... Welcher Gegenstand befindet sich hier und gehört hierher, der den von mir beschriebenen Eigenschaften entspricht, Mr. Fickler?«

Fickler schüttelte den Kopf. »Ich weiß keinen – falls es nicht ein Handtuch oder ein kleines Frottiertuch ist. Aber weshalb sollte er ein Tuch auf diese Art tragen?«

»Eben. Ein Tuch würde uns auch nichts nützen ... Philip?«

»Nein, Sir, ich weiß nicht, was es sein könnte.«

»Tom?«

Tom schüttelte düster den Kopf.

»Ed?«

»Tut mir leid, Sir – Fehlanzeige.«

»Miss Stahl?«

»O ja. Ich denke, er hat die Zeitung bei sich gehabt, weil irgend etwas darin war, was er noch mal lesen wollte, oder ein Kreuzworträtsel. Ich –«

»Ja. Wir werden es erwägen … Jimmie?«

»Ich weiß nicht ein Ding dieser Art hier im Laden, Mr. Wolfe. Nicht ein Ding.«

»Pfui.« Wolfe schnitt eine geringschätzige Grimasse. »Entweder haben Sie alle überhaupt keinen Verstand, oder Sie alle stecken in einer Verschwörung. Ich zum Beispiel blicke jetzt direkt auf einen solchen Gegenstand.«

Von dort, wo ich saß, konnte ich nicht sehen, wohin sein Blick gerichtet war. Aber das brauchte ich auch nicht. Die anderen sahen es, und ich sah sie. Elf Augenpaare – einschließlich das Purley Stebbins', der sein Telefonat erledigt hatte, aber noch in der Nähe der Registrierkasse stand – waren aus elf verschiedenen Winkeln auf das Tischchen mit den Magazinen neben Janets Stuhl gerichtet. Mochte es um meinen Verstand im Moment auch nicht viel besser bestellt sein als bei den anderen – er reagierte immerhin auf Alarm. Ich stand von meinem Hocker auf und stellte mich für alle Fälle hinter Wolfe bereit.

»Sie meinen die Magazine?« fragte Cramer.

»Ja, ich meine die Magazine, Mr. Cramer. Ein Magazin … Sie sind darauf abonniert, Mr. Fickler? Sie bekommen sie durch die Post? Dann sind Name und Adresse darauf. Ich sehe da zum Beispiel ein Exemplar von ›Ellery Queen's Mystery Magazine‹, das noch im Versandstreifband steckt. Der Streifbandaufdruck, den ich natürlich von hier aus nicht lesen kann, trägt bestimmt Namen und Adresse dieses Geschäfts. Halt, Miss Stahl – rühren Sie es nicht an! Es wird später genau untersucht …

Was, wenn der Mörder es von hier mitnahm und in der Tasche hatte, als er das Auto stahl und den Broadway hinauffuhr? Und nachher in der Aufregung über den tödlichen Unfall gar nicht bemerkte, daß es ihm aus der Tasche gerutscht war und auf dem zweiten Vordersitz lag? Wenn Wallen es dort fand und Namen nebst Adresse auf dem Streifband sah ...? Die Untersuchungsgeräte und die Karteikarte mit Wallens Fingerabdrücken sind bestellt, Mr. Stebbins, nicht wahr? Dann werden wir ja bald –«

»Oh! Jetzt fällt es mir ein!« schrie Janet. Sie wies auf das Tischchen mit den Magazinen, blickte aber Jimmie an. »Erinnern Sie sich, Jimmie? Heut vormittag stand ich hier, und Sie kamen mit einem heißen Frottiertuch vorbei, und Sie hatten dieses Magazin, das in dem Streifband, und warfen es im Vorbeigehen auf die anderen! Sie müssen es sein, der mich niedergeschlagen hat! Denn ich fragte, ob Sie es wieder mal unerlaubt mitgenommen hätten, und Sie sagten –«

Jimmie sprang. Ich dachte, Janet wäre sein Ziel, und war trotz allem willens, ihr Leben zu schützen. Aber Wolfe und der Frisiersessel waren mir im Wege und kosteten mich den Bruchteil einer Sekunde.

Nicht Janet war Jimmies Ziel. Das Magazin war es – die neueste Nummer von ›Ellery Queen's Mystery Magazine‹. Er stürzte darauf zu und packte es, doch schon waren drei Kriminalbeamte über ihn her, von Cramer und Stebbins ganz zu schweigen.

Janet gab keinen Laut von sich. Vermutlich überlegte sie, was sie den Reportern sagen würde.

»Verdammt«, brummelte Wolfe verärgert, »*mein* Friseur!«

Immerhin – der Haarschnitt war vollbracht ...

So verbissen Cramer auch sein mochte – er fand nie heraus, weshalb Wolfe ausgerechnet an jenem Tage zum Haarschneiden gekommen war.

Über Jimmie Kirk hingegen fand er allerhand heraus. Kirk wurde, allerdings unter anderem Namen, von den Gerichtsbehörden in Wheeling, West-Virginia, gesucht. Er hatte sich – mehrerer Autodiebstähle und der Mißhandlung eines Tatzeugen angeklagt, aber gegen Kaution bis zur Urteilsverkündung auf freiem Fuß belassen – vor etwa drei Jahren einer hohen Gefängnisstrafe durch Flucht entzogen. In New York untergetaucht, schien er anfangs ein tadelfreies Leben geführt zu haben, bis er dann doch wieder zu einer Autoräuberbande gestoßen war. Fraglos hatte er seinem Mut an jenem verhängnisvollen Montagabend durch reichlichen Alkoholgenuß nachgeholfen. Betrunken am Lenkrad eines gestohlenen Autos zu sitzen ist ein riskantes Unternehmen – besonders, wenn man dabei ein unrechtmäßig ›ausgeliehenes‹ Magazin in der Tasche hat ...

Was Carl und Tina betraf, so machte ich mich noch am nämlichen Abend für sie stark, bald nachdem wir ins Büro zurückgekehrt waren.

»Sie wissen recht gut, Sir, was passieren wird«, sagte ich zu Wolfe. »Eines Tages, vielleicht nächste Woche, vielleicht nächstes Jahr, werden die Vardas als illegale Einwanderer gestellt und sitzen dann in einer bitteren Klemme. Und wenn sie in dieser Klemme sind, werden sie natürlich wieder zu mir kommen – erstens, weil Carl mich mag, und zweitens, weil ich sie schon einmal gerettet habe –«

»Sie – ?« fauchte Wolfe.

»Ganz recht, Sir. Denn ich hatte das Ellery-Queen-Magazin auf dem Tischchen schon verschiedene Male bemerkt, ehe es Ihnen zufällig ins Auge fiel ... Überdies habe ich eine heimliche Schwäche für die kleine Tina, und aus allen diesen Gründen muß ich dann versuchen, ihnen zu helfen. Natürlich werde ich mir dabei die Finger einklemmen, so daß Sie wieder eingreifen müssen, da Sie ja doch nicht ohne mich auskommen können. So wird es Jahr um Jahr weitergehen ... Weshalb also nicht lieber gleich versuchen, ob wir etwas für sie tun können? Sie haben einflußreiche Bekannte in Washington – Carpenter, zum Beispiel, der bestimmt in der Lage ist, Carl und Tina zu helfen. Uns würde es nichts kosten als den schäbigen Dollar für ein Ferngespräch, und den könnte ich obendrein von den fünfzig Dollar nehmen, die Carl mir aufgedrängt hat. Ich weiß Carpenters Privatnummer und brauchte mit dem Anruf nicht erst bis morgen zu warten.«

Keine Antwort.

Ich legte meine Hand auf den Telefonhörer. »Mit Voranmeldung – Mr. Carpenter für Mr. Wolfe, in persönlicher Angelegenheit, uh?«

»Ich«, brummte Wolfe zerstreut, »ich habe meine Einbürgerungspapiere doch schon vor dreißig Jahren gekriegt.«

»Das hatte ich auch nicht gemeint, Sir. Scheint mir, Sie haben sich an Miss Stahls Vakuum eine leichte Infektion geholt«, entgegnete ich kühl, hob den Hörer und begann zu wählen ...

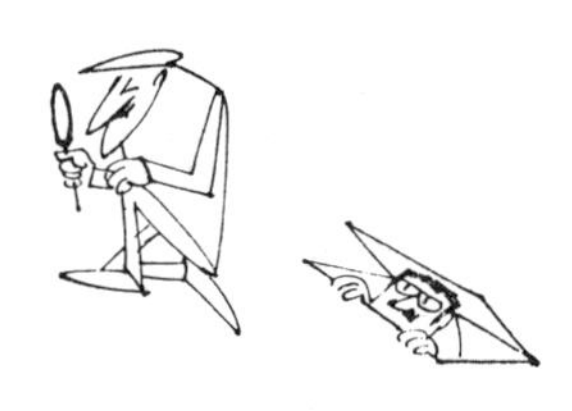

OSBERT SITWELL

Die Begrüßung

Durch die breiten, hohen Fenster hindurch konnte man von draußen das Feuer erkennen, das in vielen großen Kaminen brannte, während der erfreuende Sinn, mehr als nur der Duft, einer warmen Mahlzeit das ganze Haus erfüllte und den schärferen Geruch frostkalter Luft überdeckte. Der Speisetisch war, wie sie im Vorübergehen bemerkte, für drei Personen gedeckt und mit vier kleinen Silbervasen geschmückt, aus denen sich einige sehr starre Blumen zum Licht der Fenster hochreckten. Das Büfett zeigte, mit verschiedenen Fleischspeisen und einigen Tellern beladen, im Hintergrund ein kaltes Funkeln, das durch die Flammen jedoch mit einem warmen, orangefarbenen Widerschein gedämpft wurde.

Sobald Schwester Gooch in den Wohnraum geführt worden war, bevor sie eigentlich noch irgend jemanden begrüßen und überhaupt bemerken konnte, wie schön um diese Jahreszeit ein Feuer wäre, begab man sich zum Essen. Nachdem sie sich an der großen weißen Tafel niedergelassen hatten, gelang es den drei Menschen jedoch nicht, irgendeine Konversation zustande zu bringen, die ihre Kraft, wie jedes Gespräch, aus der Gruppe zieht und zugleich stärker ist als jeder der einzelnen Beteiligten, so daß sie sich beinahe automatisch entwickelt und vervielfältigt oder von Zeit zu Zeit eine neue Form annimmt. In derselben Weise, wie Spiritisten behaupten, daß die Anwesenheit auch nur eines Skeptikers bei einer Séance völlig ausreicht, die Manifestation – mag sie von der Mehrheit auch noch so sehr erhofft und geglaubt werden – zu verhindern, war es für das Gespräch hier schwierig, zu entstehen und zu gedeihen, da einer dieser wenigen Beteiligten seinen Willen bis zur äußersten Grenze einsetzte, um eine lastende und unbehagliche Stille hervorzurufen. Die ständige Stille wurde daher nur selten unterbrochen, und dann meist durch die einem Pferd ähnlichen Schritte der Diener oder durch die dünne, schleppende Stimme der Kranken, die sich in der wortlosen Stille auf unzufrieden fragende Art bemerkbar machte. Und allein durch die Tatsache, daß sie selbst sprach, sowie durch den Zweck und den genau berechneten Ton ihrer Frage zwang sie die anderen zum Schweigen. Colonel Tonge versuchte zwar, mit dem zwischen ihm und seiner kranken Frau sitzenden Ankömmling Konversation zu machen, aber seine unvermittelten und hochtrabenden kurzen Sätze welkten bald dahin, durch die Mißbilligung seiner Frau in Eisesluft erstarrt. Mrs. Tonge dagegen erlaubte sich, wie wir bereits sagten, gelegentlich eine Frage zu stellen – eine an sich harmlos wirkende Frage, die jedoch dazu bestimmt war, der neuen Pflegerin den Eindruck zu vermitteln, daß die Frau des Colonels eine zutiefst gekränkte und schlecht behandelte Frau wäre. »Übrigens, Humphrey«, pflegte sie zu sagen, »hast du eigentlich die Absicht, im Haus elektrisches Licht legen zu lassen? Seit so vielen Jahren bitte ich jetzt schon darum. Ich bin überzeugt, daß ich sehr viel besser schlafen und für dich und die Schwester eine sehr viel kleinere Belastung darstellen würde.« Oder: »Was ist eigentlich mit dem Sommerhäuschen, Humphrey? Wird es im Frühjahr für mich fertig sein? Sollte ich dann noch bei dir sein, habe ich die Absicht, jeden Tag dort zu verbringen, sobald das Wetter etwas wärmer ist. Vielleicht gelingt es mir, dort im Wald ein wenig Frieden zu finden. Ich fürchte jedoch, daß es bis heute unberührt blieb.« Auf diese Fragen gab der Colonel unverbindliche und besänftigende Antworten der Art, daß sie ihn in keiner Weise festlegten; andererseits verfehlten sie jedoch nicht nur, die Kranke zu versöhnen, sondern schienen diese nur um so mehr zu ärgern. Zu diesem frühen Zeitpunkt, zu dem die Kranke ihre Pflegerin noch nicht genau kannte und noch nicht erfahren hatte, daß alles, was sie sagte, sehr schnell vergeben und vergessen würde, klagte sie ihren Mann, wenn man es genau nimmt, keineswegs an, alles in seiner Macht Stehende zu tun, damit sie krank würde und bliebe, sondern begnügte sich damit, diese Anklage in ihren Fragen und im Tonfall ihrer Stimme anklingen zu lassen. Dennoch spürte Schwester Gooch instinktiv, daß Mrs. Tonge nicht den Wunsch hatte, sie zu verletzen, daß Mrs. Tonge im Grunde kein boshafter Mensch war, daß diese genau berechnete Verstimmung vielmehr das Ergebnis Tausender kleiner Beleidigungen war, verursacht von einer Einbildung, die durch ständige Krankheit und Verlangen nach Schlaf in die Irre geleitet war. Ob es aber an der Atmosphäre lag, die von dem Bruch zwischen Hausherr und Ehefrau verursacht wurde, oder irgendwie an der Umgebung, etwa an dem Hause selbst – in jedem Fall empfand sie ganz deutlich, vom ersten Augenblick ihrer Ankunft an, ein unbehagliches Gefühl, eine vom Haus ausgehende Abneigung, die jedoch verging, als sie es genauer kennenlernte.

Tonge's Grove, ein viereckiger Bau, lag wie eine weggeworfene Schachtel inmitten dichter Wälder und freier Felder – in vieler Hinsicht ein bezaubernder Wohnsitz. Wie ein Puppenhaus wirkte es, in dem jeder Raum genau den unterlebensgroßen Gestalten entspricht, die es beherbergt: mit Sicherheit ein seltsam unpassender Ort für jedes Drama, dessen Hauptfiguren zwangsläufig feststellen müßten, daß ihr Handeln von der Üppigkeit der vorhandenen Details eingeengt wird. Allein die Behaglichkeit und Gepflegtheit des Schauplatzes hätten für alles, was ungewohnt und nicht trivial war, einen nahezu grotesken Hintergrund abgegeben. Denn hier wirken lange Gewohnheiten so viel bedeutsamer als jede Möglichkeit oder Tatsache, die ursprünglich eingeschlossen war, wirken leblose Dinge sehr viel gegenwärtiger und nachdrücklicher als jedes menschliche Wesen, so daß sich unser Interesse in erster Linie auf das Haus und nicht auf seine Besitzer richtet. Verbunden mit einem rigorosen Beschneiden der Wirklichkeit, ist es dieser Überfluß an Dingen, der jeder Tatsache des Lebens eine gewisse Bedeutung verleiht, sofern dieser Überfluß stark genug ist, diese Tore zu erreichen, ohne seine Geschwindigkeit dabei einzubüßen. Denn die Wirklichkeit, die gewöhnlich unerfreulich ist, rührt selten an das Leben als solches, ausgenommen bei der Geburt, der wir alle glücklicherweise unkundig sind, oder beim Tod, einer verborgenen, ständig vorhandenen Furcht (eines am Ende jeden Weges lauernden Ungeheuers), die zu ignorieren jedoch gerade zu unseren menschlichen Konventionen gehört.

The Grove ist alles andere als ein kleines Haus; die Räume sind dort vielmehr groß und zahlreich. Aber ähnlich einem viereckigen Spielzeug, das zwischen Gartenbeete und Ställe, reifrockgleiche Linden und rechtwinklige, von roten Mauern eingefaßte Obstgärten fiel – also tatsächlich zwischen seit langem bestehende Dinge, die zu einer gedeihlichen, gut geordneten Lebensart gehören –, war es mit einer Vollkommenheit ausgestattet, die es im ersten Augenblick winzig erscheinen ließ, wie ein in einem Glaskasten befindliches Modell.

Über einem Besitz dieser Art liegt zweifellos eine gewisse Schönheit; die kultivierte Sehnsucht nach dem Lande, die so typisch englisch ist, klammert sich an sie, bis selbst der Vogelgesang, der durch die von hohen Bäumen geworfenen blauen Schatten rieselt, so künstlich, pünktlich und korrekt scheint wie das mechanische Zirpen eines jener Uhrwerkvögel, die mit ausgebreiteten emaillierten Flügeln aus einem viereckigen schwarzen Kasten herauskommen; und selbst der Kuckuck, der seinen geheimnisvollen Schrei in den Befestigungen des Waldes und der Hecken ertönen läßt, verändert hier seinen Ton, bis er hohl und rein wie eine Kirchenglocke klingt. Auf den grünen freien Stellen, die vom gelben Schein der Sommersonne übergossen sind, lauern keine Geheimnisse; hier gibt es keine Höhlen, Grotten und schäumenden Flüsse. Alles ist so ordentlich und durchsichtig wie die klaren, langsam fließenden Bäche, die den Wald begrenzen; und dennoch ist eine derartige Schönheit bestimmt phantastischer als irgendeiner der von Leonardo aufgetürmten Felsen oder jene Welten der Ungeheuer und Riesen, in die wir von einigen der primitiven Maler geführt werden.

Der Winter ist die Zeit, in der sich diese ländlichen Gegenden von ihrer besten und typischsten Seite zeigen. Trutzige Bauwerke für kaltes Wetter, weisen diese Häuser völlig neue Eigenschaften auf, hochragend inmitten des Rauhreifs, Wärme verbreitend in der schneidenden grauen Luft. Der erste Eindruck von The Grove dürfte unserer Ansicht nach eine kindliche Erinnerung an Gerüche sein, wie sie durch überkochende Töpfe entstehen, voller Düfte verborgenen Wachstums: Zwiebeln, Kochherde, fruchtbarer Humus und Kompost, vermischt mit dem durchdringenden aromatischen Geruch des Feuers, das draußen knistert. An den Wänden des Schuppens sind die Matten wie Bärte alter Männer aufgehängt – rituelle Bärte wie jene der Pharaonen und der ägyptischen Priester, die der Gärtner bei den großen Gelegenheiten seines Jahresablaufs vielleicht verwenden wird. Diese nimmt er beim Erblühen der ersten Frühlingsblume, die gläsern und grell, die Blütenblätter wie im Gebet gefaltet, aus der kalten braunen Erde in jenem Schattengewebe hervorkommt, das die kahlen Äste der Bäume weben; jene wird er zu Ehren der metallfarbenen, einer Trompete ähnlichen Blüten des Tulpenbaums nehmen, während die dritte der jungfräulichen Entfaltung der Magnolien oder dem Einsammeln jener Blütenblätter vorbehalten bleibt, die die letzte Rose zu Boden fallen läßt. Aber der Gärtner selbst zerstreut diese zärtlichen Phantastereien, wenn man ihn, tief vornüber gebeugt, bei seinen verschiedenen grausamen Aufgaben beobachtet: beim Fangen des sanften Maulwurfs oder beim Anpirschen auf die braungelben flaumigen Rücken der Kaninchen, die in den grünen Kinderstuben herumkriechen und die zarten weißen Schößlinge anknappern, die er so sorgsam gehegt hat.

Vor dem Schuppen schimmern in vielen Glasrahmen große Veilchen, deren Farben vom tiefsten Purpur über Magentarot bis zu einem nahezu Ziegelrot reichen und deren Blütenblätter feucht funkeln, wie kristallisierte Früchte, die man durch eine Glasscheibe betrachtet: süß und doch unnahbar. Der Boden des Küchengartens ist hart und glänzend, von Frost starr; Bäume, Sträucher und sogar das Gras sind steif und spröde, und unter dem leichten Wind rauschen sie mit einem grellen, stählernen Ton. Die Mauern des Obstgartens hingegen leuchten, als wären sie mit dem Saft jener reifen Früchte bestrichen, die sich in Sommer und Herbst gegen die Steine pressen – farbenfroh und duftend –, während das weiter zurück liegende Haus anheimelnd durch den Baum sichtbar wird, dessen oberste Zweige sich vor ihm verästeln, daß sie sich wie ein Spinnengewebe von dem Himmel abheben; warm und weich wirkt es, wie aus purpurrotem Samt herausgeschnitten. Aus seinen Türen und Fenstern dringt das monotone, heisere Kläffen der Schoßhunde, das einen gemütlichen, wenn auch irritierenden Gegensatz zu den Geräuschen in den Ställen und auf dem Hof bildet, wo rosiggesichtige Männer lärmend tätig sind und in schweren Stiefeln umhergehen oder, den rechten Arm winklig erhoben, laut schnaufend und pfeifend, die glänzenden Pferde noch glänzender putzen, während ihr Atem hinter ihnen wie der Brodem eines Drachen in der scharfen Luft hängenbleibt. Durch die Fenster des Hauses ist jedes Kaminfeuer deutlich zu erkennen, dessen rote Flammen hoch lodern oder in einem gelben Flackern ersterben und erfolglos gegen die dünnen silbernen Lanzen der Wintersonne ankämpfen. Aber deutlicher als alle diese Dinge würde man hier das schneidende Kreischen eines grünen Papageis bemerken, das mit einem entsetzlichen Lärm durch die ausgelaugte Luft dringt und alle weniger lauten Geräusche wie ein Kartenspiel zudeckt. Die bleibendste Erinnerung dürfte mit Bestimmtheit dieses bedrohliche und alberne Geräusch eines Papageien-Gelächters gewesen sein.

An einem Mittag wie diesem war Schwester Gooch zum ersten Mal vor The Grove vorgefahren, so daß sie das Haus, selbst wenn ihr erster Eindruck ein ziemlich unbehaglicher gewesen war, zumindest erblickt hatte, als es sein erfreulichstes und gemütlichstes Aussehen besaß; denn zur Nacht verändert sich der Charakter aller Häuser – und der dieses Hauses am stärksten. Der lächelnde Trost der Umgebung vergeht, versinkt in finsterster Dunkelheit, und ein seltsamer Wohlgeruch, der tagsüber unbemerkt bleibt, tritt deutlich hervor. Es gibt Orte und Momente, wo die Voraussetzungen, die dürftigen Konventionen, auf denen unser Leben basiert, transparent werden, so daß die Welt, die wir geschaffen haben, mit ihnen ins Wanken gerät. So nimmt man, zum Beispiel, gewöhnlich an, daß es Geschöpfe wie etwa Seeschlangen nicht gäbe, und dennoch gibt es nicht nur in Europa, sondern sogar an unseren eigenen geruhsamen Küsten Stellen von einer so unglaubhaften Formation, daß wir plötzlich das Gefühl haben, die Existenz dieser Ungeheuer sei eine Gewißheit – daß es uns weniger überraschen würde, dort ein riesiges Untier zu sehen, wie sie Piero di Cosimo mit gespaltener lodernder Zunge, gigantischem Schädel und langem, sich windendem Leib gemalt hat, das aus unergründlichen grünen Tiefen an die Oberfläche kommt, als einen vorüberfahrenden Bauernwagen, einen Geistlichen oder irgend etwas, das uns aus Erfahrung vertraut ist. Ferner gibt es Momente, in denen uns der Tod – den wir, wie bereits gesagt, üblicherweise in irgendeinen staubigen Winkel unserer Gedanken zu verbannen pflegen – plötzlich anschaut, Grimassen schneidet und wir in ihm eine der universalen und wichtigsten Vorbedingungen erkennen, auf denen wir unser Leben aufnehmen dürfen. So war es auch mit The Grove, wenn die Dunkelheit es wie ein Sarg umschloß. Die zwergenhafte Vollkommenheit, die zu beschreiben wir versuchten, pflegte langsam zu verschwinden; denn selbst die Ausmaße des Hauses schienen sich zu verändern, sobald die Räume vor Dunkelheit anschwollen, voller unerklärlicher Laute. Tote Menschen gehen hier mit festerem Schritt als die Lebenden; ihre Existenz scheint substantieller, ihr Atmen hörbarer. Die Bohlen des Fußbodens geben unter ihrem unsichtbaren Schritt ächzend nach, als regte sich eine merkwürdige Erinnerung in ihnen, und die Holzverschalung der Wände wie sogar auch die Möbel machen sich mit einem harten, hölzernen Knacken vernehmbar, das durch diese Räume noch verstärkt wird, die mittlerweile die neuen Proportionen angenommen haben, welche ihnen die Nacht verleiht. Und in der draußen herrschenden Dunkelheit regt sich, bewegt sich und raschelt alles und jedes.

Es war daher nicht verwunderlich, daß The Grove in den Ruf gekommen war, es spukte in diesem Haus, obgleich die unglückliche Ruhelosigkeit, von der es des Nachts durchzogen wurde, in Wirklichkeit eher seiner langen Verbundenheit mit einer Familie von traurigem, unglückseligem Temperament – das sich in gewissen Fällen zu etwas noch Schlimmerem entwickelt hatte – als der tatsächlichen, sichtbaren Gegenwart irgendeines Gespenstes zugeschrieben werden konnte. Denn seit das gegenwärtige Haus ausgangs des siebzehnten Jahrhunderts erbaut worden war, hatte es sich im Besitz der Tonges befunden, und bis vor kurzem, in Wirklichkeit sogar bis zu dem Zeitpunkt, als der gegenwärtige Besitzer den Besitz erbte, existierte in Verbindung mit diesem Haus eine lange Geschichte brütender Melancholie, die nahezu an Wahnsinn gegrenzt haben mußte.

Aber Colonel Tonge war, wie wir bereits gesehen haben, eine im Grunde völlig normale Persönlichkeit, ohne irgendwie angegriffene Nerven und ohne jegliche Anzeichen irgendeiner erblichen Zerrüttung. Inmitten jenes Besitzes, den wir bereits schilderten – Haus, Rasen, Garten, Bauernhof und Stall – tauchte diese keineswegs unattraktive Gestalt auf und stolzierte wie ein Zwerghahn dahin; ein stolzer kleiner Mann mit einer einigermaßen ruhmreichen soldatischen Karriere, passionierter Reiter und Jäger, war er sehr mit den geschäftlichen Dingen eines Besitzes beschäftigt, dessen Umfang und Bedeutung er in seiner eigenen Vorstellung sehr leicht übertreiben konnte. Zusätzlich zu diesen Interessen war er in die Angelegenheiten der verschiedenen Bezirksausschüsse verwickelt, und wie es ihm in seiner doppelten Eigenschaft als Gutsbesitzer und Soldat zukam, bildete er bei sämtlichen örtlichen Planungen, deren Ziel die Wohlfahrt ehemaliger Soldaten oder Hilfe für Witwen und Kinder war, meistenteils die Vorhut.

Aber trotz dieses ererbten Auftretens eines Landedelmanns und des erworbenen Auftretens eines Soldaten besaß der Colonel irgend etwas, das ihn bei näherer Bekanntschaft doch ein wenig von den üblichen Vertretern seines Standes abhob, wie auch The Grove irgend etwas an sich hatte, das es von dem Großteil der englischen Landsitze unterschied. Worin aber bestand dieser Unterschied? Zu einem Teil vielleicht in der Betonung, die er der Bedeutung seiner Besitztümer zumaß – und damit auch sich selbst; mehr jedoch sicherlich in der ungewöhnlichen Ruhe, die sein Verhalten kennzeichnete – einer stillen und beherrschten Ruhe, die nicht ganz mit seinem bärbeißigen Auftreten und seinem sichtbaren Charakter übereinstimmte. Niemals erlebte man es, daß er die Beherrschung verlor, nicht einmal über Trivialitäten, wie es in der Art der meisten militärischen Kommandeure liegt. Und dennoch schien seine

Zurückhaltung nicht aus einer Gutmütigkeit als vielmehr aus der Angst zu stammen, die Selbstkontrolle auch nur für einen Augenblick zu verlieren – was darauf hindeutet, daß er irgendeinen Instinkt oder irgendeine Gefühlsregung unterdrückte, die sehr stark vorhanden war, so daß die Notwendigkeit bestand, ständig eine derart eiserne Selbstdisziplin zu zeigen. Dieser Gegensatz zwischen Wesen und Auftreten trug wiederum in sich auch den Unterschied zwischen seinen unruhigen und unsteten Augen sowie seinem verkniffenen Mund. Aber wenn Schwester Gooch mit mehr als ihrer normalen Einfühlsamkeit zuerst gespürt hatte, daß eine einigermaßen wunderliche Atmosphäre über dem Hause lag, hatte sie doch nichts Ungewöhnliches im Aussehen oder in der Art dieses liebenswürdigen und ziemlich hochtrabenden kleinen Mannes entdeckt, und die einzige Person, die diese verschiedenen kleinen Kennzeichen wahrhaft erkannte, war Mrs. Tonge. Diese arme Dame hatte ihren Cousin ersten Grades geheiratet und anscheinend nicht nur ihren eigenen, sondern auch seinen Anteil an dem ungewöhnlich nervösen Temperament dieser Familie geerbt. Hager, groß und von jener aschenfarbenen Blässe, die auf beständige Schlaflosigkeit hindeutet, war ihr beinahe süßer Gesichtsausdruck, der in unmittelbarem Gegensatz zu ihrer ruhelosen und reizbaren Seele stand, die einzige Erinnerung an eine frühere Niedlichkeit. Denn als sie seinerzeit heiratete, war sie ein gutaussehendes, stolzes Mädchen gewesen, war dann jedoch schnell und überraschend in ein Stadium unaufhörlicher und irgendwie unzufriedener Melancholie versunken. In Wirklichkeit war sie eine dumme Frau; aber ihre überreizten Nerven verliehen ihr Verständnis für und Einblick in die unerfreuliche Seite des Lebens, und die Sicherheit ihres Urteils war beängstigend. Alles in allem wurde sie dadurch zu einer anstrengenden Gefährtin. Zu diesen übersteigerten Wahrnehmungen kam ein Gefühl der Kränkung, das durch den völligen Mangel an Interesse und Beschäftigung noch verschlimmert wurde – aber auch durch die Tatsache, daß sie kinderlos war. Sie klagte ständig, und ihr Hauptvorwurf war, daß es auf der ganzen Welt nur drei Geschöpfe gäbe, denen sie etwas bedeutete: zwei Hunde – einen Spitz und einen Pekinesen – sowie ihren geliebten grünen Papageien! Häufig fügte sie dann noch eine Bemerkung des Inhalts hinzu, daß ihr Mann den Tod Pollys wünschte und eigentlich immer darauf wartete. Dann erst würde sein Triumph offensichtlich vollständig sein. Und wahrheitsgemäß muß hier gesagt werden, daß das einzige, was die Ruhe des Colonel jemals zu stören schien, das Wahnsinnsgelächter war, das der Papagei im abgedunkelten Raum der Kranken auszustoßen pflegte. Aber obgleich das leiseste Geräusch die strapazierten Nerven von Mrs. Tonge zu irgendeinem anderen Zeitpunkt beinahe zum Zusammenbruch brachte, schien sie die nervenzerreißende Fröhlichkeit des Vogels geradezu zu genießen, während der Papagei seinerseits irgendein Band der Zuneigung zwischen seiner Herrin und sich zu erkennen schien, denn wenn sie mehr als üblich krank war, pflegte er sich so ruhig zu verhalten, daß er es nicht einmal wagte, seine klare nachahmende Begabung auszuüben, und selbst sein gewohntes Gelächter unterdrückte.

Diese Liebe zu ihrem Papageien und ihren Schoßhunden waren zusammen mit einem gewissen Vertrauen, weniger aber einer Zuneigung, zu der jungen Pflegerin – übrigens einem Vertrauen, das sich im Laufe der Monate entwickelte – die einzigen positiven Dinge, deren sich Mrs. Tonge in diesem

Leben bewußt war. Denn im übrigen war sie einsam und ängstlich – sehr ängstlich sogar. Ihre ganze Existenz spielte sich in einem Stadium ständiger Angst ab: eines der schlimmsten, wenn auch sehr verbreiteten Symptome für Neurasthenie. Sie fürchtete sich vor ihren Nachbarn, vor ihrem Mann und vor dem Haus, erschrak vor allem und jedem gleichermaßen. Aber obgleich sie alles fürchtete, lehnte sie beharrlich jeden Plan ab, mit dem diese imaginären Schrecken gemildert werden sollten.

Trotz ihrer anscheinend völlig unbegründeten Angst vor ihrem Mann war sie doch niemals in der Lage, jede sich bietende Gelegenheit nicht bis zum letzten auszunutzen, um ihn zu irritieren, zu verletzen oder zu ärgern. Er aber war ihr gegenüber sehr geduldig. Sie pflegte ihn im großen und kleinen zu verhöhnen; ständig attackierte sie seine Wichtigtuerei oder reizte ihn vor der Pflegerin wegen seiner Vorliebe, anderen seinen guten Rat zu geben, und das alles in einer Art und Weise, die ihn den Stachel der Wahrheit deutlich spüren ließ. Sie beschuldigte ihn sogar, den Wunsch zu hegen, sie – eine arme Kranke, die ihm im Wege war – loszuwerden: eine Beschuldigung, die sie jedoch in Wirklichkeit keinen Moment geglaubt haben dürfte. Sie sagte ferner, er hätte eine grausame Seele, und in ihrer krankhaften Verfassung schien sie sich ein kleines groteskes und verzerrtes Bild von ihm geschaffen zu haben, das in ihren Augen wirklich geworden war – ein Bild, zwar unähnlich, aber dennoch in gewisser Weise erkennbar, von einem wunderlichen, grausamen, einem Wolf ziemlich ähnlichen Wesen, das sein wahres Ich hinter jenen üblichen Eigenschaften verbarg, die in einem Zusammenhang mit den verschiedenen ganz gewöhnlichen Interessen und Aufgaben standen, mit denen sein Leben angefüllt war.

Trotz dieser ungewöhnlichen Vorstellung von ihrem Mann rief sie ihn doch ständig zu sich. Ihre klagende Stimme hallte so oft durch die großen hohen Räume und wurden von seiner bärbeißigen, soldatischen Stimme so oft erwidert, daß einer der vollendetsten Tricks, die der Papagei beherrschte, in dem täuschenden Ausruf »Humphrey, komm sofort her!« bestand, der immer wieder die Antwort »Ja, Mary, ich komme schon« und das Geräusch eiliger Schritte auslöste. Und obgleich sie ihren Mann fürchtete, obgleich sie ihn beinahe haßte, wollte die Kranke kaum einmal zulassen, daß er sie allein ließ, und sei es auch nur für einen Tag.

Noch mehr fürchtete Mrs. Tonge sich vor ihrem Haus – vor jenem Heim, das sie so intim kannte. Aber in derselben widernatürlichen Art wollte sie es nicht verlassen, nicht einmal für eine Nacht. Obgleich sie entsetzlich an Schlaflosigkeit litt, verbunden mit jener Angst vor der Dunkelheit, die uns gewöhnlich verläßt, wenn die Kindheit vorüber ist, sie jedoch nie ganz verlassen hatte, blieb sie standhaft bei ihrer Weigerung, Schwester Gooch nachts in ihrem Zimmer bei sich schlafen zu lassen und durch menschliche Gesellschaft die nächtlichen Schrecken zu mildern. Ganz im Gegenteil: Die kranke Frau beharrte nicht nur darauf, alleingelassen zu werden, sondern verriegelte jeden Abend entschlossen die beiden Türen ihres Zimmers, von denen die eine zum Schlafzimmer ihres Mannes, die andere auf den Korridor hinaus führte, so daß ihr in dem keineswegs unwahrscheinlichen Fall, plötzlich ernstlich zu erkranken, von niemandem Hilfe gebracht werden konnte. Auf diese Weise in die vier Wände eingesperrt, überließ sie ihren gestörten Geist einer Orgie schlaflosen Terrors. Die Hunde schliefen unten; ihr einziger Gefährte war der Papagei Polly, der zwar keinen Laut von sich gab, sondern, genauso treu wie immer, aufgeplustert auf der Sitzstange seines einem Dom ähnlichen Käfigs saß, mit einer grauen Decke zugedeckt. Und selbst wenn er sein verbittertes gellendes Lachen ausgestoßen hätte, wäre dies der armen Kranken, die sich in ihrem Bett hin und her warf, süßer vorgekommen als der Gesang südländischer Nachtigallen. Denn von allen Tieren gelang es allein dem Papageien, seiner Herrin ein gewisses Gefühl der Geborgenheit zu verleihen.

Schließlich dämmerte doch immer wieder der Tag herauf und brachte eine Stunde, manchmal auch zwei Stunden, eines grauen Schlafes mit sich, der jedoch keine Erfrischung bedeutete. Den Nachmittag verbrachte sie mit Stricken, in einem großen Lehnsessel vor dem Feuer sitzend, in ihrem überheizten Boudoir, das mit stark durftenden Blumen vollgestellt war. Fotografien von Freunden, die sie seit Jahren nicht gesehen und um die sie sich vielleicht nie so richtig gekümmert hatte, bedeckten sämtliche Möbelstücke und rankten sich oberhalb des Kamins in einer endlosen Reihe hoch, so daß sie den Raum mit der besonderen vergänglichen Atmosphäre alter Aufnahmen erfüllten, die so gelb und glasiert aussehen wie der Tod selbst. Einfach grotesk wirkten die Turnüren, die Hüte und Puffärmel auf diesen kleinen Vierecken vergilbter glänzender Pappe neben einer Palme, die in einem Topf wuchs, vor einer Terrassen-Balustrade, einem gebirgigen, wenn auch ebenen Hintergrund oder neben einer dieser merkwürdigen Staffagen, die die damaligen Fotografen für angebracht hielten. Das sehnsüchtige Lächeln auf diesen hübschen Gesichtern war genauso verschwunden wie ihr eigenes; die Glätte der Haut war durch Hunderte noch so kleiner Fältchen ersetzt – der Frucht von Sorge, Kummer oder irgendeiner

Saat der Boshaftigkeit und Launenhaftigkeit, von der damals niemand etwas ahnte, die dann aber aufgeblüht war. Der Rest des freien Platzes auf Tisch, Klavier und Schreibtisch wurde von winzigen verschiedenartigen Vasen eingenommen, die mit Veilchen, Freesien und Narzissen gefüllt waren, deren schwerer Duft wie eine Wolke im Zimmer lagerte und die unter den vielen Fotografien wie ein vielfältiger Blumengruß für die erstorbenen Freundschaften wirkten, so daß jede Blüte das Grab einer wirklichen oder vorgeblichen Zuneigung darstellte. Der Raum war mit diesen Vasen überladen; die Blumen verliehen dem Zimmer aber keine anmutige Schönheit, gaben der stickigen Luft keine Süße. Der Spitz lag hechelnd zu Mrs. Tonges Füßen, der Pekinese hatte sich in einem Korb zusammengerollt, und der unmittelbar neben ihr stehende Papagei pickte an einer großen farblosen Weinbeere, während der schale Geruch des Vogelkäfigs sich mit der bereits atemberaubenden Luft des Zimmers vermischte, die dadurch unerträglich wurde. Hier pflegte die Kranke stundenlang zu sitzen und eine der tausend kleinen Beschwernisse zu genießen, unter denen zu wählen sie in der Lage war, um sie dann hin und her zu wenden und daran zu picken wie der Papagei an seiner Weinbeere; oder aber sie wurde von einem der vielfältigen Schrecken ihres Lebens gepackt. So konnte es geschehen, daß das allergrößte Entsetzen, die Todesangst (die, je älter sie wurde, einen immer größeren Teil ihrer Aufmerksamkeit auf sich zog), sie aus den wohlriechenden Schatten angrinste, bis sie den Eindruck hatte, sie säße hier und strickte endlos an ihrem eigenen Leichentuch; und die Vasen veränderten ihre Form und gruppierten sich neu, bis sie zu Kränzen und Kreuzen geworden waren, und der stickige Duft, den sie ausströmten, wurde zum

Geruch des Todes. War es so weit gekommen, läutete sie nach Schwester Gooch, aber selbst deren vertrauter Schritt löste bei ihr für einen kurzen Augenblick einen Schauer aus.

Ihr einziges Vergnügen bestand daher darin, ihren immer gelassenen Mann zu quälen, manchmal, wenn auch in einem geringeren Ausmaß, die arme junge Pflegerin, der sie mittlerweile genauso verbunden war wie ein Hund irgendeinem Gegenstand, etwa einer Puppe oder einem Gummiball – Dingen also, die er zausen und beißen kann. Aber Schwester Gooch, die Gutmütige und Liebenswürdige, die eher frisch und sauber als hübsch aussah und deren Gesicht unverhohlen jene Geduld und Freundlichkeit verriet, die ihre hervortretendsten Eigenschaften waren, gewann nicht nur die Zuneigung der Kranken, sondern auch die des Colonel Tonge und sogar des Personals – wobei letzteres kein geringer Erfolg war, wenn man bedenkt, daß zwischen Hauspersonal und Krankenpflegerin immer eine schon traditionelle Fehde besteht, die beinahe genauso erbittert ist wie jene andere überlieferte Vendetta zwischen Kinderzimmer und Schule. Schwester Gooch war ihrer Patientin wirklich zugetan, trotz der manchmal rasend machenden Art und Weise, in der diese sich aufführte; andererseits war Schwester Gooch in den achtzehn Monaten, die jenem Mittagessen in The Grove an einem Wintertag gefolgt waren, keineswegs unglücklich gewesen. Denn nach der Schwere ihrer eigenen Kindheit genoß sie diese solide und sehr behagliche Heimstatt, zumal sie ihr vollen Spielraum für die Entfaltung jenes Schutzinstinktes bot, der in ihrem Wesen tief verwurzelt war. In gewisser Weise beneidete sie Mrs. Tonge oft wegen ihres freundlichen Mannes und des bezaubernden Hauses, und dann überlegte sie, wie glücklich die Kranke eigentlich sein könnte, wenn nur ihr Zustand ein anderer wäre. Denn in Colonel Tonge konnte die junge Schwester nichts anderes als Rücksicht auf seine kranke Frau und Freundlichkeit gegenüber tatsächlich jedermann sehen, bis sich in ihrer Vorstellung langsam ein Bild von ihm bildete, das von jenem sehr verschieden war, welches seine Frau sich geformt hatte. Für Schwester Gooch war er das Muster duldsamer Ritterlichkeit; für sie waren seine Statur und sein Herz gleichermaßen groß, war seine Bedeutung dem gleich, wie er sie einschätzte. In der Tat wurde er langsam zu jener ausgesprochen reizvollen Kombination, die jeden Engländer fasziniert: ein Held in der Öffentlichkeit, ein Märtyrer im Privatleben. Und für sie war es eine Quelle großen Trostes, zu wissen, daß sie in der Lage war, die Bürde des Colonels dadurch zu erleichtern, daß sie Mrs. Tonge immer bei möglichst guter Laune hielt oder – um eine militärische Redensart zu zitieren – das Feuer bewußt auf sich lenkte. In solchen Augenblicken konnte sie auf irgendeine geheimnisvolle Weise spüren, daß er ihr dafür dankbar war, daß er anfing, Gefallen an ihrer Gesellschaft zu finden – in dem Bewußtsein, daß sie seine Schwierigkeiten verstand und seiner Beherrschung Beifall zollte. Häufig pflegten sie mit Dr. Maynard zusammenzusitzen, der ein gescheiter Arzt war, dem es jedoch an Mut fehlte, so daß er die Gewohnheit hatte, seinen Patienten immer nachzugeben. Langsam und mit der Zeit kam es daher dahin, daß der Colonel Tonge, wenn hinsichtlich der Kranken irgendein neues Problem entstand, derartige Dinge zuerst mit der Schwester und nicht mit dem Arzt besprach.

Obgleich jeder Tag ihrem Empfinden nach in die Spanne einer Stunde zusammengepreßt zu sein schien, so daß sie ständig das Gefühl hatte, auf irgendeinem Zauberteppich der vierten Dimension hierher in die entsprechende Zeit des nächsten Tages getragen worden zu sein, schien das Leben in The Grove ewig zu sein. Auch wenn die Nerven der Kranken immer zerrütteter wurden, schien ihr Zustand unveränderlich zu bleiben. Draußen lag die üppige, gelassene Landschaft, erfolgte pünktlich der Wechsel der Jahreszeiten. Zuerst kam das eisgrüne Glitzern der Schneeglöckchen, die das Gras des Parks mit ihren kristallenen Sternbildern zum Erstarren brachten. Später vergingen sie, verdorrten, färbten sich gelb und vertieften das satte Gelb der Narzissen, von denen sie verdrängt wurden; die Blumen ließen ihre Blüten im Frühlingswind schwanken, durchscheinend und vollgesogen von der Farbe der Sonne. Und fast ehe man überhaupt Zeit hatte, sie zu beobachten, erstrahlten sie in einem tiefen Purpurrot, wurden zu Anemonen, deren düstere Blüten in der Mitte mit Blütenstaub gepudert waren, schwarz wie Kohlenstaub, oder nahmen die samtartige Geschmeidigkeit an, die die Rose von anderen Blumen unterscheidet: Und damit stand der Sommer in voller Pracht. Innerhalb von The Grove gab es gutes Essen, Pünktlichkeit und eine ruhige Routine, die nur von Mrs. Tonges Ausbrüchen oder vom wilden Gekreisch des Papageien gestört wurde, dessen Gefieder das tiefe Grün tropischer Wälder hatte, während seine Augen vorsichtig und wissend um sich blickten. Listig sah er aus, als wäre dieser Vogel im Besitz irgendeines merkwürdigen Geheimnisses wie jener Papagei, dem der Weltreisende Humboldt in Mexiko begegnet war – ein Vogel, der allein auf der ganzen Welt eine eigene Sprache besaß, die mittlerweile ausgelöscht war; denn der Stamm, der sie gesprochen hatte, war im Verlauf der Ereignisse, die Amerika zu einem christlichen Kontinent werden ließen, bis zum letzten Mann niedergemacht worden, während der Vogel noch weitere hundert Jahre lebte.

Der Sommer war ein besonders heißer, und während er seinem Höhepunkt zustrebte, erlegten Mrs. Tonges reizbare Nerven jenen, die sich in ihrer Umgebung befanden, immer schwerere Strafen auf. Der Colonel, der verschiedene lang versprochene Besuche bei alten Freunden machte und in Angelegenheiten seines Besitzes auch verschiedentlich nach London fahren mußte, verließ The Grove im Laufe des Juli mehr als üblich, so daß das ganze Gewicht irgendwelcher Unstimmigkeiten im Hause auf Schwester Gooch fiel, die oft gezwungen war, sich in ihrem Zimmer einzuschließen und – obgleich sie eine resolute, gut erzogene Frau war – wie ein verletztes Kind zu weinen, so unerträglich war die Spannung, in der sie von der Kranken gehalten wurde. Letztere erkannte bald ihren taktischen Fehler, allzu unangenehm gewesen zu sein – oder vielleicht sollte man sagen: die Laune eines ganzen Tages auf eine einzige Stunde konzentriert zu haben, statt sie dünn und gleichmäßig auf den ganzen Lauf der Sonne zu verteilen, so daß sie rückblickend dem Tag in der Erinnerung ihrer Gesellschafter oder Bediensteten eine unerfreuliche Färbung verlieh. Und da sie über einen gewissen Charme oder über falsche Freundlichkeit verfügte, die sie anbringen konnte, wann immer sie es für nötig hielt, war sie sehr schnell wieder in der Lage, das Mitleid und die Zuneigung der Pflegerin zu erregen.

»Die Arme«, überlegte dann Schwester Gooch. »Man kann ihr keine Schuld geben. Man sieht doch, wie sie leidet!« Aber mochte dieser Gedankengang auch noch so wahr sein – immer war es die kranke Frau, die sich jedem Plan zur Linderung ihrer Leiden am heftigsten widersetzte. Obgleich ihre Schlaflosigkeit schlimmer wurde, obgleich die Aussicht auf jene langen dunklen Stunden über jeden Tag einen Schatten warf, der dunkler war als die Nacht selbst, weigerte sie sich immer noch, Schwester Gooch in ihrem Zimmer schlafen zu lassen, während Dr. Maynard, der darauf hätte bestehen können, sich wie gewöhnlich seiner Patientin beugte.

Dennoch ist es schwierig zu beschreiben, wie Mrs. Tonge in diesen schwülen Nächten, in ihr Zimmer eingeschlossen, litt, denn die Finsternis dieser Nächte schien sehr viel länger zu dauern als irgendeine Winternacht. Während sie dort lag, die Glieder verkrampft, stiegen Erinnerungen in ihr auf, die vierzig Jahre geschlafen hatten, und quälten sie. Ihre Eltern, ihr altes Kindermädchen (alle waren schon seit so vielen Sommern tot!) kehrten in der Stille zu ihr zurück. Alle Enttäuschungen ihres Lebens lebten genauso schmerzhaft wieder auf. Wieder einmal sah sie die von Gaslicht erleuchteten Ballsäle, in denen sie als Mädchen getanzt hatte, und die Gesichter jener Menschen, die sie schon vor einem halben Menschenleben vergessen hatte. Und dann erlebte sie wieder einmal ihre Hochzeit. Alle Erinnerungen verknüpften sich und vereinigten sich in fieberhaften Wachträumen von sekundenlanger Dauer; aber trotzdem schienen sie in ihren verzerrten Proportionen die ganze Ewigkeit in sich zu tragen. Hellwach erinnerte sie sich dann ihrer Sehnsucht, Kinder zu bekommen, oder dachte über eine ihrer tausend kleinen Beschwerden nach, die in diesen Stunden neue und größere Dimensionen annahmen. Hier also lag sie – mit einem Papageien als einzigem Freund – in dieser nie vergehenden Düsternis. Der Gedanke an den Tod kehrte zu ihr zurück; der Tod stand am Ende jeder Wegegabelung und machte jedes Leben zu einer hoffnungslosen Sackgasse. Lange und schwer rang sie mit diesem Gespenst der Endgültigkeit, gegen das kein Glaube die Macht besaß, ihren Geist zu bestärken. Dann, nach Mitternacht, stellte sich neues Entsetzen ein, da The Grove zu einem seltsamen nächtlichen Leben erwachte. Draußen klangen Schritte auf, die sich verstohlen näherten, verstohlen in der schwarzen hallenden Nacht. Die Möbel im Zimmer, schwere alte Schränke und Kommoden, machten sich plötzlich mit einer Folge kurzer, aber sehr deutlich vernehmbarer Klopfzeichen in der Stille bemerkbar, als morsten sie irgendeinen unbekannten Code. Wenn jedoch alles wieder in Stille gehüllt war, wurde das Fehlen jeglichen Geräusches noch schlimmer, noch fürchterlicher, als es die Laute selbst gewesen waren. Es erstickte alles in seiner Dunkelheit; alles war völlig ruhig – abwartend – lauschend und lauernd! Die Stille, bisher lediglich nur eine Form gedämpfter Geräusche oder vielleicht ihre Vernichtung, wurde selbst wirklich, aktiv – konnte mit den Sinnen gespürt und genau empfunden werden. Plötzlich war es wieder da, jenes Knacken – als lauschte jemand... Irgend jemand war auf ein loses Brett getreten, duckte sich draußen in der Dunkelheit und fürchtete sich weiterzugehen, um niemanden zu wecken. Und dann folgte eine Ablenkung: Ein neuer Code wurde weitergegeben, und zwar durch Klopfen an die Fensterscheibe... Tap – tap – tap, als wäre irgend etwas verrückt geworden. Nur der Wind und ein Efeuzweig, wie sie annahm. Da war es wieder: tap – tap... als versuchte irgend etwas, in ihr Zimmer einzudringen. Draußen, außerhalb des Hauses, bellte ein Hund drohend, und dann erstarb seine rauhe Stimme plötzlich, als wäre sie zum Schweigen gebracht worden. Wieder kamen Schritte die langen Korridore entlang – diesmal noch deutlicher als bisher. Und einmal oder zweimal verhielten sie vor der verriegelten Tür; die Klinke knarrte, als würde sie vorsichtig angefaßt und von einer unsichtbaren Hand hinuntergedrückt. Und war da nicht ein Geräusch wie gedämpftes, von einem Tier kommendes Atmen? Der Wolf steht vor der Tür, der Wolf aus dem Märchen, versuchte sie sich in ihrem fiebrigen Zustand einzureden, während es so schien, als führten zwei Leute, zwei Fremde, eine geflüsterte Unterhaltung miteinander, die kein Ende nehmen wollte. Und dann war wieder Stille; eine unvergleichbare Stille überschwemmte den Raum, strömte draußen durch die Korridore, so daß das Klopfen, als es von neuem einsetzte, völlig anders klang, als zerstörte es die spiegelglatte Dunkelheit mit immer größer werdenden Kreisen des Geräusches, ähnlich einem Stein, der in einen kleinen Teich geworfen wird. Tap – tap – tap... Und noch einmel: tap. Vielleicht ist sie nur tot, eingeschlossen in ihren Sarg. Tap – tap... sie nageln den Deckel fest, tap – tap. Und für alle Ewigkeit liegt sie tot in der Stille. Dann ist es ganz fern wieder zu hören, und die Nägel werden herausgeschlagen. Dieses Mal ist es jedoch der Papagei, der die Stangen seines einem Dom ähnlichen Käfigs mit dem harten Schnabel bearbeitet; und sie ist beruhigt. Graues Licht hängt sich an die Fenster, deren Vorhänge geschlossen sind, und die Einrichtung des Raumes nimmt langsam wieder die vertrauten Umrisse an. Die Dinge, von denen sie umgeben ist, fallen in die gewohnten Formen zurück und werden wieder erkennbar, denn in der Nacht hatten sie neue Plätze, neue Formen und seltsame Stellungen eingenommen... und das arme nervöse Geschöpf, das auf seinem zerwühlten Bett liegt, fällt für eine Stunde oder zwei in Schlaf.

Als die Helligkeit jedoch verstohlen in das Zimmer tröpfelt und die dunklen Winkel in Zimmer und

Korridor ausfüllt, nehmen die Zimmermädchen – von Schwester Gooch ermahnt, noch ruhiger zu sein als sonst – ihre Arbeit auf; sie scharren draußen wie eine Vielzahl von Mäusen, und dieses Scharren ist so leise und unauffällig, daß es jeden im Hause unvermeidlich aufwecken muß – selbst einen Menschen, der aus Gewohnheit tief schläft und in diesem Augenblick noch in einem tiefwurzelnden Schlummer liegt. Denn dieses schüchterne, einem Nagen ähnliche Geräusch ist für die stärksten Nerven irritierender und weckt mit größerer Bestimmtheit als jedes laute unvermutete Geräusch, das wir gewohnt sind – als jenes Geräusch von Stößen, mit denen die zerbrechlichen Beine und Ecken alter Möbel oder das spröde Schnitzwerk alter vergoldeter Rahmen traktiert wird: Stöße, die mit der Rückseite eines noch so leichten Federwedels ausgeführt werden. Und so schlug auch Mrs. Tonge wieder die Augen auf und schaute wieder einmal auf einen heißen und ruhigen Morgen.

Während sie dort im Halbdunkel lag, konnte sie vom Korridor her leise Stimmen hören. Kaum hatte sie geläutet, als auch schon Schwester Gooch mit der Post hereinkommt, so adrett und freundlich, wie es für ein menschliches Wesen nur möglich ist, und so strahlend wie jede ausgebildete Pflegerin am frühen Morgen – vielleicht ein wenig zu strahlend, zu hellwach, und immer bereit, aus allem das Beste zu machen. Ihr Haar ist von einem dunklen goldenen Blond und schimmert unter der Haube, die sie trägt, während sie mit gleichmäßiger, besänftigender Stimme spricht. Während sie den Korridor entlang zum Zimmer der Kranken geht, nehmen die Zimmermädchen ihr flüchtiges Erscheinen als Zeichen dafür, daß sie ihre geräuschvolle Tätigkeit des Reinigens aufnehmen können, mit der sie jeden neuen Tag begrüßen. Plötzlich wirbeln unter ihren Besen Staubwolken in die Luft und verwandeln sich in den tastenden Strahlen der Sonne zu Säulen und krummen Pfeilern aus funkelndem Glas, die das schwere Deckengewölbe tragen – Pfeiler, die in der Vielfalt ihrer Farben wie Prismen sind. Während die Zimmermädchen, tief vornübergebeugt in ihren weißen bedruckten Kleidern, sich langsam über den Läufer bewegen, in der einen Hand die Bürste, in der anderen die Kehrichtschaufel, zerteilen ihre Bewegungen diese Säulen, so daß die Atome, aus denen sie zusammengesetzt waren, durch die Luft wirbeln und heftig durcheinandergeraten; schließlich bilden sie neue Formen, und aus Säulen werden nun Obeliske, Pyramiden, Rechtecke und die ganze Vielfalt glitzernder Formen, die, von Winkeln aus geraden Linien zusammengehalten, der schwerfälligen Luft und Erde von den lanzenähnlichen Strahlen der Morgensonne überhaupt auferlegt werden können.

In dem Raum liegt sie immer noch im Bett und wendet die ungeöffneten Umschläge ihrer Briefe hin und her. Schwester Gooch geht zum Fenster und spricht mit dem Papageien. Als sie den Käfig aufdeckt, bricht der Vogel in sein metallisches Gelächter aus, das durch das geöffnete Fenster hinaus in das Gebüsch flattert, ähnlich den Messingringen, die ein Zauberkünstler zu Boden fallen läßt, denn in einem Bogen wehen sie wieder zum Fenster der Anrichte hinein, wo John, der Diener, in einer Schürze steht und das Silber mit einem verschmutzt aussehenden Stück alten gelben Leders und einer körnigen rosaroten Paste putzt. Während er den konvexen Spiegel putzt, der von den Seiten einer Silberschale gebildet wird, spiegelt sich sein Gesicht dort in grotesken Bildern, spiegeln sich verzerrte Bäume und die aufgelöste Perspektive von Rasen und Garten auf der entgegengesetzten Seite der Schale. Das zweite Zimmermädchen schaut herein. »Oh, sehen Sie aber komisch aus!« schreit es laut auf, schüttelt sich vor Lachen aus und deutet auf die Schale, die er in der Hand hält. »Es ist mir doch egal, wie ich aussehe«, sagt er, »aber deswegen bin ich noch lange kein gottverdammter Sklave, oder?« »Trotzdem brauchen Sie keine so ungezogene Antwort zu geben«, sagt das Mädchen. »Das hat mit Ihnen gar nichts zu tun. Ich meine doch den Papageien – hören Sie sich das mal an. Ich bin heilsfroh, wenn er wieder zurück ist. In diesem Haus kann man es keinem recht machen. Alles ist falsch. Erst dies, dann jenes. Die Schwester erträgt alles wie ein Soldat«, sagt er, »aber ich bestehe auf meinen Rechten. Ich bin kein Sklave, ich nicht, und deswegen lasse ich mich von dem Papageien auch nicht wie von einem Feldwebel auf dem Exerzierplatz ankreischen, und sie redet auch bloß lauter Unsinn. Am liebsten würde ich ihm das verdammte Genick umdrehen, das würde ich – und dann gleich allen beiden, jawohl!«

Und selbst Schwester Gooch mußte zugeben, daß die Kranke in diesem Sommer anstrengender war als bisher. Monatelang hatte sie ihrem Mann wegen des Sommerhäuschens zugesetzt, zu dem sie eine dieser seltsamen und dringenden Sehnsüchte entwickelt hatte, von denen Kranke annehmen, daß sie das Recht dazu hätten. Jahr für Jahr hatte die Hütte im Wald gestanden, unbemerkt und langsam verfaulend und zerfallend, als Mrs. Tonge sie zum ersten Mal ganz überraschend neu entdeckte und sofort beschloß, sie in ihren Besitz zu bringen. Hier, spürte sie, würde es möglich sein, in Ruhe zu sitzen und in Frieden auszuruhen, in einer Atmosphäre, die der von The Grove nicht im geringsten ähnelte, und vielleicht sogar jenen Schlaf zu finden, der ihr sonst überall versagt blieb. Da das Sommerhäuschen sich in einem sehr baufälligen Zustand befand, bat sie ihren Mann, es für sie reparieren zu lassen, stieß jedoch auf einen völlig unerwarteten Widerstand. Der Colonel, der es gewohnt war, jeden Plan seiner kranken Frau zu fördern, überhörte diese neue Bitte vollständig. Unglücklicherweise wurde ihre Entschlossenheit dadurch nur noch bestärkt, und es hatte zur Folge, daß sie auf ihrer Laune beharrte.

Tatsächlich bestand eine gewisse Gefahr darin, Mrs. Tonge längere Zeit an einem vom Hause so weit entfernten Platz alleinzulassen – wieder weigerte sie sich zu erlauben, daß irgend jemand in dieser Einsamkeit bei ihr bliebe –, denn obgleich sie, wie es bei ständig Kranken sehr häufig der Fall ist, noch viele Jahre am Leben bleiben konnte, war sie dennoch eine nervöse und gebrechliche Frau, anfällig gegenüber plötzlichen Krankheitsausbrüchen, und hier würde keine Hilfe sie rechtzeitig erreichen können. Aber Dr. Maynard mit seinem gewohnten Unvermögen, jemals einem Patienten gegenüber nein zu sagen – oder vielleicht fühlte er, daß die Ruhe, die sie sich hier erhoffte, für sie von größerem Wert wäre, verglichen mit der Gefahr, die ein unerwarteter Anfall für sie bedeutete –, gab diesem neuen Plan seine Billigung. Colonel Tonge hingegen bedrängte den Arzt, es zu verbieten, protestierte nachdrücklich gegen das, was er als bloße Torheit bezeichnete, und weigerte sich standhaft, das Häuschen auch nur anrühren oder ausfegen zu lassen. Die Kranke änderte daraufhin ihre Taktik: War sie zuerst ärgerlich, ging sie jetzt darauf aus, sich wegen dieser Rücksichtslosigkeit zu beklagen. »Ich weiß, Humphrey«, sagte sie vorwurfsvoll, »daß du dich nur so verhältst, weil du die Vorstellung haßt, ich könnte irgendwo einen friedlichen Augenblick verleben. Was kann es denn schon schaden, zum Sommerhäuschen hinüber zu gehen? Dir tut es doch nicht weh, nicht wahr?«

Geduldig wie immer verriet der Colonel nicht das geringste Anzeichen schlechter Laune, sondern behandelte den Fall mit größter Vernunft. »Mary, meine Liebe, es ist wirklich sehr unklug und lächerlich von dir. Ich weiß jedoch, wie groß die Arbeitslosigkeit ist und wieviel Unruhe auf dem Lande herrscht. Du solltest einmal die Landstreicher sehen, mit denen ich als Richter zu tun habe. Dieses Sommerhaus mag den Anschein erwecken, tief im Wald zu liegen – trotzdem liegt es sehr nahe an der Straße. Und niemand kann sagen, wer in den Park eindringt. Jeder kann ihn betreten. An jenem Tor befindet sich kein Pförtnerhaus. Glaube mir, meine Liebe, daß es dort keineswegs sicher ist. Ich kann mir wirklich nicht erklären, wie du so albern sein kannst. Eine Torheit ist es – eine reine Torheit!«

Mrs. Tonge weinte ein wenig. »Ich habe keine Angst vor Landstreichern, Automobilen oder anderem, was sich auf der Landstraße aufhält. Ich weiß aber, daß du alles tust, um zu verhindern, daß ich zur Ruhe komme, Humphrey. Ich glaube, daß es dir am liebsten wäre, wenn ich überhaupt keinen Schlaf mehr fände, solange es dir keinen Verdruß bereitet. Ich weiß, daß du nur auf meinen Tod wartest.« Und geschlagen ging der arme kleine Mann davon. Er war immer so geduldig, wie eben, und freundlich, und Schwester Gooch empfand großes Mitleid mit ihm. Aber sie glaubte, daß er in diesem besonderen Fall unrecht hatte – unrecht allein damit, den Wunsch der Kranken abzulehnen, wenngleich er es nur sehr selten tat; und da sie ihren Einfluß auf ihn kannte, überredete sie den Colonel, nicht mehr darüber zu sprechen, obgleich er immer noch nicht einverstanden zu sein schien. Dennoch war sein Vertrauen auf das

Urteil der jungen Pflegerin so groß geworden, daß sie ihn leicht dazu bringen konnte, seiner Frau gegenüber so zu tun, als glaubte er jetzt, sein Widerstand wäre mißverstanden worden.

Mrs. Tonge ließ sich jedoch nicht täuschen. Sie wußte sehr gut, daß er es in Wirklichkeit nicht billigte, und so machte es ihr zunehmend Freude, sich im Sommerhäuschen auszuruhen. Da sie in diesen heißen Monaten des Jahres später als üblich aufstand, pflegte sie erst nach Tisch hinüberzugehen. Ihren beiden Schoßhündchen untersagte sie es, sie zu begleiten, so daß The Grove jeden Tag nach dem Mittagessen von mitleiderregendem klagendem Gekläff erfüllt war. Nur Polly genoß das Vorrecht, ihre neue Einsamkeit teilen zu dürfen. Merkwürdigerweise fürchtete Mrs. Tonge sich dort nicht. Das ziemlich geheimnisvolle Schweigen des Waldes enthielt für sie nichts Drohendes; in diesen feuchtkalten Schatten war sie glücklicher als in ihrem Schlafzimmer oder im sanften Blumengarten; und war es nun aus Widersinn oder die Folge einer Art Autosuggestion – Tatsache war jedenfalls, daß die Schwester, wenn sie zu der Hütte ging, um die kranke Frau zum Tee wieder in das Haus zu bringen, diese oft in einem Schlummer liegend vorfand, der friedlicher war als alles, was sie seit Jahren erlebt hatte.

Jeden Nachmittag zwischen zwei und drei Uhr konnte man eine wunderliche Prozession beobachten, die über den Rasen zwischen den Blumenbeeten entlang zog, die wie eine erhabene Stickerei in dem kurzen glatten Gras lagen. Zuerst kam Mrs. Tonge, ohne jemals einen Blick auf Blumen oder Bäume zu werfen, und ihre aufrechte Haltung sowie ihr langsamer Gang verliehen dem Zug beinahe ein rituelles Aussehen. Dann folgte die in Schwesterntracht gekleidete Gestalt der Pflegerin mit Zeitungen und einer kleinen Weintraube mit einigen Beeren für den Papageien in der einen Hand, während sie in der anderen den domähnlichen schaukelnden Käfig trug. Die durchscheinenden und Juwelen ähnelnden Weinbeeren nahmen die jeweils vorherrschende Färbung an, die dem durch das grüne Laub dringenden Sonnenschein entsprach, und zogen alle Blicke auf sich, bis sie irgendwelchen mystischen Insignien glichen, die das Auge sogar von der metallischeren Färbung des Papageien ablenkten, der – während er über den Rasen getragen wurde – ständig kreischte und offensichtlich Vergnügen daran fand, die armen bescheidenen Vögel der englischen Landschaft durch Vorführen seines leuchtenden Gefieders und sein fremdartiges, fast beißendes Gelächter zu erschrecken. Langsam zog die Prozession dann über den hellen, wasserbesprengten Rasen, auf dem einzelne hohe Bäume buschig vor dem Himmel standen oder, überladen mit dem vollen Gewicht des Sommers, ihre Äste bis zum duftenden Boden hinunter hängenließen, in den dunklen Wald mit seinem dichten Laubwerk und dem Duft hoher Nesseln, Holunderbüsche, Farne und aller jener Pflanzen, die an ungepflegten Stellen nun einmal wachsen. Kein Vogellied erklang in dieser letzten Entfaltung der Jahreszeiten, und der schmale Pfad, der durch diese Wildnis führte, wand sich wie ein ausgerolltes grünes Band, dessen Farbton strahlender war als der seiner Umgebung aus Sträuchern und samtenem Moosbewuchs, an dessen Rand, wie Federtuffs, verschiedenes Unkraut wuchs. Dieses unordentliche Band, das ohne jeden Sinn über den Waldboden gelegt schien, führte zu einer bäuerlichen Hütte, die vor etwa neunzig Jahren aus der Laune einer früheren Herrin von The Grove heraus ohne jeden Zweck errichtet worden war. Unter einem kreisrunden Dach, das vom Mittelpunkt tief herunter reichte, und mit unbehauenen Baumstämmen gedeckt, lag sie dort vermodernd unter dem Geflecht der Äste und Zweige, die reglos, wie aus Pappe geschnitten, in der Luft hingen. Mit ihrer Feuchtigkeit einem Schwamm ähnelnd, glich sie einem großen Pilz, der am Fuße eines Baumes wächst. Dichtes Efeugewirr klammerte sich an den oberen Teil der Tür, während dort, wo die Baumrinde abgefallen war, Unmengen rostiger Nägel sichtbar waren, die in geometrischer Anordnung wie Dornen aus dem Holz herauszuwachsen schienen. Kein Ausblick war in den spitzen Ausschnitten der beiden Fenster eingefangen – ausgenommen das Licht, das sich mit dem Schatten der grünen Blätter wie ein Gitter auf dem Boden abzeichnete oder auf ein Büschel Farne traf, erst mit dem einen, dann mit dem anderen Wedel spielte, unerwartete Muster hervorrief und mit seiner Berührung jedes geschwungene Blatt zum Mittelpunkt eines wechselhaften arabesken Bildes werden läßt, wie man es auf orientalischen Teppichen findet.

Der Papagei wurde auf den schmutzigbraunen, von Rinde bedeckten Tisch gestellt; einer Weinbeere wurde die Haut zur Hälfte abgezogen und die Beere dann, wie ein schmelzender Edelstein, zwischen die Gitterstäbe geklemmt. Anschließend wurde der Drahtdom feierlich mit einer grauen Decke verhangen; die Kranke legte sich auf das Liegebett, eine Decke über den Knien, die unzähligen Zeitungen, die zu lesen ihr zur Gewohnheit geworden war, neben sich. Und Schwester Gooch ging schnellen Schrittes durch die dunkle Stille des Waldes zurück in die summende duftende Schwüle des Gartens.

Während Mrs. Tonge auf ihrem Liegebett ruhte, fand sie immer wieder einen Frieden, der ihr sonst in der grimmigen Phantasiewelt einer Kranken verwehrt war. Kein Argument, so beschloß sie, würde sie jemals dahin bringen können, diese Siesta aufzugeben. Tag folgte auf Tag, jeder so warm und bunt wie der andere; nur die Blätter wurden in ihrem Duft noch üppiger, der Wald noch stiller. Aber manchmal, wenn sie bereits an der Grenze des Schlafes stand und schon die wunderlichen Wege jenes Landes erkannte, das sie so selten betrat, während sie durch dieses Bild hindurch die vernunftgemäßeren vertrauten Kennzeichen ihrer tatsächlichen Umgebung sah, prallte ein Laut wie ein Windstoß oder ein gewaltiger Flügelschlag auf das gespannte, einem Trommelfell ähnliche Gewebe der Luft, ließ sie einen Augenblick zusammenfahren, und wenn sie sich umblickte, sah sie die starren hohen Bäume, deren Laubdach sich durch einen unnatürlichen Luftzug blähte, weil ein Kraftwagen zwischen jenen beiden hohen Hecken hindurchgefahren war, die die Landstraße verbargen. Für kurze Zeit tanzte dann eine wirbelnde Staubwolke, wie ein sichtbar gewordener Luftgeist, über dieser versteckten weißen Narbe; oder sie wurde von den freundlichen sanften Stimmen der Landarbeiter wieder eingelullt, von denen sie überschwemmt wurde, denn wie ihr Mann gesagt hatte, führte die Straße in Wirklichkeit sehr dicht bei der Hütte vorbei. Aber diese Dinge empfand sie nicht als unerfreulich; und in jedem Fall waren diese erklärbaren Laute viel angenehmer als jenes Stadium aufgegebener Belebung, abgelöst von einem plötzlichen Aufflackern des Lebens, das zu fürchten sie nachts in ihrem Zimmer gelernt hatte!

Das heiße Wetter blieb, und mit ihm das Leben in The Grove. Colonel Tonge war, wie bereits gesagt, in diesem Sommer häufiger abwesend, als es sonst seine Gewohnheit war; aber das Leben der Kranken, der Pflegerin und des Personals lief gleichförmig und beinahe automatisch weiter. Jeden Nachmittag ging

Schwester Gooch mit der Patientin zu der Hütte, ließ sie dort allein und kehrte erst dann zurück, wenn es an der Zeit war, sie zum Tee wieder ins Haus zu begleiten. Eines Nachmittags, als man damit rechnete, daß der Colonel von einem kurzen Besuch bei Major Morley, einem alten Freund und Offizierskameraden, den er nur selten sah, zurückkehren würde, faßte Mrs. Tonge plötzlich den Entschluß, den Tee im Sommerhäuschen einzunehmen, und sagte der Schwester, sie sollte alles Notwendige dazu nachher mitbringen. Obgleich an diesem Einfall nichts Ungewöhnliches oder Verblüffendes war, riet Schwester Gooch, die in allen Angelegenheiten der Kranken eine gewisse Verschmitztheit verriet, sofort davon ab – und zwar keineswegs aus einem Gefühl der Mißbilligung heraus, sondern weil sie sehr wohl wußte, daß die kranke Frau in Wirklichkeit zutiefst enttäuscht sein würde, wenn ihre Pflegerin bei diesem neuen Abweichen vom normalen Programm erfreut oder sogar befriedigt wäre. Daher gelang es der Schwester, eine gewisse Besorgnis zu zeigen, indem sie etwa erklärte, die Patientin dürfte nicht so lange allein bleiben und der Colonel würde sicherlich verletzt und verärgert sein, wenn er seine Frau bei seiner Heimkehr nicht anträfe. Schließlich erklärte sie sich unter dem Vorwand, wider ihr besseres Wissen überredet worden zu sein, bereit, den Tee um fünf zum Sommerhäuschen zu bringen; nachdem sie den Käfig des Papageien auf den Tisch gestellt hatte, deckte sie ihn zu, vollendete ihr Ritual und kehrte durch den heißen, seltsam drückenden Nachmittag zum Hause zurück.

Mrs. Tonge spürte, wie eine ungewohnt behagliche Ruhe sie überkam, als sie ausgestreckt auf ihrer Liegestatt lag und die Zeitungen las, obgleich sie sie vielleicht etwas flüchtiger studierte, als es sonst bei ihr üblich war. In der Regel las sie sie von vorne bis hinten – Geburtsanzeigen, Todesanzeigen, Eheschließungen, Verkäufe und Werbeinserate jeglicher Art; und da die Zeitungen jede Schattierung der politischen Meinung vertraten, blieb sie von der wechselhaften Propaganda völlig unberührt. Genaugenommen betrachtete sie diese Dinge als ihre einzige Art der Entspannung. An diesem Nachmittag konnte sie ihre Aufmerksamkeit jedoch nicht auf derartige Dinge konzentrieren. Sie zog eine bernsteinfarbene, honigduftende Weinbeere für Polly ab, und der Vogel knarrte liebevoll und leise vor sich hin. Welch ein Unterschied, wenn man eine Stunde hat schlafen können! Sie hätte gern gewußt, wann Humphrey zurückkäme, weil sie das Gefühl hatte, in letzter Zeit ziemlich barsch zu ihm gewesen zu sein – oder richtiger: schon seit einiger Zeit. In einer überraschenden Aufwallung von Zuneigung zerbrach jenes Bild, das sich ihre Gedanken von ihm geformt hatten, und er wurde wieder zu jenem jungen Mann, den sie einmal geliebt hatte. Sie beschloß, von nun an netter zu ihm zu sein; außerdem fühlte sie sich heute sehr viel besser. Der Nachmittag im Sommerhäuschen war gerade warm genug – und so ruhig – hübsch ruhig, überlegte sie. Langsam, fast zufrieden, und zum ersten Mal seit vielen Jahren ohne die geringste Furcht, ohne die geringste Nervosität, streckte sie ihre Glieder aus, bis jeder Nerv ihres Körpers ruhig wurde, und mit einem leisen Seufzer überließ sie ihre müden Glieder, ihre erschöpften Gedanken den sanften, zarten Wellen des Schlafes.

Aber obgleich die Feuchtigkeit in der Hütte die Nachmittagshitze für Mrs. Tonge wahrscheinlich milderte, konnte sie draußen den Atem verschlagen. Selbst Schwester Gooch, die in ihrem gewöhnlich kühlen Zimmer saß und nähte, fühlte sich erschöpft.

Oh, wie warm es doch war! Und im Hause war alles still. In der Regel hörte man die Dienstboten schwatzen und durch die Korridore gehen; das Klirren des Silbers und das Klappern der Teller drang immer aus der Anrichte oder aus der Küche herauf. Aber heute war kein Laut zu hören – kein einziges Geräusch mit Ausnahme des schnellen insektengleichen Surrens der Nähmaschine, über die Schwester Gooch sich beugte und die Nadel am weißen Saum des neuen Leinens entlanglaufen ließ, das das Zimmer mit einem ziemlich stickigen Geruch erfüllte. Aber sobald sie ihre Arbeit unterbrach, und wenn es auch nur für einen Augenblick war, wurde das Zimmer von der Stille überschwemmt. Immerhin kann man eine Patientin wie diese nicht achtzehn Monate hindurch pflegen, ohne nicht selbst etwas merkwürdige Gedanken zu bekommen, überlegte sie. Dennoch lag etwas Sonderbares über dieser Ruhe. Bestimmt wird es ein Gewitter geben, meinte sie.

Kein Laut drang vom Hof oder vom Stall zu diesem hohen geöffneten Fenster, das in gleicher Höhe wie die reglosen grünen Spielplätze der Vögel lag; aber unten, auf dem Rasen, flog hin und wieder ein einzelnes Blatt wahnwitzig und wirbelnd in die Höhe, als versuchte es, das Geheimnis dieser allgemeinen Spannung anzudeuten, und lag dann wieder still, allzu still, als fürchtete es, bei einer Rebellion überrascht zu werden... Auf den Blumenbeeten fing plötzlich eine einzelne bunte Blüte an, wild hin und her zu schwanken, als leckte eine Feuerzunge in die Höhe, um dann wieder starr auf der glänzenden Hitze zu treiben. Sie war sehr froh, mit dem Nähen fertig zu sein, den Tee zu bereiten und das Haus zu verlassen. Aber draußen war die Luft noch heißer als drinnen – stickig –, so daß man kaum Atem holen konnte, und als sie in die heimliche Stille des Waldes hinausging, schien sie von jener Welt, die sie kannte, abgeschnitten zu sein. Wenn ich so weitermache, sagte sie sich, werde ich in Kürze ebenfalls krank sein! Dennoch wirkte der Weg länger, als es der Fall sein sollte, so daß sie sich ständig kleinen Biegungen gegenübersah, deren sie sich nicht erinnerte, obgleich sie diesen Pfad in den letzten Monaten mindestens viermal am Tag gegangen war. Natürlich wußte sie dabei, daß es der richtige war. Aber irgendwie staunte sie an diesem Nachmittag über Dinge, die sie üblicherweise gar nicht bemerkte – zum Beispiel über das alltägliche und unerklärliche Rascheln des Waldbodens. Zweifellos waren diese Dinge auch gestern hörbar gewesen, aber in der Regel hörte sie sie eben nicht. Und einmal oder zweimal hatte sie den Eindruck, einen auffallenden raschen Schritt zu hören, als eilte irgend jemand oder irgend etwas durch das Unterholz, oder das scharrende Knacken von Zweigen und Ranken, mit dem sie ihren Griff nach unsichtbaren Kleidungsstücken lösten. Es war ein deutliches Gefühl der Erleichterung nach einem scheinbar ziemlich langen Weg, mit dem sie nach der nächsten Biegung das Sommerhäuschen erblickte. An diesem Nachmittag machte es auf sie einen sehr menschlichen, freundlichen Eindruck; dennoch gehörte es so sehr zu diesem Wald, zu dieser Erde, daß es einem großen Champignon ähnelte, der auf einem größeren grünen Stück Waldboden in die Höhe wächst. Die Kranke rief nicht, als sie sich der Hütte näherte, und selbst der Papagei blieb stumm – gewöhnlich das Zeichen dafür, daß seine Herrin schlief. (Wie merkwürdig, daß sie ausgerechnet hier und nirgends sonst schlafen konnte!) Fröhlich rief Schwester Gooch: »Aufwachen, aufwachen! Ich bringe den Tee!« Immer noch kam keine Antwort, und nachdem sie durch den toten Winkel der Hütte gegangen war und, das Tablett vor sich tragend, beinahe schon in der niedrigen Tür stand, konnte sie erst einen Blick in das dunkle Innere werfen. Unvermittelt in die ruhige Enge des Sommerhäuschens gestoßen, wo sie allem so nahe war und beinahe jede Wand mit dem ausgestreckten Arm berühren konnte, war sie nicht fähig zu atmen. Ein überwältigendes Gefühl der Übelkeit ergriff von ihr Besitz, so daß sie schon glaubte, ebenfalls auf den entsetzlichen Fußboden fallen zu müssen. Obgleich das ganze All sich um sie drehte, erkannte ihr geschultes Auge dennoch die Einzelheiten, die an ein Schlachthaus erinnerten. Dort lag die ermordete Frau, den Kopf auf die Seite gedreht, den Schädel von einem wilden Schlag zertrümmert, das Gesicht zu einer Maske des Schrekkens verzerrt – jenes wunderlichen und unbegründeten Schreckens, der sie nie verlassen hatte. Stumm, blinzelnd, hockte der Papagei in dem umgestürzten Käfig, das Gefieder blutverklebt. Den Vogelkäfig packend, als müßte sie ihn vor neuem Unheil schützen, stürzte Schwester Gooch in panischer Angst aus dem Sommerhäuschen in den reglosen Wald hinaus.

Als sie sich dem Hause näherte, machte sich das ihr eigene Disziplingefühl wieder bemerkbar und zwang sie, ihren Schritt zu verlangsamen und ihre Gedanken etwas mehr zu ordnen. Jetzt aber überkam sie erst wirklich das volle Grauen, denn in jenem überraschenden und geblendeten Augenblick der Angst, als ihre Glieder miteinander verschmolzen waren, als ihr Herz hoch im Halse geschlagen hatte, war sie unfähig gewesen, einen Gedanken zu fassen, hatte sie nichts als grenzenlose Überraschung verspürt, verbunden mit Mitleid und Ekel. Später kam natürlich auch Neugierde hinzu, und sie begann zu überlegen, wer dies getan hatte und warum die arme, bescheidene ältere Frau von einem derart brutalen Schicksal befallen worden war. Und dann war sie gezwungen, ihre Seele für die nächste Prüfung zu wappnen: Jeden Funken Kraft in Geist und Körper würde sie brauchen, da es ihre Aufgabe war, die Hiobsbotschaft zu überbringen. Durch das Bibliothekfenster konnte sie Colonel Tonge sehen, der vor dem kalten Kamin stand, und während sie selbst noch den Schlag zu überwinden suchte, der sie getroffen hatte, fürchtete sie sich, ihm von dem so fürchterlichen Zwischenfall innerhalb dieses entsetzlichen Abenteuers zu berichten – was tatsächlich beinahe genauso fürchterlich war wie der eigentliche Augenblick der Entdeckung. Ihre Achtung und selbst ihre Zuneigung zu ihm, ihre Kenntnis, daß diese Ehe keine glückliche gewesen war, machten ihre Aufgabe, der sie gegenüberstand und die sie durchführen mußte, nur noch schwieriger.

Mit einer unerwarteten nervösen Empfindsamkeit schien der Colonel den heißen, keuchenden Atem der Tragödie schon zu fühlen, bevor sie etwas gesagt hatte. Vielleicht zeichnete sich auf ihrem Gesicht, in ihrer Art etwas ab, das sich ihrer Kontrolle entzog; als sie jedoch eintrat, sah er sie mit Augen an, die genauso voller Furcht waren wie die ihren, und es schien, als beherrschte auch er sich gewaltsam, um dem entgegenzutreten, was er fürchtete. »Los, los!« sagte er. »Was ist?«

Monat folgte auf Monat, und immer noch schloß er sich in seinem Zimmer ein, bis er in Aussehen und Art so verändert war, daß er kaum mehr derselbe zu sein schien. Jeglicher Stolz, jegliches Selbstbewußtsein war von ihm gewichen. Aus seinem Gang war die Spannkraft, aus Kleidung und Haltung die Lebhaftigkeit verschwunden. Jede Stunde des Tages belastete er sich mit Vorwürfen – daß er nicht hartnäckiger gewesen wäre, daß er nicht ein für allemal abgelehnt hätte, seiner Frau zu erlauben, dort draußen allein für sich zu bleiben, und daß er zum Zeitpunkt der Tragödie fort gewesen war. Schwester Gooch hörte ihn, der nachts nicht schlafen konnte, durch die Gänge gehen, hin und her wandern, hin und her, bis das erste graue Licht durch Vorhänge und Fensterläden kroch. Es war, als hätte der Geist des schlaflosen Entsetzens, der seine Frau so geplagt hatte, seinen Aufenthalt in den Körper des Colonels verlegt. Unfähig, sich um die Angelegenheiten seines Besitzes zu kümmern, denen er sich früher mit so viel Überlegung gewidmet hatte, verließ er jetzt das Haus tagsüber nur selten, und wenn er es tat, mochte er irgendeine Richtung einschlagen – früher oder später führten seine Füße ihn immer an dieselbe Stelle, und immer war er erstarrt, bestürzt, sich plötzlich im Wald wiederzufinden.

Alles, was ihn an seine tote Frau erinnerte, mußte weggeräumt werden. Die beiden armen kleinen Hunde wurden von seiner verheirateten Schwester mitgenommen, die nach dem völlig ergebnislosen Versuch, ihren Bruder aufzuheitern und ihm Trost zu geben, wieder nach Hause fuhr. Der Papagei, der nie mehr lachte, nie mehr sprach, kümmerte in einer Dachkammer dahin, versorgt allein von Emily, dem Zimmermädchen. Auch die anderen Dienstboten waren freundlich zu dem Vogel; nicht nur verband sich mit ihm der Gedanke an den Tod und hatte er den Hauch des Grabes an sich, sondern daneben war er selbst der einzige Zeuge und der einzige Überlebende eines brutalen Verbrechens, so daß er jenen Zauber besaß, den man im Volk auch einem Stück des Seils zuschreibt, mit dem ein Mensch aufgeknüpft worden ist. Darüberhinaus war er ein Lebewesen, das ein fürchterliches Geheimnis besaß. Aber der Papagei ließ nichts darüber verlauten, und unten – wo jede Unterhaltung, mochte ihr Ursprung auch noch so entlegen sein, letzten Endes immer bei einem einzigen Thema endete – mußte man zugeben, daß Polly nie mehr so wie früher gewesen wäre. Gelegentlich ließ Emily die Tür des Käfigs geöffnet in der Hoffnung, daß der Vogel herausklettern oder, wie er es früher getan hatte, herumfliegen würde. Aber nichts konnte ihn aus seinem zerbeulten Dom herauslocken. Soweit es Colonel Tonge betraf, hatte er den Papageien nie leiden können und das grelle Gelächter immer gehaßt; und der einsame, jetzt ständig schweigende Zeuge des Todes seiner Frau erfüllte ihn gegenwärtig mit einer unüberwindlichen Abneigung.

Großes Mitgefühl wurde überall dem armen Witwer entgegengebracht, der unter einer so unerwarteten und geheimnisvollen Katastrophe zusammengebrochen war. Aber das allgemeine Mitleid konnte für ihn kaum eine Hilfe sein. Und obgleich eine Lösung dieses Geheimnisses seine Gedanken vielleicht zeitweilig auf andere Bahnen gebracht hätte, selbst wenn sie seine Bedrückung nicht erleichtert hätte, ergab sich doch nichts. Er unterzog sich allen beschwerlichen Aufgaben, die mit einem Mord zusammenhängen – Nachforschung und Verhör; entsprechend dem völligen Mangel an Warnung, Absicht oder Hinweis blieb das Verbrechen jedoch unerklärlich wie bisher. Wer konnte in der Tat den Plan gefaßt haben, diese kranke Dame, die nur wenige Freunde und keinen Feind besaß, zu ermorden? Und welchem Zweck war mit dieser unerträglichen Brutalität gedient? Es ist wahr, daß die Polizei nach einiger Zeit eine stumpfe blutbefleckte Keule, offensichtlich jene Waffe, mit der die tödliche Verletzung beigebracht worden war, tief im Farn verborgen fand. Aber in einem gewissen Sinne entrückte diese Entdeckung das Verbrechen der allgemeinen Erfahrung nur noch weiter, da das mögliche Motiv des Diebstahls zugleich widerlegt wurde – denn neben der Waffe wurden die wenigen Ringe, die goldene Uhr und der kleine Geldbetrag entdeckt, den die Tote bei sich gehabt hatte, als sie an jenem drückenden Augustnachmittag im Sommerhäuschen schlummerte. Die Polizei, die es für möglich hielt, daß diese Gegenstände aus plötzlicher Angst verborgen worden waren und daß das Motiv in Wirklichkeit das gewöhnliche gewesen wäre, verhaftete einen Landstreicher, der in diesem Bezirk aufgegriffen wurde und sich nachts unter Hecken und im Schutz leerer Scheunen verbarg. Obgleich dieser Mann keinen sehr detaillierten und überzeugenden Bericht über seinen Aufenthalt am Tage des ›Hüttenmordes‹ – wie er genannt wurde – geben konnte, reichten die Beweise, die ihn mit diesem Verbrechen in Verbindung brachten, nicht aus, um eine Verurteilung sicherzustellen. Es blieb jedoch bei vielen Leuten, darunter sowohl Dr. Maynard als auch Schwester Gooch, der Eindruck, daß der Landstreicher in Wirklichkeit dieser schändlichen Tat schuldig war, deren man ihn verdächtigte. Obgleich der Colonel jeder Einzelheit der Verhandlung mit peinlichster Aufmerksamkeit folgte, konnte nichts ihn veranlassen, die mögliche Schuld des Landstreichers zu erörtern; es wurde jedoch bemerkt, daß der nervliche Zustand des Colonels nach der Freilassung des Mannes immer klarer zutage trat, was allgemein zu dem Schluß führte, daß die beschuldigte Person auch seiner Ansicht nach nicht hätte freigelassen werden dürfen.

Die Schlaflosigkeit bereitete dem von einem schmerzlichen Verlust betroffenen Ehemann großen Kummer; weder bei Tage noch bei Nacht fand er Frieden oder Ruhe. Der einzige Mensch, der in der Lage war, ihm Erleichterung zu verschaffen und seine Last wenn auch nur für einen Augenblick zu erleichtern, war Schwester Gooch, so daß Dr. Maynard es für seine Pflicht hielt, auf ihr Verbleiben im Hause zu dringen, bis der Colonel irgendwelche Anzeichen für Wiedergenesung und zurückkehrende Lebensgeister zu erkennen gab. Die Pflegerin hatte den Colonel ihrerseits immer gern gehabt, ihn bemitleidet und bewundert; nunmehr kam es durch einen dieser merkwürdigen menschlichen Instinkte dahin, daß alles Mitleid und selbst alle Zuneigung, die sie der Kranken so freigiebig dargebracht hatte, sich nun auf ihren neuen Patienten richteten. Und außerdem empfand auch sie Reue, beschäftigten sich ihre Gedanken mit Dingen, die sie sich selbst vorhielt. Wie gut konnte sie seine Selbstanklagen verstehen und nachempfinden! Warum hatte sie, die sie sich ihres Einflusses auf ihn so bewußt war, den klugen Widerstand des Colonels gegen die Benutzung des Sommerhäuschens durch seine Frau nicht unterstützt, statt, wie es geschehen war, es als einen vernünftigen Plan zu bezeichnen und ihn schließlich zu überreden, seine Einwände zurückzuziehen? Schrecklich lastete nun die so törichterweise übernommene Verantwortung auf ihr, daß sie vielleicht zu einem Teil die Schuld an dieser Tragödie trüge, allein schon dadurch, daß sie der Kranken erlaubt hatte, den Tee an jenem schrecklichen Nachmittag im Sommerhäuschen einzunehmen; und in den Monaten, die dem Mord folgten, gehörte es zu den wenigen erfreulichen Dingen ihres Lebens, darüber nachzudenken, daß sie sein Elend durch ihre Anwesenheit und ihr mitfühlendes Verständnis ein wenig mindern und ihm für kurze Zeit ein flüchtiges Gefühl des Trostes geben konnte.

Als er ihr nach vielen langen und einsamen Monaten einen Heiratsantrag machte, indem er sagte, daß das Leben ohne ihre Unterstützung nur eine unerträgliche Last für ihn bedeutete, nahm sie seinen Antrag an, zumal sie erkannte, daß das Interesse, das sie für ihn empfand, und das überwältigende Mitgefühl, das ihr manchmal das Herz zuschnürte, nur eine andere Form der Liebe wären. Ungeachtet des Unterschieds in Alter und Auffassung hoffte sie, ihm als seine Frau helfen und den Rest eines Lebens, dessen unglücklicher Verlauf nun einen noch bedrohlicheren Ton angenommen hatte, erleichtern zu können.

Die Flitterwochen wurden in Frankreich verlebt, um für sie beide einen vollständigen Bruch mit der Vergangenheit ihres Lebens herbeizuführen. Aber selbst inmitten der saftigen Wiesen und dichten Bäume der Normandie, fern des Stachels jeglicher Geselligkeit, gewann Humphrey nicht sofort, wie sie gehofft hatte, seine alte Spannkraft wieder. Unachtsam, unstet und ruhelos schwieg er für Stunden, eingehüllt in eine Melancholie, die seinem sonstigen Temperament so gar nicht entsprach, während seine Frau in seinem unruhigen Schlaf und plötzlichen Erwachen das Vorhandensein einer starken Quelle von Sorgen entdeckte, die selbst ihre besorgte Zuneigung nicht zum Versiegen bringen konnte – eines Kummers, in der auch ihre Liebe keinen Trost bedeutete. Die Entdeckung des Ausmaßes seiner Not rief neue Sorgen bei ihr hervor und ließ sie die Rückkehr zu dem Schauplatz seines bisherigen Lebens fürchten. Aber während die Zeit verstrich, wurde es deutlich, daß seine Lebensgeister zurückkehrten; und als er ihr erzählte, daß The Grove während ihrer Abwesenheit vollständig neu gestrichen und eingerichtet worden wäre, begann sie, sich glücklicher zu fühlen und zu hoffen, daß es auch ihm wie der Anfang eines neuen Lebens schiene.

Fast auf den Tag genau zwei Jahre nach dem Verbrechen kehrten sie aus ihren Flitterwochen zurück; aber Colonel Tonge schien sich dieses Jahrestages keineswegs bewußt zu sein, während sie es ihm gegenüber natürlich mit keinem Wort erwähnte. Trotzdem überkam sie bei dieser Vorstellung ein unruhiges Gefühl.

Als sie vom Bahnhof nach Hause fuhren, schlug der neue Chauffeur ganz zufällig, als Folge eines jener schrecklichen Einfälle, die nur einfältigen Menschen gegeben sind, mit dem neuvermählten Paar den Weg über die verborgene Landstraße in der Nähe des Sommerhäuschens ein, statt den Weg am Pförtnerhaus vorbei zu nehmen. Colonel Tonge verspürte dabei offensichtlich nichts; seine Frau hingegen hatte einen Augenblick lang das Gefühl, zwischen diesen beiden hohen Hecken ersticken zu müssen. Wie ähnlich war dieser Nachmittag jenem anderen! An den Bäumen regte sich kein einziges Blatt, kein Vogel ließ sein Lied durch die dichten, allzu dunklen Kronen rieseln. Die Luft war heiß, ohne die geringste Bewegung, obgleich dasselbe versteckte, unerklärliche Zittern und Beben sie durchlief. Für die neue Mrs. Tonge war die ganze Atmosphäre von Erinnerungen erfüllt.

Dennoch hatte sie die beunruhigenden Eingebungen von Herz und Verstand in dem Vergnügen schnell vergessen, das sie über den sie erwartenden Empfang verspürte. Bei den Dienstboten war sie immer die Beliebtere gewesen, und da das Personal nie die Leiden des armen Colonel vergessen konnte, hatte es sich besondere Mühe gegeben, dem neuvermählten Paar ein begeistertes Willkommen zu bereiten. Der Colonel blieb stehen, um noch mit den Leuten zu sprechen, während Mrs. Tonge – gespannt, die Veränderungen endlich kennenzulernen – allein das Haus betrat. Es sah bezaubernd aus, fand sie, mit dem neuen glatten Anstrich auf den alten Wänden; und unfähig, ein leichtes Zittern der Freude zu unterdrücken, dessen Unrecht sie fühlte, obgleich sie es nicht bannen konnte – ein Zittern der Freude darüber, zum ersten Mal in ihrem Leben Herrin eines Hauses, und dazu noch eines so bezaubernden Hauses, zu sein –, schritt sie durch die leeren hellen Räume, die ineinander übergingen. Der letzte Raum war das Boudoir. Leise betrat sie es, zog die Tür hinter sich zu und wollte seinen Eindruck vollständig auskosten; denn sie wollte wissen, ob sie hier das Gefühl bekommen würde, ein Eindringling, eine Fremde zu sein, die sich eines ihr nicht zustehenden Platzes bemächtigte. Aber nein! Für sie war es ein völlig neuer Raum. Verschwunden war die fieberhafte Atmosphäre des Krankenzimmers mit seiner verbrauchten Luft, überheizt und mit dem Duft unzähliger Blumen erfüllt. Verschwunden war der erstorbene Eindruck durch den gelben Schimmer der zahllosen alten Fotografien und durch die überall herumstehenden belanglosen kleinen Dinge. Und da sie der Toten gegenüber nur ein Gefühl des Mitleids und der Zuneigung empfand, daneben aber auch ein ausgesprochen praktisch veranlagter Mensch war, freute sie sich, daß nichts an die vorige Herrin des Hauses erinnerte – nichts, das schmerzliche Erinnerungen erwecken könnte. Der Raum war ruhig und friedlich. Die hohen Fenster waren weit geöffnet und blickten auf den schönen, wasserbenetzten Rasen hinaus, der sich bis zum Waldrand erstreckte, wo hohe Bäume mit dichten Kronen standen, während in ihrem blauen Schatten das Murmeln seichter Bäche ertönte. Der gesunde Duft von Baum und Gras, das friedliche Plätschern des Wassers und das zufriedene Summen der Honig sammelnden Bienen, die über den Blüten schwebten, drangen in das Haus und verbreiteten Ruhe und Behaglichkeit. Jetzt war es ihr Haus, ihr Garten, ihr Heim, und jetzt hatte sie einen Mann, dem sie zugetan war. Warum also sollte sie es zulassen, daß ihre Gedanken sich jemals wieder mit den Tragödien der Vergangenheit beschäftigten? War es nicht besser, alles für immer zu vergessen, auch die Erinnerungen ihres Mannes auszulöschen, bis diese Besitztümer, denen er so verbunden gewesen war, ihm langsam wieder lieb wurden?... und gerade in diesem Moment, genau hinter sich, hörte sie die dünne Stimme der Toten aufschreien – eine Stimme, vor Angst und Entsetzen grau und überschnappend. »Humphrey«, sagte diese Stimme, »was ist denn? Oh, mein Gott!...« Und dann das Geräusch eines heftigen Schlages und leises Ächzen, gefolgt von Wellen idiotischen Gelächters, während der Papagei mit gesträubtem, leuchtend grünem Gefieder und wirbelnden Flügeln wieder in seinem leeren Käfig hochflattert.

ANHANG

AGATHA CHRISTIE

Die Zeugin der Anklage

Mr. Mayherne rückte seinen Kneifer gerade und räusperte sich mit jenem ausgedörrten Hüsteln, das typisch für ihn war. Dann blickte er wieder sein Gegenüber an – jenen Mann, der eines vorsätzlichen Mordes beschuldigt war.

Mr. Mayherne war ein kleiner Mann, pedantisch in seiner Art, adrett – um nicht zu sagen: geckenhaft – gekleidet und mit einem Paar sehr gescheiter und durchdringender grauer Augen: alles andere also als ein Dummkopf. Als Anwalt stand Mr. Mayherne tatsächlich in sehr hohem Ansehen. Wenn er mit seinem Mandanten sprach, klang seine Stimme trocken, jedoch nicht empfindungslos.

»Ich muß Ihnen noch einmal nachdrücklich sagen, daß Sie sich in einer sehr ernsten Gefahr befinden und größte Offenheit vonnöten ist.«

Leonard Vole, der wie betäubt auf die kahle Mauer gestarrt hatte, der er gegenüber saß, ließ seinen Blick zu dem Anwalt wandern.

»Ich weiß«, sagte er ohne Hoffnung. »Das haben Sie mir schon mehrfach gesagt. Anscheinend kann ich mir jedoch nicht ganz klar werden, daß man mich eines Mordes beschuldigt – ausgerechnet eines Mordes! Und dazu noch eines so gemeinen Verbrechens.«

Mr. Mayherne dachte praktisch, nicht gefühlvoll. Er räusperte sich wieder, nahm den Kneifer ab, polierte sorgfältig die Gläser und setzte ihn wieder auf die Nase.

»Ja, ja, ja«, sagte er dann. »Aber jetzt, mein lieber Mr. Vole, werden wir einen entscheidenden Versuch machen, Sie hier herauszubekommen, und das wird uns gelingen – das wird uns bestimmt gelingen. Doch dazu muß ich sämtliche Tatsachen kennen. Ich muß wissen, was man alles in diesem Fall gegen Sie vorbringen kann. Dann erst können wir uns entscheiden, auf welcher Linie wir die Verteidigung am besten aufbauen.«

Immer noch sah der junge Mann ihn in derselben betäubten, hoffnungslosen Art an. Auf Mr. Mayherne hatte der Fall bisher einen ziemlich aussichtslosen Eindruck gemacht, und die Schuld des Häftlings schien erwiesen zu sein. Jetzt kamen ihm, zum ersten Mal, Zweifel.

»Ich glaube, ich bin schuldig«, sagte Leonard Vole mit leiser Stimme. »Aber ich schwöre bei Gott, daß ich es nicht war! Die Sache sieht für mich ziemlich finster aus – das weiß ich. Mir geht es wie einem Mann, der sich in einem Netz verfangen hat – überall um mich herum sind Maschen, in denen ich hängenbleibe, sobald ich mich irgendwie bewege. Aber ich habe es nicht getan, Mr. Mayherne, ich habe es nicht getan!«

In einer derartigen Lage war es unvermeidbar, daß ein Mensch seine Unschuld beteuerte. Mr. Mayherne wußte Bescheid. Und dennoch war er gegen seinen Willen beeindruckt. Es konnte schließlich immerhin möglich sein, daß Leonard Vole unschuldig war.

»Sie haben völlig recht, Mr. Vole«, sagte er. »Es sieht für Sie äußerst schlecht aus. Trotzdem erkenne ich Ihre Beteuerung an. Kommen wir aber jetzt zu den Tatsachen. Ich möchte, daß Sie mir mit Ihren eigenen Worten ganz genau schildern, wie Sie seinerzeit Miss Emily French kennenlernten.«

»Das war in der Oxford Street. Ich sah eines Tages, wie eine ältere Dame die Straße überquerte. Sie hatte eine Menge Pakete und Päckchen bei sich. Mitten auf der Fahrbahn ließ sie sie fallen, versuchte, sie wieder aufzuheben, merkte plötzlich, daß ein Autobus genau auf sie losfuhr, und schaffte es dann doch noch, heil und unversehrt den Bürgersteig zu erreichen; sie war wie betäubt und leicht verstört, weil die Leute sie anschrien. Ich sammelte die Pakete ein, säuberte sie, so gut ich konnte, schnürte ein Paket wieder zu und brachte sie ihr.«

»Es handelte sich also nicht darum, daß Sie ihr das Leben gerettet hatten?«

»Um Himmels willen – nein. Was ich damals tat, war nichts weiter als eine völlig normale Höflichkeit. Sie war mir äußerst dankbar – das wiederholte sie mehrmals, und dann sagte sie auch noch, daß mein Verhalten so ganz anders wäre als das der meisten jungen Leute; genau kann ich mich an ihre Worte natürlich nicht mehr erinnern. Ich zog dann meinen Hut und ging weiter. Ich rechnete nicht damit, ihr noch einmal zu begegnen, aber das Leben steckt voller merkwürdiger Zufälle. Denn noch am gleichen Abend sah ich sie auf der Party im Hause eines Freundes wieder. Sie erkannte mich sofort und bat darum, daß ich ihr vorgestellt würde. Dabei erfuhr ich, daß sie eine Miss Emily French sei und in Cricklewood wohne. Ich unterhielt mich eine Weile mit ihr. Sie war meiner Ansicht nach eine alte Dame, die sich plötzlich und sehr heftig zu irgendwelchen Leuten hingezogen fühlte. Auf mich verfiel sie dank einer ganz simplen Tat, die jeder andere genausogut hätte ausführen können. Beim Abschied schüttelte sie mir mit Wärme die Hand und meinte, ich müsse sie unbedingt besuchen. Ich erwiderte natürlich, daß ich es sehr gern tun würde, und daraufhin drängte sie mich, gleich einen Tag auszumachen. Besondere Lust hatte ich zwar nicht, aber wenn ich mich geweigert hätte, wäre es unhöflich von mir gewesen, und deshalb schlug ich den nächsten Sonnabend vor. Nachdem sie gegangen war, erfuhr ich von meinen Freunden einige Einzelheiten über sie: daß sie reich sei, daß sie ein Sonderling sei, daß sie mit ihrem Dienstmädchen allein zusammen wohne und daß sie nicht weniger als acht Katzen besitze.«

»Ich verstehe«, sagte Mr. Mayherne. »Die Frage ihrer Wohlhabenheit tauchte also schon so früh auf?«

»Wenn Sie meinen, ob ich danach gefragt ...« sagte Leonard Vole erregt, aber Mr. Mayherne brachte ihn mit einer Handbewegung zum Schweigen.

»Ich muß den Fall so betrachten, wie er von der Gegenseite vorgebracht werden wird. Ein gewöhnlicher Beobachter hätte niemals vermutet, daß Miss French eine wohlhabende Dame war. Sie führte ein ärmliches, fast bescheidenes Leben. Hätte man Ihnen nicht das Gegenteil erzählt, hätten Sie sie aller Wahrscheinlichkeit nach für eine Frau in ärmlichen Verhältnissen gehalten – jedenfalls zu Anfang. Wer hat Ihnen eigentlich erzählt, daß Miss French reich sei?«

»Mein Freund George Harvey, in dessen Haus die Party damals stattfand.«

»Ob er sich noch daran erinnern wird?«

»Das weiß ich wirklich nicht. Immerhin ist es schon eine ganze Weile her.«

»Damit haben Sie recht, Mr. Vole. Aber verstehen Sie: Der Anklage wird es in erster Linie auf den Nachweis ankommen, daß Sie damals finanziell etwas auf dem Trockenen saßen – das stimmt doch, nicht wahr?«

Leonard Vole wurde rot.

»Ja«, sagte er leise. »Ich hatte damals gerade eine teuflische Pechsträhne.«

»Ganz richtig«, sagte Mayherne. »Und als Sie, wie

gesagt, finanziell auf dem Trockenen saßen, lernten Sie diese reiche alte Dame kennen und pflegten diese Bekanntschaft mit Bedacht. Wenn wir in der Lage wären und sagen könnten, Sie hätten von ihrem Vermögen nichts gewußt und hätten sie aus reiner Herzensfreundschaft besucht ...«

»Aber so war es doch auch!«

»Möglicherweise. Darüber wollen wir uns jetzt nicht streiten. Ich versuche nur, mir die Angelegenheit wie ein Außenstehender vorzustellen. Sehr viel hängt von dem Erinnerungsvermögen des Mr. Harvey ab. Glauben Sie, daß er sich an Ihre Unterhaltung noch erinnern wird? Ist es möglich, daß er von der Staatsanwaltschaft irritiert und zu der Annahme gebracht werden kann, daß sie erst später stattfand?«

Leonard Vole überlegte einige Minuten. Dann sagte er sehr bestimmt, wenn auch mit einem noch blasseren Gesicht: »Ich glaube nicht, daß wir damit Erfolg haben werden, Mr. Mayherne. Es waren noch ein paar dabei, die seine Bemerkung hörten, und einige zogen mich noch wegen der Eroberung einer reichen alten Dame auf.«

Der Anwalt bemühte sich, seine Enttäuschung hinter einer Handbewegung zu verbergen.

»Pech«, sagte er. »Aber ich beglückwünsche Sie zu Ihrer Offenheit, Mr. Vole. Mir kommt es bei allem einzig und allein darauf an, Ihnen zu sagen, was Sie tun sollen. Ein Beharren auf der von mir genannten Linie würde verheerende Folgen haben. Lassen wir es also vorerst dabei. Sie machten die Bekanntschaft von Miss French, besuchten sie, und die Bekanntschaft entwickelte sich weiter. Dafür brauchen wir aber einen klaren Grund. Warum widmeten Sie – ein junger Mann von dreiunddreißig Jahren, sportbegeistert und bei Ihren Freunden beliebt – einen so großen Teil Ihrer Zeit ausgerechnet einer älteren Frau, mit der

Sie doch wohl kaum irgendwelche Gemeinsamkeiten haben konnten?«

Leonard Vole hob erregt beide Hände.

»Das kann ich Ihnen nicht sagen – das kann ich Ihnen wirklich nicht sagen. Nach meinem ersten Besuch drängte sie mich, bald wiederzukommen, und sprach davon, daß sie einsam und unglücklich wäre. Und sie machte es mir schwer, ihre Aufforderung abzulehnen. Sie zeigte mir ihre Zuneigung und Herzlichkeit so offen, daß ich dadurch in eine schreckliche Situation geriet. Sehen Sie, Mr. Mayherne – ich bin nun einmal keine entschlossene Natur; ich bin oft schwankend, und ich gehöre zu den Leuten, die nicht ›Nein‹ sagen können. Und Sie können es mir glauben oder auch nicht, aber nach meinem dritten oder vierten Besuch merkte ich auf einmal, daß ich dieser alten Frau ebenfalls zugetan war. Meine Mutter starb, als ich noch ein Kind war. Ich wuchs bei einer Tante auf, und ich war keine fünfzehn, als sie ebenfalls starb. Wenn ich Ihnen nun erzählte, daß ich es richtig genoß, bemuttert und verhätschelt zu werden, würden Sie doch nur lachen.«

Mr. Mayherne lachte nicht. Statt dessen nahm er wieder seinen Kneifer ab und putzte die Gläser – immer ein Zeichen, daß er angestrengt nachdachte.

»Ich akzeptiere Ihre Erklärung, Mr. Vole«, sagte er schließlich. »Ich glaube, daß sie psychologisch wahrscheinlich ist. Ob das Gericht sich dieser Ansicht anschließt, ist eine andere Frage. Fahren Sie bitte mit Ihrem Bericht fort. Wann geschah es, daß Miss French Sie zum ersten Mal bat, sich um ihre geschäftlichen Angelegenheiten zu kümmern?«

»Als ich sie zum dritten oder vierten Mal besucht hatte. Von finanziellen Dingen verstand sie nur sehr wenig, und sie hatte Kummer mit irgendwelchen Geldanlagen.«

Mr. Mayherne blickte ihn scharf an.

»Vorsicht, Mr. Vole. Janet Mackenzie, das Dienstmädchen, erklärt, ihre Herrin wäre eine gute Geschäftsfrau gewesen und hätte ihre gesamten Transaktionen immer selbst erledigt; diese Erklärung deck sich mit der Aussage, die die Bankiers über Miss French gemacht haben.«

»Aber ich kann es doch nicht ändern«, sagte Vole ernst. »Sie hat es mir selbst gesagt.«

Schweigend blickte Mr. Mayherne ihn eine Weile an. Obgleich er nicht die Absicht hatte, es laut auszusprechen, wurde sein Glaube an Leonard Voles Unschuld in diesem Augenblick bestärkt. Er kannte sich in der Mentalität älterer Damen einigermaßen aus. Und er sah Miss French vor sich: vernarrt in diesen gutaussehenden jungen Mann, immer auf der Suche nach neuen Vorwänden, um ihn in ihr Haus zu holen Was lag näher, als die in geschäftlichen Dingen Unerfahrene zu spielen und ihn zu bitten, ihr in den finanziellen Fragen behilflich zu sein? Sie war eine Dame von Welt, und daher wußte sie, daß jeder Mann sich durch das Eingeständnis seiner Überlegenheit leicht geschmeichelt fühlen würde. Leonard Vole hatte sich geschmeichelt gefühlt. Vielleicht hatte sie auch gar nichts dagegen gehabt, diesem jungen Mann zu zeigen, daß sie wohlhabend war. Emily French war eine alte Frau mit einem starken Willen gewesen, bereit, ihren Preis für das zu zahlen, was sie haben wollte. Diese Überlegungen gingen Mr. Mayherne blitzschnell durch den Kopf; er behielt sie jedoch für sich. Statt dessen stellte er eine weitere Frage.

»Und auf ihren Wunsch hin haben Sie die Dinge in die Hand genommen?«

»Ja, das habe ich.«

»Mr. Vole«, sagte der Anwalt, »ich werde Ihnen jetzt eine sehr ernste Frage stellen – eine Frage, bei der es von entscheidender Bedeutung ist, daß Sie sie wahrheitsgemäß beantworten. Finanziell hatten Sie Schwierigkeiten. Sie hatten die geschäftlichen Probleme einer alten Dame in die Hand genommen – einer alten Dame, die nach eigenen Angaben nichts oder nur sehr wenig von diesen Dingen verstand. Haben Sie irgendwann und irgendwie die Ihnen anvertrauten Sicherheiten zu eigenen Zwecken verwendet? Haben Sie zu Ihrem eigenen finanziellen Vorteil irgendwelche Transaktionen durchgeführt, die das Tageslicht scheuen müßten?« Er hinderte den anderen an einer Antwort. »Überlegen Sie lieber noch einen Augenblick. Uns stehen zwei Möglichkeiten offen. Entweder wir betonen die Rechtschaffenheit und Ehrlichkeit, mit der Sie die Angelegenheiten der alten Dame erledigten, während wir zugleich betonen, wie unwahrscheinlich es ist, daß Sie einen Mord begingen, um zu Geld zu kommen, da Sie das gleiche Ziel auch auf sehr viel leichtere Art erreichen konnten; wenn sich dabei jedoch, andererseits, Dinge ereignet haben sollten, die die Staatsanwaltschaft interessieren – wenn, um es offen auszusprechen, nachgewiesen werden kann, daß Sie die alte Dame in irgendeiner Weise beschwindelt oder betrogen haben –, dann müßten wir so vorgehen, daß Sie gar kein Motiv für den Mord gehabt hätten, da Miss French doch sowieso schon eine sichere Einnahmequelle für Sie bildete. Sie verstehen sicherlich den Unterschied. Und jetzt bitte ich Sie: Lassen Sie sich Zeit mit Ihrer Antwort.«

Aber Leonard Vole ließ sich nicht die geringste Zeit.

»Die Art, in der ich Miss Frenchs Angelegenheiten durchführte, ist völlig korrekt und unangreifbar gewesen. Ich habe ihre Interessen nach bestem Wissen und Gewissen vertreten, und das wird jeder bestätigen, der die Unterlagen überprüft.«

»Danke«, sagte Mr. Mayherne. »Das bedeutet für

mich eine große Erleichterung. Und ich mache Ihnen das Kompliment, Sie für viel zu intelligent zu halten, um mich in einem derart wichtigen Punkt anzulügen.«

»Das, was am meisten zu meinen Gunsten spricht«, sagte Vole eifrig, »ist doch allein der Punkt, daß ein Motiv fehlt! Angenommen, ich hätte die Bekanntschaft mit einer reichen alten Dame nur in der Hoffnung gepflegt, Geld aus ihr herauszuholen – und das ist doch wohl der Kern dessen, was Sie meinten –, dann hat ihr Tod doch meine ganzen Hoffnungen zerstört.«

Der Anwalt blickte ihn offen an. Dann wiederholte er sehr nachdenklich seinen unbewußten Trick mit dem Kneifer. Erst als er ihn wieder auf die Nase gesetzt hatte, redete er.

»Ist Ihnen nicht bekannt, Mr. Vole, daß Miss French ein Testament hinterlassen hat, nach dem Sie der Haupterbe sind?«

»Das ist nicht wahr!« Der Häftling sprang auf. Seine Bestürzung war ehrlich und nicht gespielt. »Mein Gott! Was sagen Sie? Sie hat ihr Vermögen mir vererbt?«

Mr. Mayherne nickte langsam. Vole sank wieder in sich zusammen, den Kopf in die Hände gestützt.

»Behaupten Sie, dieses Testament nicht gekannt zu haben?«

»Was heißt behaupten? Da gibt es nichts zu behaupten! Ich weiß nichts davon!«

»Was würden Sie dazu sagen, wenn ich Ihnen mitteilte, daß Janet Mackenzie, das Dienstmädchen, beschwört, Sie wüßten doch Bescheid? Daß Miss French ihr unmißverständlich erzählte, sie hätte sich von Ihnen dabei beraten lassen und Ihnen ihre Absicht verraten?«

»Wirklich? Dann lügt sie! Nein – ich urteile zu vorschnell. Janet ist eine ältere Frau. Für ihre Herrin war sie ein zuverlässiger Wachhund, und mich mochte sie nicht. Sie war eifersüchtig und mißtrauisch. Ich gebe ohne weiteres zu, daß Miss French sich ihr anvertraute, aber entweder hat Janet irgend etwas mißverstanden, oder sie war in ihrer Vorstellung fest davon überzeugt, daß ich die alte Dame dazu überredet hätte. Sicher ist sie jetzt fest davon überzeugt, Miss French hätte es ihr tatsächlich erzählt.«

»Glauben Sie nicht, daß Janet eine so große Abneigung gegen Sie empfindet, um in dieser Angelegenheit ganz bewußt zu lügen?«

Leonard Vole sah erschrocken und irritiert aus.

»Nein – niemals. Weshalb denn?«

»Das weiß ich nicht«, sagte Mr. Mayherne nachdenklich. »Sie scheint jedenfalls sehr verbittert zu sein.«

Der unglückliche junge Mann stöhnte.

»Jetzt fange ich an, klar zu sehen«, murmelte er. »Es ist entsetzlich. Ich habe ihr den Hof gemacht, werden die Leute sagen, um sie dazu zu bringen, mir ihr Vermögen zu vererben, und dann bin ich abends, als sonst niemand im Hause war, hingegangen – man hat sie erst am nächsten Tag gefunden ... Oh, mein Gott, wie entsetzlich!«

»Sie irren sich, wenn Sie glauben, es wäre niemand im Hause gewesen«, sagte Mayherne. »Sie erinnern sich vielleicht, daß Janet an jenem Abend Ausgang hatte. Sie ging auch weg, aber gegen halb zehn kam sie noch einmal zurück, um das Schnittmuster für einen Blusenärmel zu holen, das sie einer Freundin versprochen hatte. Sie kam durch die Hintertür, ging nach oben, holte das Schnittmuster und verließ dann das Haus wieder. Aus dem Wohnzimmer hörte sie dabei Stimmen; sie konnte zwar nicht verstehen, was gesprochen wurde, ist aber bereit zu beschwören, daß es die Stimmen von Miss French und einem Mann waren.«

»Um halb zehn«, sagte Leonard Vole. »Halb

zehn ...« Er sprang auf. »Aber dann bin ich gerettet! Gerettet! ...«

»Was wollen Sie damit sagen?« rief Mr. Mayherne verblüfft.

»Um halb zehn war ich doch längst wieder zu Hause! Meine Frau kann es bestätigen. Miss French habe ich um etwa fünf vor neun verlassen. Meine Frau hat noch auf mich gewartet. Oh – Gott sei Dank! Gott sei Dank! Und gesegnet sei Janet Mackenzies Schnittmuster.«

In seinem Überschwang merkte er gar nicht, daß der ernste Gesichtsausdruck sich nicht verändert hatte. Mr. Mayhernes Worte brachten ihn jedoch mit einem Schlag wieder auf die Erde zurück.

»Wer hat denn Miss French Ihrer Ansicht nach ermordet?«

»Wieso? Sicher irgendein Einbrecher, wie zuerst angenommen wurde. Das Fenster war, wie Sie sich erinnern werden, eingedrückt. Sie wurde durch einen Schlag mit einem Brecheisen getötet, und das Brecheisen wurde auf dem Fußboden, neben der Leiche, gefunden. Außerdem fehlten verschiedene Sachen. Wenn nicht Janets Mißtrauen und Abneigung gewesen wären, hätte die Polizei die richtige Spur bestimmt nicht aufgegeben.«

»Das wird nicht ausreichen, Mr. Vole«, sagte der Anwalt. »Die verschwundenen Sachen haben kaum einen Wert und wurden blindlings mitgenommen. Und die Spuren am Fenster waren alles andere als aufschlußreich. Davon einmal abgesehen – Sie müssen jetzt an sich selbst denken. Sie sagen, Sie wären um halb zehn nicht mehr im Haus gewesen. Wer aber war dann der Mann, den Janet mit Miss French im Wohnzimmer reden hörte? Eine derart freundschaftliche Unterhaltung wird Miss French mit einem Einbrecher wohl kaum geführt haben.«

»Nein«, sagte Vole. »Nein ...« Er sah verwirrt und entmutigt aus. »Aber jedenfalls«, fügte er mit neu auflebendem Mut hinzu, »bin ich damit aus der Geschichte heraus. Jetzt habe ich wenigstens ein Alibi! Sie müssen mit Romaine, meiner Frau, sprechen – und zwar sofort.«

»Selbstverständlich«, willigte der Anwalt ein. »Ich hätte es auch schon lange getan, wenn Mrs. Vole nicht verreist gewesen wäre, als Sie verhaftet wurden. Ich habe dann gleich nach Schottland telegrafiert, und soviel ich weiß, kommt sie heute abend zurück. Im Anschluß an unsere Unterhaltung werde ich also sofort zu ihr gehen.«

Vole nickte, und ein starkes Gefühl der Befriedigung breitete sich auf seinem Gesicht aus.

»Ja – Romaine wird Ihnen alles bestätigen. Mein Gott, ist das ein glücklicher Zufall!«

»Verzeihen Sie, Mr. Vole – aber haben Sie Ihre Frau sehr gern?«

»Natürlich.«

»Und umgekehrt?«

»Romaine ist mir völlig ergeben. Sie würde für mich tun, was sie nur könnte.«

Er sprach voller Begeisterung, aber das Herz des Anwalts war bedrückter als bisher. Die Aussage einer Frau, die ihren Mann über alles liebte – würde sie Glauben finden?

»Hat Sie sonst noch jemand um neun Uhr zwanzig gesehen? Vielleicht das Dienstmädchen?«

»Wir haben kein Mädchen.«

»Sind Sie auf dem Rückweg irgend jemandem begegnet?«

»Niemandem, den ich kenne. Einen Teil der Strekke bin ich mit dem Autobus gefahren. Vielleicht kann der Schaffner sich an mich erinnern.«

Zweifelnd schüttelte Mr. Mayherne den Kopf.

»Es gibt also keinen, der die Aussage Ihrer Frau bestätigen könnte?«

»Nein. Aber das ist doch bestimmt nicht nötig!«

»Vielleicht nicht – vielleicht nicht«, sagte Mr. Mayherne schnell. »Dann noch eins: Wußte Miss French, daß Sie verheiratet sind?«

»Aber natürlich.«

»Und trotzdem haben Sie Ihre Frau nie mitgebracht. Warum?«

Zum ersten Mal kam Leonard Voles Antwort zögernd und unsicher.

»Das – das weiß ich auch nicht.«

»Ist Ihnen klar, daß Janet Mackenzie behauptet, Miss French hätte Sie für einen alleinstehenden Mann gehalten und sich mit dem Gedanken getragen, Sie später zu heiraten?«

Vole lachte.

»Das ist doch albern. Zwischen uns war ein Altersunterschied von vierzig Jahren!«

»Es ist aber schon vorgekommen«, sagte der Anwalt trocken. »An den Tatsachen ändert es nichts. Haben sich Ihre Frau und Miss French jemals kennengelernt?«

»Nein ...« Wieder diese Befangenheit.

»Sie werden mir die Bemerkung erlauben«, meinte der Anwalt, »daß ich Ihr Verhalten in dieser Angelegenheit kaum verstehe.«

Vole errötete, zögerte und sagte schließlich: »Ich will ganz offen zu Ihnen sein. Sie wissen, daß ich Schwierigkeiten hatte. Ich hoffte, Miss French würde mir Geld borgen. Sie mochte mich gern, hatte jedoch für die Schwierigkeiten eines jungen Ehepaares überhaupt kein Interesse. Schon frühzeitig hatte ich gemerkt, daß sie der Überzeugung war, meine Frau und ich kämen miteinander nicht aus; sie glaubte, wir lebten getrennt. Mr. Mayherne: Ich brauchte Geld –

um Romaines willen! Deshalb sagte ich nichts, sondern ließ die alte Dame das glauben, was sie wollte. Sie sprach davon, daß ich für sie so etwas wie ein Adoptivsohn wäre. Von einer Heirat war nie die Rede – das muß Janet sich einbilden.«

»Und das ist alles?«

»Ja – das ist alles.«

Lag nicht der Schatten eines Zögerns in seinen Worten? Der Anwalt bildete es sich nicht ein. Er erhob sich und streckte seine Hand aus.

»Auf Wiedersehen, Mr. Vole.« Er blickte in das verhärmte junge Gesicht und sprach ungewohnt erregt. »Ich glaube an Ihre Unschuld – trotz der Vielzahl von Tatsachen, die gegen Sie sprechen. Ich hoffe, es beweisen und Sie vollständig rehabilitieren zu können.«

Vole erwiderte seinen Blick lächelnd.

»Sie werden sehr schnell feststellen, daß mein Alibi stimmt«, sagte er fröhlich.

Wieder merkte er kaum, daß der andere darauf nichts erwiderte.

»Zu einem großen Teil kommt es hier auf die Aussage der Janet Mackenzie an«, sagte Mr. Mayherne. »Die Frau haßt Sie. Das dürfte ziemlich genau feststehen.«

»Aber dazu hat sie doch keinen Grund«, protestierte der junge Mann.

Der Anwalt schüttelte den Kopf, als er hinausging.

»Jetzt also zu Mrs. Vole«, murmelte er vor sich hin.

Die Art, wie die Angelegenheit sich entwickelte, bereitete ihm ernsthafte Sorgen.

Die Voles wohnten in einem kleinen schäbigen Haus in der Nähe von Paddington Green. Zu diesem Haus ging Mr. Mayherne.

Auf sein Klingeln wurde die Tür von einer großen schlampigen Frau geöffnet, offenbar der Putzfrau.

»Ist Mrs. Vole schon zurückgekommen?«

»Vor einer Stunde. Aber ich weiß nicht, ob sie zu sprechen ist.«

»Wenn Sie ihr vielleicht meine Karte bringen würden«, sagte Mr. Mayherne ruhig. »Ich bin überzeugt, daß sie sich von mir sprechen läßt.«

Voller Zweifel sah die Frau ihn an, wischte ihre Hände an der Schürze ab und griff nach der Karte. Dann machte sie ihm die Tür vor der Nase zu und ließ ihn draußen auf der Treppe stehen.

Nach wenigen Minuten kehrte sie jedoch bereits zurück, und ihr Verhalten hatte sich etwas geändert.

»Kommen Sie bitte herein.«

Sie führte ihn in das winzige Wohnzimmer. Mr. Mayherne, der gerade ein an der Wand hängendes Bild betrachtete, fuhr plötzlich zusammen und sah sich einer großen blassen Frau gegenüber, die das Zimmer so lautlos betreten hatte, daß er es gar nicht gehört hatte.

»Mr. Mayherne? Sie sind der Anwalt meines Mannes, nicht wahr? Sie kommen gerade von ihm? Wollen Sie bitte Platz nehmen?«

Erst als sie sprach, merkte er, daß sie keine Engländerin war. Als er sie genauer beobachtete, fielen ihm ihre hohen Wangenknochen, die tiefe blauschwarze Tönung ihrer Haare und eine gelegentliche, kaum sichtbare Bewegung ihrer Hände auf, die deutlich verrieten, daß sie Ausländerin war. Eine merkwürdige Frau, und so ruhig – so ruhig, daß einem unbehaglich wurde. Vom allerersten Augenblick an war Mr. Mayherne sich bewußt, daß irgend etwas geschehen würde, was er nicht begriff.

»Also, meine liebe Mrs. Vole«, begann er, »Sie dürfen sich jetzt nicht ...«

Er verstummte. Es war ganz deutlich zu erkennen, daß Mrs. Vole keineswegs die Absicht hatte, sich ihrer

Verzweiflung hinzugeben: Sie war vollkommen ruhig und gefaßt.

»Wollen Sie mir bitte alles berichten?« sagte sie. »Ich muß alles wissen. Glauben Sie nicht, mir irgend etwas ersparen zu müssen. Auch das Schlimmste möchte ich wissen.« Sie zögerte, und dann wiederholte sie – etwas leiser zwar, aber mit einer merkwürdigen Betonung, die der Anwalt sich nicht erklären konnte: »Auch das Schlimmste möchte ich wissen!«

Mr. Mayherne wiederholte ihr seine Unterhaltung mit Leonard Vole. Sie hörte ihm aufmerksam zu, und gelegentlich nickte sie leicht.

»Ich verstehe«, sagte sie, als er fertig war. »Er möchte also, daß ich behaupte, er wäre an jenem Abend um zwanzig nach neun nach Hause gekommen?«

»Stimmt es denn nicht?« fragte Mr. Mayherne scharf.

»Darum geht es hier nicht«, sagte sie kalt. »Wird es ihn entlasten, wenn ich diese Aussage mache? Wird man mir überhaupt glauben?«

Mr. Mayherne war überrascht. Ungewöhnlich schnell hatte sie den Kern der Sache erkannt.

»Das ist der Punkt, über den ich jetzt Klarheit haben möchte«, sagte sie. »Wird es genügen? Gibt es sonst noch jemanden, der meine Aussage bestätigen kann?«

»Bis jetzt niemanden«, sagte er widerstrebend.

»Ich verstehe«, sagte Romaine Vole.

Vollständig ruhig saß sie eine Zeitlang da. Ein leises Lächeln spielte um ihren Mund.

Das alarmierende Gefühl des Anwalts wurde ständig stärker.

»Mrs. Vole ...« begann er. »Ich weiß, wie Ihnen jetzt zumute sein muß ...«

»Wirklich?« sagte sie. »Wie denn?«

»Unter den gegebenen Umständen ...«

»Unter den gegebenen Umständen – habe ich die Absicht, meine Rolle ganz allein zu spielen.«

Bestürzt sah er sie an.

»Aber meine liebe Mrs. Vole ... Sie sind sicherlich etwas überreizt. Wenn Sie Ihrem Mann jedoch so zugetan sind ...«

»Was sagten Sie?«

Die Schärfe ihrer Stimme ließ ihn stutzig werden. Zögernd wiederholte er: »Wenn Sie Ihrem Mann so zugetan sind ...«

Romaine Vole nickte langsam, immer noch dasselbe seltsame Lächeln auf den Lippen.

»Hat er Ihnen erzählt, ich wäre ihm zugetan?« fragte sie sanft. »Oh ja, ich sehe es Ihnen an. Wie dumm die Männer doch sind! Dumm – dumm – dumm ...«

Sie stand plötzlich auf. Die ganze erregte Spannung, die der Anwalt in der Atmosphäre des Zimmers gespürt hatte, lag jetzt allein in ihrem Tonfall.

»Ich hasse ihn – wenn Sie es genau wissen wollen! Ich hasse ihn, hasse ihn, hasse ihn! Und am liebsten würde ich ihn hängen sehen, bis er endgültig tot ist!«

Der Anwalt schrak vor ihr und der glühenden Leidenschaft in ihren Augen zurück.

Sie kam einen Schritt näher und sagte heftig: »Vielleicht werde ich es doch noch erleben. Angenommen, ich würde Ihnen sagen, daß er an jenem Abend nicht um zwanzig nach neun, sondern um zwanzig nach zehn hier erschien? Sie sagen, er hätte Ihnen erzählt, daß er keine Ahnung gehabt hätte, als Erbe eingesetzt gewesen zu sein. Angenommen, ich würde Ihnen sagen, daß er es ganz genau wußte, daß er damit gerechnet hatte und daß er den Mord verübte, um das Geld zu bekommen? Angenommen, ich würde Ihnen sagen, daß er mir noch am gleichen Abend, nachdem er nach Hause gekommen war, anvertraute, was er getan hatte? Daß sein Mantel mit Blut beschmiert war? Was dann? Angenommen, ich stehe mitten in der Verhandlung auf und sage das alles?«

Ihre Augen schienen ihn herauszufordern. Mit Mühe verbarg er seine wachsende Bestürzung und bemühte sich, sachlich zu bleiben. »Man kann von Ihnen nicht verlangen, daß Sie eine Aussage machen, die sich gegen Ihren Mann ...«

»Er ist nicht mein Mann!«

Diese Worte kamen so schnell, daß er glaubte, sich verhört zu haben.

»Wie bitte? Ich ...«

»Er ist nicht mein Mann.«

Die Stille war so gespannt, daß man eine Nadel hätte fallen hören.

»Ich war Schauspielerin in Wien. Mein Mann ist noch am Leben, wenn auch in einer Irrenanstalt. Deshalb konnten wir nicht heiraten. Und heute bin ich froh darüber.«

Sie nickte herausfordernd.

»Mir wäre es sehr lieb, wenn Sie mir eines erklären könnten«, sagte Mr. Mayherne. Er bemühte sich, genauso kalt und unbeteiligt zu wirken wie bisher. »Warum sind Sie Leonard Vole gegenüber so verbittert?«

Sie schüttelte den Kopf und lächelte ein bißchen.

»Ja, das möchten Sie wohl gern wissen. Aber ich werde es Ihnen nicht sagen. Dieses Geheimnis werde ich für mich behalten ...«

Mr. Mayherne räusperte sich wieder einmal trocken und erhob sich.

»Es hat wohl keinen Grund, diese Unterhaltung fortzusetzen«, bemerkte er. »Sie werden wieder von mir hören, sobald ich mich mit meinem Mandanten in Verbindung gesetzt habe.«

Sie trat dicht an ihn heran und blickte ihn mit ihren wunderschönen dunklen Augen an.

»Sagen Sie – glaubten Sie, als Sie hierher kamen, ganz ehrlich, daß er unschuldig sei?«

»Das tat ich allerdings.«

»Sie Armer«, sagte sie lachend.

»Und ich bin immer noch davon überzeugt«, sagte der Anwalt abschließend. »Guten Abend, Madam.«

Er verließ das Zimmer und nahm die Erinnerung an ihr verblüfftes Gesicht mit sich.

»Das wird eine verteufelt schwierige Geschichte«, sagte sich Mr. Mayherne, als er die Straße entlang schlenderte.

Ungewöhnlich – die ganze Angelegenheit. Eine ungewöhnliche Frau. Eine sehr gefährliche Frau. Frauen können Teufel sein, wenn sie jemandem das Messer auf die Brust gesetzt haben.

Was war jetzt zu tun? Dieser unglückliche junge Mann: Nicht einmal mit einem seiner Beine stand er fest auf der Erde. Natürlich bestand die Möglichkeit, daß er das Verbrechen tatsächlich begangen hatte ...

»Nein«, sagte sich Mr. Mayherne. »Nein – es sind beinahe zu viele Beweise, die gegen ihn sprechen. Ich glaube dieser Frau nicht. Sie hat sich die ganze Geschichte ausgedacht. Aber vor Gericht wird sie sie bestimmt nicht erzählen.«

Allerdings wäre es ihm lieb gewesen, in diesem Punkt überzeugter sein zu können.

Die Vorverhandlung verlief kurz und dramatisch. Kronzeugen der Anklage waren Janet Mackenzie, Dienstmädchen der Toten, und Romaine Heilger, österreichische Staatsangehörige und Geliebte des Verhafteten.

Mr. Mayherne saß im Verhandlungsraum und lauschte der belastenden Aussage der zweiten Zeugin. Sie bewegte sich auf der Linie, die die Zeugin ihm gegenüber bereits angedeutet hatte.

Der Inhaftierte verzichtete auf eine Verteidigung, und sein Fall wurde an das Gericht überwiesen.

Mr. Mayherne war mit seinem Latein am Ende. Der Fall Leonard Vole schien so aussichtslos wie nur denkbar. Selbst der berühmte Strafverteidiger, der die Vertretung Voles übernommen hatte, besaß kaum mehr Hoffnung.

»Wenn wir die Aussage dieser Österreicherin erschüttern könnten, bestünde noch eine Möglichkeit«, sagte er zweifelnd. »Aber sonst sieht es schlecht aus.«

Mr. Mayherne hatte seine ganze Kraft auf einen einzigen Punkt konzentriert: Angenommen, Leonard Vole sagte die Wahrheit und hatte die Ermordete tatsächlich um neun Uhr verlassen – wer war dann der Mann, den Janet um halb zehn gehört hatte, als er mit Miss French sprach?

Der einzige Lichtblick war ein Neffe, ein Taugenichts, der in der Vergangenheit durch Schmeicheleien und Drohungen verschiedentlich Geld aus seiner Tante herausgeholt hatte. Wie der Anwalt erfuhr, hatte Janet Mackenzie sich zu dem jungen Mann immer sehr hingezogen gefühlt und nie aufgehört, seine Forderungen gegenüber seiner Tante zu unterstützen. Es bestand tatsächlich die Möglichkeit, daß der Neffe seine Tante nach dem Weggang Leonard Voles aufgesucht hatte, obwohl er in keinem seiner früheren Schlupfwinkel gefunden worden war.

In sämtlichen übrigen Richtungen waren die Nachforschungen des Anwalts ergebnislos verlaufen. Keiner hatte beobachtet, wie Leonard Vole sein eigenes Haus betrat oder das der Miss French verließ. Niemand hatte gesehen, daß irgendein anderer Mann das Haus in Cricklewood betrat. Alle Erkundigungen verliefen im Sande.

Am Vorabend der Verhandlungen erhielt Mr. Mayherne jedoch einen Brief, der seine Gedanken in eine vollkommen neue Richtung lenkte.

Er kam mit der Post um sechs: ein unbeholfenes Gekritzel auf normalem Papier in einem schmutzigen Umschlag, mit einer auf dem Kopf stehenden Briefmarke frankiert.

Mr. Mayherne mußte ihn mehr als einmal lesen, bis er seine Bedeutung begriff.

»Dear Mister,

sie sind ja wohl der Rechtanwallt wo immer wegen den jungen Mann nachfragt. Wen sie wissen wolen was mit der angemahlten Schlampe ist die Wo doch nur lügt Wie gedruckt, dann komen sie Heute Abend in die Shaw's Rents Stepney 16. Das Kostet sie 2 Hundert blaue und Fragen sie blos nach Missis Mogson.«

Der Anwalt las diesen merkwürdigen Brief und las ihn dann noch einmal ganz genau. Es konnte natürlich ein Schwindel sein – aber als er genau überlegte, wurde er zunehmend überzeugt, daß der Brief echt war, und ferner überzeugt, daß er für den Häftling die einzige Hoffnung darstellte. Die Aussage der Romaine Heilger bedeutete für ihn das Todesurteil, und die Absicht der Verteidigung – zu behaupten, daß man der Aussage einer Frau, die ein zugegebenermaßen unmoralisches Leben führe, doch wohl kaum Glauben schenken dürfe – war bestenfalls ein schwacher Versuch.

Mr. Mayherne hatte sich zu einem Entschluß durchgerungen. Es war seine Pflicht, seinen Mandanten, koste es, was es wolle, zu retten. Er mußte einfach hingehen.

Er hatte gewisse Schwierigkeiten, das Haus – ein baufälliges Gebäude in einem übelriechenden Elendsviertel – zu finden; aber schließlich gelang es ihm, und auf seine Frage nach einer Mrs. Mogson wurde er an ein Zimmer im dritten Stock verwiesen. Er klopfte an die Tür dieses Zimmers, und da sich nichts rührte, klopfte er zum zweiten Mal.

Nach seinem zweiten Klopfen hörte er hinter der Tür ein schlurrendes Geräusch, und gleich darauf wurde die Tür vorsichtig eine halbe Handbreit geöffnet, und eine gebeugte Gestalt guckte durch den Spalt.

Plötzlich fing die Frau – denn es handelte sich um eine Frau – an zu kichern und öffnete die Tür ein Stück.

»Bist du doch noch gekommen, Süßer«, sagte sie mit keuchender Stimme. »Sonst keiner dabei, was? Keine Dummheiten? Schön – dann komm' rein – komm' rein.«

Mit leichtem Widerwillen trat der Anwalt über die Schwelle in einen kleinen schmutzigen Raum, in dem flackernd ein Gasofen brannte. In der einen Ecke stand ein ungemachtes unsauberes Bett, davor befanden sich ein einfacher Holztisch und zwei wackelige Stühle. Zum ersten Mal sah Mr. Mayherne die Bewohnerin dieser scheußlichen Behausung in voller Größe. Sie war eine Frau in den mittleren Jahren, gebeugt, mit einem Schwall unordentlicher grauer Haare und einem Halstuch, das sie sich fest um das Gesicht gebunden hatte. Sie sah, daß er auf das Tuch starrte, und lachte wieder ihr seltsames, tonloses Kichern.

»Möchtest wohl gern wissen, warum ich meine Schönheit verstecke, was, Süßer? Hehehe! Hast wohl Angst, ich könnte dich in Versuchung bringen, was? Aber du sollst es sehen – sollst es sehen!«

Sie zog das Tuch ein Stück zur Seite, und unfreiwillig schrak der Anwalt vor dem Anblick der fast umrißlosen, blutroten Narbe zurück. Sie zog das Tuch wieder vor.

»Einen Kuß willst du mir jetzt wohl nicht mehr geben, Süßer – was? Hehe, das wundert mich nicht.

Aber trotzdem war ich früher ein hübsches Mädchen – das ist noch gar nicht so lange her, wie du denkst. Vitriol, Süßer, Vitriol – davon habe ich das. Aber jetzt sollen sie es büßen ...«

Sie stieß einen Schwall gemeiner Flüche aus, den Mr. Mayherne vergeblich einzudämmen versuchte. Schließlich verstummte sie, und ihre Hände schlossen und öffneten sich nervös.

»Schluß damit!« sagte der Anwalt streng. »Ich bin hierher gekommen, weil ich Grund zu der Annahme habe, daß die Information, die Sie mir geben wollen, meinen Mandanten Leonard Vole von jedem Verdacht befreien wird. Ist dies der Fall?«

Ihre Augen starrten ihn listig an.

»Und was ist mit dem Geld, Süßer?« keuchte sie. »Zweihundert Blaue – das war doch abgemacht, nicht?«

»Sie sind zur Aussage verpflichtet und können dazu notfalls gezwungen werden.«

»Ich nicht, Süßer. Ich bin eine alte Frau, und ich weiß von nichts. Aber wenn du mir die zweihundert Blauen gibst, kann ich dir dafür den einen oder anderen Tip geben. Kapiert?«

»Welche Art von Tip?«

»Was meinst du zu einem Briefchen? Einen von ihr! Du brauchst gar nicht zu fragen, wie ich dazu gekommen bin. Das ist meine Sache. Mit dem Brief schaffst du's. Aber dann will ich auch meine zweihundert haben.«

»Ich werde Ihnen zehn Pfund geben – nicht mehr! Und auch nur dann, wenn der Brief dem entspricht, was Sie behaupten.«

»Zehn Pfund?« Sie schrie und tobte.

»Zwanzig«, sagte Mr. Mayherne, »aber das ist mein letztes Wort.«

Er erhob sich, als wollte er gehen. Dann allerdings

zog er, während er sie genau beobachtete, seine Brieftasche und zählte zwanzig Ein-Pfund-Noten ab.

»Hier«, sagte er. »Mehr habe ich nicht bei mir. Sie können das Geld nehmen oder nicht – wie Sie wollen.«

Er wußte jedoch bereits, daß der Anblick der Geldscheine über ihre Kraft ging. Sie fluchte und tobte wieder, wenn auch nicht mehr so überzeugend, und schließlich gab sie nach. Sie ging zum Bett und zog irgend etwas unter der zerfetzten Matratze heraus.

»Hier hast du das verdammte Dreckzeug!« knurrte sie. »Der, den du suchst, liegt obendrauf.«

Es war ein Stoß Briefe, den sie ihm hinwarf, und Mr. Mayherne schnürte das Bündel auf und durchblätterte es in seiner üblichen kalten, methodischen Art. Die Frau, die ihn gespannt beobachtete, konnte seinem unbeteiligt wirkenden Gesicht nichts entnehmen.

Er las jeden einzelnen Brief, griff dann noch einmal nach dem obersten und las diesen zum zweiten Mal. Dann verschnürte er das Bündel wieder sorgfältig.

Es waren Liebesbriefe, geschrieben von Romaine Heilger, und der Mann, an den sie gerichtet waren, hieß nicht Leonard Vole. Der oberste Brief trug das Datum jenes Tages, an dem Vole verhaftet worden war.

»Jetzt habe ich doch die Wahrheit gesagt, was, Süßer?« winselte die Frau. »Mit dem obersten Brief ist sie erledigt, oder?«

Mr. Mayherne steckte die Briefe ein und stellte dann eine Frage.

»Wie sind Sie zu diesem Briefwechsel gekommen?«

»Das ist eine lange Geschichte«, sagte sie und blinzelte ihn an. »Aber ich weiß noch mehr. Ich habe damals bei der Verhandlung gehört, was die Schlampe gesagt hat. Sieh doch mal nach, wo sie selbst denn eigentlich um zwanzig nach zehn war, wo sie zu Hause gewesen sein will. Frag doch mal im Lion Road Cinema nach! Die werden sich vielleicht noch erinnern – an ein so schönes und so ehrliches Mädchen. Zum Teufel soll sie sich scheren!«

»Wer ist der Mann?« fragte Mayherne. »In den Briefen steht nur sein Vorname.«

Die Stimme der anderen klang erstickt und heiser; ihre Hände öffneten und schlossen sich. Schließlich hob sie eine Hand an ihr Gesicht.

»Das ist der Mann, der mir das hier angetan hat. Ein paar Jahre ist das jetzt schon her. Sie hat ihn mir weggeschnappt – ein ganz junges Ding war sie damals. Und als ich ihm nach bin und ihn zu mir zurückholen wollte, hat er mir das verdammte Zeug ins Gesicht geschüttet. Und sie hat bloß gelacht – dieses Miststück! Jahrelang hat sie das bei mir gutgehabt! Ich bin immer hinter ihr her gewesen und habe alles ausspioniert. Und jetzt habe ich sie! Dafür wird sie jetzt büßen, was, Herr Rechtsanwalt? Wird sie jetzt dafür büßen?«

»Wahrscheinlich wird sie wegen Meineids einige Zeit ins Gefängnis kommen«, sagte Mr. Mayherne ruhig.

»Eingesperrt werden soll sie – mehr will ich gar nicht. Sie wollen jetzt wohl gehen, was? Wo ist mein Geld? Wo ist das schöne Geld?«

Wortlos legte Mr. Mayherne die Scheine auf den Tisch. Dann holte er tief Luft, drehte sich um und verließ das dürftige Zimmer. Als er noch einmal zurückblickte, sah er, daß die alte Frau das Geld an sich genommen hatte und leise vor sich hin summte.

Er vergeudete keine Zeit. Er fand das Kino in der Lion Road ohne die geringste Schwierigkeit, und als er dem Portier eine Aufnahme von Romaine Heilger zeigte, erinnerte dieser sich sofort: Es war schon zehn Uhr abends vorbei gewesen, als diese Dame an dem fraglichen Abend in Begleitung eines Mannes gekommen war. Auf ihren Begleiter hatte er nicht besonders geachtet, aber an die Dame konnte er sich genau erinnern, weil sie sich mit ihm noch über den Film unterhalten hatte, der gerade lief. Und die beiden gingen erst wieder nach Schluß der Vorstellung, etwa eine Stunde später.

Mr. Mayherne war zufrieden. Romaine Heilgers Aussage war von Anfang bis Ende erlogen. Diese Lügen waren aus ihrem leidenschaftlichen Haß geboren. Der Anwalt überlegte, ob er jemals erfahren würde, was hinter diesem Haß verborgen war. Was hatte Leonard Vole ihr angetan? Es hatte ausgesehen, als wäre er vom Donner gerührt gewesen, als der Anwalt ihm ihr Verhalten geschildert hatte. In vollem Ernst hatte Vole erklärt, für ihn wäre ihr Verhalten vollständig unerklärlich – und trotzdem hatte Mr. Mayherne den Eindruck gehabt, daß Voles Beteuerungen, als die erste Verblüffung verflogen war, weniger aufrichtig gewesen waren.

Es war ihm doch erklärlich – davon war Mr. Mayherne überzeugt. Er wußte es genau, hatte jedoch nicht die Absicht, die Hintergründe aufzudecken. Das Geheimnis zwischen den beiden mußte ein Geheimnis bleiben. Mr. Mayherne überlegte, ob er es irgendwann doch noch erfahren würde.

Der Anwalt blickte auf seine Uhr. Es war schon spät, aber Zeit bedeutete alles. Er winkte ein Taxi heran und nannte eine Adresse.

»Sir Charles muß es sofort erfahren«, murmelte er vor sich hin, als er einstieg.

Die Verhandlung des Falles Leonard Vole wegen Ermordung der Emily French erregte weithin Interesse. Vor allem war der Häftling jung und gutaussehend; ferner war er eines besonders scheußlichen

Verbrechens angeklagt, und schließlich richtete sich das Interesse auf Romaine Heilger, die Kronzeugin der Anklage. In vielen Zeitungen waren Bilder von ihr erschienen sowie falsche Geschichten über ihre Herkunft und ihre Vergangenheit.

Der Prozeß begann ausgesprochen ruhig. Zuerst kamen technische Beweisfragen an die Reihe. Dann wurde Janet Mackenzie aufgerufen. Im wesentlichen erzählte sie die gleiche Geschichte wie bisher. Im Kreuzverhör gelang es dem Verteidiger, sie einmal oder auch zweimal in Widersprüche hinsichtlich Voles Verhältnisses zu Miss French zu verwickeln; er betonte die Tatsache, daß sie zwar an jenem Abend aus dem Wohnzimmer eine Männerstimme gehört hätte, daß jedoch nichts darauf hinwies, daß es sich dabei um Vole gehandelt hätte. Und schließlich gelang es ihm, das Gefühl zu erwecken, daß ein erheblicher Teil ihrer Aussage auf Haß und Eifersucht gegenüber dem Häftling beruhte.

Dann wurde die nächste Zeugin aufgerufen.

»Sie heißen Romaine Heilger?«

»Ja.«

»Sie sind österreichische Staatsangehörige?«

»Ja.«

»Während der letzten drei Jahre haben Sie mit dem Inhaftierten zusammengelebt und sich als seine Frau ausgegeben?«

Nur für einen kurzen Augenblick begegnete der Blick der Romaine Heilger dem des Mannes auf der Anklagebank. Ihr Ausdruck war seltsam und unergründlich.

»Ja.«

Das Verhör ging weiter. Wort für Wort kamen die belastenden Tatsachen ans Tageslicht. Am fraglichen Abend hätte der Inhaftierte ein Brecheisen mitgenommen. Er wäre um zwanzig nach zehn heimgekehrt und hätte gestanden, die alte Dame umgebracht zu haben. Seine Manschetten wären blutbefleckt gewesen, und das Hemd hätte er im Herd verbrannt. Und durch Drohungen hätte er sie gezwungen, nichts zu verraten.

Im Verlauf ihrer Aussage wandte sich das Gefühl des Gerichts, das zuerst leicht auf seiten des Inhaftierten gestanden hatte, vollständig gegen ihn. Der Inhaftierte selbst hielt den Kopf gesenkt und machte einen schwermütigen Eindruck, als wüßte er, daß es um ihn geschehen war.

Dennoch hätte eigentlich auffallen müssen, daß sogar die Anklage versuchte, ihre Erbitterung etwas zu dämpfen. Eine weniger voreingenommene Zeugin wäre ihr lieber gewesen.

Furchterregend und drohend erhob sich der Strafverteidiger.

Er hielt der Zeugin vor, daß ihre Geschichte ein bösartiges Lügengewebe wäre, und zwar von Anfang bis Ende, daß sie zum fraglichen Zeitpunkt überhaupt nicht zu Hause gewesen wäre, daß sie einen anderen liebte und daß sie vorsätzlich versuchte, Vole wegen eines Verbrechens in den Tod zu schicken, das dieser gar nicht begangen hätte.

Mit großartiger Unverfrorenheit bestritt Romaine diese Behauptungen.

Dann kam der überraschende Beweis: die Vorlage des Briefes. Unter atemloser Stille wurde er dem Gericht vorgelesen.

»Max, Geliebter, das Schicksal hat ihn in unsere Hände gegeben! Er ist unter Mordverdacht verhaftet worden – jawohl, wegen Ermordung einer alten Dame! Und das Leonard, der keiner Fliege etwas zuleide tun würde. Jetzt kann ich mich endlich rächen. Der arme Junge! Ich werde aussagen, daß er damals blutbespritzt nach Hause gekommen sei – daß er es mir gestanden habe. Ich werde ihn an den Galgen bringen, Max – und wenn er baumelt, wird er plötzlich merken, daß Romaine ihn in den Tod geschickt hat. Und dann – Glück, Geliebter! Endlich Glück für uns!«

Fachleute standen bereit, um zu beschwören, daß der Brief in Romaine Heilgers Handschrift geschrieben wäre; sie wurden jedoch nicht benötigt. Angesichts dieses Briefes brach Romaine vollständig zusammen und gestand alles. Leonard Vole wäre zu der von ihm genannten Zeit heimgekehrt: um zwanzig nach neun. Und sie hätte die ganze Geschichte nur erfunden, um ihn zugrunde zu richten.

Mit dem Zusammenbruch Romaine Heilgers brach auch die Anklage zusammen. Sir Charles rief seine wenigen Zeugen auf; der Inhaftierte trat selbst in den Zeugenstand und erzählte seine Geschichte in männlich offener Weise, unerschüttert von jedem Kreuzverhör.

Die Anklage bemühte sich, die Entwicklung aufzuhalten, aber ohne großen Erfolg. Die Zusammenfassung des Gerichts sprach zwar nicht völlig zugunsten des Inhaftierten, aber die Reaktion hatte bereits eingesetzt, und das Gericht brauchte zu seiner Urteilsfindung nur kurze Zeit.

»Wir halten den Inhaftierten nicht für schuldig.«

Leonard Vole war frei!

Der kleine Mr. Mayherne sprang von seinem Platz auf. Er mußte seinem Mandanten gratulieren.

Plötzlich merkte er, daß er seinen Kneifer heftig putzte, und nahm sich zusammen. Erst am vergangenen Abend hatte seine Frau gesagt, es würde bei ihm schon langsam zu einer Manie. Merkwürdig, diese Angewohnheiten. Kein Mensch merkte, daß er sie hatte.

Ein interessanter Fall – ein sehr interessanter Fall. Vor allem die Frau, diese Romaine Heilger.

In seinen Augen war Romaine Heilger immer noch die beherrschende Figur. In dem Haus in Paddington war sie eine blasse, ruhige Frau gewesen, aber vor Gericht war sie, trotz des nüchternen Hintergrunds, plötzlich aufgeflammt. Wie eine tropische Blume hatte sie sich entfaltet.

Wenn er die Augen schloß, konnte er sie jetzt noch genau sehen: groß und heftig, den schlanken Körper leicht vorgebeugt, und die ganze Zeit über hatte sich ihre rechte Hand unbewußt geschlossen und geöffnet – ununterbrochen.

Merkwürdig, diese Angewohnheiten. Diese Handbewegung war bei ihr wahrscheinlich auch eine Angewohnheit. Und dennoch hatte er doch erst kürzlich jemanden gesehen, der es auch tat. Wer war es denn nur. Erst vor kurzem …

Er atmete tief ein, als er sich plötzlich erinnerte: die Frau in Shaw's Rents …

Er blieb stehen, und in seinem Kopf drehte sich alles. Das war unmöglich – unmöglich … Aber war Romaine Heilger nicht Schauspielerin?

Der Strafverteidiger tauchte hinter ihm auf und schlug ihm auf die Schulter.

»Haben Sie unserem Mann schon gratuliert? Das ging noch mal um Haaresbreite gut! Kommen Sie, gehen wir.«

Aber der kleine Anwalt schüttelte die Hand des anderen ab.

Er wollte jetzt nur eines – Romaine Heilger von Angesicht zu Angesicht gegenübertreten.

Er sah sie erst einige Zeit später, und der Ort ihrer Begegnung ist dabei unwichtig.

»Das habe ich mir gedacht«, sagte sie, als er ihr erzählt hatte, was ihm alles durch den Kopf gegangen war. »Das Gesicht? Ach – das war doch ganz einfach, und das Licht, das der Gasofen ausstrahlte, war doch so schlecht, daß Sie mein Make-up nicht bemerkten.«

»Aber warum – warum ...«

»Warum ich meine Rolle allein gespielt habe?« Sie lächelte ein wenig, weil sie sich des Augenblicks erinnerte, als sie genau dasselbe schon einmal gesagt hatte.

»Eine derart vollendete Komödie!«

»Mein Freund – ich mußte ihn retten. Die Aussage einer Frau, die ihm zugetan ist, hätte nicht ausgereicht – das haben Sie selbst angedeutet. Aber ich weiß immerhin einiges über die Psychologie der Massen. Sobald mir meine Aussage abgerungen und so etwas wie ein Geständnis sein würde, machte ich mich zwar in den Augen des Rechts schuldig, aber zugleich würde eine Reaktion einsetzen, die zugunsten des Inhaftierten sprach.«

»Und das Bündel Briefe?«

»Nur ein einziger, der entscheidende, hätte vielleicht als – wie nennen Sie so etwas: abgekartete Sache gelten können.«

»Und der Mann namens Max?«

»Hat nie existiert, mein Freund.«

»Ich glaube immer noch«, sagte der kleine Mr. Mayherne in beleidigtem Ton, »daß wir ihn auch auf – eh – normalem Wege freibekommen hätten.«

»Dieses Risiko wollte ich nicht auf mich nehmen. Sehen Sie: Sie waren doch nur der Ansicht, er sei unschuldig ...«

»Sie dagegen wußten es? Ich verstehe«, sagte der kleine Mr. Mayherne.

»Mein lieber Mr. Mayherne«, sagte Romaine, »Sie verstehen überhaupt nichts. Ich wußte nur eines – daß er schuldig war!«

EDGAR WALLACE

Der Klub der Vier

Der äußeren Erscheinung nach machte Douglas Campbell einen wenig freundlichen Eindruck. Er war etwa achtundvierzig Jahre alt, groß und breitschultrig. Wahrscheinlich schrieb man ihm deshalb ein düsteres Temperament zu, weil seine starken Augenbrauen in der Mitte zusammengewachsen waren. Er war erster Direktor der Vereinigten Versicherungsgesellschaften und als solcher von Natur aus nüchtern und sachlich.

An einem sonnigen Frühlingsmorgen saß er in seinem Büro am Schreibtisch und las einen Brief. Nach einer Weile schaute er auf und sah nach der Uhr.

»In ein paar Minuten muß Mr. Robert Brewer hier sein«, sagte er zu seinem Sekretär. »Führen Sie ihn in mein Büro und sorgen Sie dafür, daß wir während unserer Besprechung nicht gestört werden.«

»Sehr wohl.«

Es klopfte gleich darauf an der Tür, und ein Angestellter reichte eine Visitenkarte herein.

»Mr. Brewer ist soeben gekommen«, sagte der Sekretär.

»Lassen Sie ihn eintreten«, entgegnete Mr. Campbell.

Mr. Robert Brewer war jung und elegant gekleidet. Man sah ihm an, daß er in guten Kreisen verkehrte und sich in jeder Gesellschaft bewegen konnte. Seine Bewegungen waren geschmeidig, und er machte einen frischen, flotten Eindruck, der ganz zu seinem jugendlichen Aussehen paßte.

Mit ausgestreckter Hand ging er auf Campbell zu.

»Mein lieber, guter Direktor, ich sehe an Ihrem freudestrahlenden Gesicht, daß Sie froh sind, mich begrüßen zu dürfen.«

»Das weiß ich allerdings nicht so genau, aber nehmen Sie bitte Platz.« Der Direktor gab dem Sekretär einen Wink, worauf dieser das Zimmer verließ. Dann wandte sich Campbell wieder seinem Besuch zu. »Sie sehen heute morgen wirklich glänzend aus.«

»Das glaube ich schon«, entgegnete Mr. Bob Brewer befriedigt. »Ich fühle mich auch dementsprechend. Nun wollen wir aber über geschäftliche Dinge reden. Sie haben mich wahrscheinlich nicht von New York hierherkommen lassen, nur um mir ein Kompliment zu machen.«

»Sie sind wirklich smart, ich bewundere Sie. Wenn ich in meiner Jugend ebenso energisch, kühl und vorurteilslos gewesen wäre wie Sie, besäße ich heute Millionen.«

»Na, zwei haben Sie doch mindestens, während ich nur ein armer Teufel und Versicherungsdetektiv bin, dem es schwerfällt, sich durchzuschlagen.«

Mr. Campbell zog den Stuhl näher an den Tisch heran und sprach jetzt etwas leiser. »Bob, die Direktoren dreier uns angeschlossener Gesellschaften haben mir den Rat gegeben, Sie kommen zu lassen. Unser Syndikat besteht aus sechs der größten Versicherungsfirmen Englands, und es handelt sich bei uns meistens um Versicherung gegen Diebstahl, Unfall und so weiter. Sie kennen ja das Geschäft in- und auswendig, darüber brauche ich Ihnen nichts zu erzählen, da Sie ja früher selbst in der Branche tätig waren.«

Bob nickte.

»Wir versichern die Leute der vornehmen Gesellschaft gegen Torheit und Fahrlässigkeit«, fuhr Mr. Campbell fort, »und das Geschäft hat sich nicht recht bezahlt gemacht. Bob, Sie kennen ja unsere Gesellschaft, Sie wissen, wie diese Leute leben. Von einem Modebad reisen sie ins andere und müssen bei allen Gesellschaften dabeisein. Man kann sie fast mit einer Herde Schafe vergleichen. Und es folgt ihnen eine kleine Armee von Parasiten, die von dem Reichtum und der Dummheit unserer Kunden leben und uns viel zu schaffen machen. Wenn wir nicht den Bankrott erklären sollen, müssen wir ihnen mit aller Energie entgegentreten.«

Brewer nickte.

»Dazu brauchen wir aber einen Spezialisten, der diese Schafherde bewacht und zusieht, daß die Wölfe sie nicht zerreißen. Wir bieten Ihnen ein sehr gutes Gehalt an, damit Sie diesen Posten für uns übernehmen; und abgesehen davon, erlauben wir Ihnen auch noch, Privataufträge auszuführen, die Sie nebenbei erledigen können. Ist Ihnen das recht?«

»Das hängt ganz davon ab, was Sie unter einem sehr guten Gehalt verstehen«, entgegnete Bob grinsend. »Gewöhnlich bekommt ein Detektiv für einen solchen Posten drei- bis vierhundert Pfund im Jahr.«

»Wir sind bedeutend großzügiger. Wenn ich Ihnen ein Gehalt anbiete, so hat es eine – vierstellige Zahl.«

Brewer sah ihn ruhig an und nickte.

»Dann machen Sie bitte eine Notiz, daß ich bei Ihnen engagiert bin.«

Campbell ging zur Tür und drehte den Schlüssel um.

»Ich will Ihnen nun den Verbrecher nennen, der uns am meisten zu schaffen macht. Es ist der Führer des Klubs der Vier – Reddy Smith.«

Bob mußte lachen.

»Von dem brauchen Sie mir nichts zu erzählen. Wenn man in New York lebt, kennt man ihn.«

»Kennt er Sie auch?« fragte der Direktor schnell.

»Nein, wir sind uns niemals geschäftlich begegnet, aber ich kenne ihn trotzdem. In New York habe ich auf dem Gebiet der Handelsversicherung gearbeitet: Veruntreuungen und dergleichen. Reddys Hauptgeschäft bestand darin, daß er faule Aktien von Scheingründungen an die reichen Landwirte im Westen verkaufte. Ich habe ihn in einem Gefängnis gesehen, aber ich glaube kaum, daß er mich kennt. Vor einem Jahr war ich hinter ihm her, ehe er nach Europa kam.«

Mr. Campell nickte.

»Was ich über ihn weiß, habe ich von der Polizei. Er hat mit einer Anzahl geriebener Burschen in Frankreich zusammengearbeitet, aber man konnte ihm nie etwas nachweisen, obwohl allgemein bekannt ist, daß er an zwei der größten Einbrüche beteiligt war. Soviel ich weiß, hält er sich jetzt in Monte Carlo auf. Unglücklicherweise sind auch mehrere unserer Kunden dort.«

»Welche Hilfe kann ich von der französischen Polizei erwarten?« fragte Bob.

Der Direktor zog die Schublade auf und nahm ein kleines Heft heraus.

»Hier ist Ihre Vollmacht, die von dem französischen Innenminister unterzeichnet ist, ebenso vom Staatsminister von Monaco. Die Behörden dieses kleinen Staates bemühen sich eifrig, die Verbrecher von dort fernzuhalten.«

Bob nahm das Heft an sich, blätterte es kurz durch und ließ es in die Tasche gleiten.

»Reisen Sie möglichst bald nach Ihrem neuen Bestimmungsort. Wir setzen voraus, daß Sie in den besten Hotels wohnen.«

»Darauf können Sie sich verlassen«, erwiderte Bob. »Übrigens noch eine Frage. Bekomme ich mein Gehalt im voraus, und wann kann ich es abheben?«

»Ich kannte Ihren Vater«, entgegnete Campbell. »Er war ein zäher, sparsamer Schotte. Auch Ihre Mutter hielt Geld und Eigentum zusammen, aber Sie sind ein verschwendungssüchtiger Engländer geworden. Soll ich Ihnen einen kleinen Vorschuß zahlen?«

»Wovon soll der Schornstein sonst rauchen?« fragte Bob. »Ich werde mir sechs Monate Gehalt im voraus zahlen lassen, dann teile ich Ihnen mit, wieviel ich für meine außerordentlichen Ausgaben brauche. Auf der Durchreise bleibe ich ein paar Tage in Paris, und wie Sie wissen, ist das ein kostspieliges Pflaster.«

Mr. Campbell seufzte und schrieb einen Scheck aus.

Zwei Herren saßen vor dem Café de Paris in Monte Carlo. Beide waren elegant gekleidet, glattrasiert und machten einen weltmännischen Eindruck. Welchem Land sie angehörten, konnte man ihnen nicht ansehen, aber wahrscheinlich waren sie beide Amerikaner.

Der ältere der beiden rauchte nachdenklich eine Zigarre und nickte.

»Ich habe ihn noch nie getroffen, aber schon viel von ihm gehört«, sagte er. »Jimmy, hier in Monte Carlo wird es vom nächsten Montag ab nicht mehr sicher sein. Ich halte es deshalb für das beste, daß wir am Sonntag abreisen. Inzwischen können wir noch vier Tage ungestört arbeiten. Wie sieht denn eigentlich dieser Brewer aus?«

Jimmy zuckte die Schultern.

»Keine Ahnung. Ich weiß ebensowenig wie du.«

»Bist du auch sicher, daß er kommt?« fragte Reddy.

»Natürlich«, erklärte Jimmy mit Nachdruck. »Als ich heute morgen meine Briefe abholte, habe ich das Telegramm gesehen, in dem er seine Zimmer bestellt hat. Es war in Paris aufgegeben, und er hat sich die teuersten und besten Zimmer reserviert mit dem Blick auf den Eingang zum Kasino. Am Montag wollte er ankommen, aber wenn er nicht eintreffen sollte, möchte er die Zimmer bis zu seiner Ankunft reserviert haben.«

Reddy nickte.

»Wir haben also noch vier Tage, und ich glaube, daß uns die Sache gelingen wird«, fügte er zuversichtlich hinzu. »Der kleine William sieht so aus, als ob er tatsächlich zahlt.«

Er wies mit einer Kopfbewegung nach dem Eingang des Hotels. Ein elegant gekleideter Herr stand dort auf der breiten Treppe. »Man kann schon von hier aus sehen, daß der Kerl ziemlich viel Wolle hat. Eine Bekanntschaft mit dem ist so gut wie Bargeld.«

»Wie heißt er eigentlich? Ich sah, daß du gestern abend im Kasino mit ihm sprachst.«

»William Ford. Sein Alter hat mit Erdölaktien schweres Geld verdient. Als er starb, ließ er seinem Willie eine ganze Wagenladung Geld zurück. Und der will sich nun erst austoben, vorher scheint er nicht viel vom Leben gehabt zu haben.«

»Wofür hast du ihn denn interessiert?«

»Ich habe ihm von der Montana-Silbermine erzählt. Er war sofort Feuer und Flamme. Wir wollen zu ihm gehen, damit ich dich vorstelle.«

Mr. Ford hatte die Hände in den Taschen und rauchte eine Zigarette. Die Schönheit der Palmen und der Gegend schien keinen Eindruck auf ihn zu machen. Langsam ging er über die breite Straße, durch die Anlagen, kaufte sich bei dem kleinen Kiosk eine Zeitung und kehrte zur Gartenterrasse des Hotels zurück, die dem Kasino gegenüberlag. Dort sprach ihn Reddy an.

»Guten Morgen, Mr. Ford. Ich möchte Sie mit meinem Freund Mr. Kennedy bekannt machen. Er kommt aus Texas, besitzt dort große Farmen.« Mr. Ford kniff die Augen zusammen und sah den Fremden an, dann reichte er ihm nachlässig die Hand.

»Guten Morgen«, sagte er zu Reddy, »es ist sündhaft heiß, und ich kann diese blödsinnigen französischen Zeitungen nicht lesen. Verstehen Sie diese Sprache?«

»Gewiß, Mr. Ford.«

Reddy nahm die Zeitung und sah flüchtig hinein. »Es steht aber heute nichts Besonderes darin. Höchstens wenn Sie sich für die französischen Rennen interessieren, können Sie interessante Nachrichten finden.«

»Nein, ich mag keine Rennen. Das ist auch so ein Blödsinn«, erklärte Mr. Ford, während er umständlich das Glas ins Auge klemmte. »Ich bin, wie Sie wissen, ein Geschäftsmann, Mr. Redwood. Wetten mag ich nicht. Ich habe zwar ein paar tausend Dollar beim Roulette riskiert, aber im Grunde genommen langweilt mich das Spiel.«

»Da haben Sie auch vollkommen recht«, meinte Redwood. »Es ist eine ganz dumme Art, sein Geld zu vertun.«

»Selbstverständlich«, entgegnete Mr. Ford etwas von oben herab, »kann ich es mir leisten, Geld zu verlieren. Ich habe eine Million Franc in barem Geld mitgebracht.«

»Hoffentlich haben Sie die im Hotelsafe einschließen lassen«, warnte ihn Reddy. »Es gibt eine Menge zweifelhafter Existenzen in Monte Carlo.«

»Ach, da mache ich mir keine übertriebenen Sorgen. Ich sage immer: Wenn ein Mann nicht einmal auf sein bißchen Geld aufpassen kann, dann verdient er auch nicht, es zu besitzen. Nein, ich verwahre mein Geld stets in meinem Hotelzimmer.«

Mr. Reddy holte tief Atem.

»Ich bin nicht nach Monte Carlo gekommen, um erst zu lernen, wie man sich gegen Diebstähle sichert«, fuhr Mr. Ford fort. »Aber nun sagen Sie mir einmal, was Sie für ein fünftel Anteil an Ihrer Mine haben wollen.«

»Ich habe mir noch nicht recht überlegt, ob ich verkaufe«, entgegnete Reddy. »Eigentlich bin ich nach Monte Carlo gekommen, um mich zu erholen und nicht, um mit Aktien zu handeln.«

»Ja, das tun Sie zu Hause schon zur Genüge, Mr. Redwood«, mischte sich Jimmy ein, weil er glaubte, etwas zur Unterhaltung beisteuern zu müssen. »Mr. Redwood ist von Colorado bis nach Montana als der bedeutendste Mineninteressent bekannt. – Ich habe gehört, daß Sie im Jahr bis zu fünf Millionen Dollar in Aktien umsetzen – stimmt das, Mr. Redwood?«

»Ja, ungefähr, vielleicht nicht ganz so viel.«

Der junge Mann sah ihn freundlich lächelnd an. »Mich können Sie nicht bange machen, wenn Sie mit den Millionen nur so um sich werfen. Soviel ich weiß, beträgt der Wert Ihrer Montana-Mine etwa eine Million Dollar, das sind zweihunderttausend Pfund. – Und Sie wollen vierzigtausend Pfund für ein Fünftel haben?«

Mr. Redwood nickte.

»Die Aktien stehen auf zwei fünfzig am offenen Markt, und der fünfte Teil ist bedeutend mehr wert als das Geld, das ich dafür haben will. Ich habe mich schon zu sehr abgearbeitet in meinem Leben und möchte mich einmal ausruhen und etwas erholen. Deshalb habe ich die Absicht, alle meine Aktien abzustoßen. – Jimmy«, wandte er sich an den Großfarmer, »dieser Herr möchte einen Anteil an der Montana-Silbermine kaufen. Er ist ein Geschäftsmann, und ich muß sagen, daß ich ihn schätze.«

»Aber Sie werden doch nicht Ihren Anteil an der Montana-Mine verkaufen!« sagte Jimmy. »Es ist die ergiebigste im Westen. Es wird eine Sensation geben, wenn das in Wall Street bekannt wird.«

Reddy antwortete nicht, nahm aber aus seiner Brusttasche ein dickes Paket. Er öffnete es, es befanden sich Aktien darin, alle mit Stempel und Siegel versehen. Er betrachtete sie lächelnd, fast wehmütig.

»Wenn ich bedenke, wieviel Mühe es mich gekostet hat, diese Mine zum Erfolg zu bringen, dann tut es mir leid, mich von diesen Papieren zu trennen. Mr. Ford, ich gebe sie Ihnen wirklich für eine Bagatelle. Es ist ungefähr derselbe Betrag, den Sie nach Monte Carlo mitgebracht haben, um ihn eventuell hier im Spielkasino zu verlieren.«

»Aber ich habe mich bisher noch nicht fest entschlossen, die Aktien überhaupt zu kaufen«, erklärte Mr. Ford hastig.

»Und ich habe mir auch noch nicht überlegt, ob ich sie tatsächlich hergeben werde«, lächelte der andere. »Wir wollen erst etwas zusammen trinken.«

Er war viel zu erfahren, um sein Opfer zum Ankauf zu drängen, und während der beiden nächsten Tage erwähnte er nichts von den Aktien.

»Die Zeit drängt«, sagte Reddy am Sonnabend.

»Wie weit bist du denn mit dem jungen Ford?« fragte Jimmy.

»Er hat angebissen, aber es sieht so aus, als ob es noch ein paar Tage dauert, bis wir das Geschäft erledigt haben. Ich habe im Spielsaal mit ihm gesprochen, und dabei haben wir uns gegenseitig allerhand anvertraut. Ich sagte ihm, daß ich mein Geld immer unter dem Kopfkissen aufbewahre und es heute morgen einzustecken vergaß. Er entgegnete darauf, daß er sein Geld gewöhnlich in der Kommode aufbewahre, zwischen seinen Kleidern. Wenn er heute die Aktien nicht kauft, nehmen wir ihm in der nächsten Nacht das Geld ab. Wir brauchen deshalb unsere Schlafwagenkarten nicht verfallen zu lassen. Aber wir werden Monte Carlo auf einem anderen Weg verlassen.«

»Wieso?« fragte Jimmy.

»Ich habe ein Auto aus Nizza bestellt, das uns um zwei Uhr morgen früh bei der Post abholen soll. Wir fahren nach Marseille, von dort geht es weiter nach Narbonne und dann über die Grenze nach Spanien. In Barcelona warten wir einige Zeit. Ich habe bereits ein anderes Auto telegrafisch bestellt, das uns Sonntag nachmittag in Marseille am Hôtel d'Angleterre erwarten soll.«

»Sehr gut.«

»Dein Zimmer liegt an demselben Korridor wie das von Mr. Ford, und es ist ziemlich leicht, von einem Balkon zum anderen zu klettern. Außerdem schläft er bei offenem Fenster. Ich werde von dort in das Zimmer eindringen und dann die Tür öffnen. Darauf kommst du herein. Sollte er irgendwelchen Spektakel machen wollen, dann müssen wir ihn zur Ruhe bringen. Sicherlich sind wir mit dem Wagen schon kurz vor Mittag in Marseille.«

Sie schlenderten durch die große Pfeilerhalle und betraten den Spielsaal. Während der nächsten halben Stunde gingen sie von Tisch zu Tisch und beobachteten Ford beim Spiel. Er setzte ab und zu hundert Franc auf eine Nummer, aber er schien sich nicht für das Spiel zu interessieren.

Schließlich sah er die beiden Amerikaner und schaute sie mitleidig lächelnd an.

»Ein furchtbarer Unsinn, zu spielen. Wir wollen von hier fortgehen. Man ärgert sich nur, wenn man sieht, wie die Leute ihr Geld verschleudern.«

Sie folgten ihm, und er ging wieder zu seinem Lieblingsplatz auf der anderen Seite der Hotelterrasse.

»Ich habe mir die Sache mit der Silbermine noch einmal durch den Kopf gehen lassen. Ich kann mich doch noch nicht entschließen, sie zu kaufen, denn ich dachte daran, daß Montana weitab liegt und ich nichts von Bergwerken verstehe.«

»Davon brauchen Sie auch nichts zu verstehen«, meinte Reddy. »Sie haben weiter nichts zu tun, als in Ihrer schönen Wohnung in London stillzusitzen und zu warten, bis die Dividenden ausgezahlt werden.«

»Gut und schön. Wenn sie nun aber nicht eintrudeln, was dann? Ich werde Ihnen sagen, was ich tue. Ich schreibe meinem Freund, einem Börsenmakler, der ein sehr gescheiter Kerl ist. Der führt alle meine geschäftlichen Transaktionen durch, und der soll mir telegrafisch einen Rat geben. Schließlich kommt es ja auf einen kleinen Aufschub nicht an, Mr. Redwood.«

»Durchaus nicht. Und wenn Sie nun eine günstige Auskunft erhalten, wie es nicht anders zu erwarten ist, geben Sie mir dann einen Scheck?«

»Nein, dann zahle ich in bar.«

»Ach, ich dachte, Sie hätten das Geld inzwischen auf die Bank gebracht«, entgegnete Mr. Redwood erleichtert.

»Wo denken Sie hin! Ich sage doch immer, wenn ein Mann nicht einmal auf sein bißchen Geld aufpassen kann, verdient er nicht, es zu besitzen. Übrigens habe ich ein Telegramm erhalten von einem gewissen Brewer. Eine ziemliche Unverschämtheit. Der Mann gibt mir den Rat, nichts zu unternehmen, bis er mich gesprochen hat. Wer, zum Kuckuck, ist denn dieser Brewer?«

»Einer der gerissensten Verbrecher, die es zurzeit in Europa gibt«, erwiderte Mr. Redwood ernst. »Sobald der sich für etwas interessiert, ist die Sache so gut wie verloren.«

»Das ist doch aber ein starkes Stück. Meinen Sie, ich sollte die Polizei benachrichtigen?«

»Ach, das ist vollkommen unnötig.« Reddy mußte heimlich lachen.

Der junge Ford sah nach der Uhr.

»Ich fahre nach La Turbie. Wollen Sie mich begleiten?«

»Sehr liebenswürdig«, entgegnete Reddy, »aber ich habe heute nachmittag noch viel zu tun.«

Reddy studierte Autokarten und Fahrpläne. Er mußte an einen vom Klub der Vier, der augenblicklich in Montdidier weilte, ein Telegramm aufgeben, denn er brauchte von ihm einen Paß, mit dem er über die Grenze kam. Auch mußte er seine Sachen packen und noch einmal nach dem Zimmer von Mr. Ford sehen.

Soviel hatte er bereits festgestellt, daß es bei Tag unmöglich war, in den Raum einzudringen. Mr. Ford hatte mit dem Hotelbesitzer vereinbart, daß während seiner Abwesenheit ein Mann auf dem Gang vor seiner Tür Wache stand. Über Nacht wurde dieser Posten eingezogen. Jedes einzelne Hotelzimmer hatte einen langgestreckten Balkon, und zwischen den einzelnen Balkonen bestand ein Zwischenraum von etwa sechzig Zentimetern, der für einen gewandten Mann weiter keine Schwierigkeiten bot. Geduldiges Abwarten war eine ihrer Hauptstärken, und so rührten sie sich nicht eher, als bis es an der Zeit war. Als Reddy nach Mitternacht auf seinen Balkon hinaustrat, war unten niemand zu sehen. Er rauchte eine Zigarette, dann kletterte er über das eiserne Geländer, und in kurzer Zeit hatte er die drei Balkone hinter sich, die ihn von dem Zimmer Mr. Fords trennten. Hier standen die Fenster weit offen, nur die hölzerne Jalousie war geschlossen, und es gelang ihm, diese geräuschlos zu öffnen. Er schlüpfte in das Zimmer und schloß die Glastür hinter sich.

Der Weg quer durchs Zimmer und das Aufschließen der Korridortür dauerte nur ein paar Sekunden.

Reddy hatte angestrengt gelauscht, bevor er ins Zimmer trat. Er hörte die regelmäßigen Atemzüge Mr. Fords, ja, sogar ein leichtes Schnarchen.

Sobald er die gegenüberliegende Tür geöffnet hatte, trat Jimmy leise ins Zimmer. Reddy öffnete die oberste Schublade vorsichtig, ohne das geringste Geräusch zu machen. Als er gerade unter den Kleidern suchte, wurde plötzlich das Licht angeknipst.

Mr. Ford saß in seinem Bett und hielt die beiden Einbrecher mit einem Browning in Schach.

»Nehmen Sie die Hände hoch!«

»Was wollen Sie denn?« fragte Reddy empört. »Ich bin nur in ein falsches Zimmer gekommen, und ich muß schon sagen, ich bin sehr erstaunt über Ihr grobes Benehmen, Mr. Ford.«

Im nächsten Augenblick sprang Mr. Ford aus dem Bett, und Reddy sah, daß er angekleidet war und nur kein Jackett trug.

»Ich habe auf Sie gewartet, Reddy«, fuhr er fort. »Ich verhafte Sie wegen Einbruchs, versuchten Betruges und verschiedener anderer Vergehen, ebenso Ihren Freund.«

»Wer sind Sie denn?« fragte Reddy bestürzt.

»Mein Name ist Bob Brewer«, erklärte der junge Mann. »Vielleicht haben Sie schon von mir gehört. Ich bin ein bekannter Verbrecher, der alles mitnimmt, was er bekommen kann. Also, Hände hoch, sonst wäre ich gezwungen, Ihnen eine blaue Bohne zwischen die Rippen zu jagen.«

PETER CHEYNEY

Das überzogene Konto

Durante rutschte vom Barhocker. Er griff mit der Hand in die Tasche und holte das Kleingeld heraus – ein Fünfshillingstück, ein Dreipencestück und fünf Pennies. Er bezahlte sein Glas Bier, verließ anschließend die Bar.

An der Straßenecke blieb er stehen, die Hände in den Taschen, und blickte in Richtung Long Acre. Er war ungefähr einen Meter fünfundsiebzig groß und hager. Seine Kleidung war abgetragen, jedoch gut gearbeitet und gebürstet; seine Schuhe waren blankgeputzt, und obgleich das Oberteil des linken Schuhes im Begriff war, seine Verbindung mit der Sohle zu lösen, wirkten sie in der Art, in der Durante sie trug, fast solide.

Er stand da und dachte über das Leben mit einem Kapital nach, das sich in der Höhe von etwa zwei Shilling bewegte. Dann ging er los, in Richtung Long Acre. Es war sieben Uhr. Er fand, daß es ein schöner Abend wäre – falls man Geld hatte, um irgendwohin zu gehen, falls man überhaupt irgendwohin gehen konnte.

Er bog in eine Seitenstraße, blieb vor einer Tür unmittelbar neben einem Obstgeschäft stehen, öffnete die Tür, fing an, die weitgeschwungene Holztreppe hochzusteigen. Ein Strahl der Abendsonne fiel durch das schmutzige Fenster und sammelte den dichten

Staub in seinem Schein. Es roch staubig und nach faulenden Obstschalen. Er fand die Mischung nicht gut.

Durante hatte ein mageres Gesicht mit scharfen Falten – kein ausgesprochen glückliches Gesicht. Er sah wie ein Mann aus, auf dessen Schultern das Unglück lastet. Aber manchmal, wenn er sein Unglück ein paar Minuten vergaß, leuchteten seine Augen auf. Wenn man ihn genau ansah, konnte man gelegentlich sogar annehmen, daß er ziemlich anziehend aussah.

In der zweiten Etage ging er den langen Korridor mit dem Holzfußboden entlang, kam dabei an einem halben Dutzend verstaubt aussehender Türen vorbei, deren Anstrich stumpf geworden war. An diesen Türen standen die Namen von irgendwelchen Handelsagenten – Namen von Leuten, die das Geld für irgendeine Art von Leben auf irgendwelche Art und Weise verdienten, Namen von Leuten, die sich für sämtliche Spielarten des Wortes ›Gaunerei‹ interessierten.

Am Ende des Korridors, genau vor ihm, war seine eigene Tür. ›T. S. Durante‹ stand auf einem Schild, und darunter, in kleinerem Druck, ›The Durante Private Detective Agency‹. Er öffnete die Tür, ging hinein.

Das Büro bestand aus zwei Räumen, dem Vorzimmer und seinem eigenen Zimmer. An die reparaturbedürftige Schreibmaschine auf dem Tisch seiner Sekretärin war ein Umschlag gelehnt. Er grinste reumütig, griff nach dem Umschlag, riß ihn auf und las den Brief.

»Lieber Mr. Durante,

seit drei Wochen habe ich kein Geld mehr bekommen, und jetzt ist mir eine Stelle auf dem Lande angeboten worden. Ich nehme das Angebot an. Es wäre dumm von mir, wenn ich es nicht täte. Irgendwie habe ich die Vorstellung, daß jetzt der Zeitpunkt gekommen ist, die Durante Detective Agency als Totalverlust abzubuchen.

Sollten Sie später noch daran denken und dann dazu in der Lage sein, könnten Sie mir vielleicht das Geld für die letzten drei Wochen schicken. Sollten Sie dazu nicht in der Lage sein ... Schwamm drüber!

Ich habe die Abrechnung abgeschlossen und das restliche Geld – drei Shilling, neun Pence – in die Kassette gelegt; die Kassette steht im zweiten Schubfach. Wenn ich nicht ein so nettes Mädchen wäre, hätte ich nicht einen Penny zurückgelassen. Aber ich bin eben ein nettes Mädchen. Das sollten Sie sich merken.

Viel Glück!

Ihre ehemalige Sekretärin
Angeline Smith«

Durante zerriß den Brief, warf die Schnitzel in den Papierkorb. Er zog die zweite Schublade des Schreibtisches auf, fand dort das Geld. Er steckte es in die Tasche. Dann ging er in das andere Zimmer, setzte sich auf den Drehstuhl hinter seinem Schreibtisch, legte die Füße auf die Tischplatte und überlegte.

Eine ganze Weile saß er dort und dachte an dieses und jenes. In seinen Augen sah es so aus, als sei mit dem Beruf eines Privatdetektivs nichts mehr zu machen. Zuerst, gleich nach dem Krieg, war es gar nicht mal so schlecht gegangen. Damals gab es die übliche Welle von Scheidungsfällen, und für jeden wurde ein Privatdetektiv gebraucht; manchmal brauchte man die zweifelhaften Dienste eines zweifelhaften Privatdetektivs. Aber jetzt war schon seit einem Monat nichts mehr losgewesen. Durante fand, daß der Grund nicht allzu schwer zu entdecken war. Einige seiner Fälle waren sehr, sehr zweifelhaft gewesen, und die Methoden, die er dabei angewandt hatte, waren es noch viel mehr. Wahrscheinlich hatte es sich herumgesprochen.

Er suchte in seiner Jackettasche nach einer losen Zigarette, fand eine, zündete sie an. Dann lehnte er sich zurück, dachte an alle möglichen Dinge. Die verschiedenen Zufälle, die zu seiner derzeitigen Lage geführt hatten – einige waren glücklich, andere bloß dumm, manche nicht ganz so gut. Er war so in seine Gedanken versunken, daß er nicht hörte, wie die Tür zum Vorzimmer geöffnet wurde. Erst als er aufblickte und die im Türrahmen stehende Gestalt sah, nahm er die Füße vom Tisch.

Der Mann war gutgekleidet, grauhaarig.

»Guten Abend«, sagte Durante, »was kann ich für Sie tun?«

Der Mann kam in das Zimmer. Angewidert blickte er sich um. Er schnupperte.

»Sind Sie Mr. Durante?« fragte er.

Durante grinste. »Persönlich ... stehe völlig zu Ihrer Verfügung ...«

»Mein Name ist Haliwell«, sagte der andere. Er legte eine Visitenkarte auf den Tisch. »Ich bin Prokurist der Firma Roberts, Roberts, Stone & Roberts. Vielleicht haben Sie schon von uns gehört?« Gönnerhaft blickte er den Privatdetektiv an.

Durante nickte. »Eine der angesehensten Anwaltsfirmen Londons. Aber Sie wollen doch wohl nicht behaupten, daß Sie etwas für mich hätten?« Er zog eine Augenbraue hoch.

»Gewöhnlich«, sagte Haliwell, »beschäftigen wir für unsere Nachforschungen besser bekannte Firmen, Mr. Durante. Meine Anweisungen lauteten jedoch, Sie aufzusuchen, und deshalb bin ich hier.«

»Das freut mich«, sagte Durante. »Welche Ehre, daß ich für Messrs. Roberts, Roberts, Stone & Roberts tätig sein darf. Vielleicht wollen Sie sich setzen? Dort drüben steht ein Stuhl – aber ich an Ihrer Stelle würde ihn zuerst abstauben.«

»Das ist nicht nötig«, sagte Haliwell. Er legte einige Papiere vor Durante auf den Tisch. »Es handelt sich um einen Scheidungsfall, Mr. Durante. Wir vertreten die Ehefrau. Offenbar hat der Ehegatte sie vor einigen Monaten verlassen. Sie hat Grund zu der Annahme, daß er mit irgendeiner anderen Frau Ehebruch begeht. Genaugenommen wissen wir zufällig, daß er im Greencroft-Hotel – einem kleinen Hotel in der Vowles Street, North Kensington – das Wochenende verbringen und daß er dabei nicht allein sein wird.«

»Ich verstehe ...«, sagte Durante. »Er steigt dort mit einer Frau ab, und Sie wollen die üblichen Beweise haben.«

Haliwell nickte. »Ich glaube, daß Sie bei der Beschaffung der Beweise nicht auf Schwierigkeiten stoßen werden. Um jedoch restlos sicherzugehen, sähen wir es gern, wenn Sie den Betreffenden – er heißt übrigens John Verlan – vielleicht eine Woche oder auch zehn Tage im Auge behalten würden.«

Durante griff nach den Papieren, blätterte sie durch. »Der Fall scheint ziemlich einfach zu sein«, sagte er.

Haliwell nickte. »Das nehme ich auch an. Wenn Sie den Beweis für Ehebruch in Händen und Ihren Bericht fertig haben, bringen Sie mir beides vielleicht am besten in mein Büro.«

»Gemacht«, sagte Durante. »Als Honorar werden Sie wahrscheinlich das übliche zahlen?«

Haliwell nickte. »Ich habe den Auftrag, Ihnen fünfzig Pfund als Vorschuß auf Ihr Honorar und Ihre Spesen zu übergeben. Das dürfte bis zur Fertigstellung Ihres Berichts reichen, den ich in etwa zwölf Tagen von Ihnen erwarte.« Er legte zehn Fünfpfundnoten auf den Tisch, holte ein Quittungsformular und einen Füllfederhalter mit goldener Kappe hervor.

Durante griff nach dem Federhalter, unterschrieb die Quittung.

»Guten Abend, Mr. Durante«, sagte Haliwell.

Er verließ das Büro. Er schien den Verlauf seines Gesprächs mit Durante ziemlich widerlich gefunden zu haben.

Als die Tür sich hinter ihm geschlossen hatte, überflog Durante die Papiere, die Haliwell zurückgelassen hatte, griff nach den zehn Fünfpfundnoten. Er genoß es, sie zwischen den Fingern zu spüren. Dann steckte er sie in die Tasche, legte seine Füße wieder auf den Tisch.

Und schlief ein.

Eines Abends, zwei Wochen nach dem Besuch Haliwells, kam Durante in sein Büro. Er schaltete das Licht im zweiten Zimmer ein, setzte sich an den Schreibtisch und fing an, seinen Bericht über den Fall Verlan zu schreiben. Mit einem Bleistift notierte er ihn in großen Zügen auf einigen Bögen Kanzleipapier, die er in der Schublade gefunden hatte.

Es war ein völlig normaler Scheidungsfall. So etwas gehörte fast zur Routine. So, wie die Sache aussah, würde die Gegenpartei seiner Ansicht nach nichts abstreiten können. Er zuckte mit den Schultern. Aber gerade bei Scheidungssachen konnte man nichts vorhersagen. Manchmal ging die Geschichte völlig anders aus.

Irgend jemand klopfte an die Tür zum Vorzimmer. Durante legte den Bleistift hin, rief: »Herein!« Er überlegte, wer zum Teufel ihn nachts um Viertel nach elf noch sprechen wollte. Er hörte, daß die Tür geöffnet wurde und Schritte durch das dunkle Vorzimmer kamen. Ein Mann betrat das Zimmer. Er blieb neben der Tür stehen und grinste Durante an.

»Guten Abend, Durante«, sagte er. »Kennen Sie

mich noch? Mein Name ist Verlan. Beinahe sieht es jetzt so aus, als würde der Jäger gejagt, was?«

Durante stand auf. Er nahm seinen Filzhut ab, warf ihn auf den Tisch. »Was soll das?« sagte er. »Was geht hier vor?«

»Ich habe mir schon gedacht, daß Sie neugierig sein würden«, sagte Verlan. »Persönlich halte ich Sie als Detektiv für gar nicht so übel – aber für meinen Fall sind Sie doch nicht gut genug. Ich habe nämlich eine Nase für Privatschnüffler. Das haben Sie wohl nicht gedacht, daß ich schon die ganzen zehn Tage gewußt habe, wie Sie hinter mir her waren, was? Davon ganz abgesehen«, fuhr er fort, »hat mir das Zimmermädchen im Greencroft-Hotel – wie hieß sie denn noch? Lizzie, richtig! Also das Zimmermädchen hat mir den Tip gegeben, daß Sie dauernd durch die Gegend schlichen und herausfinden wollten, mit wem ich zusammen sei und wann und wie und so weiter. Hoffentlich haben Sie Ihre Beweise inzwischen hübsch säuberlich aufgeschrieben!«

»Ich jedenfalls bin damit ganz zufrieden«, sagte Durante.

Verlan kam näher und setzte sich auf die Tischkante.

Er war groß, gut gekleidet, auf unverschämte Weise sogar sehr gut aussehend. Sein Gesicht neigte zwar leicht zur Rundlichkeit, aber seine Augen waren vergnügt, und der schwarze dünne Schnurrbart verlieh ihm fast das Aussehen eines Ausländers. Durante fand, daß Verlan ein keineswegs reizloser Mann und verdammt selbstbewußt war. Und er überlegte, was nun kommen würde.

»Also gut«, sagte er. »Wo Sie schon einmal hier sind, können Sie mir auch ruhig sagen, was Sie wollen.«

Verlan grinste. »Deswegen bin ich doch hergekommen. Ich weiß über Sie genau Bescheid. Sie sind ein

Privatdetektiv, der Scheidungsfälle übernimmt – wenn er sie überhaupt kriegt. Mich würde tatsächlich interessieren, wie ausgerechnet Sie zu diesem Auftrag gekommen sind – bei Ihrem Ruf, der von einem Ende Londons bis zum anderen gen Himmel stinkt. Ihre Sekretärin ist vor einigen Wochen abgehauen; seit Monaten hatten Sie ihr kein Geld mehr gegeben.« Er blickte sich im Büro um. »Und Ihr Vermieter hat Sie wahrscheinlich nur deswegen noch nicht rausgeschmissen, weil er für diese Bruchbude keinen anderen Mieter kriegt. Mit anderen Worten: Allzu gut scheint es Ihnen nicht zu gehen, was?«

Durante gähnte. Er holte eine Zigarette hervor, zündete sie an. »Und? Mir geht es also nicht allzu gut – und was jetzt?«

Verlan stand auf. Er begann, im Büro hin und her zu gehen. Dabei zog er ein goldenes Zigarettenetui mit roten und weißen Streifen aus der Tasche, steckte sich eine dicke türkische Zigarette an. Er schien sich großartig zu finden. Vor Durantes Schreibtisch blieb er plötzlich stehen.

»Hören Sie zu«, sagte er. »Sie haben in Ihrem Beruf bisher ein paar merkwürdige Sachen gedreht – aber der Witz dabei ist, daß ich etwas Derartiges gar nicht von Ihnen verlange. Ich habe gar nicht die Absicht, daß Sie sich selbst irgendwie in Schwierigkeiten bringen sollen. Ich verlange von Ihnen auch nicht, daß Sie sich in eine Situation bringen, in der irgend jemand Ihnen irgend etwas anhängen kann. Darüber brauchen Sie sich also keine Gedanken zu machen – verstanden?«

»Ich verstehe. Ich mache mir aber auch sonst keine Gedanken. Sie können also die Katze beruhigt aus dem Sack lassen.«

»Das werde ich«, sagte Verlan. »Sie können mir nämlich einen kleinen Gefallen tun – eine Sache, gegen die Sie sicher nichts haben, weil es nur recht und billig ist, wenn Sie es tun; und dafür werde ich Ihnen eine ganz hübsche Summe zahlen. Haben Sie verstanden, was ich eben gesagt habe? Eine ganz hübsche Summe! Dann können Sie endlich aus dieser Bruchbude heraus, können noch einmal von vorne anfangen, und zwar irgendeine anständige Sache, können überhaupt eine ganze Menge damit machen, und keiner kann Ihnen irgend etwas anhängen. Diesmal sind Sie nämlich auf der richtigen Seite des Rechts.«

»Wieviel?« fragte Durante. Er blies den Zigarettenrauch durch die Nase.

»Eine ganz hübsche Summe, habe ich gesagt«, antwortete Verlan. »Mit Fünfpfundnoten gebe ich mich nicht ab. Was halten Sie von zweitausend?«

Durante grinste. »Eine ganze Menge – aber wenn die Sache zweitausend wert ist, ist sie auch noch mehr wert.« Er grinste immer noch.

Verlan lachte zynisch. »Machen Sie das immer so? Also gut – was haben Sie sich vorgestellt?«

»Viertausend Pfund könnten mich schon interessieren«, sagte Durante, »und ich habe nicht die Absicht, mir einen Teil davon wieder abhandeln zu lassen. Ich habe nicht einmal die Absicht, dreitausend zu sagen. Wenn die Geschichte ihre zweitausend wert ist, muß sie verdammt wichtig sein, und dann ist sie auch viertausend wert.«

»Einverstanden«, sagte Verlan. »Nerven haben Sie, das muß man schon sagen. Ich werde Ihnen also viertausend zahlen. Jetzt hören Sie zu. Meine Frau will sich von mir scheiden lassen. Das wissen Sie bereits. Sie sind der Knabe, der losgeschickt worden ist, um den Beweis zu beschaffen. Und den haben Sie inzwischen. Eigentlich müßten Sie eine ganze Menge Beweise gesammelt haben. Aber das ist noch nicht alles. Ich brauche Ihnen wohl nicht erst zu erklären, was eine Scheidung ›im gegenseitigen Einverständnis‹ ist – oder?«

Wieder grinste Durante. »Das ist nicht nötig – ich kenne mehr als nur eine.«

Verlan nickte. »Schön ... Bei uns also handelt es sich um so eine Scheidung im gegenseitigen Einverständnis. Der Scheidungsantrag wurde von meiner Frau gestellt, und wenn das Gericht herausbekommt, daß die ganze Sache abgekartet ist, wissen Sie wohl selbst, was passieren wird.«

»Ihre Frau wird nicht geschieden«, sagte Durante. »Der Antrag wird abgelehnt.«

»Richtig. Hören Sie aber noch weiter zu, Durante. Mrs. Verlan hat mich vor drei Jahren geheiratet. Warum, weiß ich nicht, aber sie wollte es. Ich bin ein Mann, auf den die Frauen fliegen, und das tat sie damals auch. Wußten Sie schon, daß sie eine sehr reiche Frau ist?«

Durante schüttelte den Kopf.

»Jedenfalls ist sie es tatsächlich«, sagte Verlan. »Sie war vorher schon ein- oder zweimal verheiratet. Irgend jemanden heiratet sie immer. Sie ist eine sehr, sehr nette Frau, aber nicht gerade das, was ich als Menschenkennerin bezeichnen würde.« Er lächelte zynisch. »Und dann hat sie mich vor zwei Monaten bei einer kleinen Dummheit ertappt. Sie wußte genau Bescheid und sagte, sie könnte mich und meine Frauen einfach nicht mehr ausstehen und daß sie alles versucht hätte, damit es in unserer Ehe klappte, aber es wäre ihr nicht gelungen. Dazu kamen noch ein paar andere, unwichtige Sachen. Einmal vermißte sie ein kleines Schmuckstück und nahm an, daß ich damit zu tun hätte.« Wieder lächelte Verlan. »Sie können sich gar nicht vorstellen, wie recht sie hatte. Können Sie mir noch folgen?«

»Ich kann Ihnen genau folgen«, sagte Durante.

»Das Ganze klingt wie eine uralte Geschichte. Irgend jemand sollte sie einmal auf Band aufnehmen und abends abspielen. Sie hat Ihnen also mitgeteilt, sie wolle sich scheiden lassen?«

Verlan nickte. »Genauso war es. Sie sagte, sie wolle sich scheiden lassen, und ich fragte, ob sie mich etwa für einen Idioten hielte, weil sie nämlich damals, als sie in mich verliebt war und mich für einen netten und anständigen Kerl hielt, eine Abmachung unterschrieben hatte, daß ich fünftausend Pfund im Jahr bekäme. Ganz hübsch, was? Und steuerfrei dazu. Wie finden Sie das?«

»Sehr nett«, sagte Durante, »für Sie. Und wodurch kann diese Abmachung aufgehoben werden?«

Verlan grinste. »Nur durch Tod oder Scheidung. Kapiert?«

»Allerdings. Und was jetzt?«

Verlan zuckte die Schultern. Er schlenderte durch das Büro, rauchte seine Zigarette. Er fühlte sich großartig. »Ich habe sie gefragt«, sagte er, »ob sie mich etwa für blöd hielte. Ich wußte damals genau, daß sie gegen mich nichts in der Hand hatte. Nicht den geringsten Beweis für einen Ehebruch hatte sie. Ich habe sie gefragt, ob sie etwa glaube, ich würde jetzt losziehen und ihr den für eine Scheidung notwendigen Beweis liefern und damit meine jährlich fünftausend einfach an den Nagel hängen.«

»Was meinte sie dazu?« fragte Durante.

»Sie war nicht einmal überrascht«, sagte Verlan. »Sie fragte mich, was ich verlangte, und da habe ich es ihr gesagt. Ich sagte, ich hätte sie bis oben hin und daß sie nicht zu mir paßte, daß ich sie nicht mehr besehen könnte und daß ich liebend gern verschwinden würde, daß ich aber nicht die Absicht hätte, das ganze schöne Geld aufzugeben. Deshalb machte ich ihr ein faires Angebot. Ich sagte, daß ich die Scheidung mit

Wonne mitmachen würde, daß sie jedoch am Tage unmittelbar nach der Verkündung der Scheidung – die bedeuten würde, daß ich meine jährlich fünftausend Pfund verloren hätte – daß sie also am Tage nach Verkündung des Scheidungsurteils fünfzigtausend Pfund an mich zu zahlen hätte. Ich habe ihr klargemacht, daß sie dabei noch Geld sparen würde, weil nämlich fünfzigtausend Pfund, wenn man es nachrechnet, sehr viel weniger sind als die Summe, die im Jahr fünftausend an Zinsen abwirft.«

»Und sie war einverstanden?« fragte Durante.

Verlan schüttelte den Kopf. »Eben nicht – wenigstens nicht mit fünfzigtausend. Aber wir haben uns dann auf vierzigtausend geeinigt.«

»Dann wird sie also die vierzigtausend am Tag nach der Verkündung des Scheidungsurteils an Sie zahlen«, sagte Durante. »Warum eigentlich nicht erst an dem Tag, an dem das Urteil in Kraft tritt?«

Verlan grinste. »Das war meine Idee. Als sie sagte, sie wäre bereit, die vierzigtausend an mich zu zahlen, sobald die Scheidungsgeschichte vorbei sei, sagte ich, daß ich eine Garantie haben müßte, daß ich das Geld auch bekäme – und daß es dafür nur eine einzige Möglichkeit gäbe: Sie müsse mir einen Brief schreiben und mir bestätigen, daß sie die vierzigtausend Pfund an mich ausbezahlen würde, wenn die Scheidung ausgesprochen wäre.« Er schwieg einen Augenblick. Dann sagte er. »Hören Sie jetzt genau zu – die Geschichte ist irrsinnig komisch. Ich entwarf also den Brief, ohne allerdings mit einem einzigen Wort zu erwähnen, daß der Tag nach dem Inkrafttreten des Urteils gemeint war; ich schrieb bloß, das Geld sei am Tag nach der Verkündung des Urteils zu zahlen, und die Idiotin schrieb den Brief einfach ab und setzte ihren Namen darunter. Wie finden Sie das?«

»Weiter«, sagte Durante nur.

»Folgendes habe ich mir dabei gedacht«, sagte Verlan. Er trat an den Tisch, stützte seine Hände auf die Platte, beugte sich zu Durante vor. »Die Idee ist großartig. Sie haben die Beweise für Ehebruch und gehen damit zu ihrem Anwalt; die Sachen werden zu den Akten genommen, und der Antrag kommt zur Verhandlung. Die Scheidung wird ausgesprochen. Am Tage darauf zahlt sie die vierzigtausend an mich aus. Dann erscheine ich hier bei Ihnen, zahle Ihnen die versprochenen viertausend, und wenn ich Ihnen die viertausend gebe, kriegen Sie zugleich auch den Brief, den sie mir geschrieben hat und in dem sie sich einverstanden erklärt, die vierzigtausend zu zahlen. Sie nehmen den Brief und bringen ihn zum Gericht – kapiert? Das Gericht liest den Brief, merkt, daß die ganze Geschichte vorher abgesprochen war, und schaltet sich nochmal ein. Der Scheidungsantrag wird abgelehnt. Ich aber habe meine sechsunddreißigtausend Pfund, Sie haben Ihre viertausend ...«

Durante unterbrach ihn. »Und sie muß Ihnen für den Rest des Lebens jährlich weiterhin fünftausend zahlen?«

Verlan grinste. »So ungefähr. Zumindest so lange, bis sie einen neuen Scheidungsantrag einreicht – wenn man es ihr überhaupt erlaubt. Aber bis dahin wird sie mindestens drei oder vier Jahre warten müssen, oder was meinen Sie?«

Durante nickte. »Das ist ein verdammt gerissener Plan. Schiefgehen kann er gar nicht! Die Geschichte hat nur einen Haken.«

»Welchen?« fragte Verlan.

»Ich verlange zehntausend Pfund«, sagte Durante.

Darauf folgte eine lange Pause.

»Sie sind ein ganz übler Gauner«, sagte Verlan schließlich. »Wissen Sie, was ich jetzt am liebsten mit Ihnen machen würde ...«

Durante unterbrach ihn. »Das weiß ich. Aber daraus wird leider nichts. Wollen Sie also zehntausend dafür zahlen?«

Wütend sagte Verlan: »Meinetwegen, weil ich keine andere Möglichkeit habe. Gut. Ich bekomme also dreißigtausend und Sie zehntausend. Damit hat sich die Sache für Sie gelohnt, was?«

»Für Sie auch«, sagte Durante. »Sie bekommen die dreißigtausend und dazu noch die jährlich fünftausend, weil Sie nicht geschieden worden sind. Und was Sie vorhin sagten, stimmt auch: Mir kann niemand etwas anhängen. Ich werde nur meine Pflicht tun.«

»In Ordnung«, sagte Verlan. »Dann machen wir es so. Liefern Sie ruhig Ihren Bericht ab, damit die Leute etwas zum Ärgern haben. Natürlich werde ich nichts bestreiten. Und am Tag nach der Urteilsverkündung bekommen Sie von mir zehntausend Pfund. Finden Sie nicht auch, daß Sie ein Mordsglück haben?«

»Das mag stimmen«, sagte Durante »Die Geschichte hat nur noch einen zweiten Haken.«

»Was wollen Sie jetzt noch?« fragte Verlan grimmig.

»Ich will nichts anderes«, sagte Durante, »als meine Interessen wahren. Sie sagten, am Tag nach der Urteilsverkündung kämen Sie bei mir vorbei und gäben mir die zehntausend Pfund. Das haben Sie zwar gesagt – aber woher soll ich wissen, daß Sie es auch tun? Vielleicht kommt Ihnen bis dahin eine noch bessere Idee?«

»Sie sind wohl wahnsinnig«, sagte Verlan. »Das Interesse ist doch gegenseitig? Haben Sie denn das noch nicht kapiert?«

»Das mag sein. Aber wenn Sie mit mir rechnen wollen, dann gibt es nur eine Möglichkeit, daß die Sache auch klappt.«

»Welche Möglichkeit?« fragte Verlan.

»Sie geben mir jetzt schon den Brief – den Brief, den sie damals schrieb und der beweist, daß die Scheidung vorher abgesprochen war. Sie überlassen den Brief mir; dann weiß ich wenigstens, daß Sie bestimmt vorbeikommen. Rechnen Sie es sich selbst aus. Wie Sie sagten, sind unsere Interessen gegenseitig. Ich werde also nichts weiter tun, als den Brief bei mir zu deponieren, damit Sie auch am Tag nach der Urteilsverkündung bestimmt mit den zehntausend Pfund bei mir vorbeikommen. Das ist doch ein faires Angebot, oder etwa nicht?«

Verlan zuckte die Schultern. »Was geht es mich an? Ich überlasse Ihnen also den Brief. Wenn Sie vorher etwas unternehmen wollen, landen Sie mit Sicherheit im Kittchen. Um keine Unannehmlichkeiten zu bekommen, können Sie also nur das tun, was ich will.«

»Glauben Sie denn, das weiß ich nicht?« sagte Durante.

Verlan zog eine Brieftasche hervor – Seehundsleder, mit Gold eingefaßt. Er öffnete sie, holte einen Brief heraus, warf ihn auf den Tisch. Durante ergriff ihn und las ihn.

»Für mich ist jetzt alles o.k.«, sagte er.

»Gut«, sagte Verlan. »Meinetwegen können Sie ihn als Sicherheit behalten. Sie brauchen sich keine Gedanken zu machen. Die Geschichte ist kinderleicht, und Sie kriegen Ihre zehntausend Pfund.« Er grinste. »Aber Glück haben Sie schon gehabt, was? Und verlieren Sie bloß den Brief nicht!«

»Machen Sie sich nicht lächerlich«, sagte Durante. »Dieser Brief ist für mich eine ganze Menge Geld wert.« Er steckte ihn in die Innentasche seines Jacketts. »Jetzt weiß ich wenigstens, warum Sie erst so spät gekommen sind. Sie wissen, daß man uns nicht zusammen sehen darf. Morgen werde ich also meinen Bericht abliefern. Und kommen Sie am Tag nach der Urteilsverkündung ruhig bei mir vorbei. Ich werde mich über Ihren Besuch sehr freuen.«

»O.k.«, sagte Verlan. Er winkte lässig mit der Hand. »Gute Nacht, Durante. Ich komme pünktlich vorbei.«

Er ging hinaus.

Es war sieben Uhr. Die Sommersonne schien durch das verschmierte Fenster in Durantes Büro und warf groteske Schatten auf den Fußboden. Durante saß in seiner üblichen Stellung, weit in seinen Sessel zurückgelehnt, die Füße auf die Tischplatte gelegt. Das Telefon schrillte.

Durante nahm die Füße vom Tisch, griff nach dem Hörer. Er erkannte die präzise Stimme Haliwells.

»Guten Abend, Mr. Durante«, sagte der Prokurist. »Ich rufe nur an, um Sie zu bitten, uns Ihre Rechnung in der Sache Verlan zuzuschicken. Gestern ist das Scheidungsurteil ausgesprochen worden. Wir haben Sie nicht vorladen lassen, weil der Fall restlos klar war und die Aussage des Zimmermädchens völlig genügte.«

»Was würden Sie für angemessen halten?« fragte Durante.

Es folgte eine Pause; dann sagte Haliwell: »Meiner Ansicht nach fünfzig Guineen zusätzlich zu den fünfzig Pfund, die wir Ihnen als Vorschuß für Ihre Ausgaben bereits gezahlt haben.«

»Einverstanden«, sagte Durante. »Ich schicke Ihnen morgen die Rechnung.«

Er legte auf, zündete eine Zigarette an, legte die Füße wieder auf den Tisch. Nach wenigen Minuten hörte er Schritte, die den Korridor entlang kamen. Dann wurde die Tür zum Vorzimmer geöffnet. Durante drehte den Kopf, als Verlan das Zimmer betrat.

Verlan lächelte. Er trug einen neuen Anzug – in den Schultern eine Spur zu breit, in der Taille eine Spur zu eng. Er strahlte; zu einem Teil war es biedere Zufriedenheit, zum anderen Teil ein zu stark parfümiertes Haaröl. In der Hand trug er eine kleine lederne Aktentasche.

»So!« sagte er. »Es hat geklappt. Sie hat gezahlt.« Er ging quer durch das Zimmer, wischte den Staub von einem Stuhl, ließ sich mit gespreizten Beinen nieder, sah Durante an und grinste.

»Haben Sie die zehntausend Pfund für mich mitgebracht?« fragte Durante.

Verlan nickte. »Stimmt!« Er stand wieder auf, legte die Aktentasche auf Durantes Tisch. »Zählen Sie nach ... genau zehntausend sind da drin.«

»Ich glaube es Ihnen auch so«, sagte Durante.

Verlan zuckte die Schultern. »Wie Sie wollen ... Sie sind wohl ziemlich vertrauensselig, was?«

»Das nicht unbedingt«, sagte Durante grinsend. »Mich interessiert es bloß nicht mehr.«

Verlan zog die Augenbrauen hoch. »Sie sind wirklich ein komischer Kauz. Was soll das heißen, daß es Sie nicht mehr interessiert? Wollen Sie mir etwa erzählen, Sie hätten an zehntausend Pfund kein Interesse mehr?«

Durante nickte. »Nur an diesen zehntausend Pfund habe ich kein Interesse mehr. Das Geld gehört Ihnen. Sie haben sogar ein Recht darauf. Sie haben mit Mrs. Verlan abgemacht, daß Sie am Tage nach der Urteilsverkündung von ihr vierzigtausend Pfund bekommen. In Ordnung – das Geld haben Sie jetzt. Und ich will es nicht.«

»Was zum Teufel nochmal wollen Sie damit sagen?« fragte Verlan.

Durante nahm die Füße vom Schreibtisch, drückte seine Zigarette in dem verstaubten Aschbecher aus.

»Das ist eine etwas komische Geschichte ... Als die Sache anfing, überlegte ich, wieso Roberts, Roberts, Stone & Roberts ausgerechnet zu mir gekommen waren. Immerhin ist es eine erstklassige Anwaltsfirma, die sich die allerbesten und verantwortungsbewußtesten Leute leisten kann, wenn irgendwelche Nachforschungen nötig sind. Weshalb also hatte sie ihren Prokuristen mit dem Auftrag ausgerechnet zu mir geschickt – dem lausigen Besitzer einer ebenso lausigen Detektei, dessen Ruf von einem Ende Londons bis zum anderen gen Himmel stinkt?«

Verlan setzte sich wieder auf den Stuhl. »Was soll das alles?« fragte er.

»Das werde ich Ihnen sagen«, erwiderte Durante. »Dieser Haliwell wurde zu mir geschickt und sollte mich fragen, ob ich die Nachforschungen in dieser Sache übernehmen würde – weil ihre Klientin, Mrs. Verlan, sie darum gebeten hatte. Begreifen tat ich es allerdings erst, als ausgerechnet Sie hier auftauchten und mir Ihren ausgesprochen attraktiven Vorschlag machten.«

»Da wußten Sie also Bescheid«, sagte Verlan mißtrauisch. »Und was war der Grund?«

Durante grinste. »Ich war vor längerer Zeit einmal mit Mrs. Verlan verheiratet«, sagte er. »Ich war ihr erster Mann. Bevor sie Ihnen begegnete, war sie schon zweimal verheiratet gewesen. Erinnern Sie sich noch, daß Sie mir erzählten, in puncto Männer wäre sie ein bißchen einfältig? Vielleicht ist sie es wirklich – aber immerhin besaß sie genügend Verstand, ihre Anwälte wegen des Briefes, den Sie sich von ihr schreiben ließen, zu bitten, mich mit den Nachforschungen zu beauftragen. Irgendwie hatte sie die Vorstellung, ich würde, falls Sie sie übers Ohr zu hauen versuchten, so anständig sein und versuchen, ihr aus der Klemme zu helfen.« Wieder grinste er. »Damit hatte sie recht.

Wenigstens dieses eine Mal hatte sie einen Mann richtig eingeschätzt. Sie wußte, daß sie mir gegenüber anständig gewesen war, daß ich ihr eine ganze Menge schuldete. Und sie glaubte, daß ich wenigstens dieses eine Mal das Richtige tun würde. Diese zehntausend Pfund bin ich ihr schuldig, und ich werde sie jetzt zurückzahlen.«

Verlans Unterkiefer fiel nach unten. Sagen tat er nichts.

»Deswegen habe ich auch den Brief verbrannt, den sie damals geschrieben hat«, sagte Durante, »jenen Brief, der bewies, daß die Scheidung im gegenseitigen Einverständnis erfolgte. Aber damit ist es jetzt vorbei. In sechs Wochen wird das Urteil rechtskräftig, und sie wird Sie endlich los sein. Sie haben Ihre vierzigtausend bekommen und haben keine Möglichkeit mehr, sie zu erpressen. Wie finden Sie das?«

Verlan erhob sich. Sein Gesicht war angespannt und weiß vor Wut. »Sie ...«, sagte er.

»Regen Sie sich nicht auf«, sagte Durante. »Es bringt Ihnen doch nichts ein. Ich weiß selbst, daß Sie schwerer sind als ich, aber das meiste ist doch nur Fett. Ich bin ziemlich muskulös – vielleicht merken Sie erst, wenn es zu spät ist, daß ein kräftiger Schlag doch nichts für Sie ist. Nehmen Sie Ihre zehntausend und verschwinden Sie.«

Verlan nahm die Aktentasche an sich. »Sowas!« sagte er. »Warum mußte ich ausgerechnet zu Ihnen kommen?«

»Ja«, sagte Durante, »das war schon verdammt komisch, was? Gute Nacht, Verlan.«

Verlan verließ das Büro. Durante lauschte den Schritten, die auf dem Holzfußboden des Korridors langsam leiser wurden. Er legte die Füße wieder auf den Tisch. Und dann rauchte er und grübelte, bis die Schatten den ganzen Raum ausfüllten.

HINWEIS

Die Herausgeberin und der Verlag dieses Buches sind den Autoren sowie folgenden Verlegern und Agenturen für die Erteilung der Rechte zu besonderem Dank verpflichtet:

Mohrbooks, Zürich, und Christy & Moore Ltd., London, für die Erzählung von *Christopher Bush;* Mohrbooks, Zürich, und A. P. Watt & Son, London, für die Erzählungen von *Sapper* (aus ›The Man In Ratcatcher‹) und *Michael Innes* (aus ›Appleby Talking‹); Mohrbooks, Zürich, und Wilhelm Heyne Verlag, München, für die Erzählung von *Dorothy L. Sayers* (aus Heyne Bücher 108 ›Das Katzenauge‹); John Farquharson Ltd., London, für die Erzählung von *Thomas Burke;* A. P. Watt & Son, London, und Dr. Robert Harben, London, für die Erzählung von *Edmund Crispin* (aus ›Beware of the Trains‹); Scott Meredith, Inc., New York, für die Erzählungen von *Richard Deming* (aus ›Brett Halliday's Best Detective Stories‹) und *Harry Kemelman* (aus ›The Delights of Detection‹); Mohrbooks, Zürich, und Wilhelm Heyne Verlag, München, für die Erzählung von *John Dickson Carr* (aus Heyne Bücher 145 ›Das wird dich töten‹); Russell & Volkening, Inc., New York, für die Erzählung von *David Alexander* (aus ›Hangman's Dozen‹); Rowohlt Verlag GmbH, Hamburg, für die Erzählung von *Roald Dahl* (aus ›Küßchen, Küßchen‹);

Linder AG, Zürich, und Wilhelm Heyne Verlag, München, für die Erzählung von *Ellery Queen* (aus Heyne Bücher 157 ›Dein eigenes Begräbnis‹); Hans Hermann Hagedorn, Hamburg, Curtis Brown Ltd., London, und Wilhelm Heyne Verlag, München, für die Erzählung von *Rex Stout* (aus Heyne Bücher 132 ›Dreh dich nicht um‹); The Society of Authors, London, für die Erzählung von *Sir Osbert Sitwell;* Mohrbooks, Zürich, für die Erzählung von *Agatha Christie* (aus ›The Hound of Death‹); Wilhelm Goldmann Verlag, München, für die Erzählung von *Edgar Wallace* (aus Goldmanns Taschen-Krimi 203 ›Der unheimliche Mönch‹); Agence Hoffman, München, für die Erzählung von *Peter Cheyney* (aus ›Velvet Johnnie‹).

Mary Hottingers Anthologien im Diogenes Verlag

Mord
Kriminalgeschichten aus England und Amerika von Edgar Allan Poe bis Raymond Chandler, Vorwort von Mary Hottinger. Mit Vignetten von Paul Flora

Mehr Morde
Kriminalgeschichten aus England und Amerika von Margery Allingham bis Henry Slesar, Vorwort von Mary Hottinger. Mit Vignetten von Paul Flora

Noch mehr Morde
Kriminalgeschichten aus England und Amerika von Dorothy Sayers bis Peter Cheyney, Vorwort von Mary Hottinger. Mit Vignetten von Paul Flora

Wahre Morde
Die berühmtesten Kriminalfälle und -prozesse aus England, gesammelt und vorgeführt von Mary Hottinger, übersetzt von Peter Naujack

Gespenster
Die besten Gespenstergeschichten aus England von Daniel Defoe bis Elizabeth Bowen

Mehr Gespenster
Die besten Gespenstergeschichten aus England, Schottland und Irland von Rudyard Kipling bis H.G. Wells

Noch mehr Gespenster
Die besten Gespenstergeschichten aus aller Welt von Nikolai Gogol bis Guy de Maupassant. In memoriam Mary Hottinger, herausgegeben von Dolly Dolittle

Ehegeschichten
von Joseph Conrad bis Mary McCarthy

Familiengeschichten
von W. Somerset Maugham bis F. Scott Fitzgerald, Vorwort von Mary Hottinger

Kindergeschichten
von Charles Dickens bis Doris Lessing

Ganz gemeine Geschichten
von Herman Melville bis W. Somerset Maugham

Unheimliche Geschichten
Eine Sammlung von ungewöhnlichen, kuriosen und gar schauerlichen Geschichten von Ambrose Bierce bis G.K. Chesterton

Horror
Klassische und moderne Horrorgeschichten von Charles Dickens bis Ernest Hemingway, Nachwort von Mary Hottinger

Mehr Horror
Moderne Horrorgeschichten von Graham Greene bis Patricia Highsmith. In memoriam Mary Hottinger, ausgewählt von Barbara Birrer

Noch mehr Horror
Klassische Horrorgeschichten von Edgar Allan Poe bis Anton Čechov. In memoriam Mary Hottinger, ausgewählt von Christian Strich

Edgar Allan Poe im Diogenes Verlag

»Als ich zum erstenmal ein Buch von ihm aufschlug, fand ich bei ihm Gedichte und Novellen, wie sie mir bereits durch den Kopf gegangen waren, undeutlich und wirr jedoch, ungeordnet – Poe aber hat es verstanden, sie zu verbinden und zur Vollendung zu führen. Bewegt und bezaubert entdeckte ich nicht nur Sujets, von denen ich geträumt hatte, sondern auch Sätze und Gedanken, die die meinigen hätten sein können – hätte sie nicht Poe zwanzig Jahre vorher geschrieben.« *Charles Baudelaire*

Werkausgabe in Einzelbänden, herausgegeben von Theodor Etzel. Aus dem Amerikanischen von Gisela Etzel, Wolf Durian u.a.

Der Untergang des Hauses Usher
und andere Geschichten von Schönheit, Liebe und Wiederkunft

Die schwarze Katze
und andere Verbrechergeschichten

Die Maske des Roten Todes
und andere phantastische Fahrten

Der Teufel im Glockenstuhl
und andere Scherz- und Spottgeschichten

Die denkwürdigen Erlebnisse des Arthur Gordon Pym
Roman. Mit einem Nachwort von Jörg Drews

Meistererzählungen
Ausgewählt und mit einem Nachwort von Mary Hottinger